汽车专业技能型教育一体化教材

汽车发动机电控系统原理与维修

丛 书 主 编　夏长明
丛书副主编　涂潭生　肖楠榕　李锡威　何南昌
夏国勇　编

机 械 工 业 出 版 社

本书以汽车发动机电控系统的检修为主线，系统地介绍了发动机电控系统中常用传感器的检修方法，电控燃油喷射系统、电控点火系统、其他辅助系统的构造以及检修方法，电控系统及电路疑难故障的诊断方法与电控系统及电路检修常用工具、仪器等内容；以大量图片形象描述汽车发动机电控系统部件的检修步骤、操作要领和技术要求等内容，并配以有针对性的实例作为演练，以达到一体化教学之目的。

本书按照“认知＋技能＋能力＋实战”的理论与实践一体化教学规律进行编排，内容系统、连贯、完整，实际操作配以大量图片，具有较强的实用性。本书主要作为中高级技工类及中高级职业类学校汽车类专业教材，也可供汽车维修从业人员、汽车驾驶人员及汽车运行管理人员参考。

图书在版编目(CIP)数据

汽车发动机电控系统原理与维修/夏国勇编. —北京：机械工业出版社，2011.2（2018.7重印）

汽车专业技能型教育一体化教材

ISBN 978-7-111-33359-3

Ⅰ.①汽… Ⅱ.①夏… Ⅲ.①汽车—发动机—电子系统：控制系统—理论—教材②汽车—发动机—电子系统：控制系统—车辆修理—教材 Ⅳ.①U472.43

中国版本图书馆CIP数据核字(2011)第020289号

机械工业出版社(北京市百万庄大街22号 邮政编码100037)

策划编辑：徐 巍 责任编辑：何士娟

责任校对：张玉琴 封面设计：路恩中

责任印制：常天培

北京铭成印刷有限公司印刷

2018年7月第1版第7次印刷

184mm×260mm · 14.25印张 · 349千字

12901—14400册

标准书号：ISBN 978-7-111-33359-3

定价：33.00元

凡购本书，如有缺页、倒页、脱页，由本社发行部调换

电话服务

社服务中心：(010)88361066

销售一部：(010)68326294

销售二部：(010)88379649

读者购书热线：(010)88379203

网络服务

门户网：http://www.cmpbook.com

教材网：http://www.cmpedu.com

封面无防伪标均为盗版

汽车专业技能型教育一体化教材编委会

主　　任　谢丽君(广东金桥技工学校校长,博士)

副 主 任　余定安(广东金桥技工学校常务副校长,高级讲师)

　　　　　李旭东(广东金桥技工学校教务处长,高级工程师)

丛书主编　夏长明(广东金桥技工学校汽车工程系主任、职业技能鉴定站站长,高级技师/讲师)

丛书副主编　涂潭生(广东金桥技工学校汽修教研室主任,汽车维修高级技师)

　　　　　肖楠榕("博学善教,严师益友"优秀教师,广东金桥技工学校汽车维修讲师)

　　　　　李锡威(广州增城职业技术学校汽车电子维修部部长,高级技师/讲师)

　　　　　何南昌(广东商学院华商学院机电工程系主任,高级技师/副教授)

广东金桥技工学校简介

广东金桥技工学校是在广州金桥管理干部学院、广州海员学校基础上发展起来的，是隶属于广东省人力资源和社会保障厅的重点技工学校。

广东金桥技工学校校长谢丽君博士

学校位于广州市天河区，紧邻奥林匹克体育中心，交通便利，空气清新，环境优美。学校占地面积近百亩，建筑面积约60000平方米，是一个具有十几年大专办学经验的综合性职业教育院校。学校设有经济贸易系、机电工程系、汽车工程系、计算机系、外语系、艺术设计系6个教学系，拥有各类学生4000多人，教职员工300多人。

学校以“学用结合，能者为先，做人第一”为教育宗旨，努力锻造学生能力，塑造学生人格。学校的发展引起中国十大教育服务品牌之一的安博教育集团的高度关注。安博教育集团正着力对学校进行全面升级管理，广东金桥技工学校将成为安博教育集团在华南地区重要的职业教育基地。

序 言

汽车作为人类历史文明发展的标志，从1886年发明至今，已有100多年的历史。近几年，我国的汽车产销量迅速增长，全国汽车拥有量大幅度上升。世界知名汽车企业的大量涌入，国内汽车企业的迅速发展，合资厂家的不断增加，大大促进了国内汽车技术的进步。汽车保有量的急剧增加，汽车技术的不断更新，使得汽车运用与维修行业的车源、车种、服务对象以及维修作业方式等都已发生了新的变化，使得技能型、应用型的实用人才非常紧缺。为了尽快培养能用、实用、好用的技术人才，我校根据多年来实施“理论-实践一体化教学”的经验，在机械工业出版社汽车分社领导和专家的指导下，组织了多名具有丰富的教学和实践经验的老师编写这套教材来满足教学的需要，并加以全国推广。

本套教材包括《汽车发动机构造与维修》、《汽车底盘构造与维修》、《汽车电器构造与维修》、《汽车车身构造与维修》、《汽车发动机电控系统原理与维修》、《汽车自动变速器原理与维修》、《汽车安全舒适系统原理与维修》、《汽车故障诊断技术》、《汽车营销》及《汽车维护》共十种。

本套教材在编写过程中，力求体现以下特色：

1. 以实际工作任务为驱动，突出以实物、实图、实例、易教易学的一体化教学内容来编写，并在教材的结构内容上彰显：

（1）结构原理（即认知部分）——以实物、原理图加标注为主，辅以简单必要的文字说明，旨在提高学生对汽车专业知识的理解、概括、运用等能力。

（2）拆检（即技能训练部分）——以原理图和实物为主，加上操作要领、注解、技术要求、注意事项及相关知识链接，旨在提高学生的实际动手能力。

（3）故障排除（即能力提高部分）——以诊断流程图为主线，突出故障现象及导致故障的原因，使学生能够按图索骥，能够迅速掌握汽车常见故障的诊断排除要领，以提高学生将基本知识和实际操作技能进行有机结合、综合运用从而转化为解决生产实践中实际问题的能力。

（4）典型案例分析（即实战演练部分）——以汽车售后服务行业一线技术服务人员在工作实践中总结的成功经验所形成的技术论文为典型案例，配以知名专家的点评，来提高学生的学习兴趣和实际应变能力，为学生后期的顶岗实习及进入企业打下坚实基础。

2. 以就业为导向，面向实际，贯彻“一体化教学”特点，全程设计，整体优化。

3. 借鉴国内外职业教育经验，融传统式教学、模块式教学、情境化教学、项目式教学、案例式教学等为一体，顺应现代职业教育制度改革。

4. 面向技工教育，难易适度，图文并茂，深入浅出，通俗易懂。

5. 教材中各知识单元与技能模块力求做到“一体化”，且尽可能以汽车案例展开讲解，来激发学生学习兴趣，以期提高教学质量。

6. 加强针对性和实用性，力求实现理论与实践、教与学、学与用的完美结合。

由于编者水平所限，书中难免出现差错，希望读者在使用过程中及时批评指正。

汽车专业技能型教育一体化教材编委会

前　言

随着中国经济的飞速发展，人们的消费水平不断提高，汽车开始走进中国的千家万户。而与汽车消费息息相关的汽车维修产业，也将随着中国汽车保有量的不断增加而得到长足的发展。

汽车电子化、智能化已经成为现代汽车技术发展的主要趋势。技术的进步与革新必然会给维修行业带来机遇与挑战，如果因循守旧，固守陈规，缺乏学习，必将为时代所淘汰。而作为培养实用型技能人才的职业学校，应在教学与实践的环节上不断创新，探索出一种新的教学模式，即一体化教学模式。一体化教学模式有利于理论教学与实践教学的结合，有利于专业课程各教学环节的相互配合，有利于教师提高教学效率，有利于学生快速吸收知识、快速掌握技能、快速成才。

本书以一体化教学模式为指导思想，以企业实际作业任务为参考，同时结合理论分析进行编写。本书主要介绍了发动机电控系统中的常用传感器的检修方法，电控燃油喷射系统、电控点火系统及其他辅助电控系统的结构和检修方法、流程，电控系统及电路疑难故障的诊断方法，以及电控系统及电路检修常用工具、仪器等。本书以大量图片形象描述了汽车发动机电控系统部件的结构原理、检修步骤、操作要领和技术要求等，并配以有针对性的实例作为演练，以前人之经验作为借鉴。

本书按照“认知 + 技能 + 能力 + 实战”的理论与实践一体化教学规律进行编排，内容系统、连贯、完整，实际操作配以大量图片，具有较强的实用性。本书主要作为中高级技工类及中高级职业类学校汽车类专业教材，也可供汽车维修从业人员、汽车驾驶人员及汽车运行管理人员参考。

本书由夏国勇编写，在此，衷心感谢丛书主编夏长明及副主编们的大力支持与帮助。

由于作者水平有限，书中难免有纰漏及差错，希望读者在使用过程中及时批评指正，不胜感谢！

编　者

目　　录

项目一　汽车发动机电控技术概述

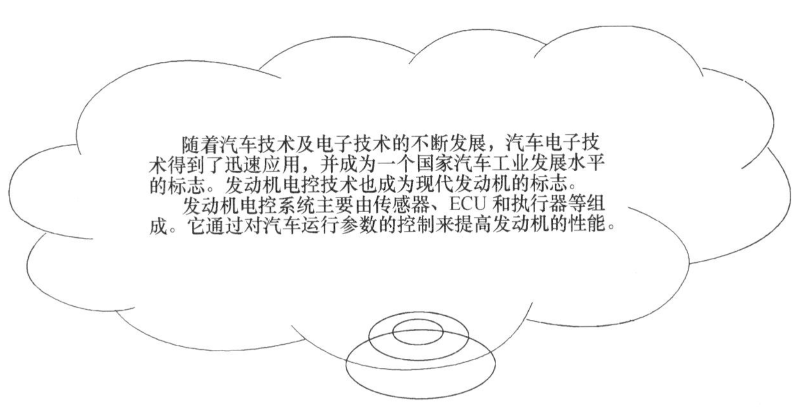

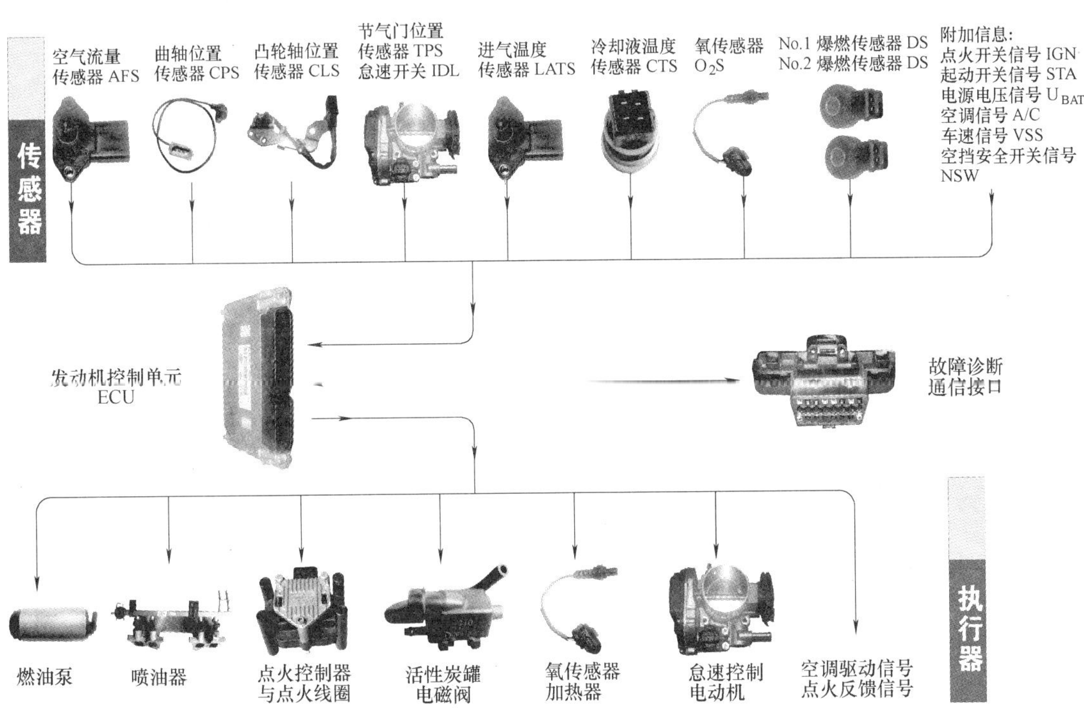

【学习目标】

◇ 了解发动机电控技术的发展概况

◇ 知道应用在发动机上的主要电子控制系统

任务1　发动机电控技术的发展概况

一、电控技术发展过程

随着汽车技术及电子技术的不断发展，汽车电子技术得到了迅速应用，并成为汽车工业发展水平的标志。

汽车电子技术的发展大致可以分为三个阶段：

第一阶段，从20世纪60~70年代中期，主要是以单纯改善汽车部分性能而对汽车电器产品进行技术改造。如1955年汽车装用第一个电子装置——晶体管收音机、1960年美国克莱斯勒(Chrysler)公司和日本日产(Nissan)公司装用的硅二极管整流的交流发动机、1960年美国通用(GM)汽车公司将IC(集成电路)调节器应用于汽车上等，均发生于这一时期。

第二阶段，从20世纪70年代末期~20世纪90年代中期，主要是围绕汽车安全、节能和环保三大主题，汽车电控技术得到了更加广泛及完善的发展。如1967年德国博世(BOSCH)公司研制的电控汽油喷射系统、1970年美国福特(Fort)及德国博世(BOSCH)公司研制的电子控制防抱死制动系统(ABS)、1973年美国通用(GM)公司发明的IC点火装置、1976年美国克莱斯勒(Chrysler)公司首先装用的电控点火系统等，均发生于这一阶段。

第三阶段，20世纪90年代以后，在该期间电子技术的应用扩展到汽车底盘、车身、柴油机等领域，电控系统日趋完善。

二、汽车的主要电控系统

汽车电子控制系统可分为以下五个部分：

1）发动机和动力传动集中控制系统(图1-1)。

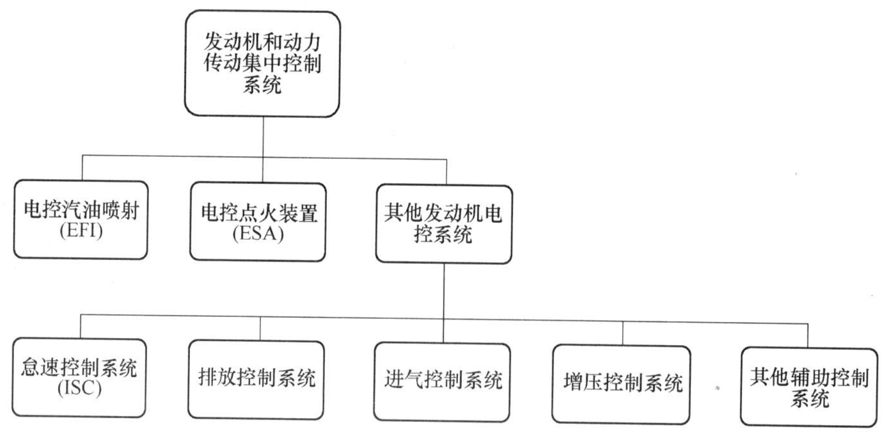

图1-1　发动机和动力传动集中控制系统

2）底盘综合控制和安全系统(图1-2)。

3）智能车身电子系统(图1-3)。

4）通信与信息/娱乐系统(图1-4)。

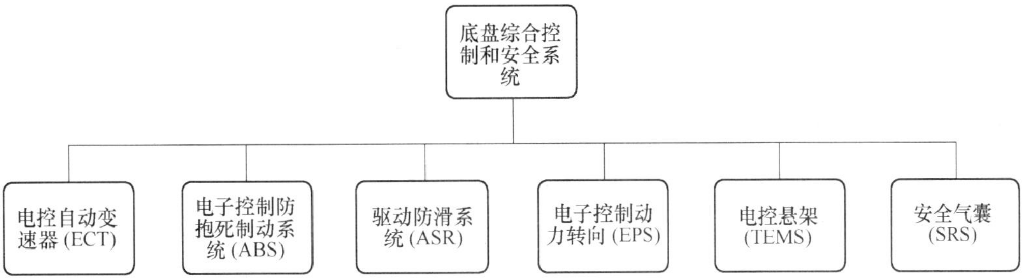

底盘综合控制和安全系统

- 电控自动变速器（ECT）
- 电子控制防抱死制动系统（ABS）
- 驱动防滑系统（ASR）
- 电子控制动力转向（EPS）
- 电控悬架（TEMS）
- 安全气囊（SRS）

图 1-2　底盘综合控制和安全系统

智能车身电子系统

- 汽车空调控制系统
- 汽车轮胎检测系统
- 汽车自动座椅自动控制系统
- 汽车防盗控制系统
- 其他车身电控系统
  - 汽车电动车窗控制系统
  - 汽车电动天窗控制系统
  - 汽车电动后视镜系统

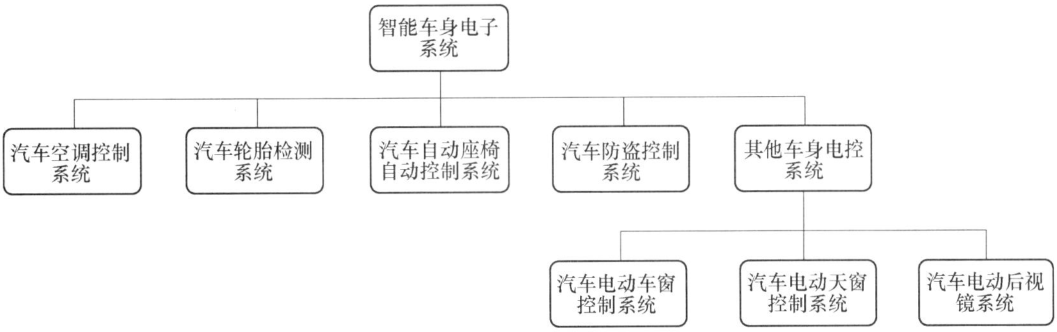

图 1-3　智能车身电子系统

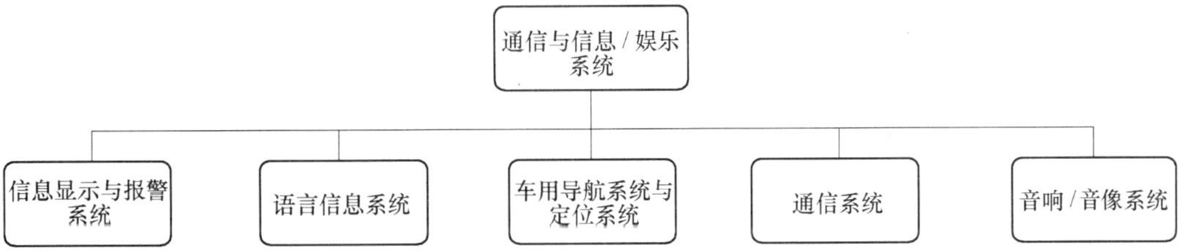

通信与信息/娱乐系统

- 信息显示与报警系统
- 语言信息系统
- 车用导航系统与定位系统
- 通信系统
- 音响/音像系统

图 1-4　通信与信息/娱乐系统

5）其他电控系统。

三、电控系统的基本组成及分类

电控系统一般由传感器、电子控制单元（ECU）、执行器三大部分组成。一套完整的电控系统和人体思维模式比较相似，传感器相当于人体的神经末梢，用于对外界信息进行监测；电子控制单元（ECU）相当于人体的大脑，收集并处理监测到的信息；执行器相当于人体的手和脚，用于执行大脑的指令。现代汽车电控系统方框图如图 1-5 所示，简化汽车控制系统模型如图 1-6 所示。

电控系统有开环控制系统和闭环控制系统两种基本类型。

开环控制系统是指 ECU 只根据传感器信号对执行元件进行控制，但控制结果是否达到预期目标对其控制过程没有影响；闭环控制系统是指在开环控制系统的基础上，还通过某些传感器，如用于喷油闭环控制的氧传感器和用于点火闭环控制的爆燃传感器，对控制结果进行检测并反馈给 ECU，ECU 再根据反馈信号对其控制误差进行修正。图 1-7 所示为电控系统

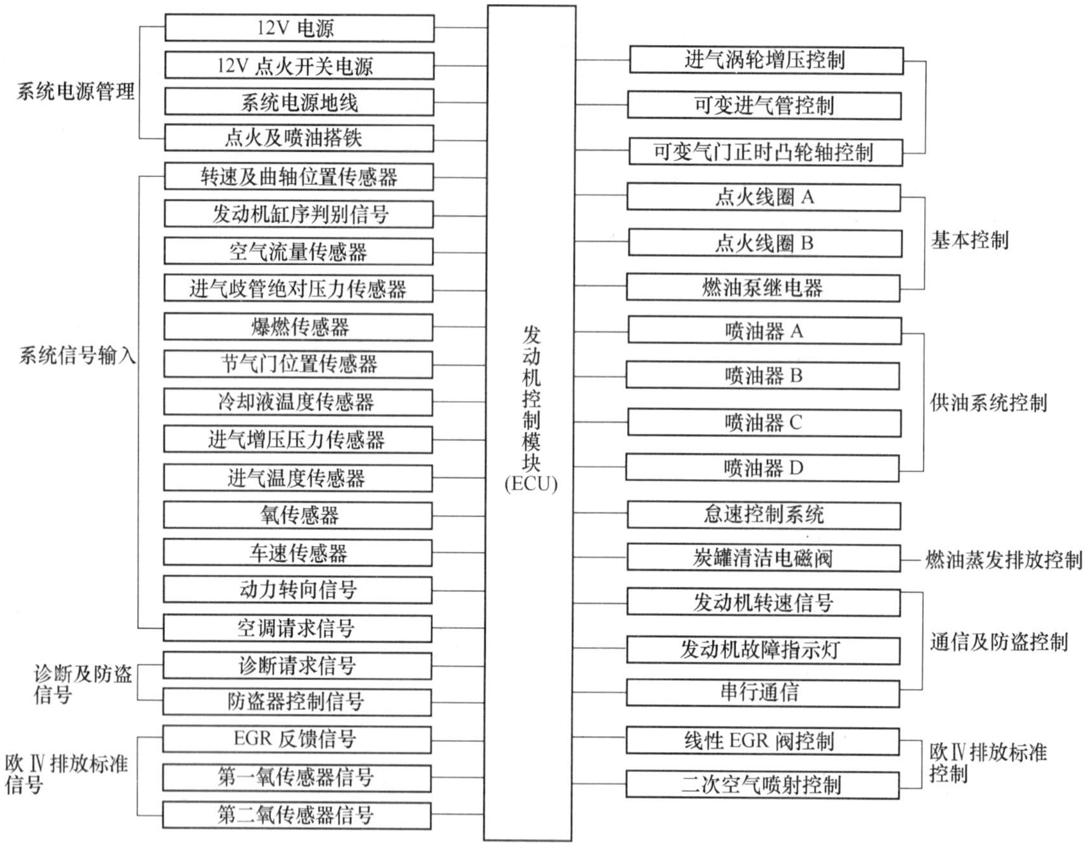

系统电源管理
12V 电源
12V 点火开关电源
系统电源地线
点火及喷油搭铁
系统信号输入
转速及曲轴位置传感器
发动机缸序判别信号
空气流量传感器
进气歧管绝对压力传感器
爆燃传感器
节气门位置传感器
冷却液温度传感器
进气增压压力传感器
进气温度传感器
氧传感器
车速传感器
动力转向信号
空调请求信号
诊断及防盗信号
诊断请求信号
防盗器控制信号
欧Ⅳ排放标准信号
EGR 反馈信号
第一氧传感器信号
第二氧传感器信号
发动机控制模块(ECU)
进气涡轮增压控制
可变进气管控制
可变气门正时凸轮轴控制
点火线圈 A
点火线圈 B
燃油泵继电器
基本控制
喷油器 A
喷油器 B
喷油器 C
喷油器 D
供油系统控制
怠速控制系统
炭罐清洁电磁阀
燃油蒸发排放控制
发动机转速信号
发动机故障指示灯
串行通信
通信及防盗控制
线性 EGR 阀控制
二次空气喷射控制
欧Ⅳ排放标准控制

图 1-5　现代汽车电控系统方框图

向 ECU 提供汽车运行状况和发动机工况
接收来自传感器的信息，经信息处理后发出相应的控制指令给执行器
执行 ECU 的专项指令，从而完成控制目的
传感器
ECU
执行器

图 1-6　简化汽车控制系统模型

开环控制
工作请求
系统控制
执行器动作
控制结果
闭环控制
工作请求
系统控制
执行器动作
控制结果
误差监控

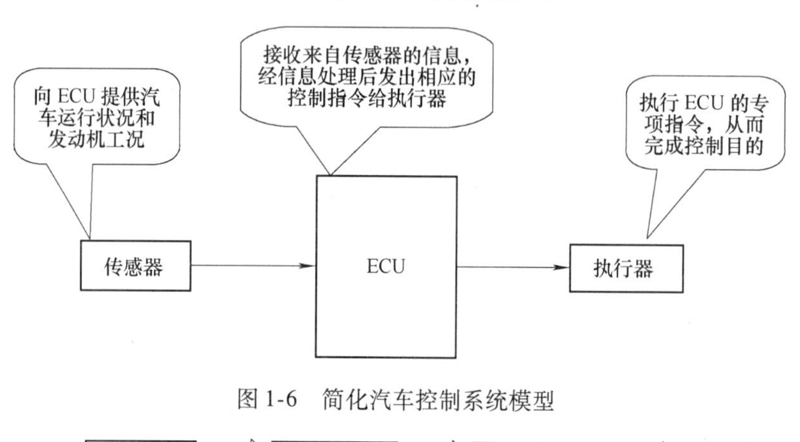

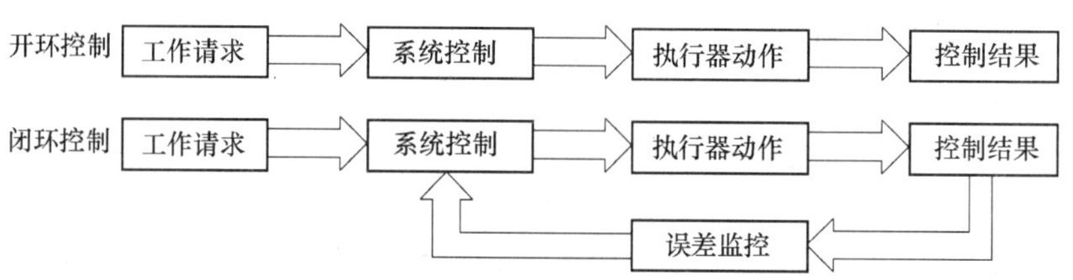

图 1-7　电控系统开环和闭环控制过程的示意图

开环和闭环控制过程的示意图。

目前汽车上的电控系统广泛采用开环控制与闭环控制相结合的方法进行控制。

四、电控技术对发动机性能的影响

1. 提高发动机的动力性

采用电控燃油喷射系统和进气控制系统，使发动机的充气效率提高，从而提高了发动机的动力性。

2. 提高发动机燃油经济性

电喷系统能精确控制空燃比，电控点火系统能精确控制点火提前角，从而使发动机燃烧更加完全。

3. 降低排放污染

电控系统使发动机在不同工况下都能获得更精确的可燃混合气浓度，降低了发动机的排放污染。

4. 改善发动机的加速和减速性能

电控系统 ECU 的高速处理功能，对进气量和供油量的控制能迅速响应，从而使发动机的加速和减速反应更灵敏。

5. 改善发动机的起动性能

在起动及暖机过程中，控制系统能根据发动机温度的变化，对喷油量和进气量进行精确控制，从而使发动机的起动更为容易。

任务 2　发动机的主要电子控制系统

应用在发动机上的电子控制系统主要可以分为三大块：电控燃油喷射系统、电控点火系统及其他辅助控制系统。

一、电控燃油喷射系统

电控燃油喷射系统（Electronic Fuel Injection，EFI），是根据进气量确定基本喷油量，再根据其他传感器（如冷却液温度传感器、节气门位置传感器等）信号等对喷油量进行修正，使发动机在各种运行工况下均能获得最佳浓度的可燃混合气，从而提高发动机的动力性、经济性和排放性。

二、电控点火系统

电控点火系统（Electronic Spark Advance，ESA），主要是对点火提前角进行控制。根据各相关传感器信号，判断发动机的运行工况和运行条件，选择最理想的点火提前角点燃可燃混合气，从而改善发动机的燃烧过程，以实现提高发动机动力性、经济性和降低排放污染的目的。

三、其他辅助控制系统

其他辅助控制系统主要包括怠速控制系统、排放控制系统、进气控制系统、增压控制系统、巡航控制系统、自诊断与报警系统、失效保护系统及应急备用系统等。

（1）怠速控制系统　是在发动机怠速工况下，根据发动机冷却液温度、空调压缩机是否工作、变速器是否挂入挡位等，通过怠速控制阀对发动机的进气量进行控制，使发动机随时以最佳怠速转速运转。

（2）排放控制系统　主要是对发动机排放控制装置的工作实行电子控制。排放控制的项目主要包括：废气再循环（EGR）控制、活性炭罐电磁阀控制、氧传感器和空燃比闭环控制，以及二次空气喷射控制等。

（3）进气控制系统　主要是根据发动机转速和负荷的变化，对发动机的进气进行控制，以提高发动机的充气效率，从而改善发动机动力性。

（4）增压控制系统　是对发动机进气增压装置的工作进行控制。在装有废气涡轮增压装置的汽车上，ECU 根据检测到的进气管压力，对增压装置进行控制，从而控制增压装置对进气增压的强度。

（5）巡航控制系统　是在设定巡航控制模式后，ECU 根据汽车运行工况和运行环境信息，自动控制发动机工作，使汽车自动维持一定车速行驶。

（6）自诊断与报警系统　系统将诊断出的故障信息以故障码的形式储存在存储器中，以便帮助维修人员确定故障类型和范围；同时，ECU 控制各种指示和报警装置，一旦控制系统出现故障，该系统就发出信号以警告提示。

（7）失效保护系统　主要是当传感器或传感器线路发生故障时，控制系统自动按电脑中预先设定的参考信号值工作，以便发动机能继续运转。

（8）应急备用系统　是当控制系统电脑发生故障时，自动启用备用系统（备用集成电路），按设定的信号控制发动机转入强制（安全）运转状态，以防车辆停驶在路途中。

本项目小结

1. 电控系统大体上可分为传感器、电子控制单元（ECU）和执行器三大部分，但不同的电控系统其结构特点也有所不同。

2. 采用发动机电控技术之后，发动机性能大幅度提高，这也是电喷系统及电控点火系统迅速普及的原因。

3. 使用在发动机上的电控系统主要有电控燃油喷射系统、电控点火系统、怠速控制系统、排放控制系统、进气控制系统、增压控制系统、巡航控制系统、自诊断与报警系统、失效保护系统和应急备用系统等。

4. 电控系统有开环和闭环两种控制类型。

5. 电控单元的基本功能是按照一定的程序对各种输入信号进行运算处理、储存、分析、处理，然后输出指令，控制执行元件工作，以达到快速、准确、自动控制发动机工作的目的。

练习与思考

一、填空题

1. 电控燃油喷射系统用英文表示为________；怠速控制系统用英文表示为________。

2. 目前，应用在发动机上的电子控制系统主要包括电控燃油喷射系统、________和其他辅助控制系统。

3. 电控点火系统最基本的功能是________。此外，该系统还具有________控制和________控制功能。

4. 排放控制的项目主要包括废气再循环控制、活性炭罐电磁阀控制、氧传感器和________、________控制等。

5. 传感器的功用是____________________。

6. 执行元件受________控制，其作用是________。

7. 电控系统由________、________和________三大部分组成。

8. 电控系统有________和________两种控制类型。

9. 应用在发动机上的电子控制技术有：电控燃油喷射系统、________、________、________、________、进气控制系统、增压控制系统、巡航控制系统、自诊断与报警系统、失效保护系统和应急备用系统。

10. ________是采集并向 ECU 输送信息的装置。

二、判断题

1. 现代汽车广泛采用集中控制系统，它是将多种控制功能集中到一个控制单元上。(　　)

2. 电子控制系统中的信号输入装置是各种传感器。(　　)

3. 闭环控制系统的控制方式比开环控制系统要简单。(　　)

4. 开环控制的控制结果是否达到预期目标对其控制过程没有影响。(　　)

5. 发动机集中控制系统中，一个传感器信号输入 ECU 可以作为几个子控制系统的控制信号。(　　)

6. 在发动机集中控制系统中，同一传感器信号可应用于不同子控制系统中。(　　)

7. 发动机集中控制系统中，各子控制系统所需要的信息是不相同的。(　　)

8. 后备系统是简易控制，既能维持其基本功能，又能保持发动机正常运行的最佳性能。(　　)

三、问答题

1. 汽车电子技术的发展经历了哪三个阶段？

2. 电控技术对发动机性能有何影响？

3. 传感器的功用是什么？

4. 什么叫开环控制系统？什么叫闭环控制系统？

5. 电子控制单元的功能是什么？

项目二　发动机电控系统主要传感器

车用传感器是汽车计算机系统的输入装置，它把汽车运行中各种工况信息，如车速、各种介质的温度、发动机运转工况等，转化成电信号输送给 ECU，由 ECU 计算出最佳控制参数给执行器，以使发动机处于最佳工作状态。在汽车发动机上采用的传感器，主要有空气流量计、进气歧管绝对压力传感器、冷却液温度传感器、进气温度传感器、曲轴和凸轮轴位置传感器、节气门位置传感器、氧传感器、爆燃传感器、常见开关信号及车速传感器等。

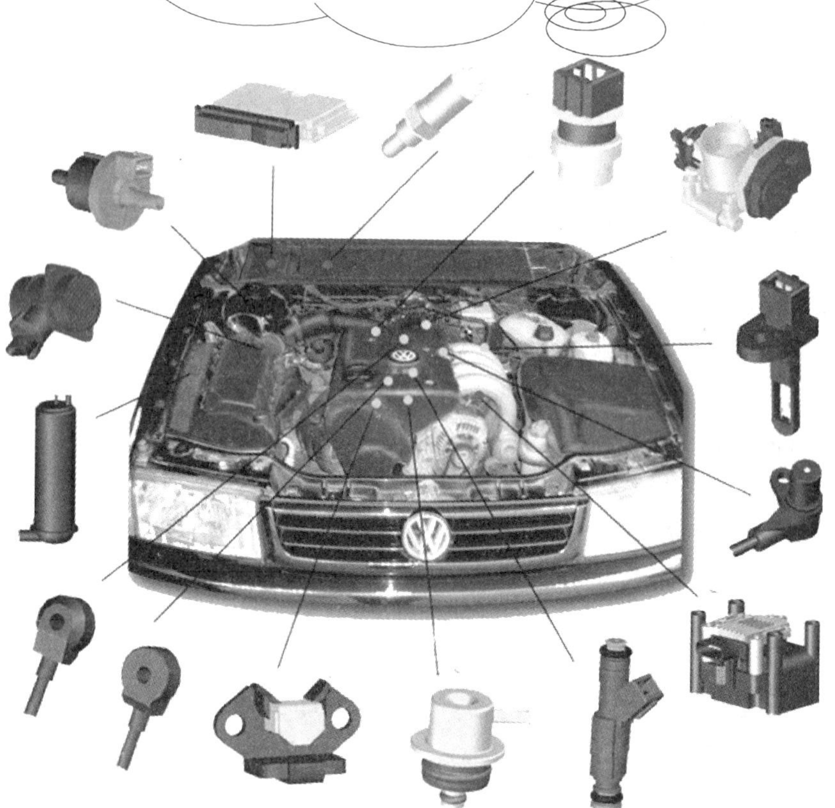

【学习目标】

◇ 掌握空气流量计的相关知识

◇ 掌握进气歧管绝对压力传感器的相关知识

◇ 掌握冷却液温度传感器及进气温度传感器的相关知识

◇ 掌握凸轮轴/曲轴位置传感器的相关知识

◇ 掌握节气门位置传感器的相关知识

◇ 掌握氧传感器的相关知识

◇ 掌握爆燃传感器的相关知识

◇ 掌握常见开关信号及其他类型传感器的相关知识

任务1　空气流量计的相关知识

一、空气流量计的作用及结构原理

空气流量计主要应用于L型电控燃油喷射系统中，用于将单位时间内进入发动机的进气量转换成电信号，并将信号输入ECU。空气流量计安装位置一般如图2-1所示。

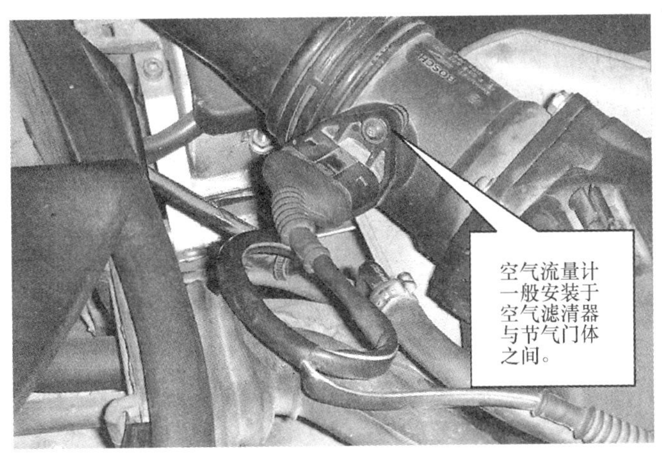

图2-1　空气流量计的安装位置

空气流量计按照测量原理可分为叶片式空气流量计、热式空气流量计和卡门涡旋式空气流量计及量芯式空气流量计四种类型，如图2-2所示。

（一）叶片式空气流量计

1. 叶片式空气流量计的结构

叶片式空气流量计也可以称为翼片式或翼板式空气流量计。其主要特点是结构简单、可靠性好，测量精度不受电压波动的影响；但其进气阻力大，急加速响应性较慢，外形尺寸较大，布置较困难。它主要应用于沃尔沃760、雷克萨斯ES300、宝马535等轿车发动机上。

叶片式空气流量计的结构如图2-3所示。它主要由测量板、补偿板(缓冲板)、回位弹簧、电位计、旁通空气道、怠速调整螺钉及接线插头等组成。叶片式空气流量计上一般还有一个电动燃油泵开关及一个进气温度传感器。

2. 叶片式空气流量计的工作原理

叶片式空气流量计的工作主要依赖于电位计(图2-4)的工作。空气推力使测量板打开一个角度。当推开测量板的力和回位弹簧变形后的弹力相平衡时，测量板便停止转动，与测量板同轴转动的电位计轴带动可变电阻滑动触头滑动。当测量板保持某一开度时，就会使空气通道的面积保持一定，电位计的电阻值也保持一定，此时其测量端子便将一定的信号电压输送到发动机 ECU。

3. 叶片式空气流量计插接器及电路原理

叶片式空气流量计的插接器接口一般有 7 个端子，如丰田、日产系列的叶片式空气流量计，其电路原理如图 2-5 所示。

注意：目前汽车上有一部分叶片式空气流量计插接器取消了电动燃油泵触点，只有 5 个端子。也有些只有 4 个端子的。例如，某些带涡轮增压的发动机中，叶片式空气流量计上没装进气温度传感器。

（二）热式空气流量计

热式空气流量计可以分为热线式空气流量计和热膜式空气流量计，如图 2-6 所示。

1. 热线式空气流量计

热线式空气流量计有主流测量方式（图 2-7）和旁通测量方式（图 2-8）两种，其结构基本相似。主流测量方式的热线式空气流量

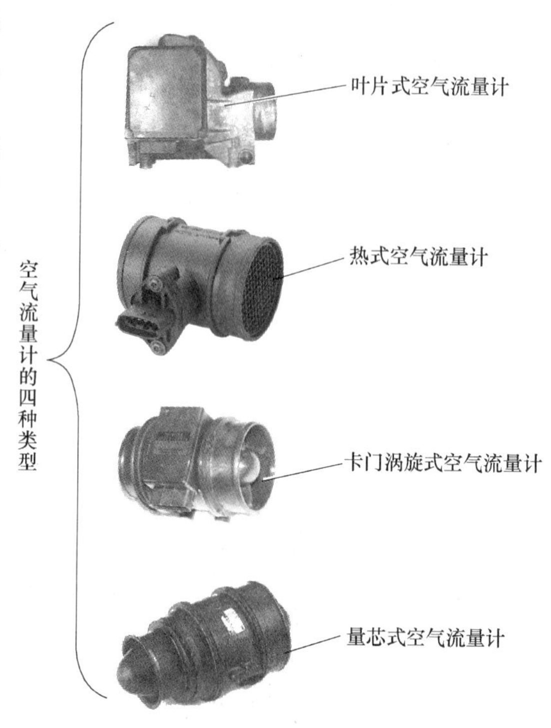

图 2-2　空气流量计的分类

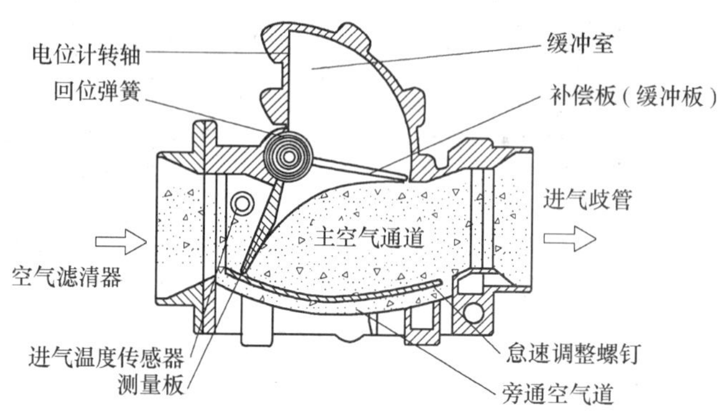

图 2-3　叶片式空气流量计的结构

计主要由防回火和滤除脏物的防护网、采样管、热线电阻、温度补偿电阻、控制电路板及接线插头等组成。热线式空气流量计主要使用于沃尔沃、日产、别克等部分车型上。

热线式空气流量计的工作原理如图 2-9 所示。

在进气管道中放置热线电阻 R_h，当空气流过热线时，热线的热量被空气吸收，使其变冷。热线周围通过的空气质量流量越大，被带走的热量就越多。热线式空气流量计就是利用热线与空气之间的这种热传递现象进行空气质量流量测量的。工作中它将热线温度与吸入空气温度差保持在 100℃，热线温度由混合集成电路控制，当空气质量流量增大时，由于空气带走的热量增多，为保持热线温度，混合集成电路使热线电阻通过的电流增大，反之则减小。通过热线电阻的电流是空气质量流量的单一函数，即热线电流随着空气质量流量的增大

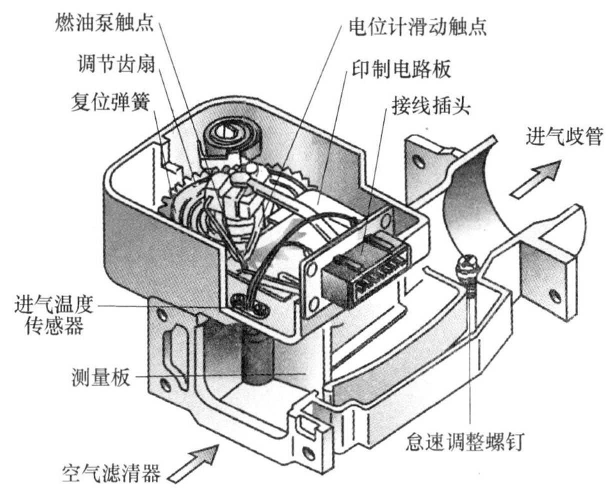

图 2-4　叶片式空气流量计的电位计

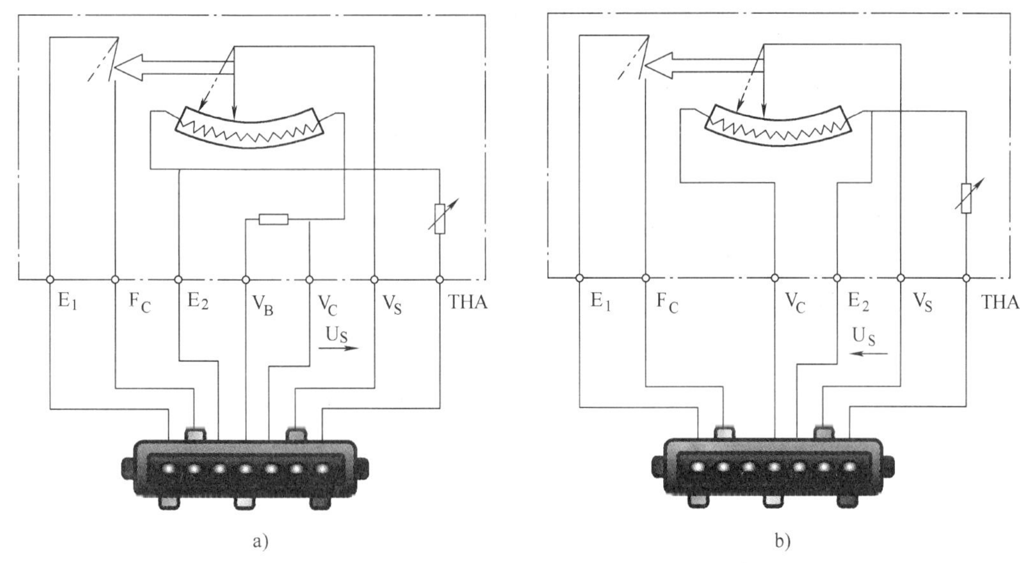

图 2-5　叶片式空气流量计电路原理图

a）模拟控制系统采用　b）数字控制系统采用

THA—进气温度传感器信号　U_S—空气流量传感器输出信号　F_C—燃油泵开关　E_2—搭铁

V_C—空气流量传感器输出信号　V_B—电源电压　E_1—燃油泵开关搭铁

而增大，随空气质量流量减小而减小。这样 ECU 根据热线电流的变化就可以计算出空气流量的大小。

热线式空气流量计都有自洁功能：发动机转速超过 1500r/min，关闭点火开关使发动机熄火后，控制系统自动将热线加热到 1000℃以上并保持约 1s，使附在热线上的粉尘烧掉。

2. 热膜式空气流量计

热膜式空气流量计的结构如图 2-10 所示，其发热体不是热线而是热膜，它是由发热金属铂固定在薄的树脂膜上构成的。这种结构可使发热体不直接承受空气流动所产生的作用

图 2-6　热式空气流量计的两种形式

a）热线式空气流量计　b）热膜式空气流量计

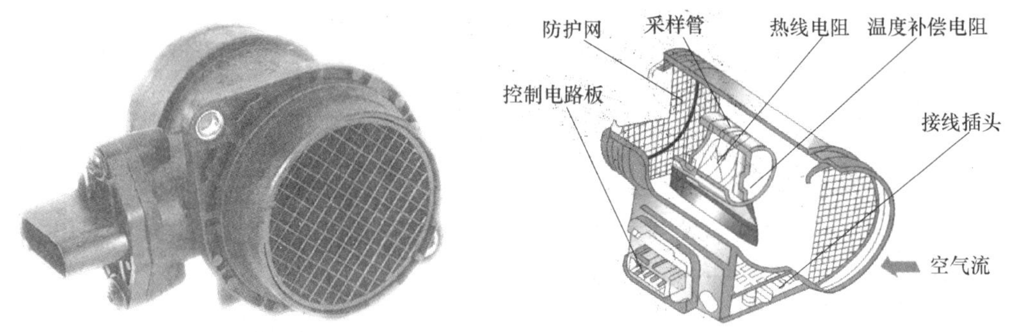

图 2-7　主流测量方式的热线式空气流量计实物及结构组成

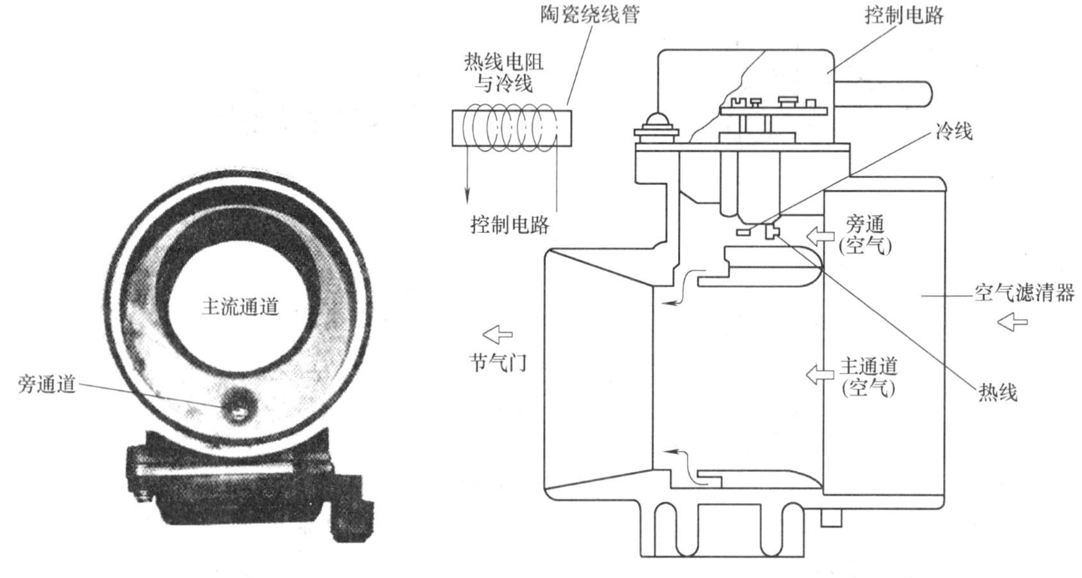

图 2-8　旁通测量方式的热线式空气流量计实物及结构组成

力，增加了发热体的强度，提高了空气流量计的可靠性和使用寿命。

热膜式空气流量计的工作原理与热线式基本相同，目前主要应用在捷达、桑塔纳2000Gsi、别克、奔驰等轿车上。

3. 热式空气流量计的电路原理

热线式及热膜式空气流量计的插接器接口形式基本相同。图 2-11 所示为热线式空气流量计的电路原理图。

（三）卡门涡旋式空气流量计

卡门涡旋是一种物理现象，其产生原理如图 2-12 所示。当空气穿过锥状涡流发生器后不断产生卡门涡旋，涡旋的频率（个数）与空气流速成正比，与涡流发生器直径成反比。卡门涡旋式空气流量计是通过监测涡旋频率来计算空气流速，进而计算空气流量的。

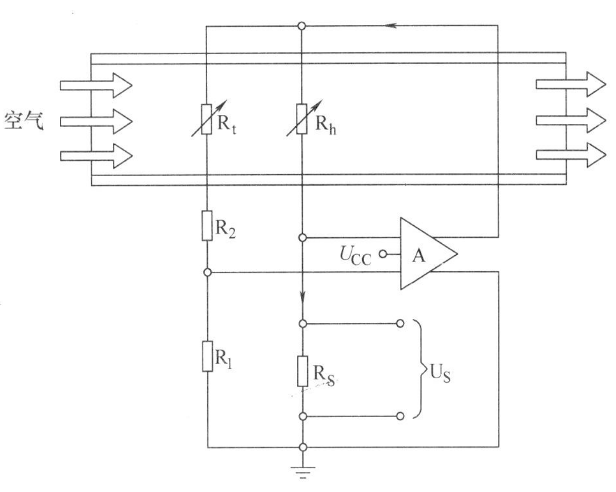

图 2-9　热线式空气流量计的工作原理

R_t—温度补偿电阻　R_h—热线电阻　R_1、R_2、R_S—精密电阻

A—集成电路　U_S—输出信号　U_{CC}—工作电压

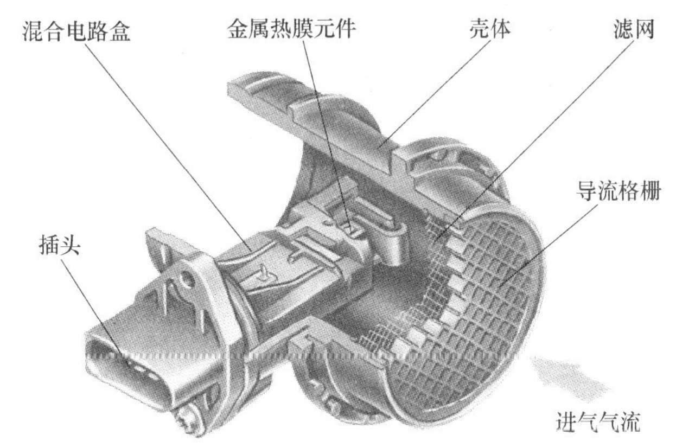

图 2-10　热膜式空气流量计结构

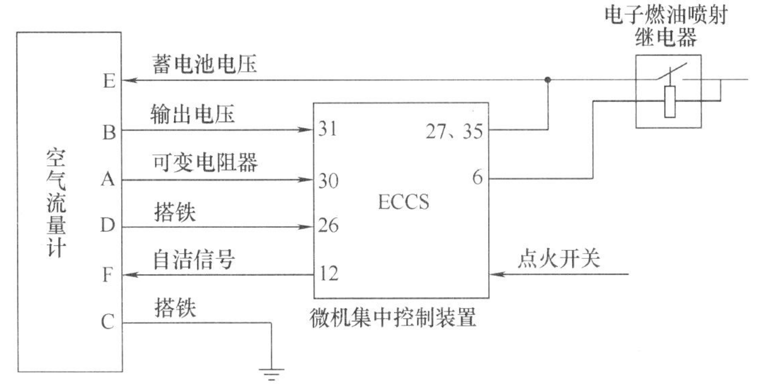

图 2-11　热线式空气流量计的电路原理图

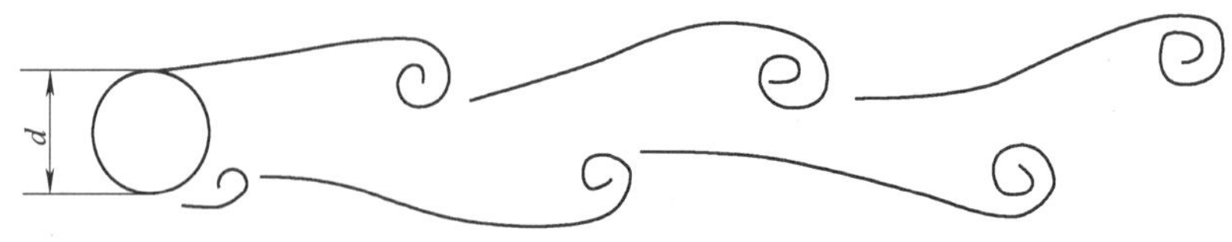

图 2-12　卡门涡旋形成原理图

根据传感器输出信号的检测原理，卡门涡旋式空气流量计可以分为反光镜式和超声波式两种。

1. 反光镜测量方式的卡门涡旋式空气流量计

反光镜测量方式的卡门涡旋式空气流量计主要应用在丰田雷克萨斯 LS400 型轿车和皇冠 3.0 型轿车上。

（1）结构组成　其结构组成如图 2-13 所示，主要由涡旋发生器、发光二极管、光敏晶体管、反光镜、集成控制电路等组成。

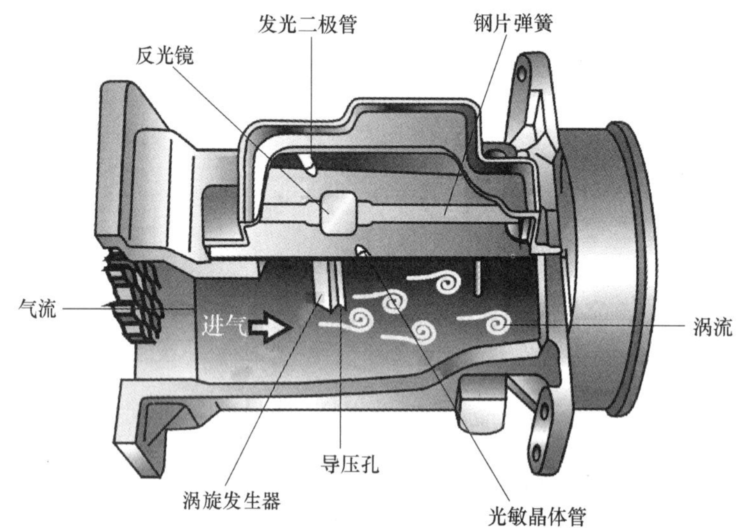

图 2-13　反光镜测量式卡门涡旋空气流量计结构组成

（2）工作原理　其工作原理如图 2-14 所示，当空气流经涡旋发生器时产生卡门涡旋，其压力发生变化，通过压力导向孔作用于铂金属制成的反光镜表面，使反光镜产生振动。反光镜振动时，将发光二极管投射的光反射给光敏晶体管，光敏晶体管将其转换为电信号，经流量计内 IC 集成电路整形后输入 ECU，ECU 根据该信号频率计算进气量。

2. 超声波测量方式的卡门涡旋式空气流量计

超声波测量方式的卡门涡旋式空气流量计主要应用在三菱、长丰猎豹、现代汽车部分车型上。

（1）结构组成　其结构组成及工作原理如图 2-15 所示，它主要由涡旋发生器、超声波信号发生器、超声波接收器、集成控制电路等组成。

（2）工作原理　超声波检测方式的卡门涡旋式空气流量计是利用卡门涡旋引起的空气密度变化进行测量的，其工作原理如图 2-15 所示。

当发动机运转时，超声波信号发生器不断向超声波接收器发送一定频率的超声波。在超声

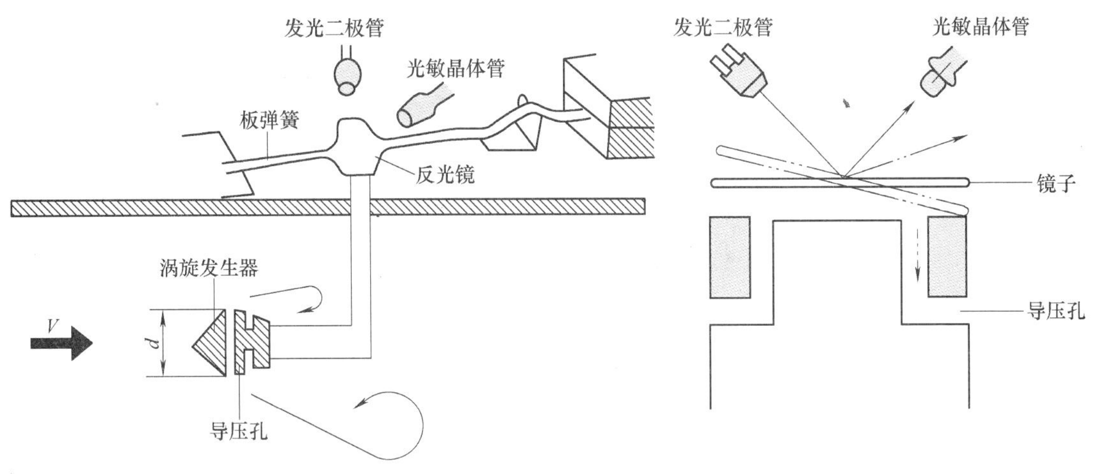

图 2-14　反光镜测量式卡门涡旋空气流量计工作原理图

波通过空气流到达接收器的过程中，卡门涡旋会造成空气密度的变化，受其影响，超声波信号发生器发出的超声波到达接收器的时机将变早或者变晚，即超声波的相位产生了一定的差值，利用集成电路中的放大器将其变成矩形波，矩形波的脉冲频率即为卡门涡旋的频率，从而计算出空气涡流的数量，得到发动机进气量的大小。

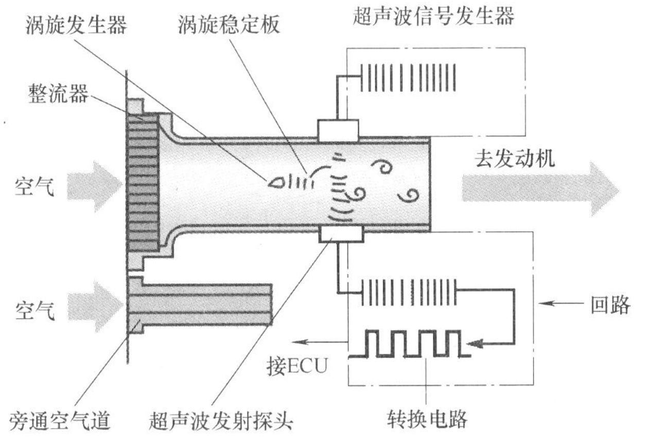

图 2-15　超声波测量方式的卡门涡旋式空气流量计结构组成及工作原理

3. 卡门涡旋式空气流量计电路原理

卡门涡旋式空气流量计的插接器接口端子一般有三个，分别是 ECU 输入电压端、传感器信号输出端及搭铁端。图 2-16 所示为雷克萨斯 LS400 卡门涡旋式空气流量计与 ECU 的连接电路图。

（四）量芯式空气流量计

量芯式空气流量计主要应用于马自达 929 车型。

1. 结构组成

量芯式空气流量计结构与翼片式流量传感器相似，如图 2-17 所示，主要由量芯、电位计、进气温度传感器和线束插座等组成。检测部件是一个椭圆球形量芯，安装在进气道内并可沿进气道移动，即用量芯代替了翼片总成。电位计滑壁的一端与量芯连接，另一端设有滑动触点，量芯移动时，触点可在印刷电路板的镀膜电阻上滑动。

注意：量芯式空气流量计没有设置旁通进气道和怠速混合气调整螺钉，怠速时的混合气浓度由 ECU 根据氧传感器输入的信号进行调节。

2. 量芯式空气流量计的电路原理

量芯式空气流量计的测量原理与翼片式传感器相似，图 2-18 所示为量芯式空气流量计

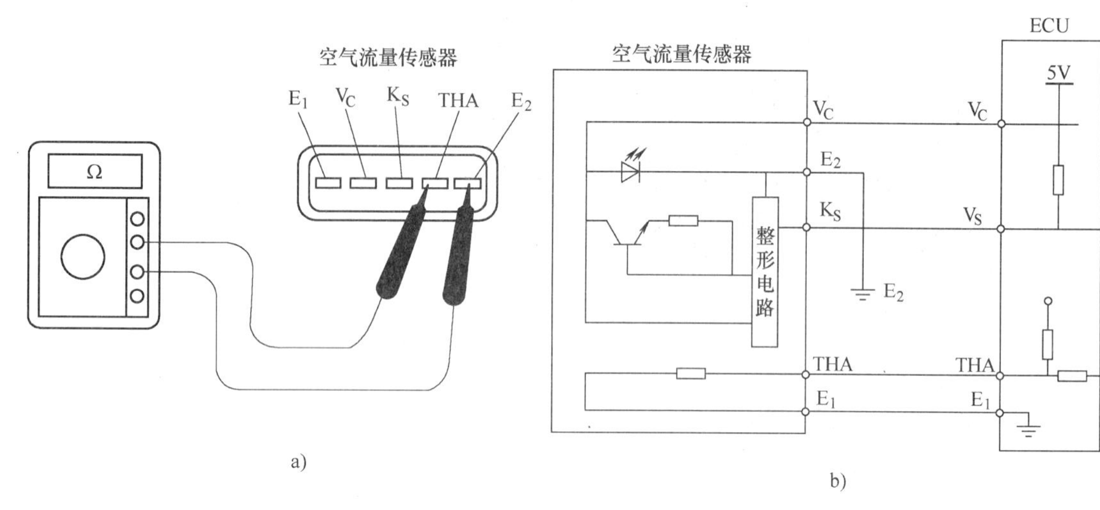

图 2-16　雷克萨斯 LS400 卡门涡旋式空气流量计与 ECU 的连接电路图
a）测量示意图　b）电路图

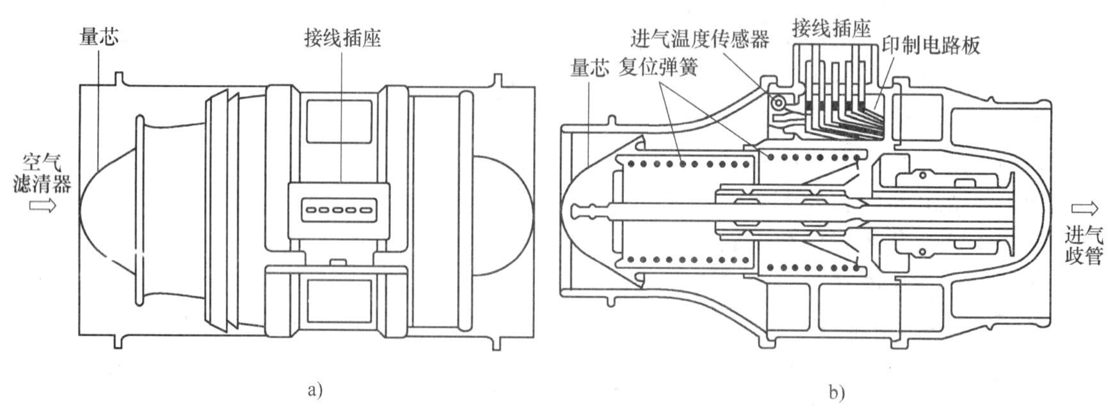

图 2-17　量芯式空气流量计的结构组成
a）外形图　b）内部结构

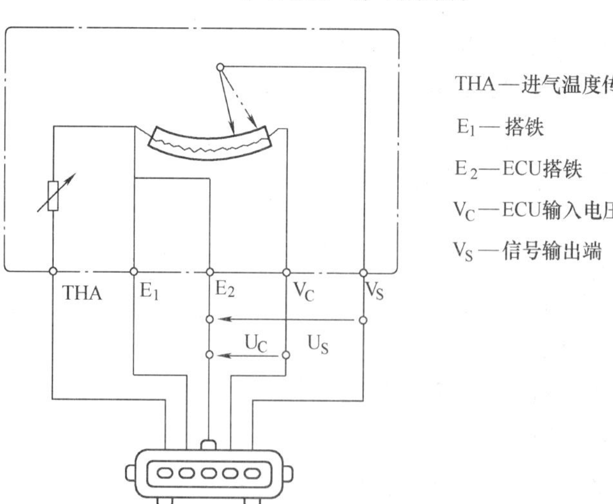

THA—进气温度传感器信号

E_1—搭铁

E_2—ECU搭铁

V_C—ECU输入电压端

V_S—信号输出端

图 2-18　量芯式空气流量计电路原理

的电路原理图。

注意：空气流量计的形式较多，拆装方法也不一样。应注意：①拆装时点火开关必须关闭；②空气流量计一般不允许解体；③拆卸时应尽量避免灰尘等脏物进入进气道。

二、空气流量计的拆检流程及技术要求

空气流量计的检测流程如图2-19所示。

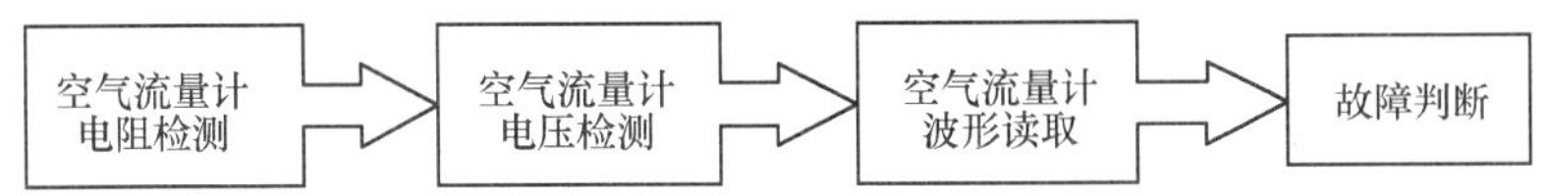

图2-19　空气流量计的检测流程

（一）叶片式空气流量计的检修规程及技术要求

图2-20所示为叶片式空气流量计插接器接口端子对照图。

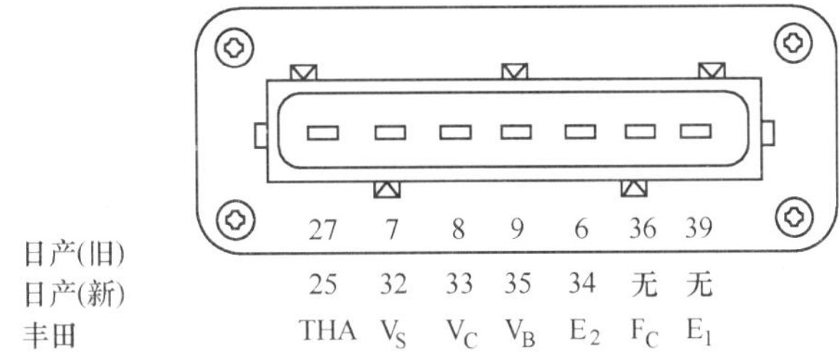

图2-20　叶片式空气流量计插接器接口端子对照图

THA— 进气温度传感器信号　V_S—空气流量计输出信号　V_C—电脑输送给传感器的电压

V_B—电源电压　E_2—传感器的搭铁线　F_C—燃油泵开关　E_1—燃油泵开关搭铁

1）检测叶片式空气流量计电阻，操作方法如图2-21所示。

以丰田车系为例，其各端子检测参数应符合表2-1的要求。如不符合各车型对电阻的要求，则说明叶片式空气流量计工作不良，应予以维修或者更换。

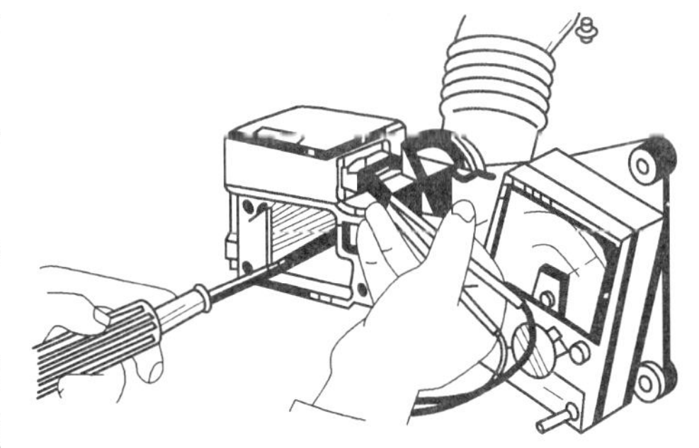

图2-21　检查叶片式空气流量计电阻

2）检查电源电压和信号电压，各端子检测电压应符合表2-2的要求。如果检查时其电压值不符合规定值，则应对空气流量计进行维修或更换。

表2-1　丰田皇冠2.8L型轿车叶片式空气流量计电阻标准值

端　　子	电阻值/kΩ	条　　件	端　　子	电阻值/kΩ	条　　件
F_C—E_1	∞	叶片完全关闭	THA—E_2	4.00~7.00	0℃
	0	叶片不完全关闭		2.00~3.00	20℃
V_S—E_2	0.02	叶片完全关闭		0.9~1.30	40℃
	0.02~1	叶片由全关到全开		0.40~0.70	60℃
V_C—E_2	0.10~0.30				

表 2-2　丰田皇冠 2.8L 型轿车叶片式空气流量计电压标准值

端　　子	电压值/V	条　　件	
F_C—E_1	12V	叶片完全关闭	
V_S—E_2	3.7～4.3	点火开关位于“ON”	叶片完全关闭
	0.2～0.5		叶片全开
	2.3～2.8	怠速	
	0.3～1.0	3000r/min	
V_C—E_2	4～6	点火开关位于“ON”	

3）可用示波器读取叶片式空气流量计输出电压波形并与正常波形比较，如果差别较大，则应对空气流量计进行维修或更换。

（二）热式空气流量计的检测流程及技术要求

热式空气流量计的检测方法与叶片式空气流量计的检测方法基本一致。

1. 热线式空气流量计的检测流程及技术要求

以日产千里马车型热线式空气流量计为例，其电路原理如图 2-11 所示，其检测过程如下：

1）接通点火开关，当不起动发动机时，分别测量 E 与 D、E 与 C 端子之间电压，应均为电源电压 12V，否则说明电源线路或者搭铁线路有故障。

2）测量 B 与 C 端子之间的信号电压，发动机不工作时应为 2～4V，发动机工作时应为 1.0～1.5V。

3）发动机达到正常工作温度，转速超过 1500r/min 时，测量 F 与 D 端子之间的电压。关闭点火开关时，该电压应回零并在 5s 后又跳跃上升，1s 后再回零，否则说明自洁信号不良。

2. 热膜式空气流量计的检测流程及技术要求

以奥迪 A4 车型 AEB 发动机热膜式空气流量计为例，其检测过程如图 2-22 所示。

1）电压检测。MAF 信号电压(空气流量信号电压)：怠速时为 1.1V；发动机 3000r/min 时为 1.9V。

2）故障诊断仪读取数据块。选择功能“读取测量数据块”（功能 08）及显示组 2，屏幕显示：

```
读取测量数据块 2
1    2    3    4
```

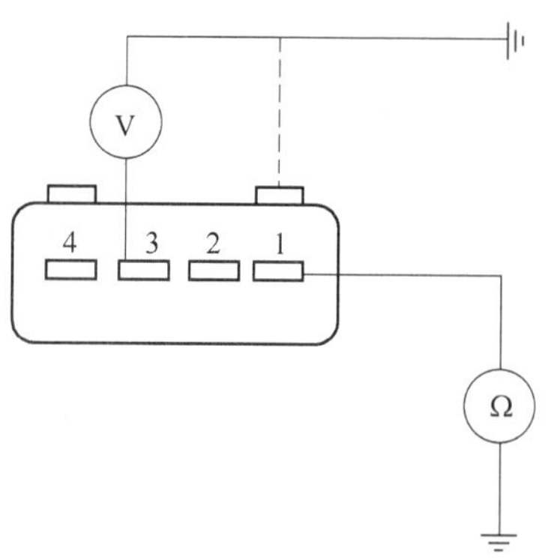

图 2-22　热膜式空气流量计的检测
1—搭铁　2—MAF 信号
3—12V 电源　4—ECM

显示区 4 将显示进气量，单位为 g/s。进气量小于 1.8g/s 表示进气系统有泄漏，应检查进气系统；进气量大于 4.0g/s 则表示发动机负荷过大，应消除额外负荷，如空调和动力转向等。进气量正常值为 1.8～4.0g/s，如显示不符合规定，或者故障存储器存储了空气流量计有关故障，则要检测空气流量计。

3. 示波器测试波形

以别克轿车的空气流量计为例，其检测方法如下：

传感器有三个接线柱，A 为信号(频率)线，B 为搭铁线，C 为电源 12V 线。测量信号线，电压应为 0 ~5V 的平均电压；示波器测试波形应为方波；频率信号随进气量增大而增大，怠速时频率信号为 2000Hz，频率信号低于 1200Hz 电脑会记录故障。

4. 实验检测

热式空气流量计的检测还可以通过实验进行，其方法如图 2-23 所示。

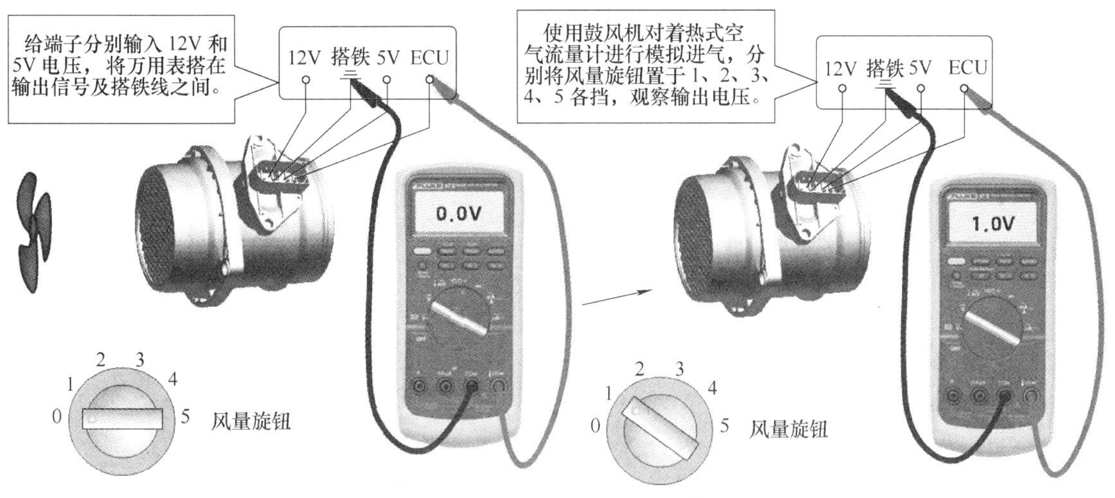

图 2-23　热式空气流量计检测

如果输出电压随风量的增加而增大，则说明热式空气流量计工作基本正常；否则说明空气流量计工作有误，应更换空气流量计。

注意：如果检测的热式空气流量计为五个或六个端子的热线式空气流量计，则还应检查其自洁功能是否正常。

（三）卡门涡旋式空气流量计的检测流程及技术要求

卡门涡旋式空气流量计的检测项目包括电阻检测和波形检测，下面以雷克萨斯 LS400 车型为例进行讲述。

1. 检测卡门涡旋式空气流量计电阻

如图 2-24 所示，将点火开关置于“OFF”位置，拔下空气流量计的导线插接器，用万用表电阻挡测量空气流量计上 THA—E_1 之间电阻。该电阻值应符合表2-3 的要求，否则应对空气流量计进行检修或更换。

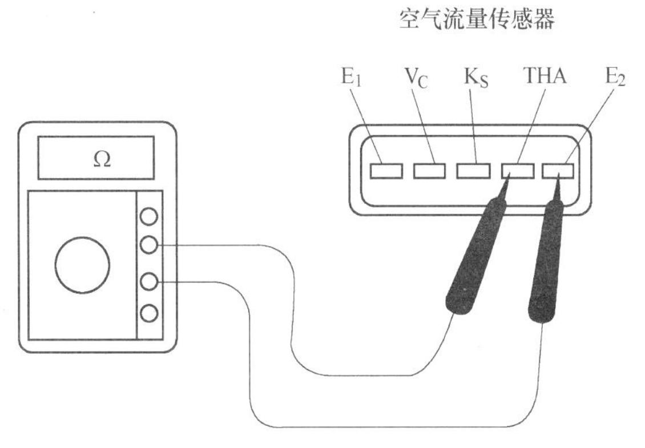

图 2-24　卡门涡旋式空气流量计电阻检测示意图

2. 检测卡门涡旋式空气流量计端子电压

如图 2-24 所示，将点火开关转至“ON”位置，检测 V_C 与 E_1 之间，K_S 与 E_1

之间的电压，其值应符合表 2-3 的要求，否则应对空气流量计进行检修或更换。

表 2-3　丰田雷克萨斯 LS400 车型卡门涡旋式空气流量计各端子间的电阻/电压

端　子	参　数		条　件
$THA—E_1$	标准电阻/kΩ	10.0 ~ 20.0	-20℃
		4.0 ~ 7.0	0℃
		2.0 ~ 3.0	20℃
		0.9 ~ 1.3	40℃
		0.4 ~ 0.7	60℃
$THA—E_2$	标准电压/V	0.5 ~ 3.4	怠速、进气温度 20℃
$K_S—E_1$		4.5 ~ 5.5	点火开关置于“ON”
		2.0 ~ 0.4(脉冲形式)	怠速
$V_C—E_1$		4.5 ~ 4.5	点火开关置于“ON”

3. 用示波器检测卡门涡旋式空气流量计的波形

波形上限应接近参考电压 5V，下限接近对地电压 0V；否则应对卡门涡旋式空气流量计进行检修或更换，如图 2-25 所示。

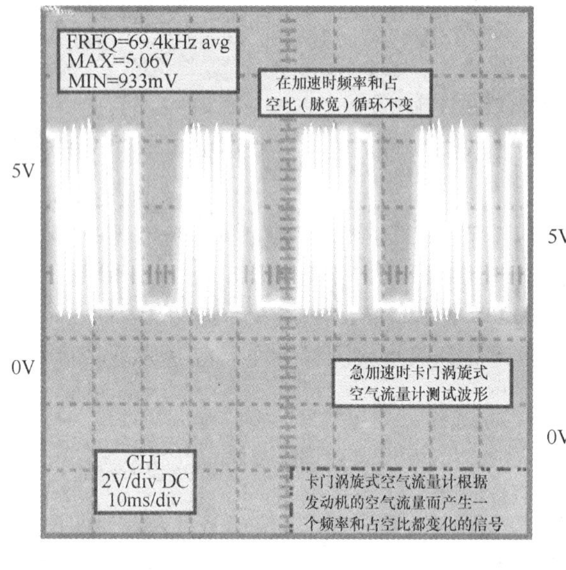

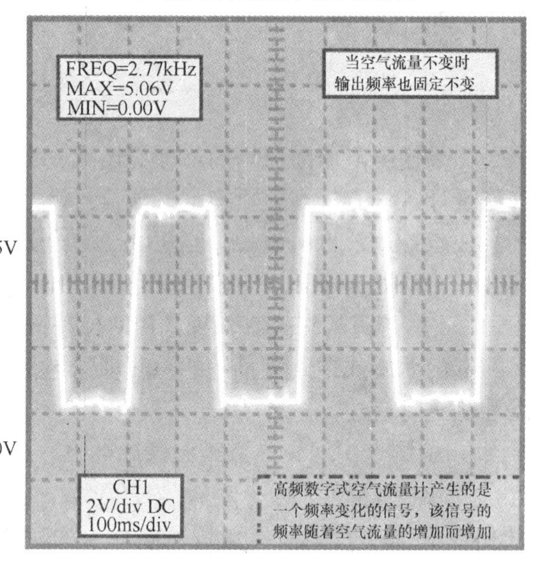

图 2-25　卡门涡旋式空气流量计波形检测

三、空气流量计典型故障案例分析

故障现象： 一辆桑塔纳 2000 轿车行驶里程为 10 万多 km。该车在缓加速时发动机工作尚可，但在急加速时发动机严重抖动，并回火“放炮”。

故障检修： 首先用修车王故障检测仪读取故障码，无故障码显示。观察数据流，除喷油时间偏长(5.5ms)外，其余也正常。由于无故障码，数据流也正常，所以先从非电控部分着

手开始检查。先后检查了燃油管路、高压线、点火线圈、火花塞和配气机构等，并无异常。拆下喷油器，发现有积炭附着在喷油器头部。将喷油器用超声波清洗机清洗过后，故障有所好转，但加速时还有回火“放炮”现象。这时再查数据流，发现喷油时间约为4.8 ms，与标准值相比偏长。

从喷油时间来分析，影响因素很多，如发动机负荷、冷却液温度、空气流量、进气温度及氧传感器反馈的信号等。于是先后测量了冷却液温度传感器和进气温度传感器的电阻值，均正常。由于怠速状态下没有开空调，没有转动转向盘，全车用电器均处于关闭状态，所以不存在负荷增大的问题。氧传感器反馈给ECU的氧含量信号采样率为8次/10s，也正常。那会不会是空气流量计的问题呢？更换了空气流量计后试车，故障排除。

故障说明：这是一起典型的空气流量计在检测空气流量过程中信号失准的故障。

由于ECU得到的空气流量信号数据与发动机在当时工作状态下的标准信号数据不一致，而这一变化后的数据又没有超出ECU内存中的数据，所以无故障码。同时由于ECU检测不到该空气流量计有故障，所以仍根据空气流量计所给出的错误信号来确定喷油持续时间，这必然会造成喷油持续时间不正常。不过，由于氧传感器的反馈信号修正了喷油器喷油持续时间，所以发动机在转速变化的速率不大时，该故障现象不明显，因为它会在平均每10s时间内反馈给ECU 8～10次氧含量信号，使得发动机在这一情况下还可以勉强工作；但当转速变化的速率加大时，由于氧传感器给ECU的氧含量信号采样率远远没有发动机转速的变化来得快，这时也就修正不了喷油持续时间，所以造成在发动机急加速时回火“放炮”。

任务2　进气歧管绝对压力传感器相关知识

一、进气歧管绝对压力传感器的基本结构及工作原理

在D型电控燃油喷射系统中，由进气管绝对压力传感器测量进气管压力，并将信号输入ECU，图2-26所示为进气歧管绝对压力传感器的外形。它安装在节气门与进气门之间的进气管上(图2-27)，实际测量的是进气管的真空度，通过计算换算成反映进气量的参数。

图2-26　不同结构类型的进气歧管绝对压力传感器外形

进气歧管绝对压力传感器通常可以分为压敏电阻式、电容式和膜盒式三种类型。

1. 压敏电阻式进气歧管绝对压力传感器

(1) 结构组成　压敏电阻式进气歧管绝对压力传感器的实物及结构组成如图2-28所示，主要由压电转换元件(硅片)、单臂电桥和IC集成放大电路等组成。该类型传感器具有尺寸

图 2-27　进气歧管绝对压力传感器的安装位置

小、输出信号稳定、抗振性好等特点，目前得到广泛使用，本田雅阁等轿车采用该类型的进气歧管绝对压力传感器。

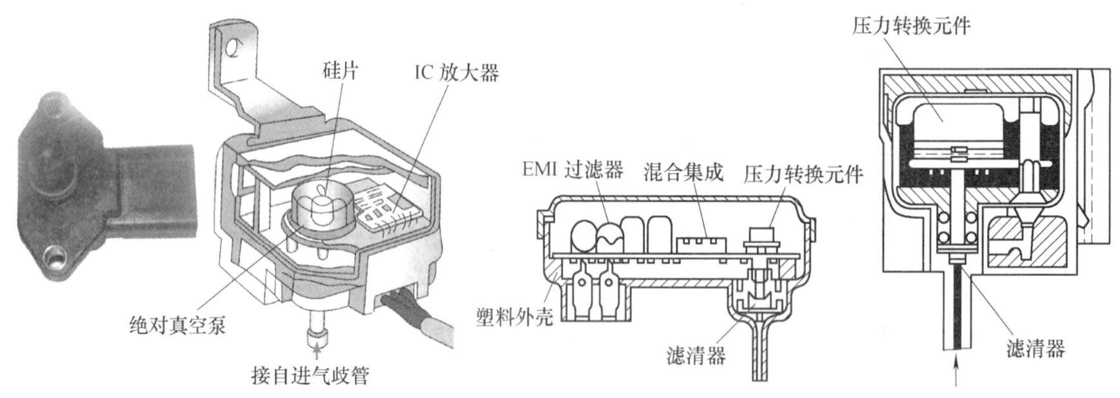

图 2-28　压敏电阻式进气歧管绝对压力传感器的实物及结构组成

（2）工作原理　压敏电阻式进气歧管绝对压力传感器的核心部件为压电转换元件。压电转换元件是利用半导体压阻效应制成的硅膜片。硅膜片为边长约 3mm 的正方形，其中间部分经光刻腐蚀形成直径约 2mm、厚约 50μm 的薄膜。在膜片表面规定位置有四个应变电阻，以单臂电桥方式连接，其工作原理如图 2-29 所示。

2. 电容式进气歧管绝对压力传感器

（1）结构组成　电容式进气歧管绝对压力传感器的结构组成如图 2-30 所示。位于传感器壳体内腔的弹性膜片用金属制成，弹性膜片上、下两个凹玻璃的表面也均有金属涂层，这样在弹性膜片与两个金属涂层之间形成两个串联的电容。

（2）工作原理　电容式进气歧管绝对压力传感器利用电容效应检测进气歧管绝对压力。发动机工作时，进气管内的进气压力作用于膜片，使电容 C_1 和电容 C_2 发生变化。电容变化量经过测量电路转换成电压信号输送给 ECU，ECU 通过处理这些信号计算出进气歧管压力大小，从而计算出进气量的大小。

3. 膜盒式进气歧管压力传感器

（1）结构组成　图 2-31 所示为膜盒式进气歧管绝对压力传感器结构组成。

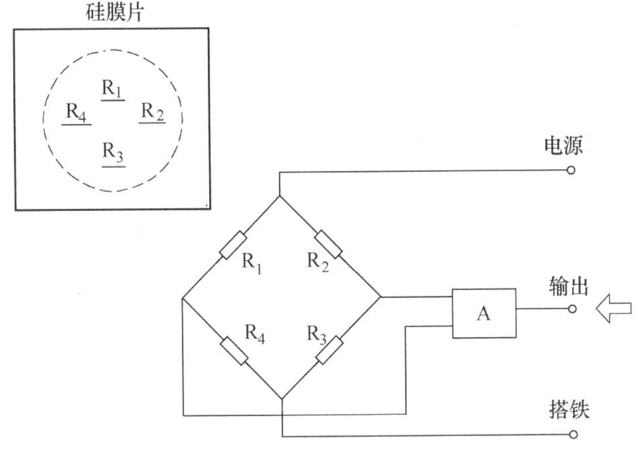

原理简述：当发动机工作时，进气歧管内的部分空气经传感器进口和滤清器作用在硅膜片上，硅膜片就会产生变形，应变电阻的阻值就会发生变化，电桥输出电压随之变化。因为进气压力随进气流量的变化而变化，当节气门开度增大（即进气流量增大）时，空气流通截面增大，气流速度降低，进气压力升高，膜片的变形量增大，应变电阻的变化率增大，电桥输出的电压升高。经集成电路进行比例放大后，传感器输入电控单元(ECU)的信号电压升高。反之，当节气门开度由大变小（即进气流量减小）时，进气流通截面减小，气流速度升高，进气压力降低，膜片的变形量减小，应变电阻的变化率减小，电桥输出电压降低，经过比例放大后，传感器输入ECU的信号电压降低。

图 2-29　压敏电阻式进气歧管绝对压力传感器工作原理

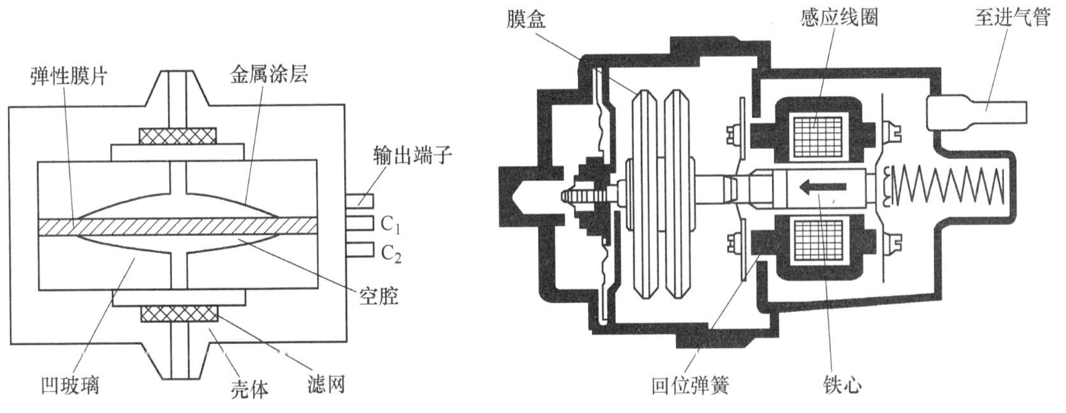

图 2-30　电容式进气歧管绝对压力传感器的结构组成

图 2-31　膜盒式进气歧管绝对压力传感器结构组成

膜盒用薄金属片焊接而成，内腔抽成真空，外部与进气歧管相通。

（2）工作原理　当膜盒外表压力变化时，膜盒两侧将随着外部压力的高低而内凹或外凸。感应线圈内部的铁心与膜盒联动，故膜盒的内凹或外凸也就改变了铁心在线圈内的位置。

感应线圈由两个绕组组成，一个线圈与振荡电路相连，产生交变电压，在线圈周围产生磁场；另一个为感应绕组，产生电压信号。当进气歧管压力变化时，膜盒带动铁心在磁场中移动，使感应线圈产生的电压信号随之变化。这个随进气歧管压力变化而变化的电压信号被送到电子电路，经检波、整形和放大后，便作为传感器的输出信号传至ECU。

二、进气歧管绝对压力传感器的拆检流程及技术要求

图2-32所示为皇冠3.0轿车进气歧管绝对压力传感器电路，其检修过程如图2-33所示。

1）将点火开关转至“ON”，测量 V_C 与 E_2 之间电压，应为5V。

2）拆下传感器连接真空软管，用手动真空枪给传感器施加真空度，PIM 与 E_2 之间电压应随其真空度的增加而下降。

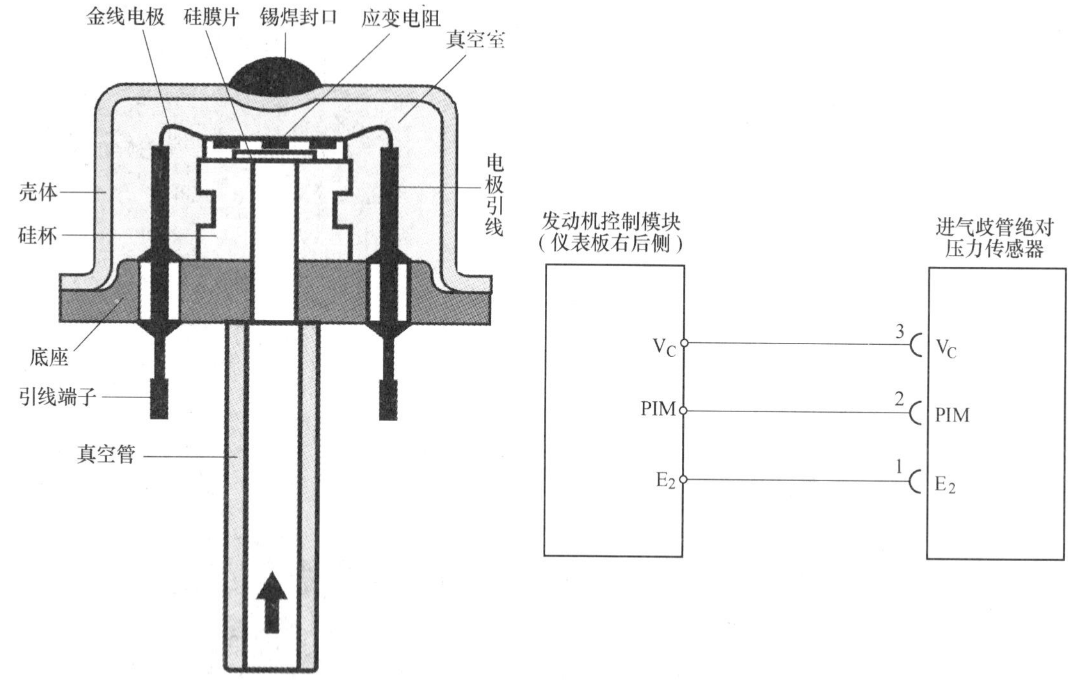

图 2-32　皇冠 3.0 轿车进气歧管绝对压力传感器电路

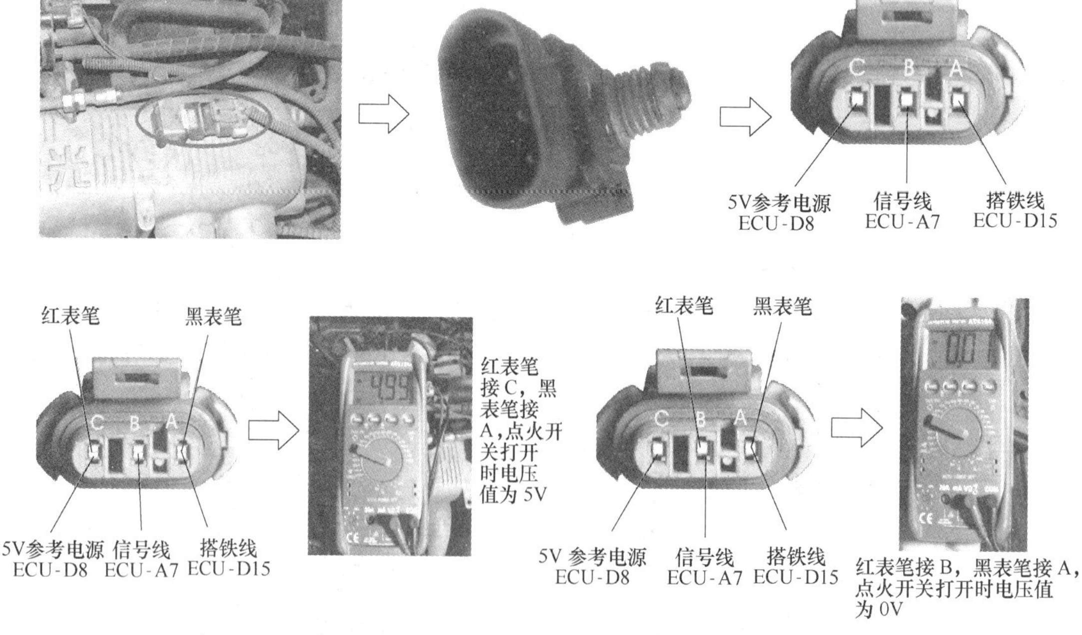

图 2-33　进气压力传感器的检测

三、进气歧管绝对压力传感器的典型故障案例分析

故障现象：有一辆丰田 ST191 型卡罗拉轿车，热车时发动机怠速不稳、加速不良且有冒黑烟现象，在加速时排气管还伴有突突的爆燃声。

故障排除：先用元征 X431-ME 电眼睛读取故障码，显示无故障码。按照电控发动机怠速不良的疑难故障诊断方法，检查各气缸压力均为 1.0MPa 左右，配气及点火正时均正常。用示波器检查点火波形正常，燃油泵工作压力及保持压力均在正常范围内。对空气滤芯、汽油滤芯、节气门阀体和喷油器进行了清洗或者更换，效果不明显。

进一步对发动机动态数据进行检测，检测结果为：怠速转速为 850r/min、冷却液温度为 85℃、喷油脉宽为 5.8ms(标准值一般为 2～4ms,明显超过标准值)、氧传感器输出电压为 0.8～1.0V，说明空燃比较低，混合气过浓。

进气歧管绝对压力传感器或空气流量计是控制空燃比的第一参数。因为该车使用的是进气歧管绝对压力(MAP)传感器，因此决定先对进气歧管绝对压力传感器进行检查。由于发动机 ECU 内无故障码显示，说明 MAP 传感器不存在断路和短路故障。在发动机怠速运转过程中，拔下 MAP 传感器的插头，这时故障现象发生了变化，故障警告灯闪亮，但发动机运转平稳，黑烟消失，加速良好。说明故障原因应该在 MAP 传感器上。

拔下 MAP 传感器接头，用数字万用表测量，MAP 传感器的供给电压在 5.0V 左右。插上插头，起动发动机，测量传感器的信号电压为 4.5V，猛踩加速踏板时电压无变化。拔下 MAP 的真空软管，信号电压仍为 4.5V。使发动机熄火，将点火开关置于“ON”位置，信号电压仍为 4.5V。再次起动发动机，用手触摸 MAP 上的真空软管，感觉不到真空源，此时即可明确，MAP 传感器真空管堵塞是造成信号电压不变的直接因素，此时 MAP 输送给 ECU 的 4.5V 电压相当于节气门全开时的电压，使发动机 ECU 误认为节气门全开，因而发出加浓喷油的指令，使混合气过浓，空燃比失调，造成发动机燃烧不完全，冒黑烟，动力下降。

用钢针将进气歧管上的细铁管的积炭钻通并清洗后装复进气歧管绝对压力传感器，起动发动机，此时发动机加速良好，怠速平稳，黑烟消失，故障彻底排除。

故障说明：该汽车发动机怠速不良，排气管冒黑烟的现象是由于空燃比过小而引起，而决定喷油量大小的因素主要是空气流量大小及发动机转速大小。因此在处理该类型故障时，应重点检查空气流量计、进气歧管绝对压力传感器及转速传感器的信号是否准确。

任务 3　冷却液温度传感器及进气温度传感器相关知识

一、冷却液温度传感器及进气温度传感器的作用及结构原理

1. 冷却液温度传感器

冷却液温度(ECT)传感器的作用是向 ECU 提供一个随冷却液温度变化的模拟信号，在起动工况作为燃油喷射和点火正时控制的修正信号。这种传感器通常固定在冷却液管上，其下端浸入发动机的冷却液中。典型的 ECT 传感器在－40℃时电阻可达 35000Ω，在 120℃时只有 120Ω。ECT 传感器与 ECU 之间有两条连线，一条是电压信号线，另一条是搭铁线。ECT 传感器的外形、安装位置、电路原理及特性(即负温度系数)曲线，如图 2-34 所示。

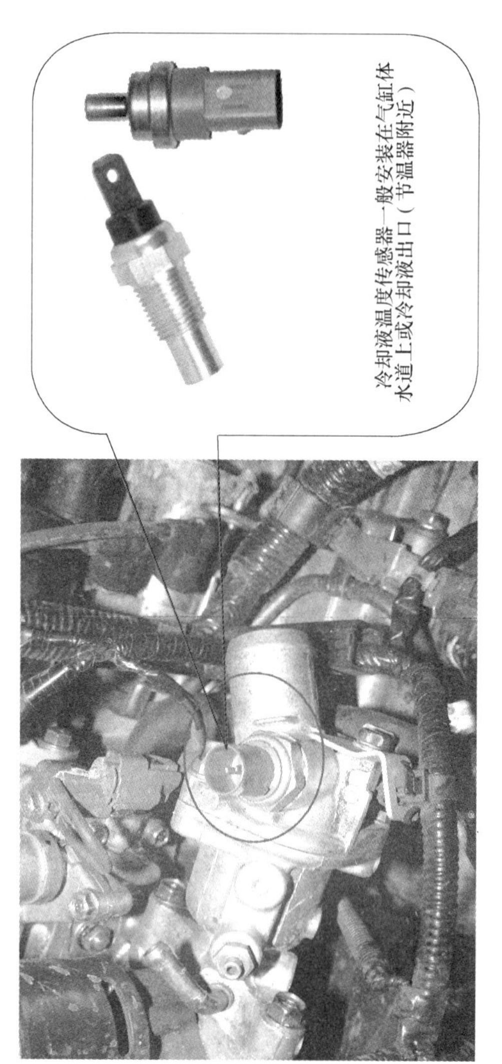

b)

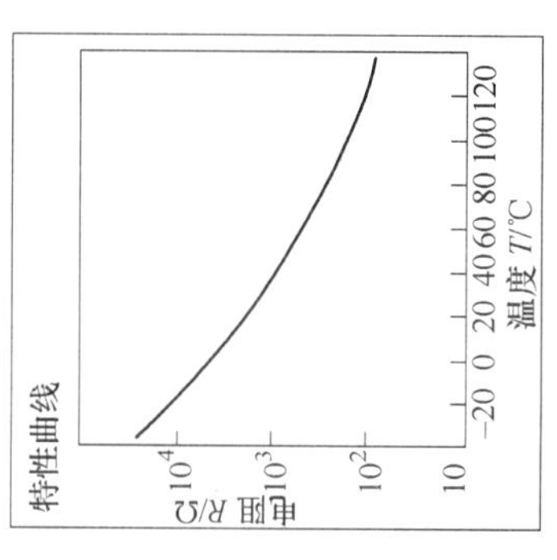

d)

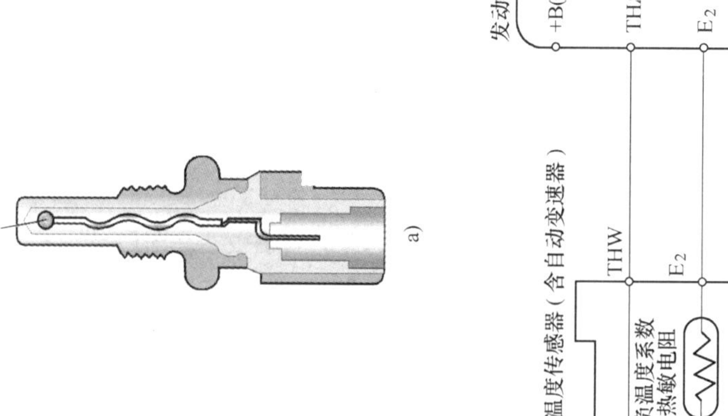

a) c)

图 2-34 ECT 传感器的外形、安装位置、电路原理及特性曲线

a）外形 b）安装位置 c）电路原理 d）特性曲线

2. 进气温度传感器

（1）功用　进气温度传感器的作用是给 ECU 提供进气温度信号，以作为燃油喷射和点火正时控制的修正信号。其外形及安装位置如图 2-35 所示。

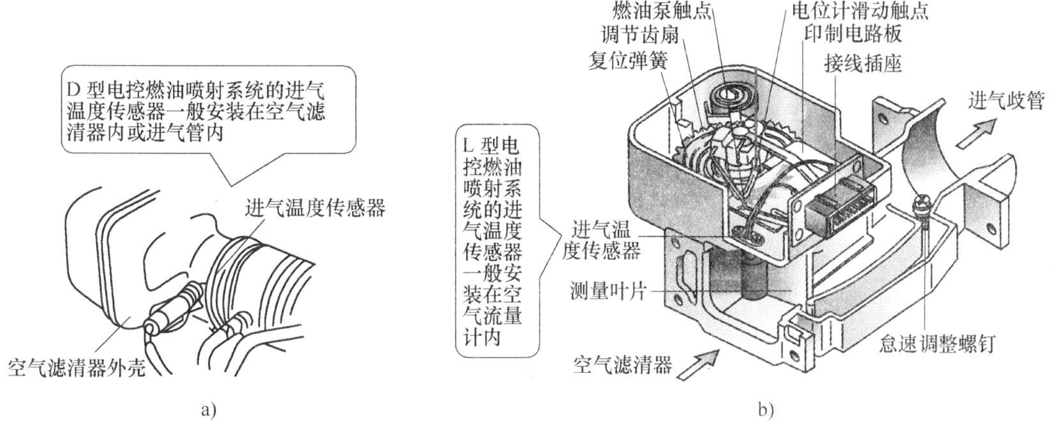

图 2-35　进气温度传感器的外形及安装位置

a）外形　b）安装位置

（2）原理　进气温度传感器的特性与冷却液温度传感器类似，同样为负温度系数。进气温度传感器的结构组成及电路连接如图 2-36 所示。

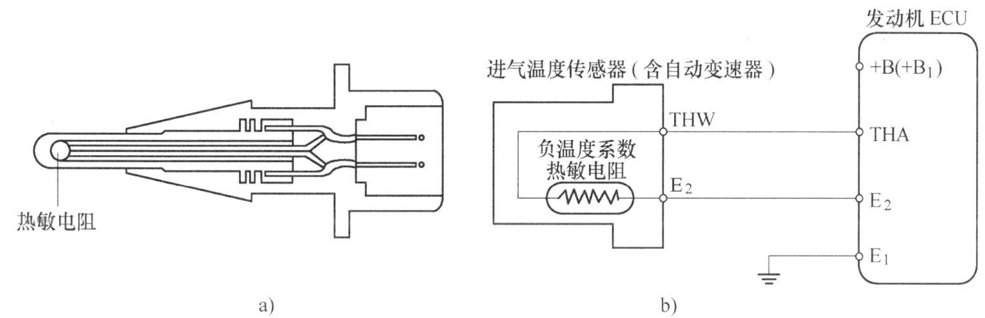

图 2-36　进气温度传感器的结构组成及电路连接

a）结构组成　b）电路连接和工作原理

二、冷却液温度传感器及进气温度传感器的检测流程及技术要求

1. 冷却液温度传感器的检修

冷却液温度传感器一般采用负温度系数热敏电阻制作。负温度系数热敏电阻的特性是温度升高，电阻下降。其输出信号方式为电压信号 THW，特点是：

发动机温度↑→传感器电阻值↓→信号电压 THW↓

发动机温度↓→传感器电阻值↑→信号电压 THW↑

冷却液温度传感器的电路接线方式如图 2-37 所示，检测时只需测量出不同温度状态下冷却液温度传感器两端的电阻值。

冷却液温度传感器的技术数据及输入/输出范围如表 2-4 所示。

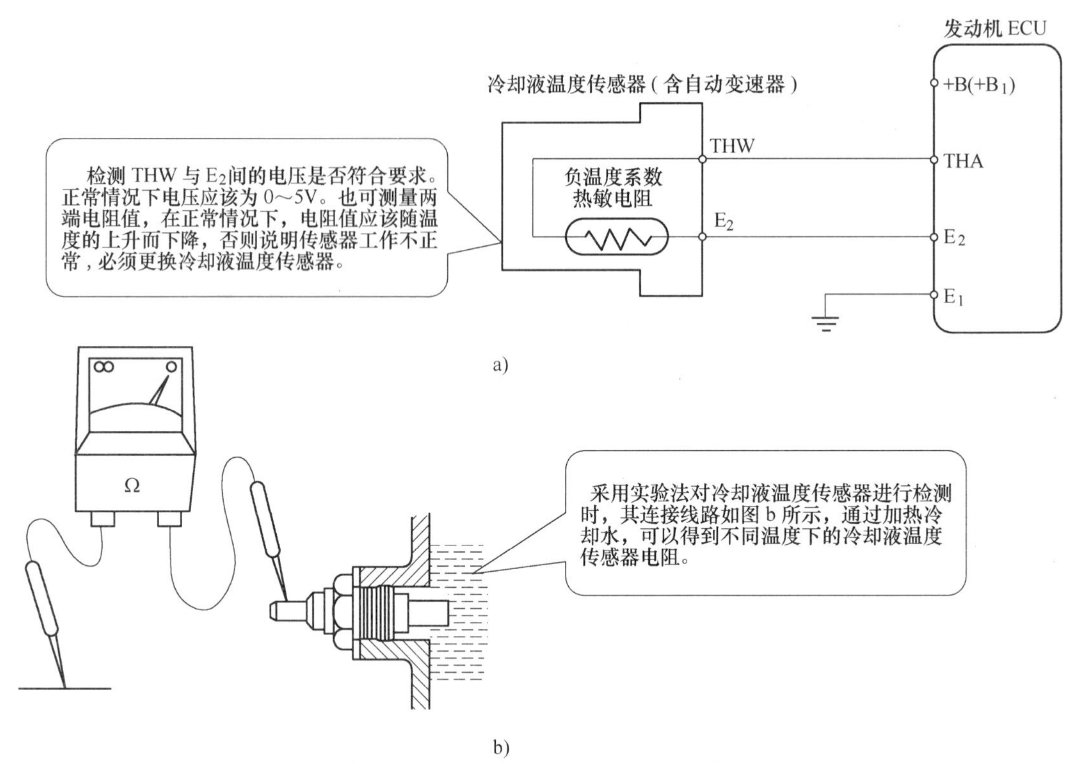

图 2-37　冷却液温度传感器的检测

a）检测 THW 与 E_2 间的电压　b）采用实验法的连接线路

表 2-4　冷却液温度传感器技术数据及输入/输出范围

测量范围/℃		-30～130	-40～130
THW 与 E_2 的电压/V	20℃时	1.2	
	100℃时	3.4	
额定电阻(20℃)/kΩ		2.5(1±5%)	
阻值/kΩ	-10℃	8.26～10.56	
	+20℃	2.28～2.72	
	+80℃	0.290～0.364	—
额定电压/V		≤5	
最大测量电流/mA		5	
最大功率消耗/mW		15	
响应时间/s			44

2. 进气温度传感器的检修

进气温度传感器也常采用负温度系数的热敏电阻，和冷却液温度传感器一样输出的是电压信号 THA，其特点是：

进气温度↑→传感器电阻值↓→信号电压 THA↓

进气温度↓→传感器电阻值↑→信号电压 THA↑

进气温度传感器的检测方法和冷却液温度传感器相似。如图 2-38 所示，检测 THW 与 E_2 端的电压是否符合要求。正常情况下电压应该为 0～5V。也可测量两端电阻值，在正常情况下，电阻值应该随温度的上升而下降，否则说明进气温度传感器工作不正常，必须更换进气温度传感器。

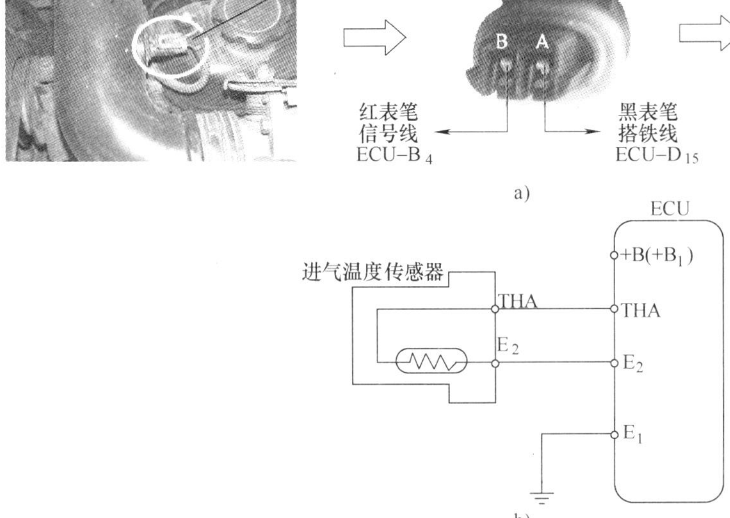

图 2-38　进气温度传感器的检测

a）检测步骤　b）电路图

三、冷却液温度传感器及进气温度传感器典型故障案例分析

1. 冷却液温度传感器故障案例分析

故障现象：一辆上海桑塔纳 2000Gli 轿车，配装 AFE 四缸电控发动机，该车行驶 5 万 km 时，停驶了一段时间，重新起动时，发生了发动机冷车起动困难和排气管冒黑烟现象。

故障排除：用 V. A. G1552 故障诊断仪读取故障码，无故障码显示。由于该车冒黑烟，怀疑是混合气过浓，对进气压力传感器的真空软管和其他真空管进行检查，未发现漏气现象；对气缸压力进行检查，压力为 0. 25MPa，符合要求；检查喷油器也未发现明显问题；检查火花塞有淹缸现象，更换火花塞后，故障并未排除。

用检测仪对发动机数据流进行读取，发现冷却液温度传感器显示发动机温度为 -20℃，而实际上温度至少已经超过 20℃，这说明冷却液温度传感器或线路有问题。检查冷却液温度传感器，拔下插头，发现插头与插脚严重生锈。更换冷却液温度传感器，清理插头，再起动发动机，读取数据流，发动机冷却液温度与实际温度相符，冷起动故障排除。

故障说明：该发动机故障是由于冷却液温度传感器输送给 ECU 的信号错误，ECU 按照错误的信号控制喷油，又因冷却液温度传感器阻值极大，所以发动机混合气过浓，造成淹缸和冒黑烟现象。

2. 进气温度传感器故障案例分析

故障现象：一辆上海帕萨特 B5 事故车，出现发动机在热车后熄火的故障。

故障排除：首先连接故障诊断仪 V. A. G1552，打开点火开关进入发动机电控系统，查询故障存储，发现了 1 个 16496 的故障码，其故障含义是发动机进气温度传感器 G42 存在问题。接着选择阅读数据块功能，进入 003 组观察第 4 显示区，发现数值为 -46℃，此数值明显是错误的。用万用表测量传感器的电阻值正常，传感器与 ECU 的连接线束也不存在断路及短路的情况，于是将 ECU 进行替换，但故障现象依然存在。

会不会是人为原因呢？而最有可能的原因便是插头连接错误。查阅了维修手册后，发现进气温度传感器的线束颜色不对。其颜色恰好与进气歧管切换阀线束的颜色相符。原来在装复发动机时，把进气温度传感器与进气歧管切换阀的插头插反了，从而造成该故障。将进气温度传感器与进气歧管切换阀的插头换过来后，再次进入 V. A. G1552 阅读数据单元的 003 显示组，此时第 4 显示区的进气温度指示正常，该车故障排除。

故障说明：根据帕萨特 B5 发动机电控系统的工作原理，当发动机进气温度传感器线路有问题时，ECU 将用 1 个 19.5℃的替代信号维持发动机工作。但如果环境温度过高，发动机长期使用进气温度备用值工作时，势必会造成热车后混合气偏浓的情况，导致发动机熄火也就不足为奇了。

任务 4　凸轮轴/曲轴位置传感器相关知识

一、凸轮轴/曲轴位置传感器的作用及结构原理

凸轮轴位置传感器（CMPS）的作用是给 ECU 提供曲轴转角基准位置（第一缸压缩上止点）信号，可作为燃油喷射控制和点火控制的主控制信号。曲轴位置传感器用来检测曲轴转角位移，给 ECU 提供发动机转速信号和曲轴转角信号，可作为燃油喷射系统的喷油控制和点火控制的主控制信号。

注意：凸轮轴位置传感器和曲轴位置传感器的结构和工作原理基本相同，通常安装在一起，只是各车型安装位置不同，但必须安装在与曲轴有精确传动关系的位置处，如曲轴、凸轮轴、飞轮或分电器处。

图 2-39 和图 2-40 所示分别为本田汽车、通用汽车部分车型凸轮轴/曲轴位置传感器的安装位置。

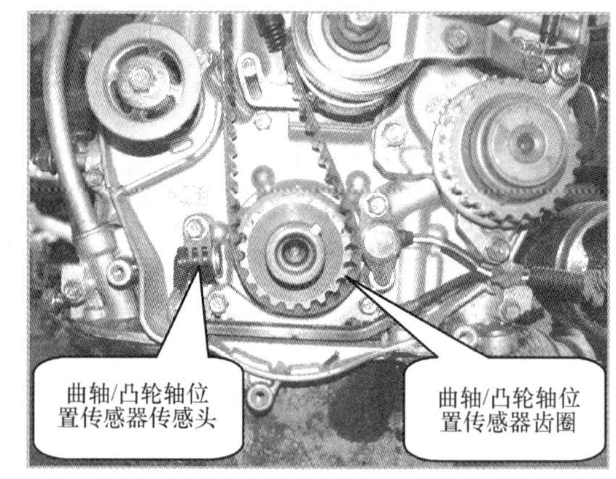

图 2-39　本田轿车凸轮轴/曲轴位置传感器安装位置

凸轮轴/曲轴位置传感器可以分为电磁式、霍尔式和光电式三种类型。

（一）电磁式凸轮轴/曲轴位置传感器

1. 电磁式凸轮轴/曲轴位置传感器结构组成及工作原理

图 2-41 所示为日本丰田皇冠 3.0 轿车上的电磁式凸轮轴/曲轴位置传感器。该类型传感器分为上下两部分。上部分（图 2-41a）为凸轮轴位置传感器，由一个带凸齿的 G 转子和两个感应线圈 G_1 和 G_2 组成，用以产生第 1 缸上止点基准信号，即 G 信号，用于辨别气缸及检测活塞上止点位置；下部分（图 2-41b）为曲轴位置传感器，由一个带 24 个凸齿的 Ne 转子和

一个 Ne 感应线圈组成，用以产生曲轴转角信号，即 Ne 信号，这是检测曲轴转角位置及发动机转速的信号。

电磁式凸轮轴/曲轴位置传感器的结构组成与工作原理如图 2-42 所示，它是利用电磁线圈产生的脉冲信号来确定发动机转速和各缸的工作位置。发动机工作时，曲轴每转两圈（分电器轴转一圈），G_1 和 G_2 感应线圈各产生一个脉冲信号，如图 2-43 所示。在设计和安装时，只要 G 转子的凸齿在第 1 缸位于上止点时与 G_1 和 G_2 感应线圈靠近，ECU 就可根据 G_1 和 G_2 信号确

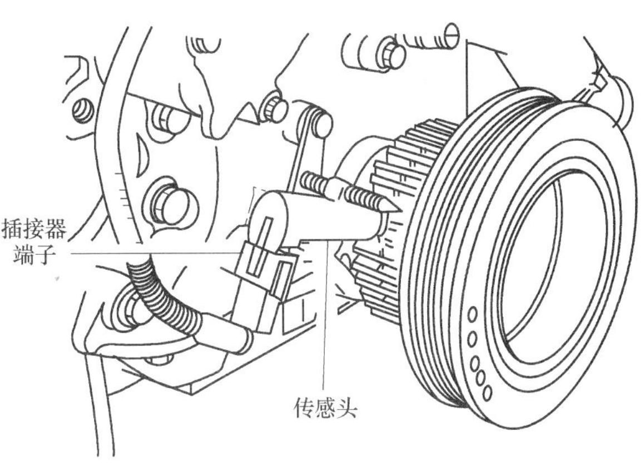

图 2-40　通用车系凸轮轴/曲轴位置传感器安装位置

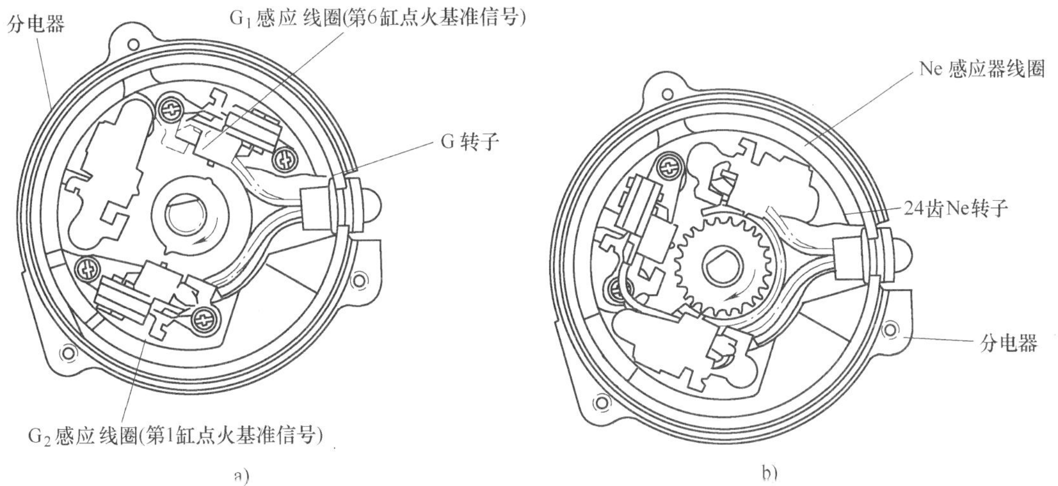

图 2-41　丰田皇冠 3.0 轿车电磁式凸轮轴/曲轴位置传感器的结构组成

a）凸轮轴位置传感器　b）曲轴位置传感器

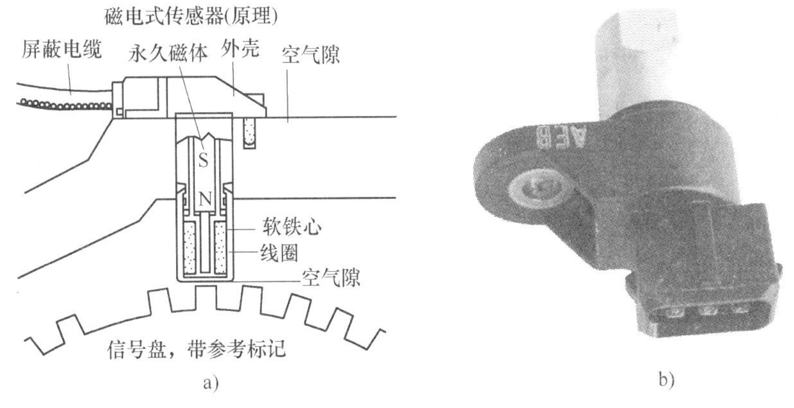

图 2-42　电磁式凸轮轴/曲轴位置传感器的结构组成与工作原理

a）结构组成与工作原理　b）外形

定第1缸压缩上止点位置，并以此为基准，根据曲轴转角和发动机各缸的工作顺序确定其他各缸的工作位置。曲轴每转两圈，在Ne感应线圈中产生与Ne转子数量相等的脉冲信号，即Ne信号，如图2-44所示，ECU根据单位时间内收到的脉冲信号确定发动机的转速。

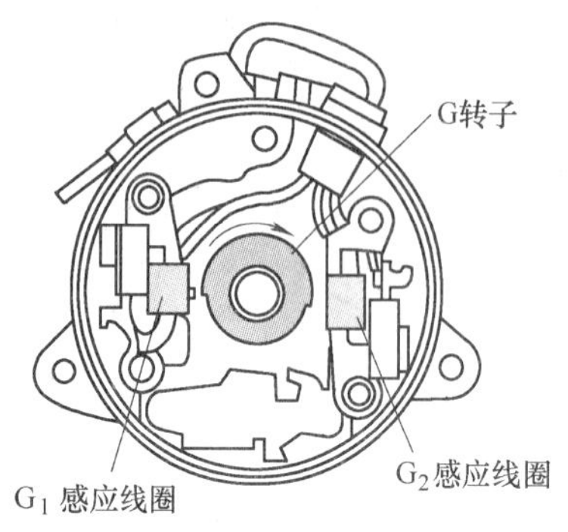

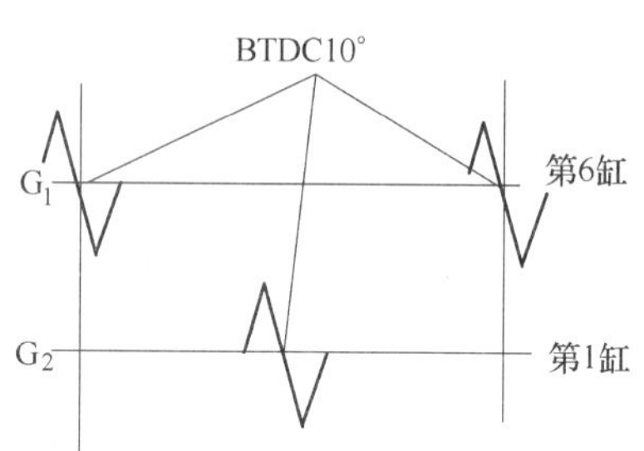

图2-43　G信号产生原理及波形

BTDC10°—上止点前10°

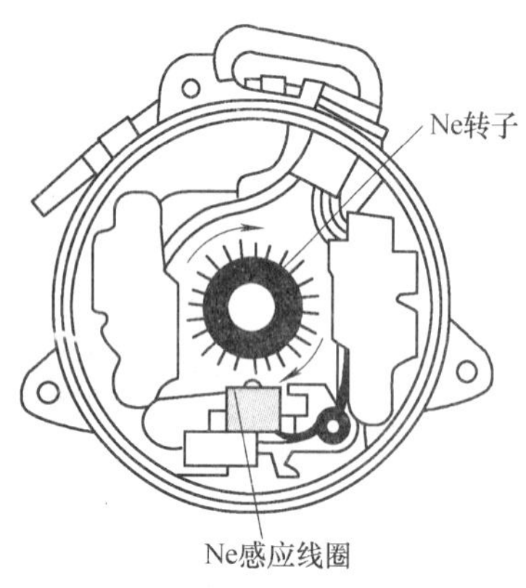

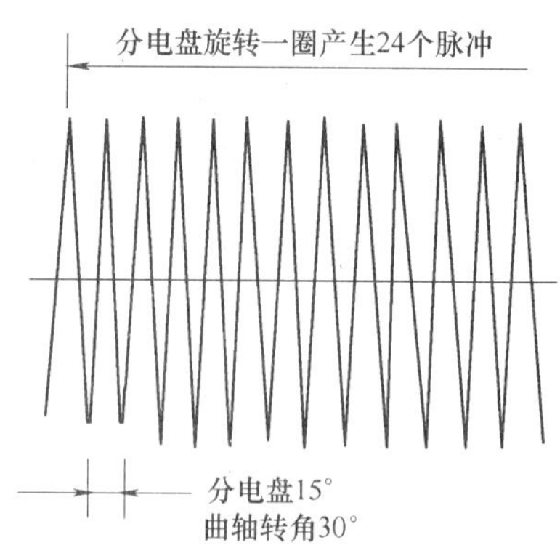

图2-44　Ne信号产生原理及波形

2. 电磁式凸轮轴/曲轴位置传感器的检修流程及技术要求

图2-45为电磁式凸轮轴/曲轴位置传感器电路，其检修过程如下：

1）检查转子凸齿有无损伤，若有损伤则应更换。

2）检查感应线圈的电阻，冷态下的G_1和G_2感应线圈电阻应为125～200Ω，Ne感应线圈电阻应为155～250Ω。

3）起动发动机，检测传感器的输出信号电压以判断传感器及其电路是否正常，必要时应检修线路或者更换传感器。

（二）光电式凸轮轴/曲轴位置传感器

1. 光电式凸轮轴/曲轴位置传感器的结构组成及工作原理

光电式凸轮轴/曲轴位置传感器的外形如图2-46a所示，结构组成如图2-46b所示，主要由遮光盘（信号盘）、发光二极管、光敏二极管和放大器等组成。发光二极管、光敏二极管和固定电路都安装在固定底板座上，发光二极管和光敏二极管位置相对，分别位于遮光盘（信号盘）的两侧。遮光盘固定在凸轮轴上与凸轮轴一起转动。遮光盘（信号盘）如图2-46c

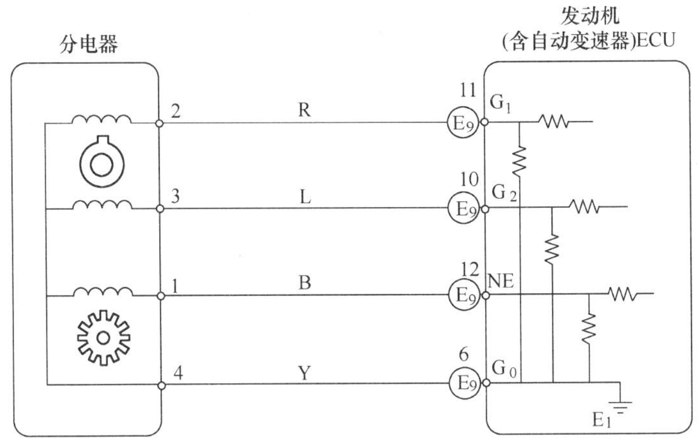

图 2-45　电磁式凸轮轴/曲轴位置传感器电路

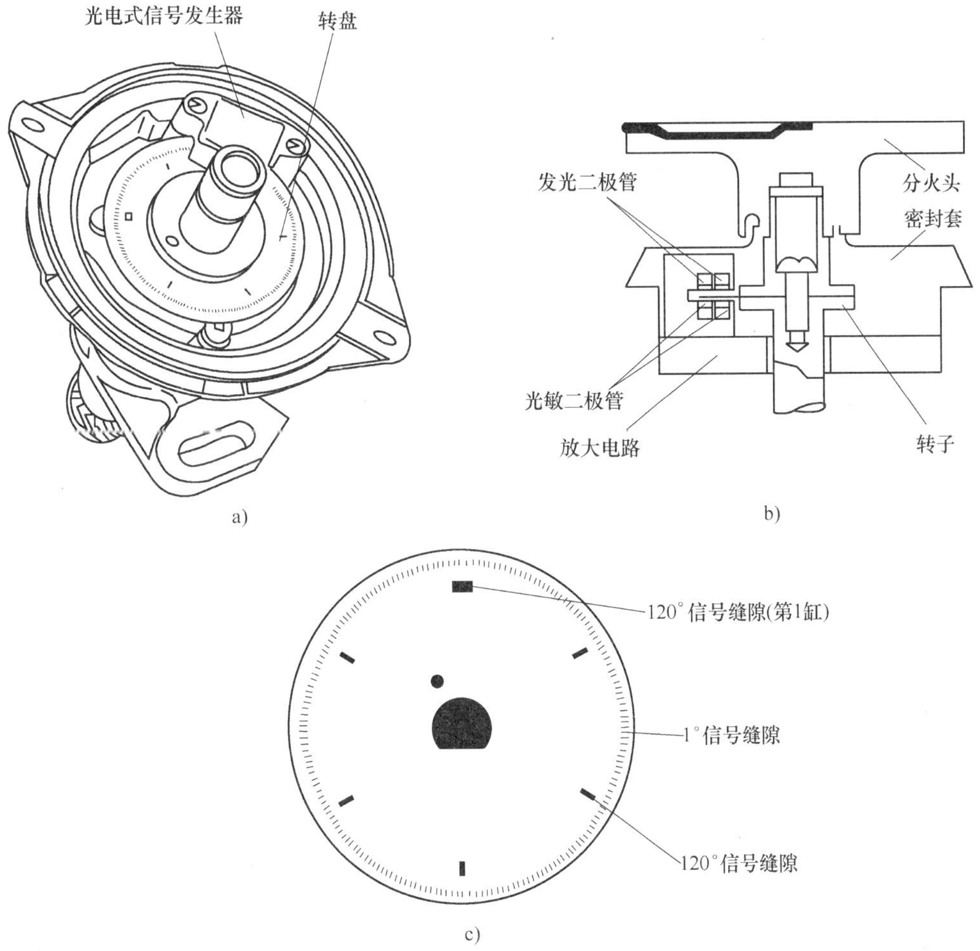

图 2-46　光电式凸轮轴/曲轴位置传感器
a）外形　b）结构组成　c）遮光盘(信号盘)

所示，其边缘刻有360条缝隙，每转过一条缝隙对应凸轮轴1°转角，在其边缘还有表示第1缸上止点位置的缝隙和60°(第6缸)或90°(第4缸)间隔的缝隙。当信号盘的缝隙正对发光二极管和光敏二极管的缝隙时，发光二极管的光线照射到光敏二极管上，控制电路输出高电平(ON)信号，光被遮住时输出低电平(OFF)信号。凸轮轴旋转一周，控制电路输出360个脉冲信号，每个脉冲信号对应1°转角，该信号可作为向ECU输入的转速信号(曲轴与凸轮轴的转速比为2∶1)；由缝隙较宽的第1缸上止点标记和60°(或90°)间隔缝隙所控制的电路向ECU输入第1缸上止点位置信号和缸序判别信号(G信号)。

2. 光电式凸轮轴/曲轴位置传感器的检修

光电式凸轮轴/曲轴位置传感器的检修过程如下：

1）将点火开关转至“ON”位置。

2）如图2-47所示，检测ECU端子2(电源)和1(搭铁)间的电压，正常状态下其电压应为传感器工作电压(12V)。

3）给传感器施加12V电压，分别在信号输出端子4、3与“搭铁”之间接上电流表，转动转子一圈，两个电流表应分别摆动1次和4次，电流应约为1mA。

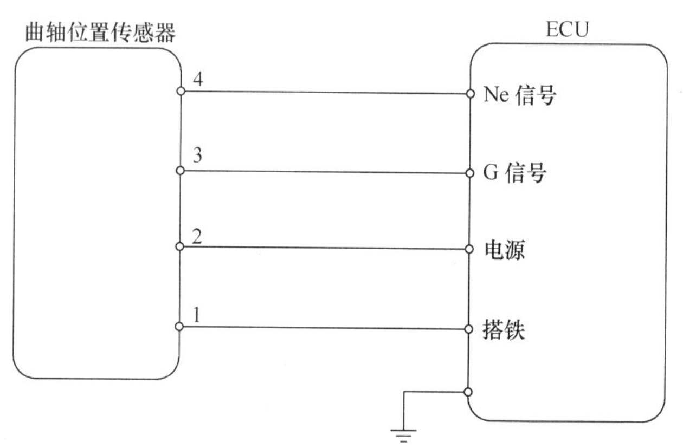

图2-47　光电式凸轮轴/曲轴位置传感器电路

（三）霍尔式凸轮轴/曲轴位置传感器

1. 霍尔式凸轮轴/曲轴位置传感器的结构组成及工作原理

霍尔式曲轴位置传感器在2.5L四缸发动机和4.0L六缸发动机上的安装位置分别如图2-48所示。

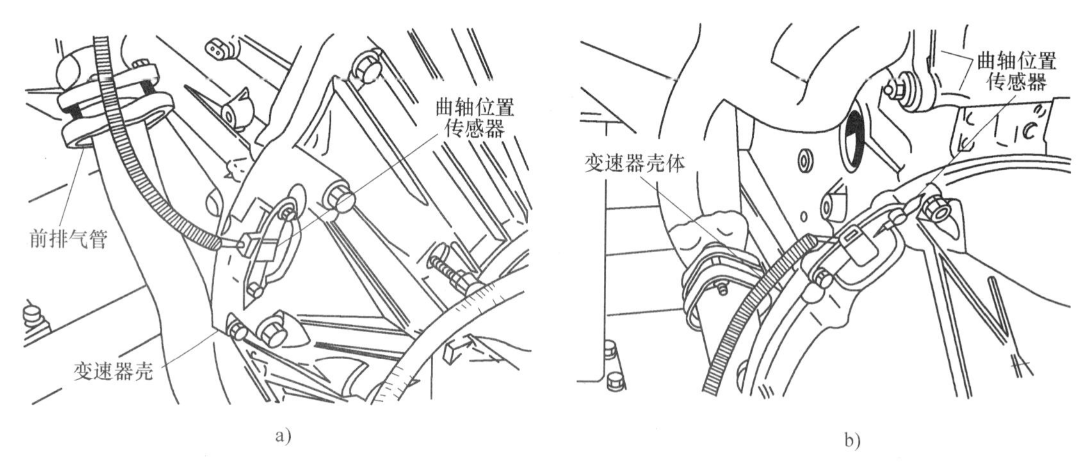

图2-48　霍尔式曲轴位置传感器安装位置

a）2.5L四缸发动机　b）4.0L六缸发动机

霍尔式凸轮轴/曲轴位置传感器主要由转子、永久磁铁、霍尔晶体管、放大器等组成，如图 2-49 所示。

霍尔式凸轮轴/曲轴位置传感器的工作原理如图 2-50 所示，它主要是利用霍尔效应来达到对发动机转速及判缸信号的识别。电源开启，电流通过霍尔晶体管，旋转转子的凸齿经过磁场时使磁场强度改变，霍尔晶体管产生的霍尔电压放大后传给 ECU，ECU 即可根据霍尔电压产生的次数确定曲轴转角和发动机转速。

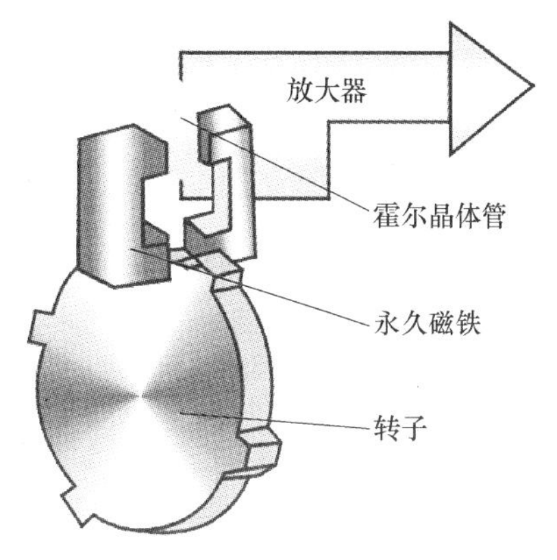

图 2-49　霍尔式凸轮轴/曲轴位置传感器的结构组成

2. 霍尔式凸轮轴/曲轴位置传感器的检修流程及技术要求

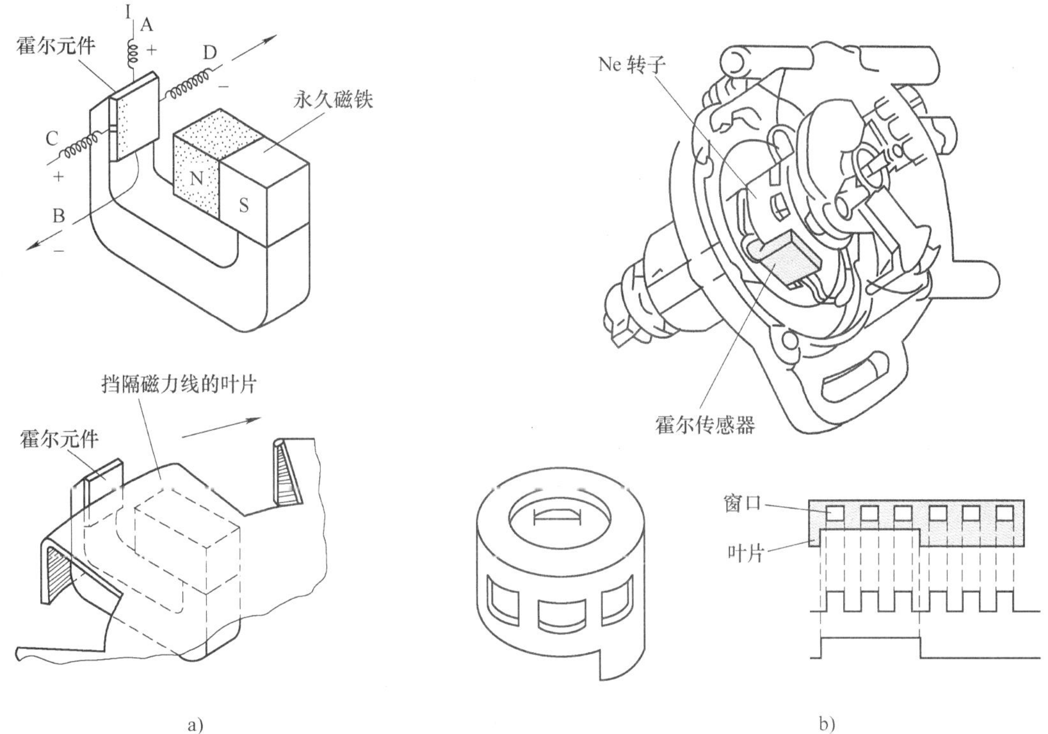

图 2-50　霍尔式凸轮轴/曲轴位置传感器的工作原理

a）磁场强度变化原理　b）窗口与叶片

霍尔式凸轮轴/曲轴位置传感器的检修步骤如下：

1）将点火开关转至“ON”位。

2）图 2-51 所示为霍尔式凸轮轴/曲轴位置传感器接线情况，检测 A、C 之间的电压应为 8V；B、C 间输出的信号电压应为 5V 到 0V 交替变化。

3）用示波器读取霍尔式凸轮轴/曲轴位置传感器输出信号波形应符合要求，如图 2-52 所示。

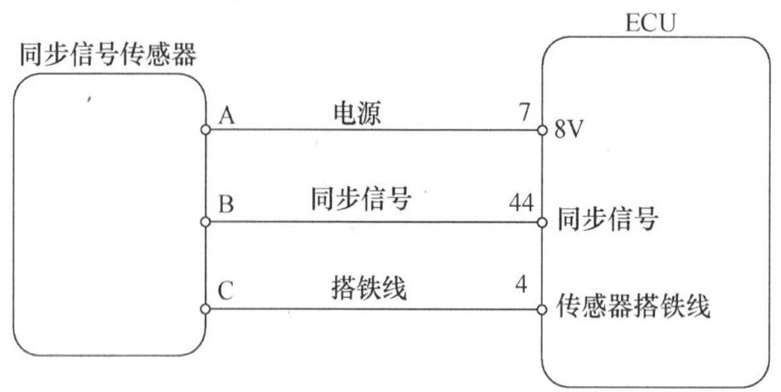

图 2-51　霍尔式凸轮轴/曲轴位置传感器接线情况

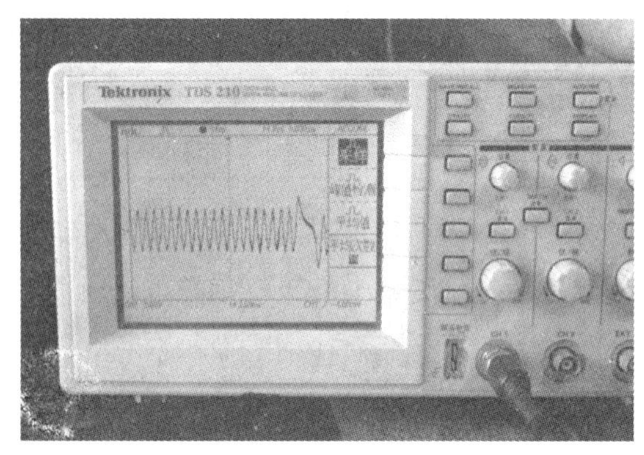

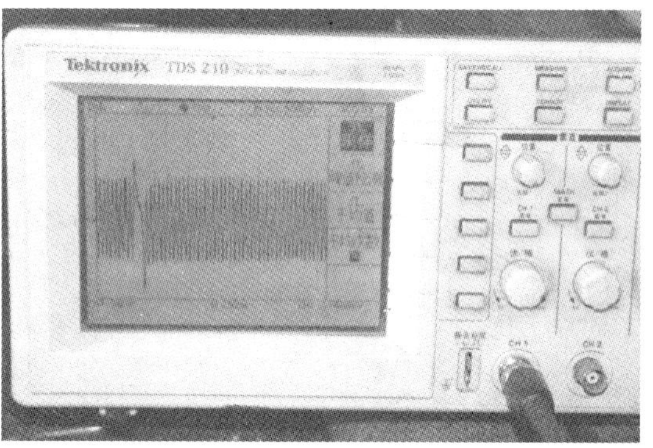

a)　　　　　　　　b)

图 2-52　霍尔式凸轮轴/曲轴位置传感器波形读取

a）怠速波形（电阻为 1.5kΩ 左右）　b）急加速波形

二、凸轮轴/曲轴位置传感器典型故障案例分析

故障现象：一辆丰田 ES300 型轿车，发动机起动困难，无法正常起动。

故障排除：用故障诊断仪读取故障码，无故障显示。

检查高压火花，强烈；检查油路，无堵塞现象；检查点火正时，正常。

用万用表测量曲轴位置传感器、节气门位置传感器和冷却液温度传感器的信号数值，均在正常范围之内。换上同型号的 ECU 和点火模块，故障现象依旧。

进一步检查发现，曲轴正时齿轮后面的信号触发盘上有两个齿像是后焊接上去的，经询问车主得知，该信号盘上的两个齿因故断掉，后来在修理厂重新焊接加工了两个齿，就出现上述故障现象。

由于曲轴传感器信号触发盘上有两个齿是后焊接上去的，而这两个齿的材料与信号触发盘的材料不一样，因此磁感应强度也不同，发动机 ECU 接收到的曲轴位置信号就不准确，以致发动机工作不良，不能正常起动。故障有时发生在冷车时，有时发生在热车时。

更换了一套新的曲轴位置传感器后，起动不正常故障得以排除。

故障说明：曲轴位置传感器信号不正确时，容易使电控点火系统的 ECU 发出错误的点火信号，从而使发动机工作不良。

任务5 节气门位置传感器相关知识

一、节气门位置传感器的作用及结构原理

节气门位置传感器的作用是检测节气门的开度及开度变化，并将此信号输入 ECU，以便于 ECU 控制燃油喷射及其他辅助控制。节气门位置传感器外形及安装位置如图 2-53 所示，主要有触点式、线性式和综合式三种类型。

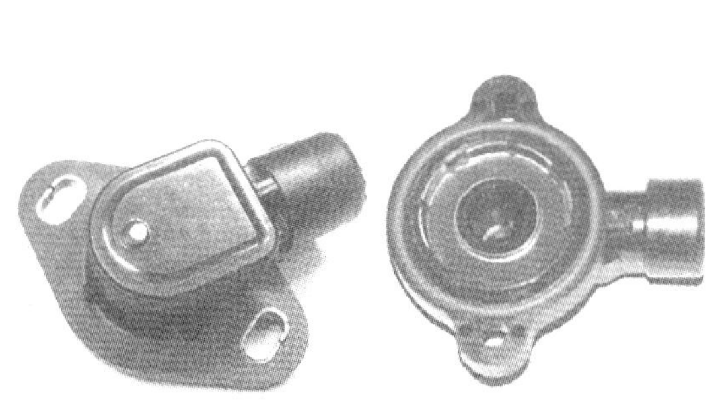

a)

b)

图 2-53 节气门位置传感器的外形及安装位置
a）外形 b）安装位置

（一）触点式节气门位置传感器

触点式节气门位置传感器应用于早期发动机上，因为触点易烧蚀，而且不能准确反映发动机的各种工况，目前已经很少采用。它主要由一个滑动触点和两个固定触点（功率触点和怠速触点）组成。节气门全关闭时，滑动触点与怠速触点接触，当节气门开度达50%以上时，滑动触点与功率触点接触，检测节气门开度状态，如图 2-54 所示。

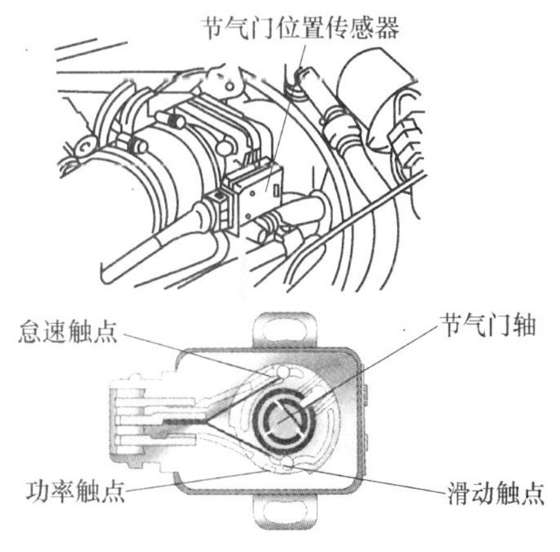

图 2-54 触点式节气门位置传感器

（二）线性式节气门位置传感器

线性式节气门位置传感器实际上是一个电位计，利用触点在电阻体上的滑动来改变电阻值，测得节气门开度的线性输出电压，由此测得节气门开度和节气门开闭速度信息。

线性式节气门位置传感器的主要特点是，表示节气门开度的输出电压与节气门开度成线性关系。该传感器的结构和电路如图 2-55 所示。

图 2-56 所示为线性式节气门位置传感器的输出特性，从图中可以看到传感器的输出电压随着节气门开度的增大而线性地增大。

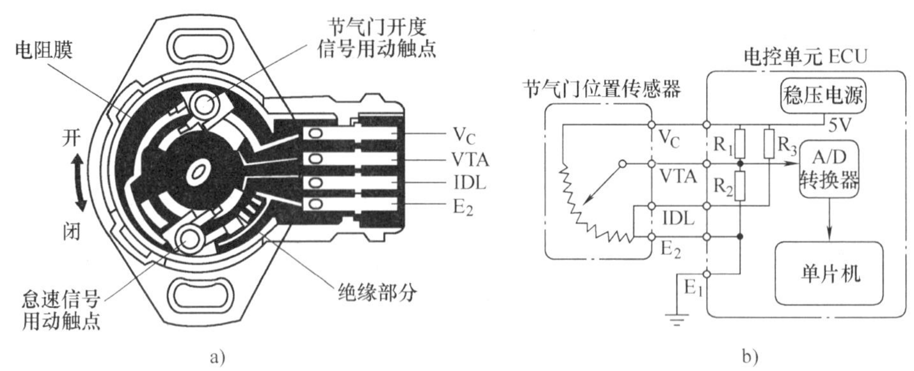

图 2-55　线性式节气门位置传感器

a）结构　b）电路

（三）综合式节气门位置传感器

综合式节气门位置传感器是在线性节气门位置传感器的基础上增加了怠速触点，发动机怠速信号由怠速触点提供，如图 2-57 所示。

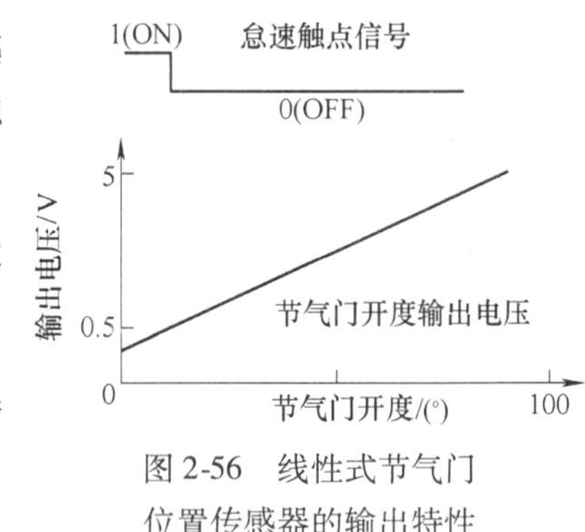

图 2-56　线性式节气门位置传感器的输出特性

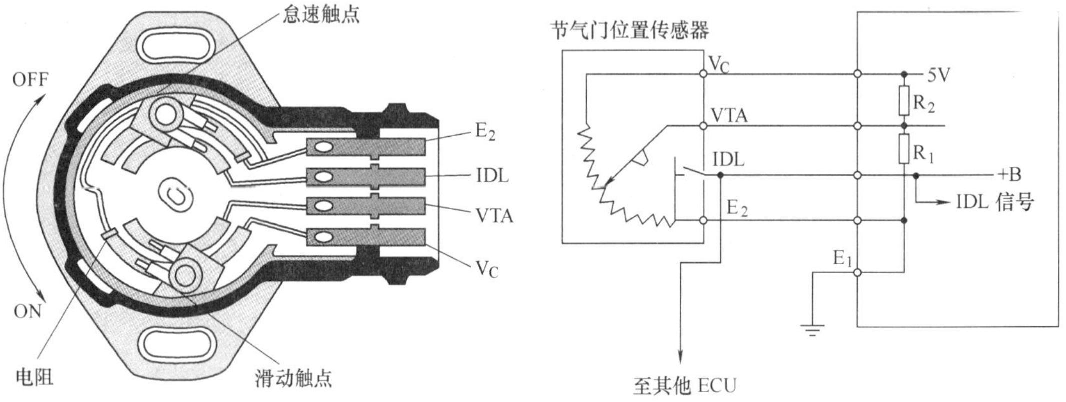

二、节气门位置传感器的拆检流程及技术要求

图 2-58 所示为丰田车型综合式节气门位置传感器电路图，其检修过程如下：

1）检测怠速触点导通性。将点火开关置于“OFF”位置，拔去节气门位置传感器的导线插接器，用万用表欧姆挡在节气门位置传感器插接器上测量怠速触点 IDL 的导通情况。当节气门全闭时，IDL—E_2 端子间应导通（电阻为 0）；当节气门打开时，IDL—E_2 端子间应不导通（电阻为∞），否则应更换节气门位置传感器。

图 2-57　综合式节气门位置传感器

2）测量线性电位计的电阻。将点火开关置于“OFF”位置，拔下节气门位置传感器的导线插接器，用万用表的欧姆挡测量线性电位计的电阻，该电阻应能随节气门开度增大而线性增大。

 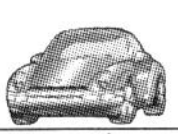

三、节气门位置传感器典型故障案例分析

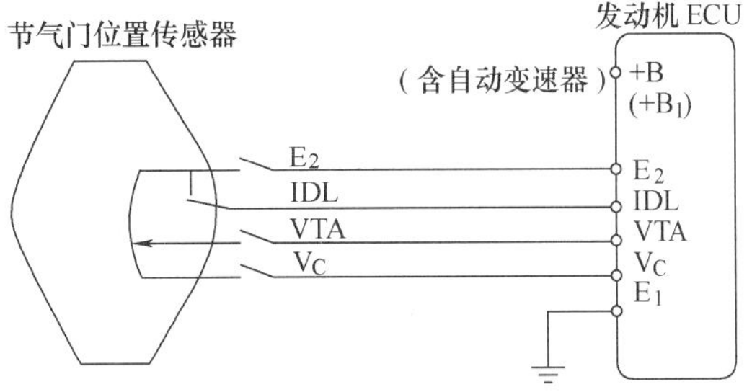

图 2-58　综合式节气门位置传感器电路

故障现象：一辆现代索纳塔轿车怠速不稳，发动机转速忽高忽低，在低速行驶时偶尔还会出现车辆窜动的现象。故障出现时，仪表板上的故障指示灯闪亮。

故障排除：首先用专用仪器读取故障码，故障码显示为 14，其含义为节气门位置传感器信号不良。拆下节气门位置传感器上的导线侧插接器，观察各端子，应无锈蚀，连接也可靠。检查有关线路和插接器的连接情况，也没发现问题。

为确认节气门故障是否真有故障，用万用表对节气门位置传感器的电阻进行测量，发现节气门由全关位置向全开位置过渡时，电阻出现忽然变化，这可能就是故障原因所在。该车型发动机节气门位置传感器的电阻在由怠速向高速平稳过渡时，应符合下列规律：电阻应从 0.5kΩ 平稳上升至 3.5 ~6.5kΩ。但该发动机节气门位置传感器的电阻在怠速和低速时有突变现象，这样就可能向发动机 ECU 输出错误信号，以致发生上述故障现象。更换新的节气门位置传感器后，发动机怠速不稳等故障被排除。

故障说明：在检查过程中，若节气门位置传感器有问题，除了检查有关线路及连接情况外，还要用万用表测量节气门位置传感器的电阻。当用手操纵节气门由全关到全开位置变动时，其电阻也应平稳地线性变化，不能有电阻突变现象，否则说明节气门传感器有故障，应修理或更换。

任务 6　氧传感器相关知识

一、氧传感器的作用及结构原理

氧传感器是排气氧传感器 EGOS（Exhaust Gas Oxygen Sensor）的简称，其功用是通过监测排气中氧离子的含量获得混合气的空燃比信号，并将该信号转变为电信号输入 ECU。ECU 根据氧传感器信号，对喷油时间进行修正，实现空燃比反馈控制（闭环控制），从而将过量空气系数（λ）控制在 0.98 ~1.02（空燃比 A/F 约为 14.7），使发动机获得最佳浓度的混合气，从而达到降低有害气体的排放量和节约燃油之目的。图 2-59 所示为氧传感器的外形及安装位置。

有些发动机上有两个氧传感器，如图 2-60 所示，其中氧传感器 1 用于实现空燃比反馈控制，氧传感器 2 用于实现三元催化转化器净化效果的反馈控制。

汽车发动机燃油喷射系统采用的氧传感器分为氧化锆（ZrO_2）式和氧化钛（TiO_2）式两种类型。氧化锆式氧传感器又分为加热型与非加热型两种，氧化钛式氧传感器一般都为加热型。氧传感器根据其接线类型又可以分为单线、双线、三线及四线氧传感器。

1. 氧化锆式氧传感器

氧化锆式氧传感器基本上是氧浓差型传感器，其结构与工作原理如图 2-61 所示。

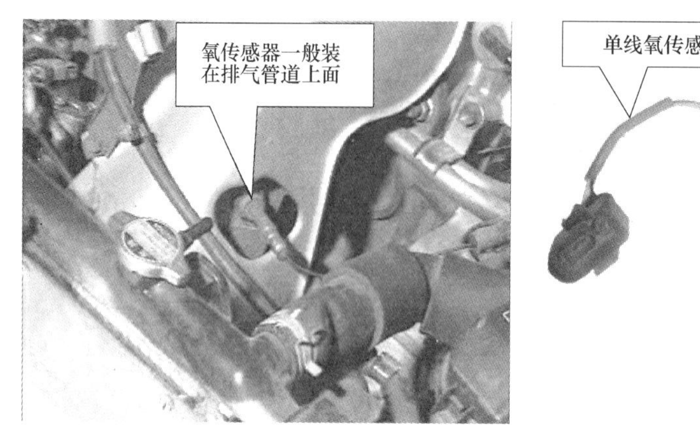

a)

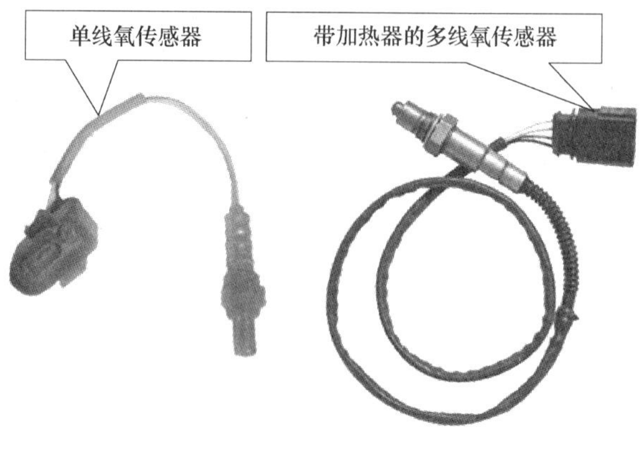

b)

图 2-59 氧传感器的外形及安装位置
a）安装位置 b）外形

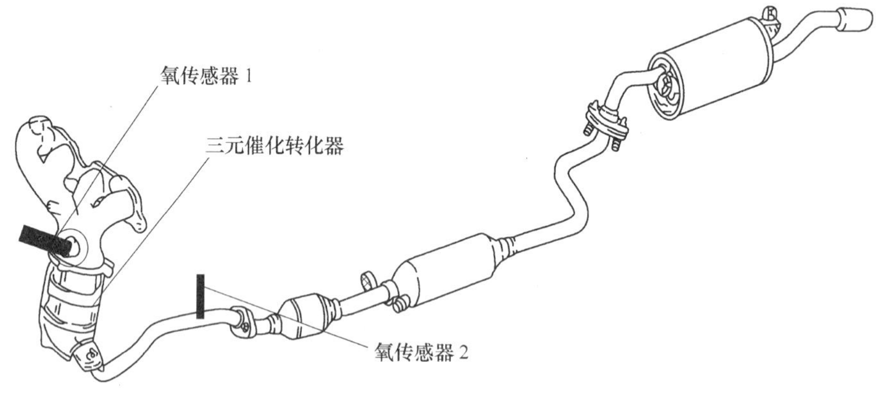

图 2-60 具有两个氧传感器的排气管

氧化锆式氧传感主要由信号线(电极引线)、压紧装置、内铂电极、外铂电极、防护罩、陶瓷传感器体、氧化铝绝缘层及外壳等组成。

氧化锆式氧传感器实际上是一个化学电池，又称氧浓度差电池，其结构及工作原理简图如图 2-61a、c 所示。当 400℃以上高温时，若氧化锆管内外表面接触的气体浓度差别很大时在氧化锆式氧传感器内外两个铂电极之间将产生电动势，如图 2-61b 所示。

当浓混合气燃烧所生产的废气遇上外侧的白金电极时，在白金的催化作用下其残余的微量 O_2 与废气中的 CO 和 HC 产生反应，使外侧白金表面上的 O_2 几乎全部消失。而此时它与内侧电极的氧浓度之差达到最大，可产生较大的电动势。

当稀混合气燃烧时，因为废气中含有高浓度的 O_2 和低浓度的 CO 和 HC，即使 O_2 和 CO 发生反应，外测电极表面上还有剩余的 O_2。所以，氧浓度差小，几乎不产生电动势。

以理论空燃比为界，可以产生很大的电动势变化。

其通过氧传感器进行反馈控制过程为：

喷油量偏少→空燃比大→废气中氧含量大→氧传感器产生 0.1V 电压→ECU 控制喷油量

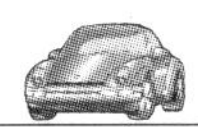

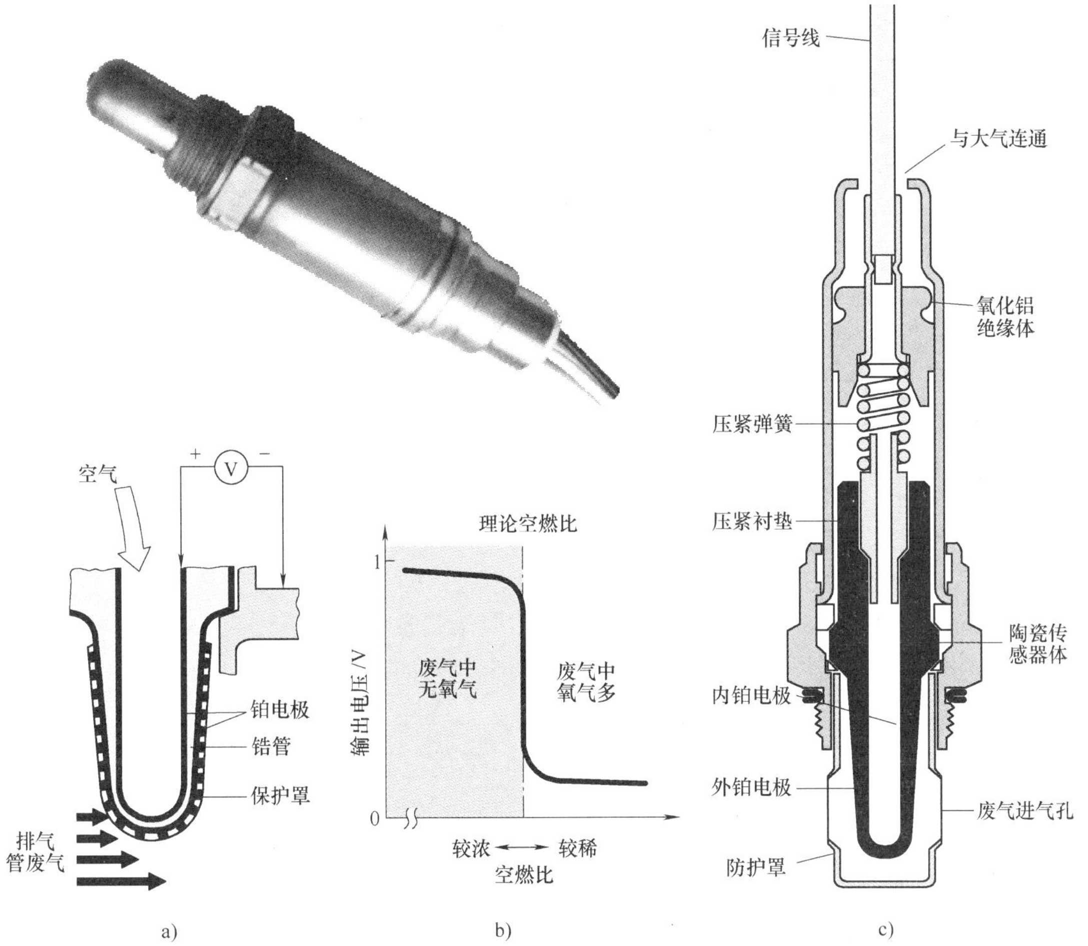

图 2-61　氧化锆式氧传感器的结构及工作原理示意图

a）工作原理简图　b）输出电压与空燃比关系　c）结构

增大。

喷油量偏大→空燃比小→废气中氧含量少→氧传感器产生 0.9V 电压→ECU 控制喷油量减少。

注意： 氧化锆式氧传感器满足以下三个条件才能正常调节混合气浓度：

1）发动机冷却液温度高于 60℃。

2）氧化锆式氧传感器自身温度高于 300℃。

3）发动机工作在怠速工况和部分负荷工况。

因此，氧化锆氧传感器安装在温度较高的排气管上一般采用加热器对锆管进行加热。

2. 氧化钛式氧传感器

氧化钛式氧传感器的结构如图 2-62 所示。它具有两个氧化钛元件，一个是多孔性的氧化钛陶瓷，用来感知排气中的含氧量；另一个是实心的氧化钛陶瓷，用来作加热调节，补偿温度误差。传感器外面套有带孔槽的金属防护套。传感器接线端以橡胶作为密封材料，防止外界气体渗入，它一般安装在排气歧管上。

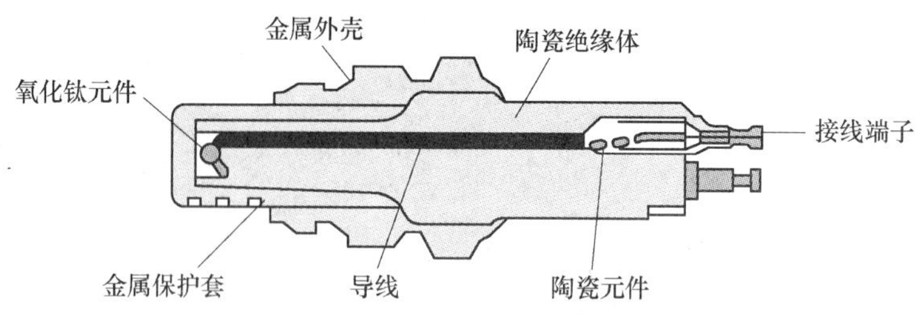

图 2-62 氧化钛式氧传感器的结构

注意：氧化钛式氧传感器是利用氧化钛材料的电阻值随排气中氧含量的变化而变化的特性制成的，故又称电阻型氧传感器。氧化钛式氧传感器的外形和氧化锆式氧传感器相似，在传感器前端的护罩内是一个氧化钛厚膜元件。纯二氧化钛在常温下是一种高电阻的半导体，但表面一旦缺氧，其晶格便出现缺陷，电阻随之减小。由于氧化钛的电阻也随温度不同而变化，因此，在氧化钛式氧传感器内部也有一个电加热器，以保持氧化钛式氧传感器在发动机工作过程中的温度恒定不变。

氧化钛式氧传感器的工作电路及其输出特性如图 2-63 所示。其工作原理为：当废气中的氧浓度高时，氧化钛的电阻值增大；当废气中氧浓度较低时，氧化钛的电阻值减小，因此，通过计量氧化钛氧传感器的电阻值即可计算出空燃比的大小。

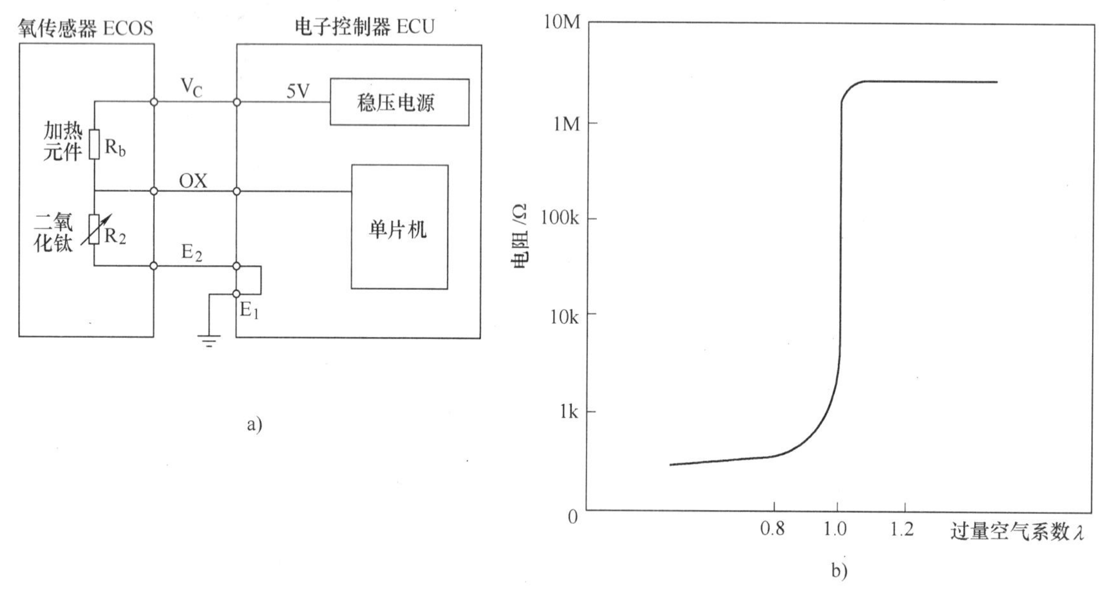

图 2-63 氧化钛式氧传感器的工作电路及其输出特性

a）工作电路 b）输出特性

二、氧传感器的拆检流程及技术要求

氧传感器的拆检流程及技术要求如下：

（1）检测氧传感器加热线圈电阻　氧传感器的电阻值不容易测量，但可测量其加热丝电阻，如图 2-64 所示，脱开氧传感器线束插头，用万用表红表笔接 1 脚，黑表笔接 4 脚，

万用表量程选择 200k 挡，所测电阻值应为 4～40Ω。如该值不符合规定，应更换氧传感器。

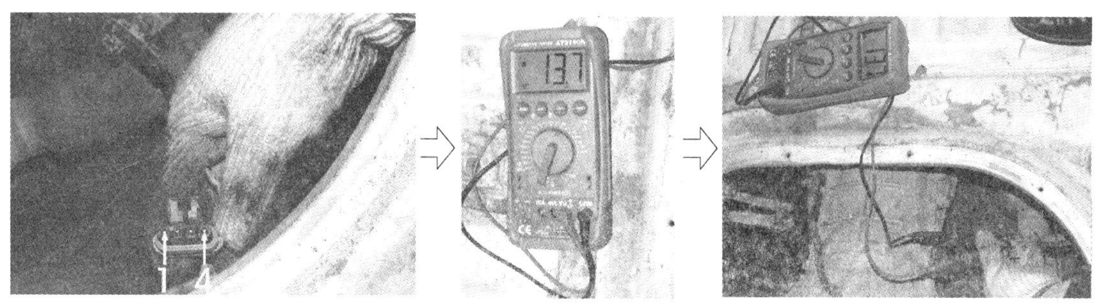

图 2-64　氧传感器的检测

（2）测量氧传感器反馈信号电压　有些车型可以从故障诊断座内测得氧传感器反馈电压，如丰田汽车公司生产的轿车，都可以从故障诊断座内的 OX1 或 OX2 插孔内直接测得氧传感器反馈电压。例如，丰田 V6 发动机两侧排气管上各有一个氧传感器，可分别和故障诊断座内的 OX1 和 OX2 插孔连接。

提示：检测氧传感器的反馈信号电压时，可采用低量程（通常为 2V）和高阻抗（阻抗太低会损坏氧传感器）的指针型电压表，以便直观地反映出反馈信号电压的变化情况。

（3）拆检氧传感器　从排气管上拆下氧传感器，检查氧传感器外壳上的通气孔有无堵塞、陶瓷芯有无破损。如有损坏，应更换氧传感器。

（4）检查氧传感器的颜色　拆下氧传感器，检查氧传感器的颜色，氧传感器正常颜色为淡灰色。若为白色，则说明有硅污染，此时必须更换氧传感器；若为棕色，则为铅污染，此时必须更换氧传感器，并换用无铅汽油；若为黑色，则是由积炭造成，在排除发动机积炭故障后，一般可以自动清除氧传感器上的积炭。

（5）更换氧传感器　若氧传感器损坏，应更换新件，不可采用拔下氧传感器线束插头或将插头短路的方法来消除故障。因为这样做会使发动机 ECU 得不到正常的反馈信息，使反馈控制系统转入开环控制状态，同样会使发动机故障警告灯亮。

注意：更换氧传感器时，应在氧传感器上安装新的密封垫片，按 30～50N·m 的力矩拧紧氧传感器。不要使用含硅的密封胶，以免氧传感器发生硅中毒而失效。

（6）用示波器检测　氧化钛式氧传感器信号正常波形如图 2-65 所示。

三、氧传感器典型故障案例分析

故障现象：一辆德国原装奥迪轿车（发动机排量为 2.8L，带空气流量计和双氧传感器），冷起动比较容易，但无法加速，只能怠速运转；发动机暖机后，加速尚可，但有时出现熄火现象；刚起步时进行加速，反应较慢，加速踏板踩下后，需过 1～2s 后才有反应。

故障诊断：首先检查发动机电控系统有无故障码。经过一段时间路试检查后发现，故障指示灯显示完全正常，但上述故障现象确实存在。

据了解，该车长期使用 90 号汽油，且燃油系统很长时间没有进行维护，故怀疑上述现象是因油路故障引起的。为此，把喷油器、节气门体、怠速通道、油管和燃油箱都拆下清洗，且更换了火花塞，然后进行路试，故障依然存在。进一步分析，可能是燃油泵工作时过热，引起短时间不工作所致。换上另一辆运行正常的同型号车的燃油泵后进行路试，故障

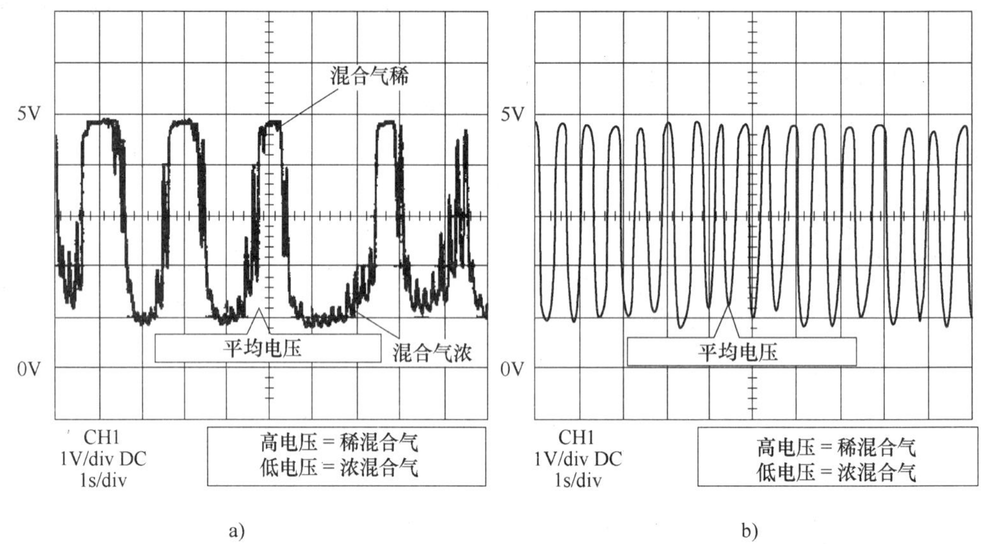

图 2-65 氧化钛式氧传感器信号正常波形
a）怠速时波形 b）2500r/min 时波形

依旧。

接着又对该车的各个工况作了进一步检查，发现冷车时除了以上故障现象外还有一个特殊的现象，那就是当发动机空载加速到 2000r/min 时，会出现转速突然下降的现象。据此，判断故障是因氧传感器不良而引起的，于是又更换了同型号车上的氧传感器。经路试，热车时故障现象消失，第 2 天冷起动后，加速有力，一切恢复正常。

故障说明：奥迪 2. 8L 发动机控制系统为一个闭环控制系统，发动机 ECU 主要根据冷却液温度传感器信号、空气流量计信号、节气门位置传感器信号和氧传感器信号来控制喷油持续时间，以满足发动机冷机加浓和加速加浓等对供油量的要求。作为氧传感器，在发动机工作中主要检测的是尾气中的含氧量，ECU 据此判断混合气是浓还是稀，然后发出指令，不断调整喷油持续时间，以实现最佳燃烧过程。由于该车长期使用 90 号汽油，与要求的 93 号及其以上汽油有一定的差别，故易引起氧传感器“中毒”，使氧传感器表面产生一层“保护膜”，从而不能正确反映尾气中的含氧量，而仅将一个基本固定的信号电压传给发动机 ECU。这样，在实际使用中，当混合气过稀需加浓时，ECU 并没有得到混合气过稀的信号，也就不能输出加浓混合气(延长喷油持续时间)的指令，因此出现上述故障现象。

任务 7 爆燃传感器相关知识

一、爆燃传感器的作用及结构原理

爆燃传感器的主要作用是检测发动机的爆燃情况并通过电信号输入 ECU，以对发动机进行喷油量和点火时间的控制。图 2-66 所示为爆燃传感器的安装位置及外形图。

爆燃传感器可分为电感式及压电式两种类型。压电式爆燃传感器又可分为共振型、非共振型和火花塞座金属垫型三种。

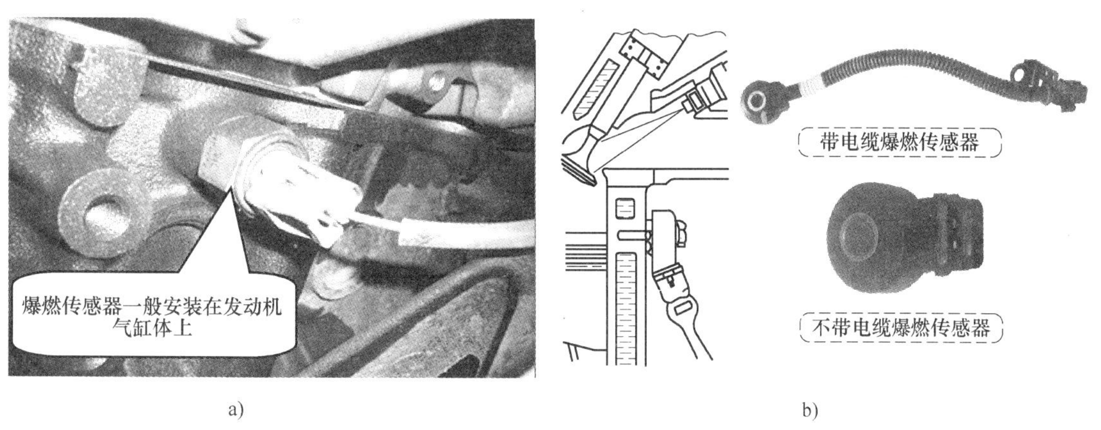

图 2-66　爆燃传感器的安装位置及外形

a）安装位置　b）外形

（一）电感式爆燃传感器

电感式爆燃传感器主要由铁心、永久磁铁、线圈及外壳组成。

电感式爆燃传感器利用电磁感应原理检测发动机的爆燃现象。发动机发生振动时，铁心受影响在线圈中移动，使线圈磁通发生变化，从而产生感应电动势。当传感器的固有频率与发动机爆燃时振动频率相同时，传感器输出电压最大，如图 2-67 所示。

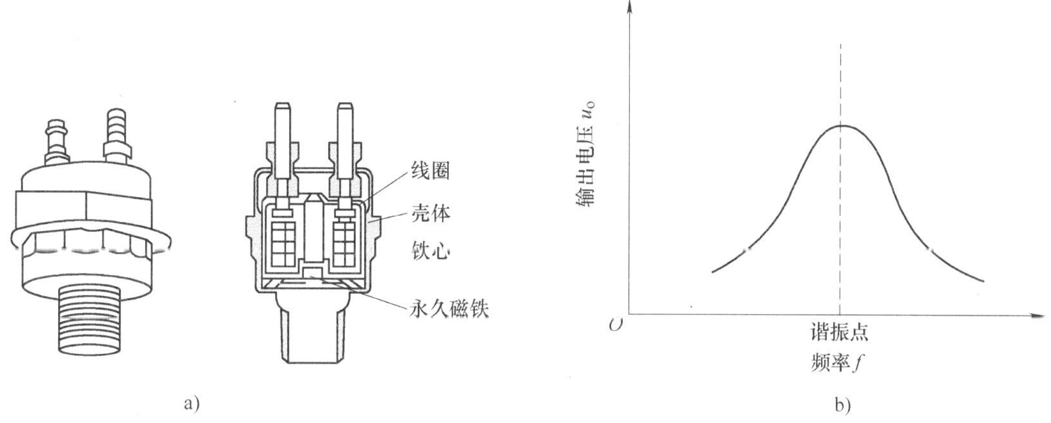

图 2-67　电感式爆燃传感器的结构及输出信号

a）结构　b）输出信号

（二）压电式爆燃传感器

1. 压电共振型爆燃传感器

如图 2-68 所示，压电共振型爆燃传感器主要由压电元件、振子、基座、外壳等组成。

当发生爆燃时，振子与发动机产生共振，压电元件输出的信号电压也有明显增大，输入 ECU 后则由 ECU 判定其是否为爆燃。图 2-69 所示为压电共振型爆燃传感器的输出特性。

注意：由于共振型爆燃传感器振子的振动固有频率与发动机爆燃时的振动频率一致，所以必须与发动机配套使用。

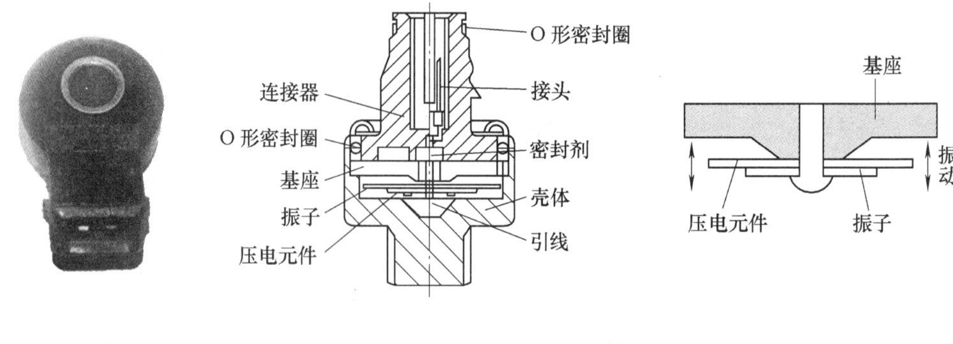

图 2-68　压电式共振型爆燃传感器

a）爆燃传感器实物（捷达 ATK 发动机）　b）压电式共振型爆燃传感器结构图

2. 压电式非共振型爆燃传感器

如图 2-70 所示，压电式非共振型爆燃传感器的结构与共振型相比，其内部无振荡片，但设置了一个配重块，配重块以一定预紧力压紧在压电元件上。压电式非共振型爆燃传感器是以接收加速度信号的形式来检测爆燃的。当发动机产生爆燃时，配重块以正比于振动加速度的交变力施加在压电元件上，压电元件则把此压力信号转换为电信号输送给 ECU。

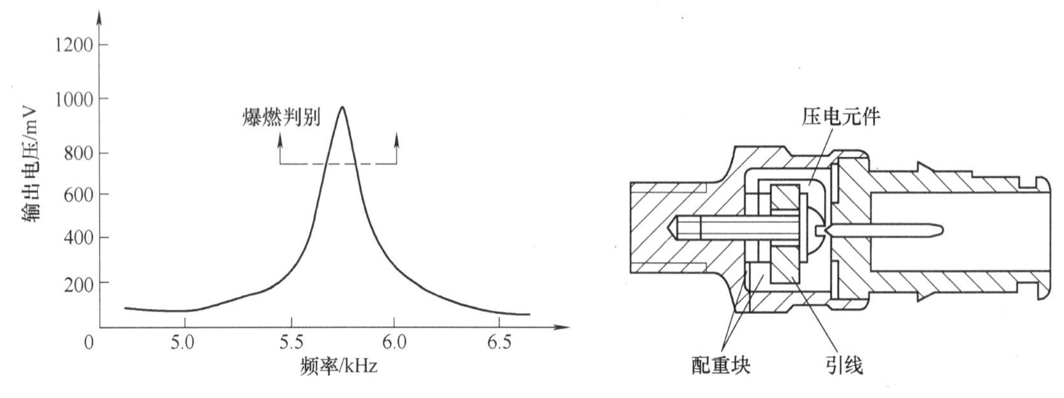

图 2-69　压电共振型爆燃传感器的输出特性　　　图 2-70　压电式非共振型爆燃传感器

注意：压电式非共振型爆燃传感器输出的信号电压，在爆燃时与非爆燃时并没有明显增加，爆燃是否发生是通过滤波器测出有无爆燃频率来判别的，爆燃信号检测比较复杂。此种传感器可用于不同发动机，只需调整滤波器的频率范围即可。

3. 压电式火花塞座金属垫型爆燃传感器

如图 2-71 所示，压电式火花塞座金属垫型爆燃传感器是将压电元件直接安装在火花塞的垫圈处，每缸安装一个，根据各缸的实际燃烧压力直接检测爆燃信息，并转为电信号输入 ECU。

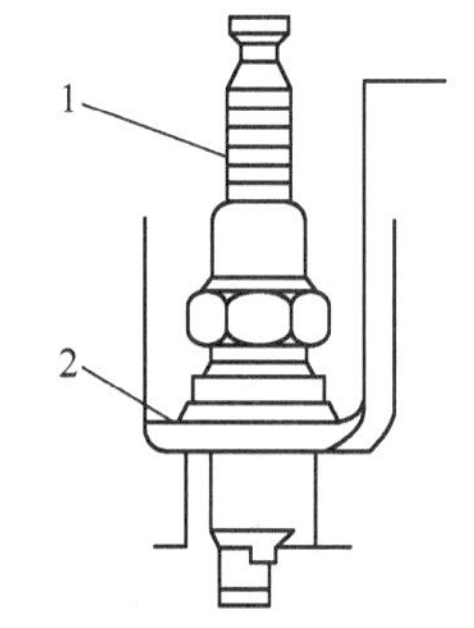

图 2-71　压电式火花塞座金属垫型爆燃传感器

1—火花塞　2—爆燃传感器

二、爆燃传感器的拆检流程及技术要求

爆燃传感器的拆检流程及技术要求如下：

1）拆开传感器线束插接器，检查传感器端子与壳体之间电阻值，应为无穷大；否则说明内部短路，应更换传感器。检查爆燃传感器电阻如图 2-72 所示。

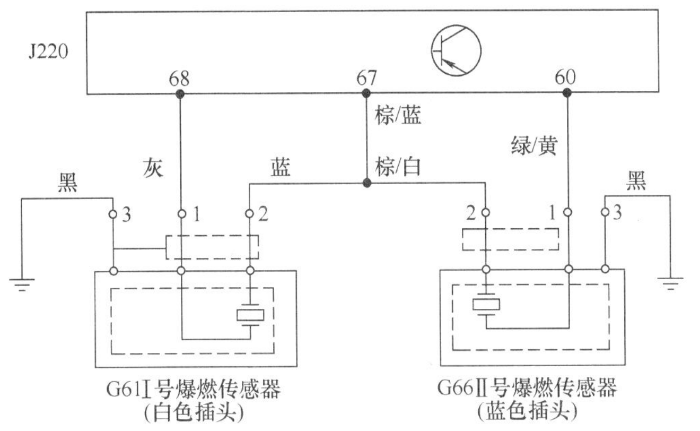

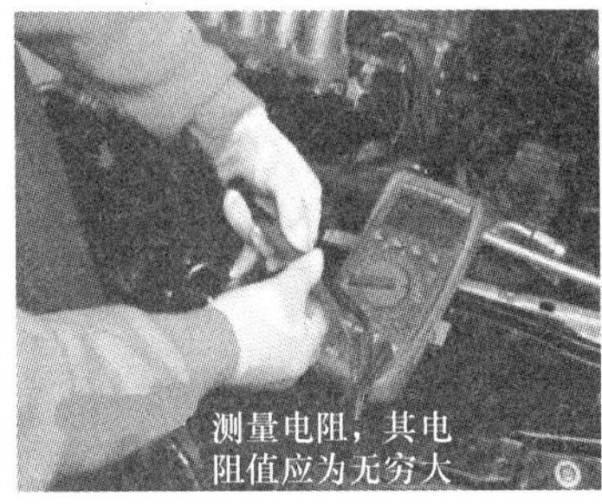

→爆燃传感器各端子之间的电阻标准值

Ⅰ、Ⅱ爆燃传感器插头1、2两端子: >1MΩ
Ⅰ、Ⅱ爆燃传感器插头1、3两端子: >1MΩ
Ⅰ、Ⅱ爆燃传感器插头2、3两端子: >1MΩ

图 2-72　检查爆燃传感器电阻

2）在怠速运转状态下检查爆燃传感器的工作情况。拆开爆燃传感器线束连接器，用示波器检查传感器端子与搭铁之间的信号电压，应有脉冲信号输出；否则说明传感器不良，应更换新件。爆燃传感器波形检查如图 2-73 所示。

提示：在发动机运转时，连接好传感器导线，缓慢提高转速，同时用万用表交流电压挡进行测量。如果电压值没有升高，则表明传感器可能有故障。

3）在发动机运转时，连接好传感器导线，用小锤子轻轻敲击排气歧管，同时用万用表交流电压挡测量。如果电压指示值没有发生波动，则表明传感器有故障。

图 2-73　爆燃传感器波形检查

4）关闭点火开关 10s 后拆下传感器接头，再打开点火开关（不起动发动机），用万用表测量车上线束接头上信号输出和回路端子之间的直流电压，其值应符合规定，否则线路可能有故障。

三、爆燃传感器典型故障案例分析

故障现象：一辆丰田佳美轿车，使用 3VZ-FE 型 V63.0L 多点喷射电控发动机。该车因机械故障更换了不包括附件在内的发动机总成。将原发动机的附件装到新发动机上后，发动机冷却液温度在 60℃以下时动力正常，车辆运行良好；当温度升高到 90℃时，发动机突然动力不足，车速下降，有制动感觉，随即发动机故障灯亮。

故障诊断：使用故障诊断仪读取故障码为 52，对照故障码表显示内容是爆燃传感器故障。拆卸爆燃传感器并对其进行检查，发现第一爆燃传感器的塑料插头损坏老化，信号输出端子松动。更换塑料插头并对松动的端子用黏结剂固定后装上发动机。试车，故障依旧。再次检查爆燃传感器，测得其信号输出端子与外壳间大于 1×10^4，证明内部没有短路。但是，用汽车数字万用表检查，无信号输出，证明传感器已坏。更换爆燃传感器后，故障消失。

故障说明： 当发动机温度降低时，燃烧室温度也低，没有爆燃现象，故汽车行驶正常。当发动机升温后，因燃烧室温度升高而发生爆燃，发动机动力下降。这时如果爆燃传感器良好，它就会向 ECU 输出爆燃信号。ECU 便立即推迟点火时刻，以消除爆燃，使发动机维持正常工作。但该发动机的爆燃传感器不能输出信号，控制不了爆燃，因此发动机温度升高后，工作失常。

任务 8　常见开关信号及其他类型传感器相关知识

一、起动开关信号

起动开关(STA)如图 2-74 所示，它一般安装在驾驶室，用来判断发动机是否处于起动状态(根据 STA 信号)。在起动时，进气管内混合气流速慢、温度低、燃油雾化比较差。为了改善起动性能，在起动发动机时必须使混合气加浓。ECU 利用 STA 信号，确认发动机处于起动状态，将自动控制喷油量、点火时刻等参数，以满足起动工况要求。如起动信号不良，将导致发动机无法起动。

图 2-74　起动开关位置及外形

二、制动开关及离合器开关信号

图 2-75 所示为制动踏板开关和离合器踏板开关的安装位置示意图。

制动开关信号作用是：在巡航控制系统中，ECU 接收到制动信号后解除巡航设定；在电控燃油喷射系统(EFI 系统)中，汽车制动时，ECU 根据制动信号来控制发动机减速断油。

离合器开关信号作用是判断离合器是处于分离状态还是接合状态。若为分离状态，控制单元将减短喷油器喷油时间，以确保换挡平顺。如果该信号失效，换挡时容易出现熄火现象。

三、空调开关信号

图 2-76 所示为空调设置面板，当按下 A/C 开关时，空调开关信号将输入 ECU。

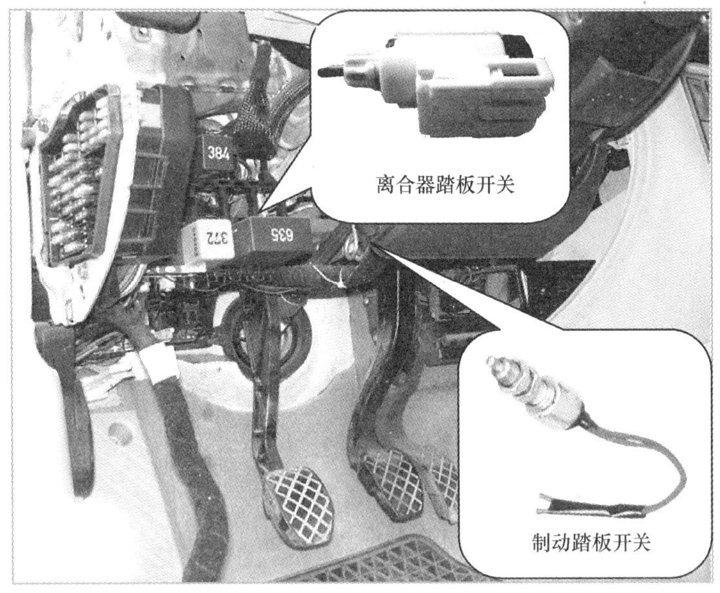

图 2-75　制动踏板开关和离合器踏板开关

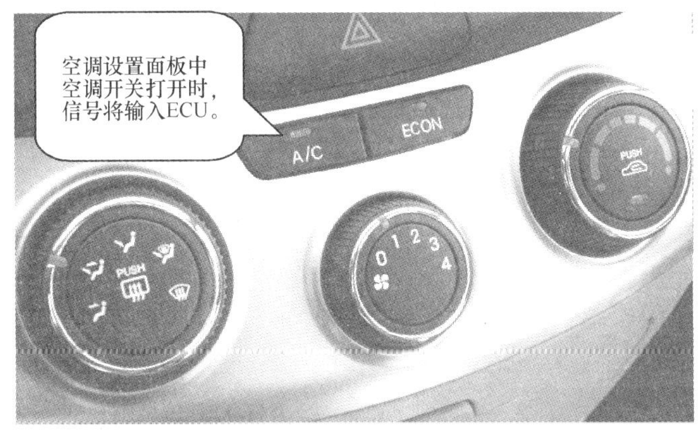

图 2-76　空调设置面板

空调开关信号的作用有：

1）怠速时的点火提前角修正、喷油量修正和怠速控制修正。

2）发动机控制单元在急加速、应急程序启动或冷却液温度高于 120℃时自动切断空调压缩机工作。

四、车速传感器

车速传感器检测汽车的行驶速度，给 ECU 提供车速信号（SPD 信号），可用于控制发动机怠速转速、汽车加减速时的汽油喷射和点火控制，也用于巡航控制和限速断油控制。在汽车集中控制系统中，车速信号也是自动变速器的主控制信号。

车速传感器一般安装在组合仪表、分电器内或者变速器输出轴上，如图 2-77 所示。车速传感器主要有舌簧开关式和光电式两种形式。

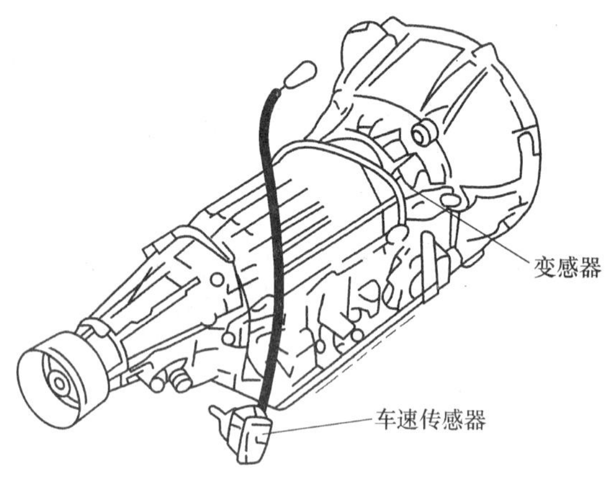

图 2-77　安装在变速器输出轴上的车速传感器

目前，汽车使用最多的是舌簧开关式转速传感器。

舌簧开关式转速传感器可用于检测汽车速度(装在组合仪表内)，也可以用于指示曲轴位置(装在分电器内部)。如图 2-78 所示，它主要由永久磁铁、舌簧开关机及内充注的惰性气体(或真空)等组成。

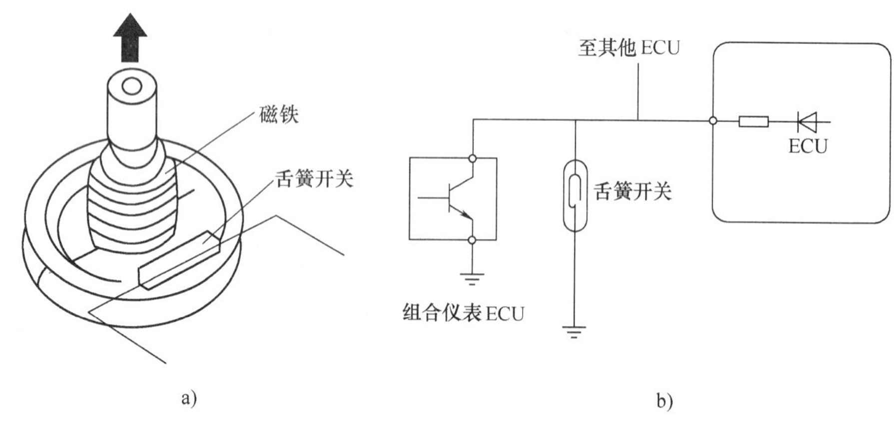

图 2-78　舌簧开关式转速传感器的结构及工作原理

a）结构　b）工作原理

本项目小结

1. 汽车上常用的信号输入装置有：空气流量计、进气歧管绝对压力传感器、节气门位置传感器、凸轮轴/曲轴位置传感器、进气温度传感器、发动机冷却液温度传感器、车速传感器、氧传感器、爆燃传感器、起动开关、空调开关、制动开关及离合器开关信号等。

2. 空气流量计主要有叶片式空气流量计、热式空气流量计、卡门涡旋式空气流量计及量芯式空气流量计四种。

3. 空气流量计的作用是测量进气量的大小，并与其他传感器信号一起确定喷油量大小。

4. 空气流量计的检测流程为：电阻检测—电压检测—波形读取—判断故障。

5. 进气歧管绝对压力传感器实际测量的是进气管的真空度，通过计算换算成反映进气量的参数。

6. 冷却液温度传感器的作用是给 ECU 提供发动机冷却液温度信号，主要作为起动时的燃油喷射和点火正时控制修正信号。

7. 进气温度传感器的作用是给 ECU 提供进气温度信号，可作为燃油喷射和点火正时控制的修正信号。

8. 凸轮轴位置传感器(CMPS)的作用是给 ECU 提供曲轴转角基准位置(第 1 缸压缩上止点)信号，可作为燃油喷射控制和点火控制的主控制信号。曲轴位置传感器用来检测曲轴转角位移，给 ECU 提供发动机转速信号和曲轴转角信号，即判缸信号，可作为燃油喷射系统的喷油控制和点火控制的主控制信号。

9. 节气门位置传感器的作用是检测节气门的开度及开度变化，并将此信号输入 ECU，以便于 ECU 控制燃油喷射及其他辅助控制。

10. 氧传感器是排气氧传感器 EGOS(Exhaust Gas Oxygen Sensor)的简称，其功用是通过监测排气中氧离子的含量获得混合气的空燃比信号，并将该信号转变为电信号输入 ECU。ECU 根据氧传感器信号，对喷油时间进行修正，实现空燃比反馈控制(闭环控制)，从而将过量空气系数(λ)控制在 0.98～1.02(空燃比 A/F 约为 14.7)，使发动机获得最佳浓度的混合气，从而达到降低有害气体的排放量和节约燃油之目的。

11. 爆燃传感器的主要作用是检测发动机的爆燃情况并通过电信号输入 ECU，以对发动机进行喷油量和点火时间的控制。

12. 起动开关(STA)的作用是用来判断发动机是否处于起动状态。

13. 制动开关信号作用是：在巡航控制系统中，ECU 接收到制动信号后解除巡航设定；在 EFI 系统中，汽车制动时，控制发动机减速断油。

离合器开关信号作用是判断离合器是处于分离或接合状态。

14. 空调开关信号的作用有：

1）怠速时的点火提前角修正、喷油量修正和怠速控制修正。

2）发动机控制单元在急加速、应急程序启动或冷却液温度高于 120℃时自动切断空调压缩机的工作。

15. 车速传感器的作用主要有：检测汽车行驶速度，给 ECU 提供车速信号(SPD 信号)，可用于控制发动机怠速转速、汽车加减速时的汽油喷射和点火控制，也用于巡航控制及限速断油控制等。

练习与思考

一、填空题

1. 根据测量进气量的方法不同，汽车发动机电控燃油喷射系统可分为________和________两种类型。

2. 空气流量计的作用是____。

3. 空气流量计的种类主要有________、________、________和________四种类型。

4. 热式空气流量计可分为________和________两种类型。

5. 主流测量方式的热线式空气流量计主要由防回火和滤除脏物的防护网、________、温度补偿电阻、________、控制线路板及接线插头等组成。

6. 卡门涡旋式空气流量计有________和________两种类型。

7. 进气歧管绝对压力传感器一般安装在________，实际测量的是进气管的真空度，通过计算换算成反映进气量的参数。

8. 冷却液温度传感器一般采用________温度系数热敏电阻制作，即热敏电阻的特性是温度升高，其电阻________。

9. 凸轮轴位置传感器的作用是________________________________。

10. 现代汽车节气门位置传感器常用________型。

11. ________的功用是通过监测排气中氧离子的含量获得混合气的空燃比信号，并将该信号转变为电信号输入 ECU。

12. 压电式共振型与非共振型爆燃传感器的区别是________________。

二、判断题

1. D 型电喷系统中一般都有空气流量计。(　　)

2. 冷却液温度传感器检测时应检测 THW 与 E2 端的电压是否符合要求。正常情况下电压应该为 0 ~5V。也可测量两端电阻值，在正常情况下，电阻值应该随温度的上升而下降，否则说明传感器工作不正常，必须更换冷却液温度传感器。(　　)

3. 所有类型汽车上都只有一个氧传感器。(　　)

4. 爆燃传感器主要用于爆燃控制。爆燃传感器失效时，汽车将无法正常起动。(　　)

5. 光电式凸轮轴/曲轴位置传感器的结构主要由遮光盘(信号盘)、发光二极管、光敏二极管和放大器等组成。(　　)

三、问答题

1. 简述如何检修叶片式空气流量计?

2. 现代汽车常用的节气门位置传感器有几个接线端子，各端子的含义分别是什么?

3. 简述氧传感器及其空燃比反馈控制原理。

4. 简述爆燃传感器的作用及其爆燃控制原理。

项目三　电控燃油喷射系统

电控燃油喷射系统(EFI)能够实现混合气浓度(空燃比)的高精度控制，比化油器式汽油机燃油供给系统和K型、KE型汽油喷射系统有明显优势。其电控系统能够根据发动机运行工况和环境的变化，如起动、暖机、怠速、加速、满负荷、部分负荷、滑行、环境湿度、海拔和燃油品质等，实现最佳空燃比控制及最佳点火控制(电控点火系统)，从而得到良好的节油和排气净化效果。通常EFI由燃油供给系统、空气供给系统和电控系统三大部分组成。

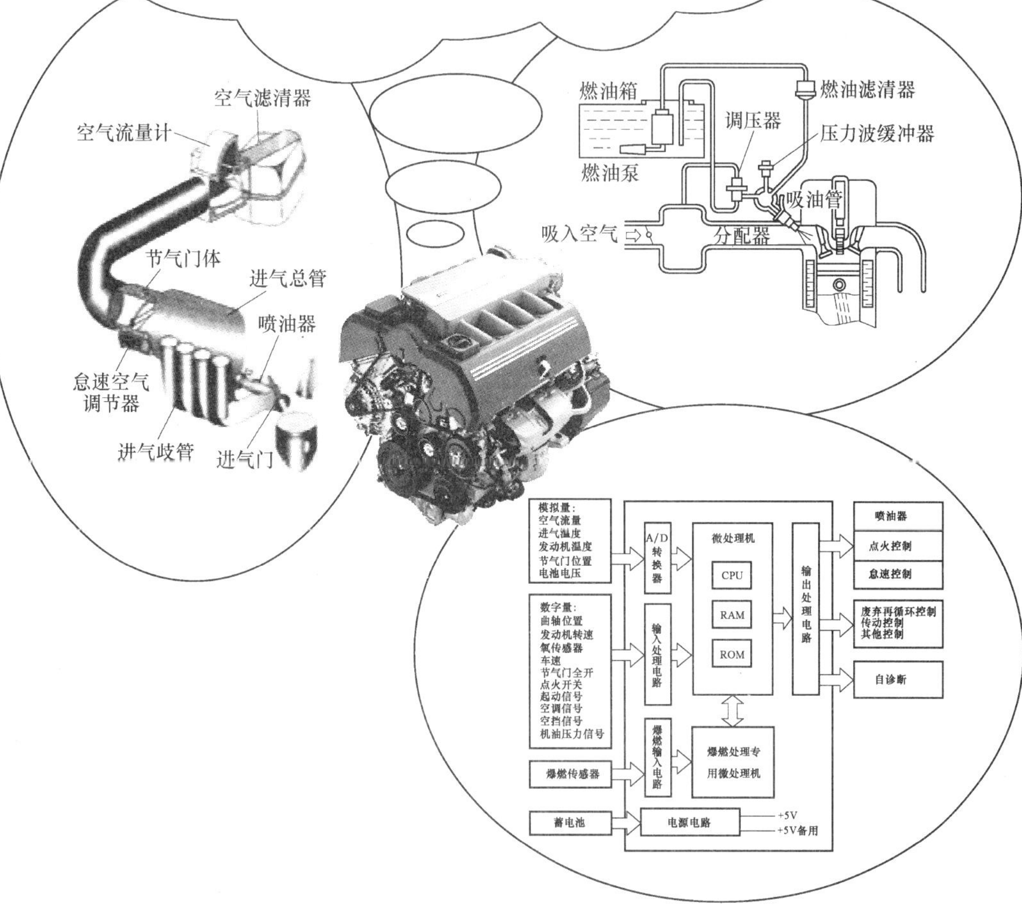

【学习目标】

◇ 了解电控燃油喷射系统的分类与结构

◇ 掌握燃油供给系统的相关知识

◇ 掌握空气供给系统的相关知识

◇ 掌握电控系统的相关知识

任务1　电控燃油喷射系统的分类与结构

一、电控燃油喷射系统的功能及分类

（一）电控燃油喷射系统的功能

电控燃油喷射系统主要有喷油正时控制、喷油量控制、燃油停供控制和燃油泵控制四大功能。

1. 喷油正时控制

喷油器喷油可分为同步喷射和异步喷射两种类型。同步喷射是指根据发动机各缸工作循环，在既定的曲轴位置开始喷油，其规律性较强。异步喷射是指与发动机的工作不同步，无规律性的喷油过程。异步喷射一般是在同步喷油的基础上额外增加的喷油，目的是改善某些特殊工况的发动机性能，如起动异步喷油和加速异步喷油等。

注意：喷油正时控制的目标是控制开始喷油的时刻和结束喷油的时刻。

（1）同步喷射正时控制　同步喷油正时控制的特点是在以最先进入做功行程的缸为基准，在该缸的排气上止点位置前某一位置，ECU 输出指令信号，使某个(组)气缸喷油器电磁线圈开始通电，控制喷油正时。

1）顺序喷射正时控制。顺序喷射控制特点是：喷油器驱动回路数目与气缸数目相等，喷油顺序与做功顺序一致。其电路与正时关系如图 3-1 所示。

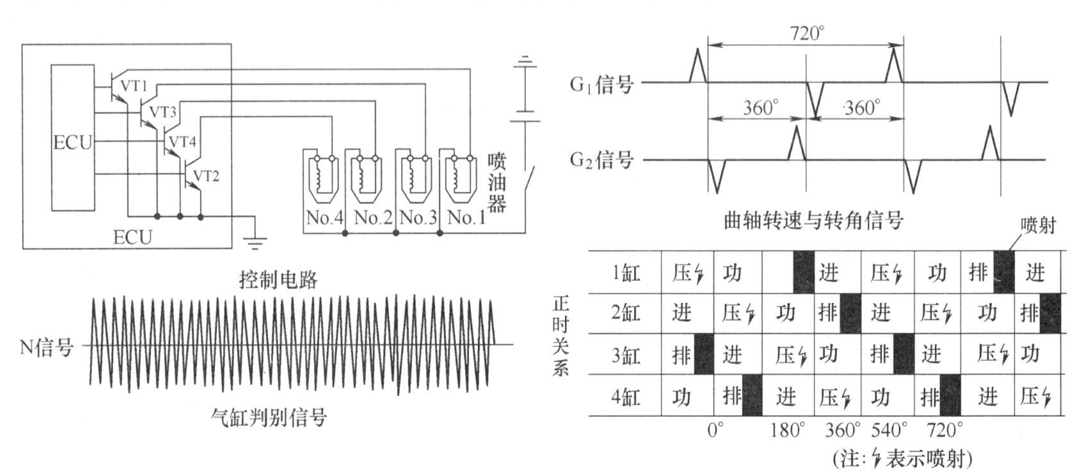

图 3-1　多点燃油顺序喷射控制电路与正时关系

提示：在顺序喷射系统中，发动机工作一个循环(曲轴转两周 720°)，各缸喷油器轮流喷油一次，且像点火系统跳火一样，按照特定的顺序依次进行喷射。

2）分组喷射正时控制。分组喷射控制特点是：喷油器驱动回路数目与气缸分组数目相等，做功顺序应符合分组特点，且分组与发动机做功顺序有一定联系。其电路及正时关系如图 3-2 所示。

提示：多点燃油分组喷射一般将四缸发动机分成两组，六缸发动机分成三组，八缸发动机分成四组。发动机工作时，由 ECU 控制各组喷油器轮流喷油。发动机每转一圈，只有一

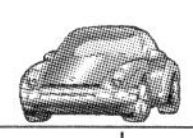

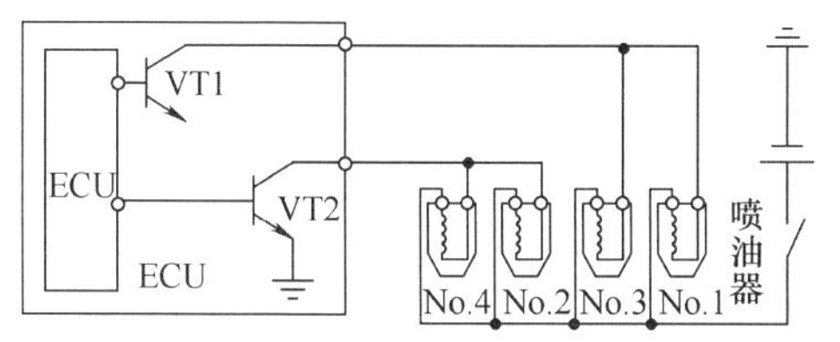

图 3-2　多点燃油分组喷射控制电路与正时关系

组喷油器喷油，每组喷油器喷油时连续喷射 1 ~2 次。

3）同时喷射正时控制。同时喷射控制特点是：各缸喷油器由 ECU 的一个指令控制同时喷油或停油，与发动机做功顺序及缸数无关。其电路及正时关系如图 3-3 所示。

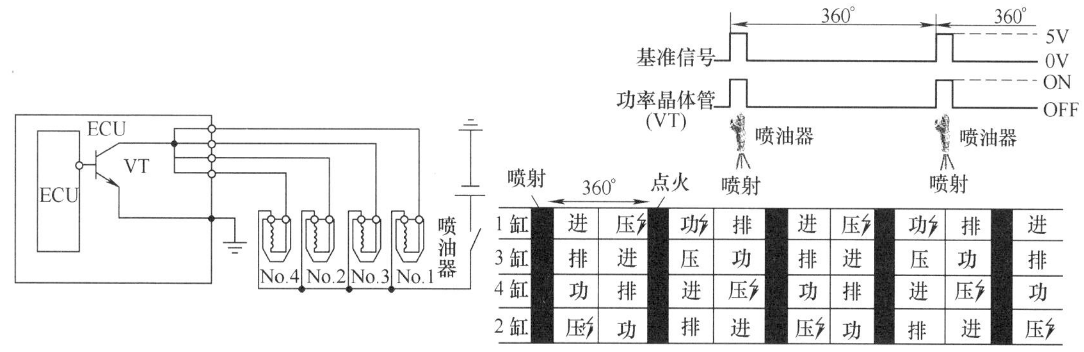

图 3-3　多点燃油同时喷射控制电路与正时关系

提示：多点燃油同时喷射就是将各缸喷油器并联在一起，电磁线圈电流由一只功率管 VT 驱动控制。

（2）异步喷油正时控制

1）起动时异步喷油正时控制：起动开关（STA）处于接通状态时，ECU 接收到第一个凸轮轴位置传感器信号（G 信号）后，接收到第一个曲轴位置传感器信号（Ne 信号）时，开始进行起动时的异步喷油。其目的是改善发动机的起动性能。

2）加速时的异步喷油正时控制：ECU 根据节气门位置传感器从接通到断开时的怠速信号（IDL 信号），依次增加固定量的喷油。其目的是改善发动机的加速性能。

2. 喷油量控制

影响电控燃油喷射系统喷油量的因素主要是：喷油压差、喷油器孔径及数量、喷油时间。喷油量控制一般是对喷油器的通电时间进行控制。

（1）起动喷油量控制　起动时的喷油量 = 起动时的同步喷油量 + 起动时的异步喷油量，其控制过程如图 3-4 所示。当汽车起动开关处于接通状态时，冷却液温度传感器决定起动时同步喷射的基本喷油量，再依据曲轴位置传感器、节气门控制部件、进气温度传感器等信号因素对其进行修正。同时加上固定量的异步喷射喷油量，即为起动时的喷油量。

（2）起动后的喷油量控制　起动后的总喷油量 = 基本喷油量 + 喷油修正量 + 喷油增量，其控制过程如图 3-5 所示。

由曲轴位置传感器及空气流量计（或进气歧管绝对压力传感器）信号决定基本喷油量。进气温度传感器、氧传感器、蓄电池电压、冷却液温度传感器信号等决定喷油修正量。节气门控制部件信号等决定喷油增量。

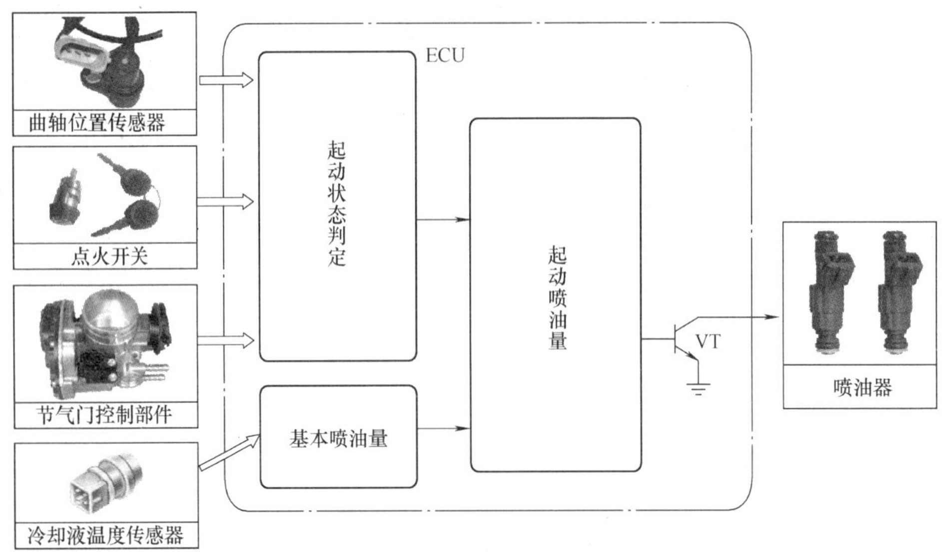

图 3-4　起动时的喷油量控制

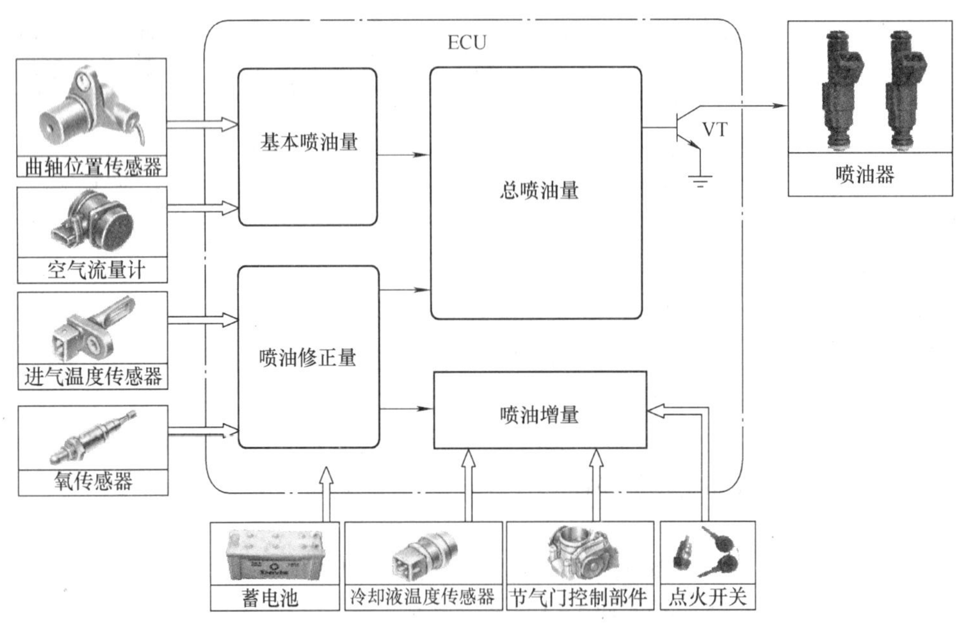

图 3-5　起动后的喷油量控制

3. 燃油停供控制

燃油停供的控制过程如图 3-6 所示。它主要有减速断油控制和限速断油控制两种。汽车行驶过程中，驾驶员快收加速踏板使汽车减速时，ECU 将会切断燃油喷射控制电路停止喷油，这个过程叫做减速断油控制；发动机加速时，当发动机转速超过安全转速或超出汽车设定的最高车速时，ECU 将切断燃油喷射控制电路，这个过程叫做限速断油控制。

4. 燃油泵控制

在某些中高级轿车的电控燃油喷射系统中装用的电动燃油泵有高、低两个转速挡控制。

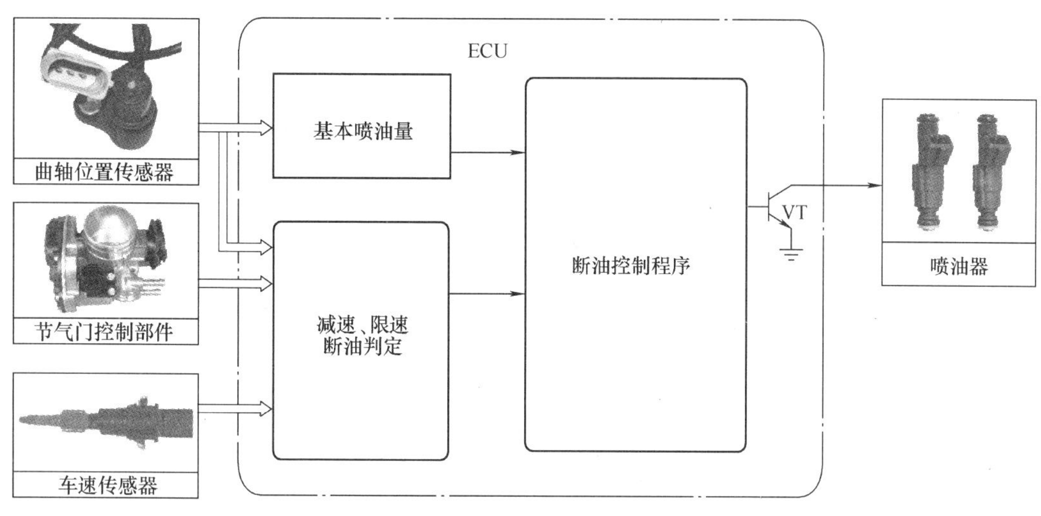

图 3-6　燃油停供控制

其控制电路可根据发动机转速和负荷的变化，通过燃油泵继电器改变燃油泵供电线路，从而控制燃油泵工作转速。当发动机在高速、大负荷运转工况下耗油较多时，燃油泵以高速运转；当发动机在低速、中小负荷工况下工作时，燃油泵以低速运转。图 3-7 所示为丰田雷克萨斯 LS400 轿车燃油泵高、低两速控制电路。

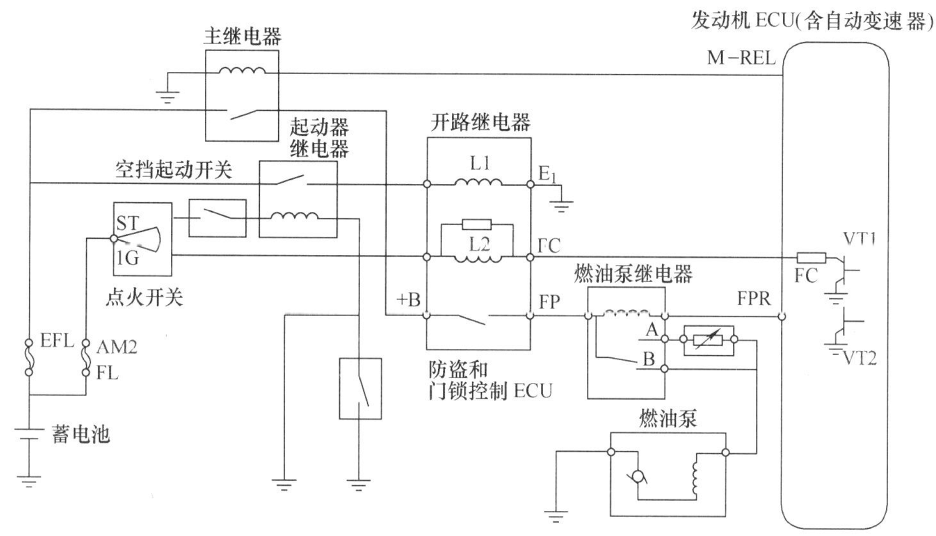

图 3-7　丰田雷克萨斯 LS400 轿车燃油泵高、低两速控制电路

（二）电控燃油喷射系统的分类

电控燃油喷射系统形式多样，有多种分类方法。

1. 按照喷射方式分类

按照喷射方式不同，燃油喷射系统可以分为连续喷射和间歇喷射。

连续喷射是指在发动机运转期间，汽油连续不断地喷射在进气道内。目前，此种喷射方式已经不采用。

间歇喷射是指在发动机运行期间，将汽油间歇地喷入进气道内。这种喷射方式在目前的汽车上应用非常广泛。按各缸喷油规律不同又可分为同时喷射、分组喷射和顺序喷射三种类型，分别如图 3-8a、b、c 所示。

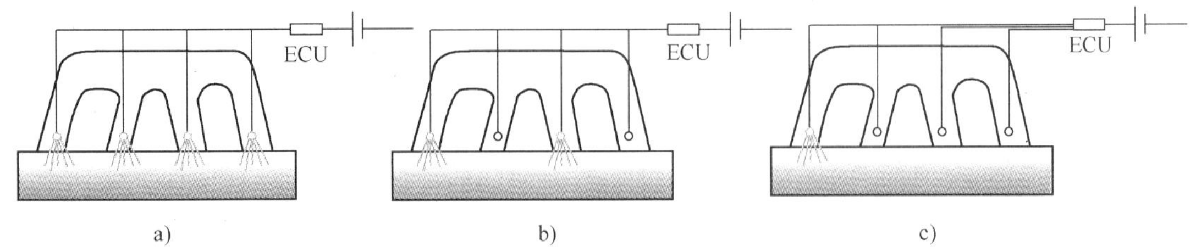

图 3-8　间歇喷射的常见类型

a）同时喷射　b）分组喷射　c）顺序喷射

2. 按对空气量的计量方式分类

按对空气量的计量方式进行分类，电控燃油喷射系统可分为 D 型和 L 型。D 型电控燃油喷射系统是利用进气歧管压力传感器检测进气管的压力和发动机的转速推算出发动机的进气量，再依据进气量和发动机转速确定基本喷油量；L 型电控燃油喷射系统通过空气流量计直接测量发动机的进气量，ECU 不必进行推算，分别如图 3-9a、b 所示。

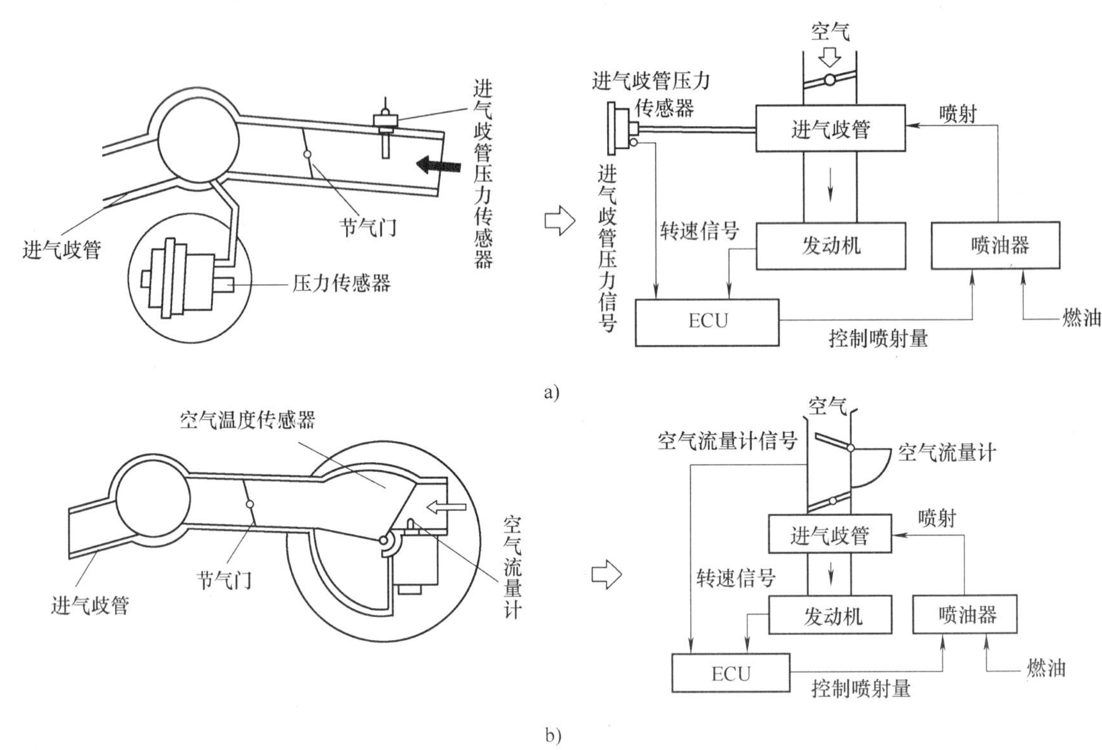

图 3-9　D 型及 L 型电控燃油喷射系统原理示意图

a）D 型电控燃油喷射系统　b）L 型电控燃油喷射系统

3. 按喷射位置分类

按喷射位置不同，电控燃油喷射系统可分为缸内直接喷射和进气管喷射两种类型，分别

如图 3-10a、b 所示。缸内直接喷射喷油器装在气缸盖上，把燃油直接喷入气缸内。目前只有部分车型采用，如保时捷车系。

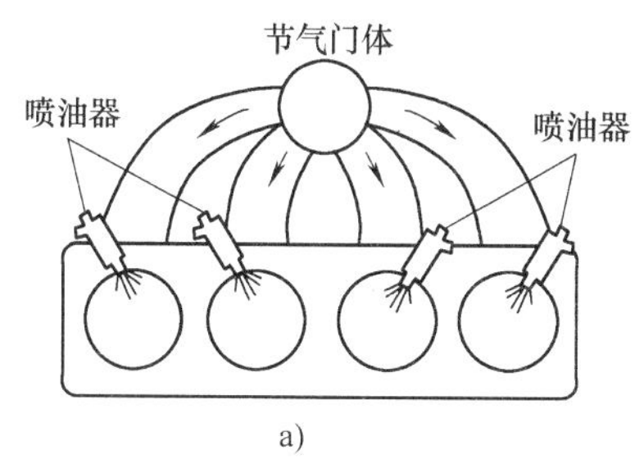

a)

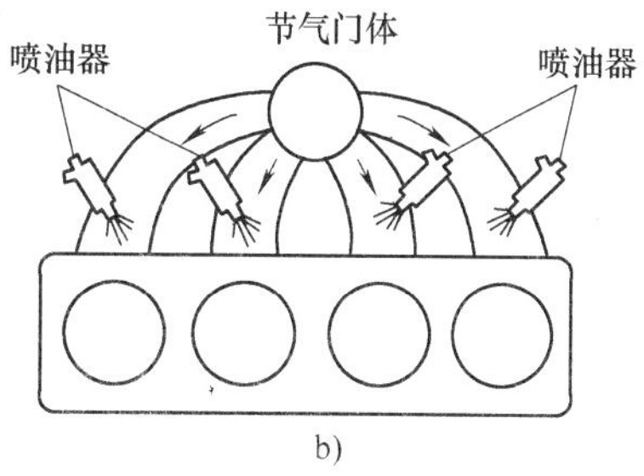

b)

图 3-10 缸内直喷及进气管喷射

a）缸内直喷 b）进气管喷射

进气管喷射又可以分为单点喷射系统及多点喷射系统，如图 3-11 所示。

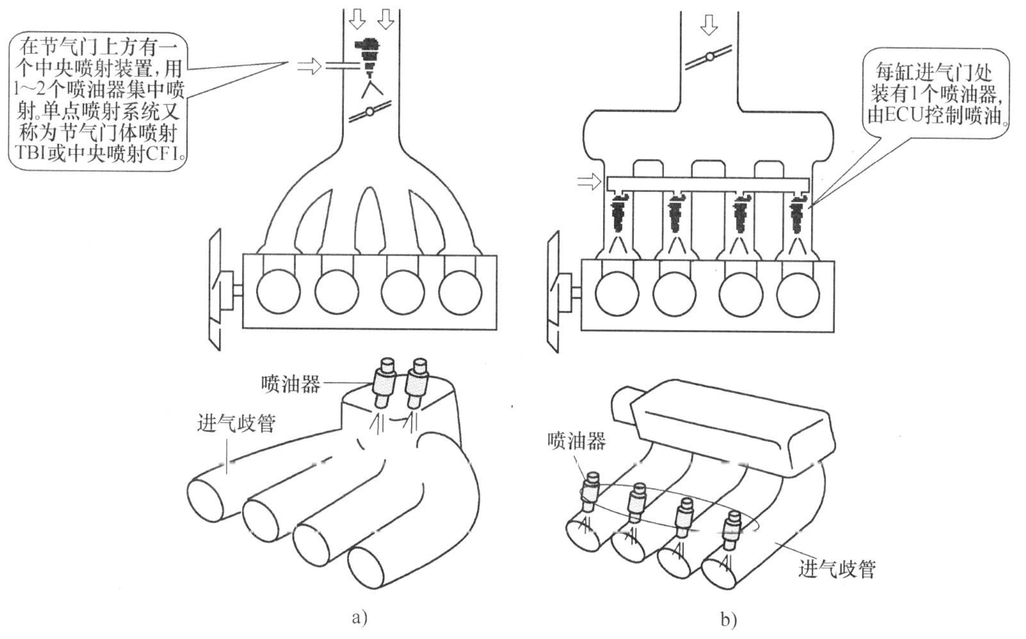

图 3-11 单点喷射系统和多点喷射系统

a）单点喷射系统 b）多点喷射系统

4. 按有无反馈信号分类

电控燃油喷射系统按有无反馈信号可以分为开环控制系统和闭环控制系统。

开环控制系统对发动机及控制系统的精度要求高，控制精度低。开环控制系统无氧传感器，将实验室确定的发动机各工况的最佳供油参数预先存入 ECU。在发动机工作时，ECU 根据系统中各传感器的输入信号，判断自身所处的运行工况，并计算出最佳喷油量。其精度直接依赖于所设定的基准数据和喷油器调整标定的精度。当使用工况超出预定范围时，就不能实现最佳控制。开环控制示意图如图 3-12 所示。

闭环控制系统装有氧传感器，可达到较高的空燃比控制精度。在系统中，发动机排气管上加装了氧传感器，根据排气中含氧量的变化，判断实际进入气缸的混合气空燃比，再通过

各种
传感器
工况
信号
ECU
喷油控
制信号
喷油器
喷油
发动机
气缸

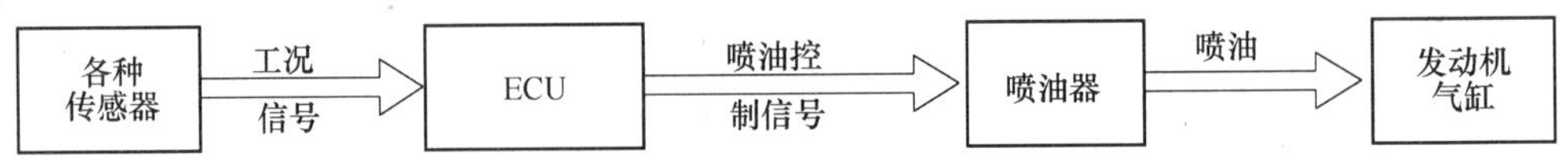

图 3-12　开环控制示意图

ECU 与设定的目标空燃比进行比较，并根据误差修正喷油量。空燃比控制精度较高。闭环控制示意图如图 3-13 所示。

各种
传感器
工况
信号
ECU
喷油控
制信号
喷油器
喷油
发动机
气缸
氧含量信号
氧传感器
废气

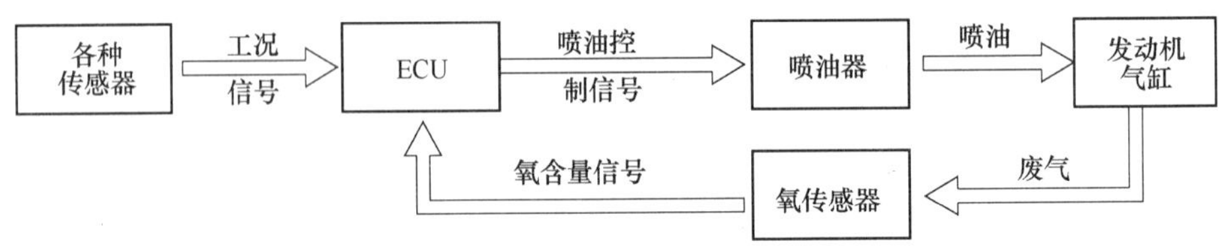

图 3-13　闭环控制示意图

提示：大多数发动机采用开环与闭环控制相结合的方式进行控制。如果汽车在某些特殊工况，如起动、加速、怠速等工况则使用开环控制，中速行驶时则使用闭环控制。

二、电控燃油喷射系统的结构

如图 3-14 所示，电控燃油喷射系统一般由燃油供给系统、空气供给系统及电控系统三

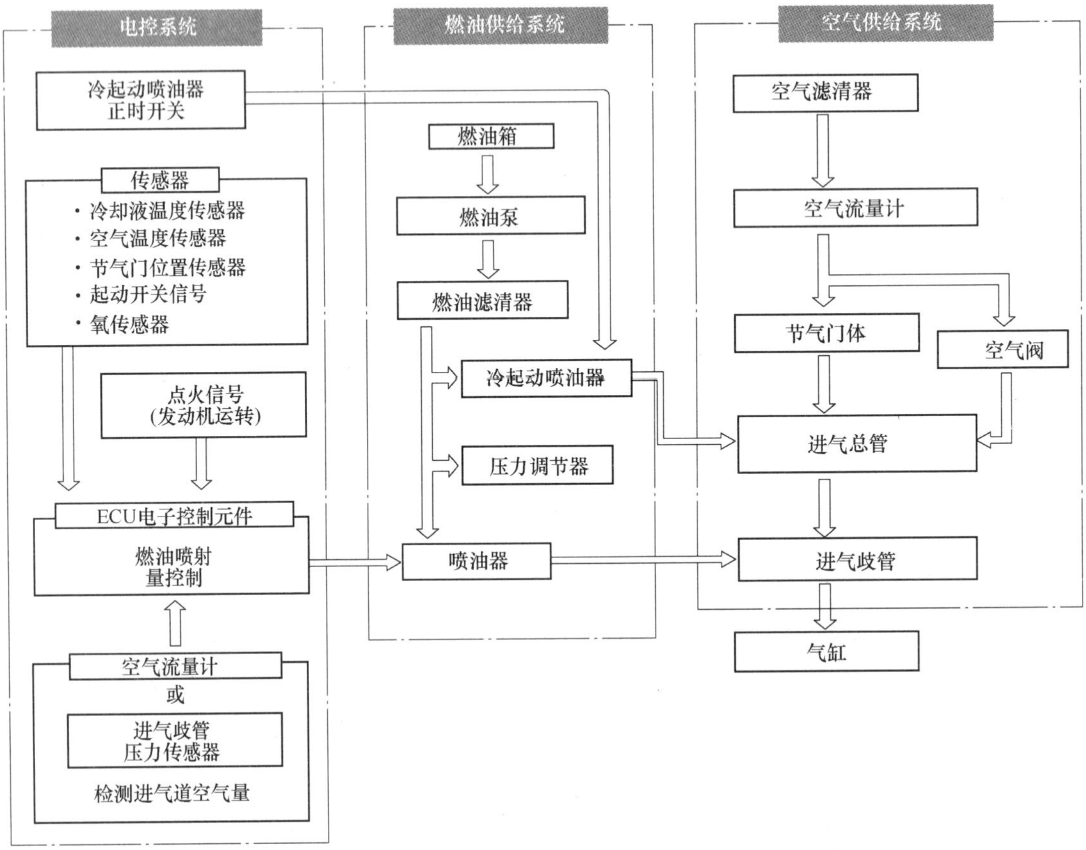

电控系统
燃油供给系统
空气供给系统
冷起动喷油器
正时开关
传感器
· 冷却液温度传感器
· 空气温度传感器
· 节气门位置传感器
· 起动开关信号
· 氧传感器
点火信号
(发动机运转)
ECU电子控制元件
燃油喷射
量控制
空气流量计
或
进气歧管
压力传感器
检测进气道空气量
燃油箱
燃油泵
燃油滤清器
冷起动喷油器
压力调节器
喷油器
空气滤清器
空气流量计
节气门体
空气阀
进气总管
进气歧管
气缸

图 3-14　电控燃油喷射系统组成

大部分组成。

D 型及 L 型电喷系统总体结构组成及原理示意图分别如图 3-15 和图 3-16 所示。

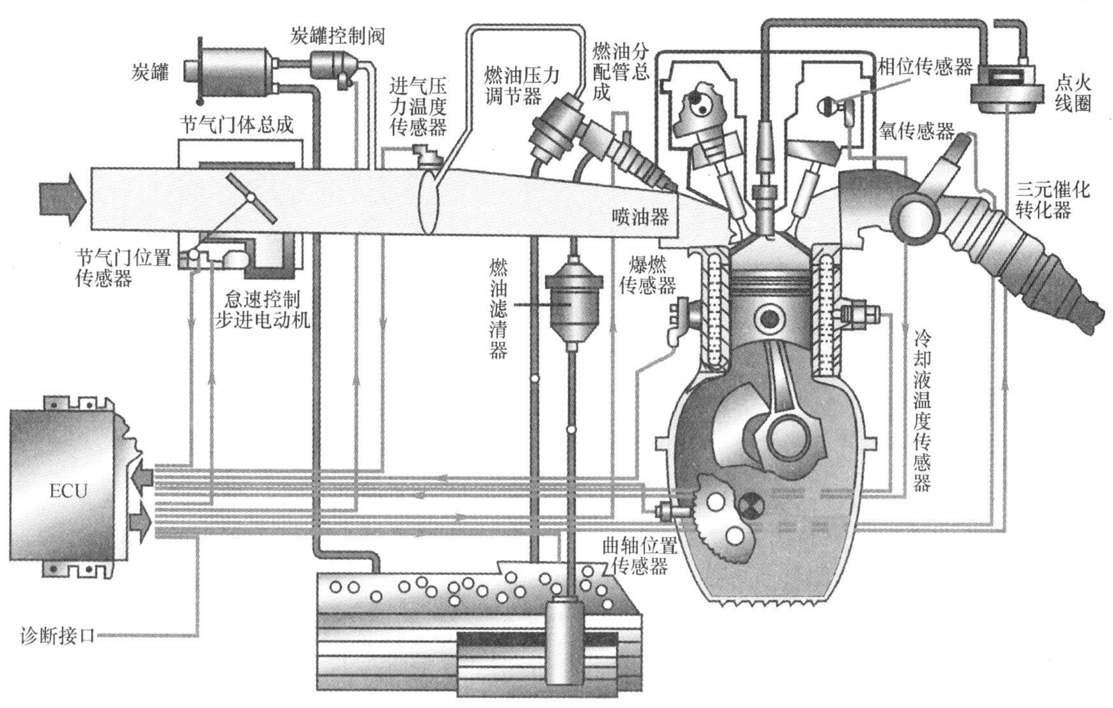

图 3-15　D 型电控燃油喷射系统的总体结构及原理示意图

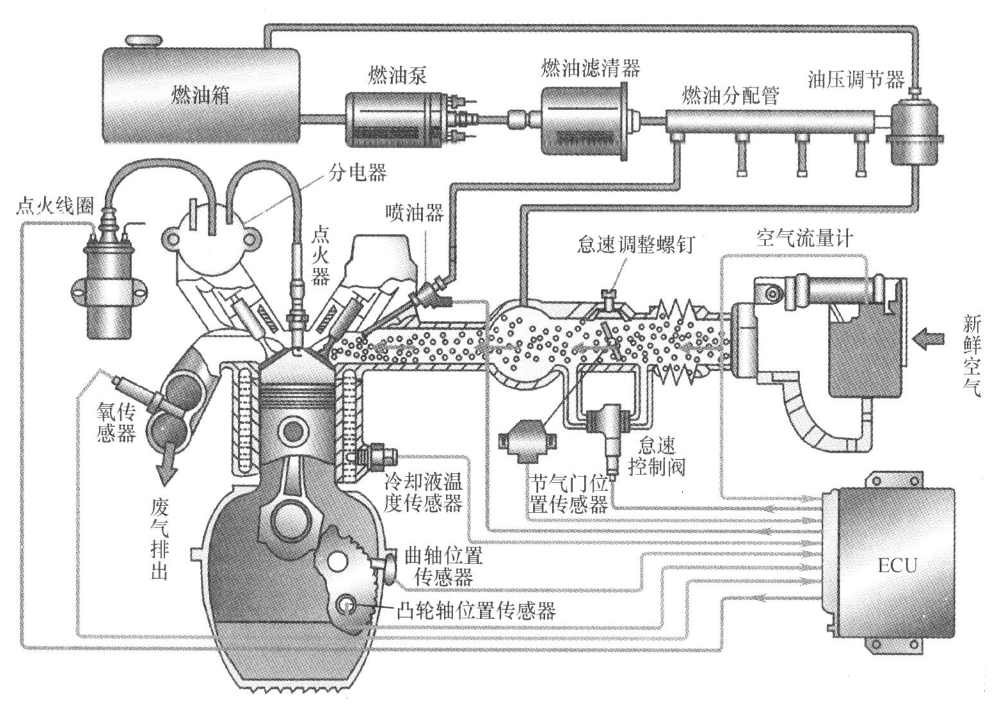

图 3-16　L 型电控燃油喷射系统的总体结构及原理示意图

1. 燃油供给系统

燃油供给系统的作用是供给喷油器一定压力的燃油，并通过喷油器按 ECU 指令向发动机喷油。图 3-17 所示为电控燃油喷射系统供油原理图。电动燃油泵将汽油自燃油箱吸出，经燃油滤清器过滤后，由燃油压力调节器调压，通过油管输送压力燃油给喷油器。喷油器根据 ECU 指令向进气管喷油(缸外喷射)或向气缸喷油(缸内喷射)。

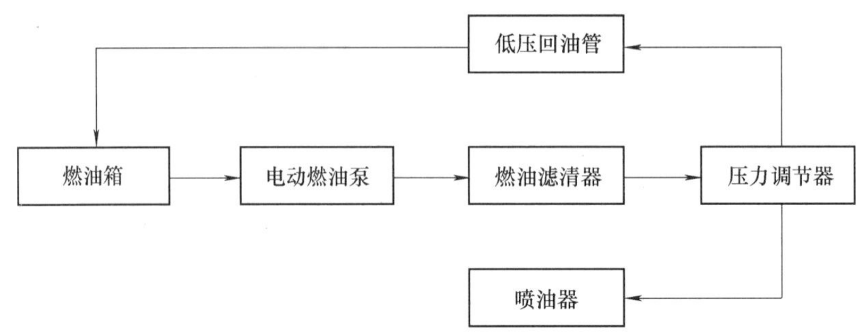

图 3-17　电控燃油喷射系统供油原理图

2. 空气供给系统

空气供给系统的功用是向发动机提供清洁的空气并控制发动机正常工作时的进气量。图 3-18 和图 3-19 所示分别为 D 型及 L 型电控燃油喷射系统进气原理图。发动机工作时，空气经空气滤清器过滤后通过进气歧管压力传感器(D 型)或空气流量计(L 型)、节气门体进入进气总管，再通过进气歧管分配给各缸。

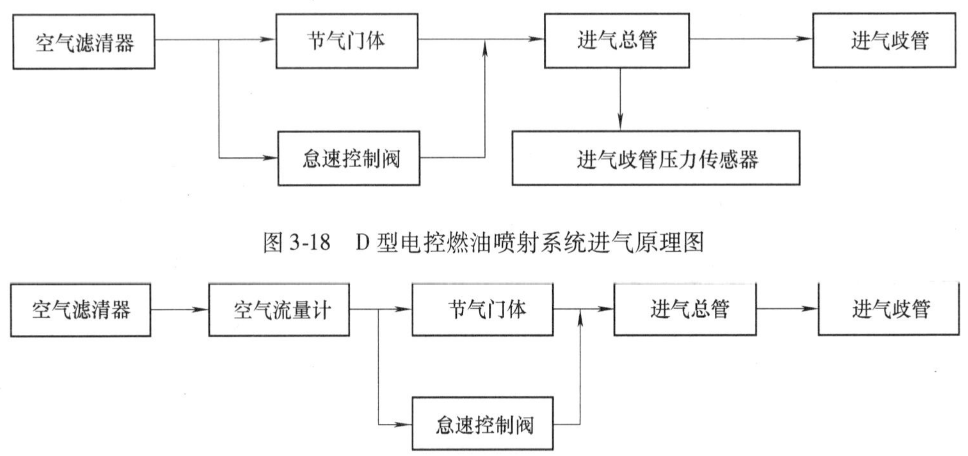

图 3-18　D 型电控燃油喷射系统进气原理图

图 3-19　L 型电控燃油喷射系统进气原理图

3. 电控系统

电控燃油喷射系统中，喷油量控制是最基本的也是最重要的控制内容，其控制原理如图 3-20 所示。ECU 根据空气流量计信号(或进气歧管压力传感器)和发动机转速信号确定基本喷油时间，再根据其他传感器对喷油时间进行修正，并按最后确定的总喷油时间向喷油器发出指令，使喷油器喷油或断油。

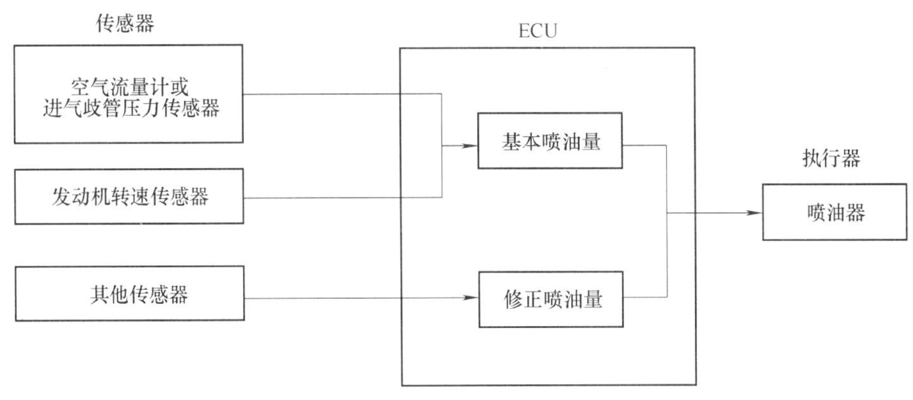

图 3-20　电控系统工作原理图

任务 2　燃油供给系统的相关知识

一、燃油供给系统的主要部件及工作原理

电控燃油喷射系统的燃油供给系统主要由燃油箱、燃油泵、燃油滤清器、油压调节器、燃油分配管(输油管)、喷油器等组成。其主要组成部件和在汽车上的布置位置分别如图3-21和图 3-22 所示。

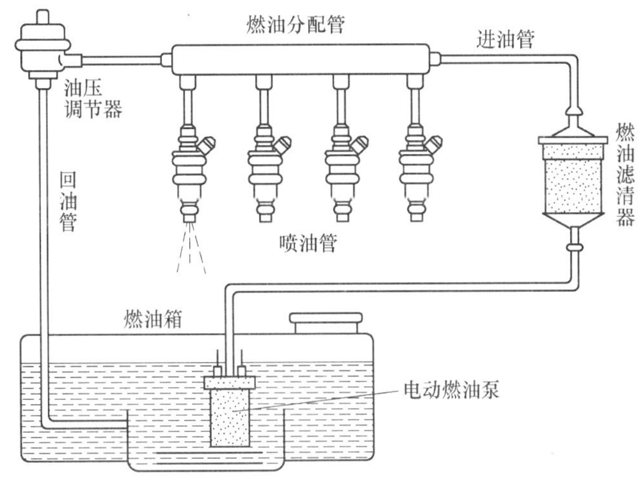

图 3-21　燃油供给系统主要组成部件

1. 燃油箱

燃油箱的作用是储存燃油。燃油箱的结构形式多样，在大部分货车和中大型客车中燃油箱一般做成简单的方形或圆柱体形状。但轿车燃油箱为了适应整车外观造型及车架的需要，往往做成比较复杂的形状，燃油箱体一般采用薄钢板冲压焊接而成。为了提高燃油箱的强度，其表面往往冲压成加强肋形式。图 3-23 所示为轿车的燃油箱结构形状及一般安装位置。

2. 电动燃油泵

(1) 电动燃油泵的作用及类型

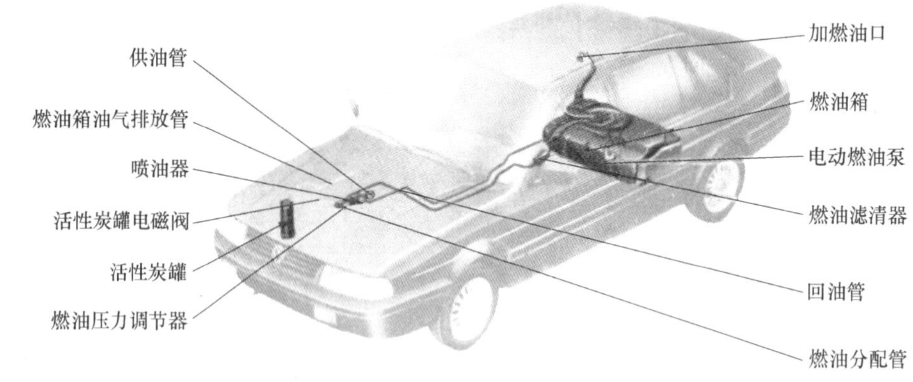

图 3-22 燃油供给系统部件在汽车上的布置位置

图 3-23 常见轿车燃油箱的结构及安装位置

1）作用：电动燃油泵的作用是给燃油喷射系统提供具有 定压力的燃油。

2）结构类型。电动燃油泵根据安装位置不同可分为内装式电动燃油泵和外装式电动燃油泵，分别如图 3-24 和图 3-25 所示。

提示： 内装式电动燃油泵在目前的汽车中应用广泛。优点是噪声小、不易产生气阻、不易泄漏、安装管路较简单，使用寿命长；缺点是拆卸和维修较麻烦。

外装式电动燃油泵主要应用在部分大型货运或客运车上。优点是容易布置、安装自由度大、拆装方便。缺点是噪声大，且容易产生气阻现象。

电动燃油泵根据结构原理不同可分为涡轮式、滚柱式、转子式和侧槽式等类型。内装式电动燃油泵多采用涡轮式，外置式电动燃油泵多采用滚柱式。图 3-26 所示为几种典型电动燃油泵类型。

① 涡轮式电动燃油泵。涡轮式电动燃油泵主要由燃油泵电动机、涡轮泵、单向出油阀、卸压阀等结构组成，如图 3-27 所示，其中涡轮泵主要由叶轮、叶片、泵壳体和泵盖组成。涡轮式电动燃油泵的优点是：泵油量大、泵油压力较高、供油压力稳定、运转噪声小、使用

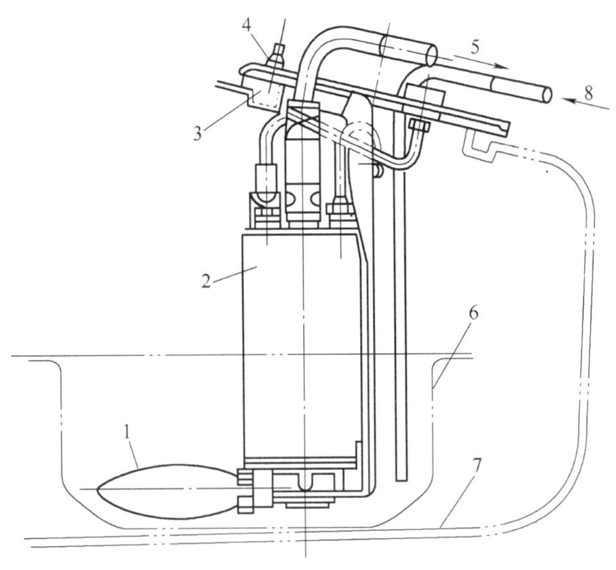

图 3-24　内装式电动燃油泵

1—进油滤网　2—电动燃油泵　3—隔振橡胶　4—支架　5—燃油出油管　6—小油箱　7—燃油箱　8—回油管

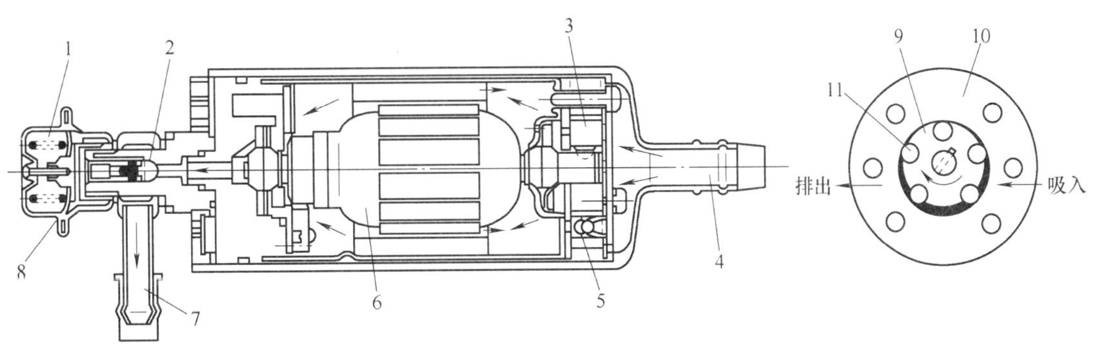

图 3-25　外装式电动燃油泵

1—阻尼稳压器　2—单向阀　3—泵室　4—吸入口　5—安装阀　6—燃油泵驱动电动机　7—出口　8—膜片　9—转子　10—泵套　11—滚柱

寿命长等。此外，由于不需要消声器，所以可以小型化，因此广泛应用在轿车上，如捷达、本田雅阁等轿车均采用这种燃油泵。

涡轮式电动燃油泵的工作原理为：燃油泵电动机通电时，电动机驱动涡轮泵叶片旋转，由于离心力的作用，使叶轮周围小槽内的叶片贴紧泵壳，将燃油从进油室带往出油室。由于进油室的燃油不断减少，形成一定的真空度，将燃油从进油口吸入；而出油室燃油不断增多，燃油压力升高，当达到一定值时，顶开出油阀使油从出油口输出。

提示：电动燃油泵中卸压阀的作用是当燃油压力达到 450 ~ 600kPa 以上时，阀门开启，释放一部分燃油，以防止燃油压力上升过高。单向出油阀的作用主要是阻止燃油倒流，保持系统内具有一定的残余压力，便于下次起动，同时还可防止气阻现象出现，工作过程如图

3-28所示。

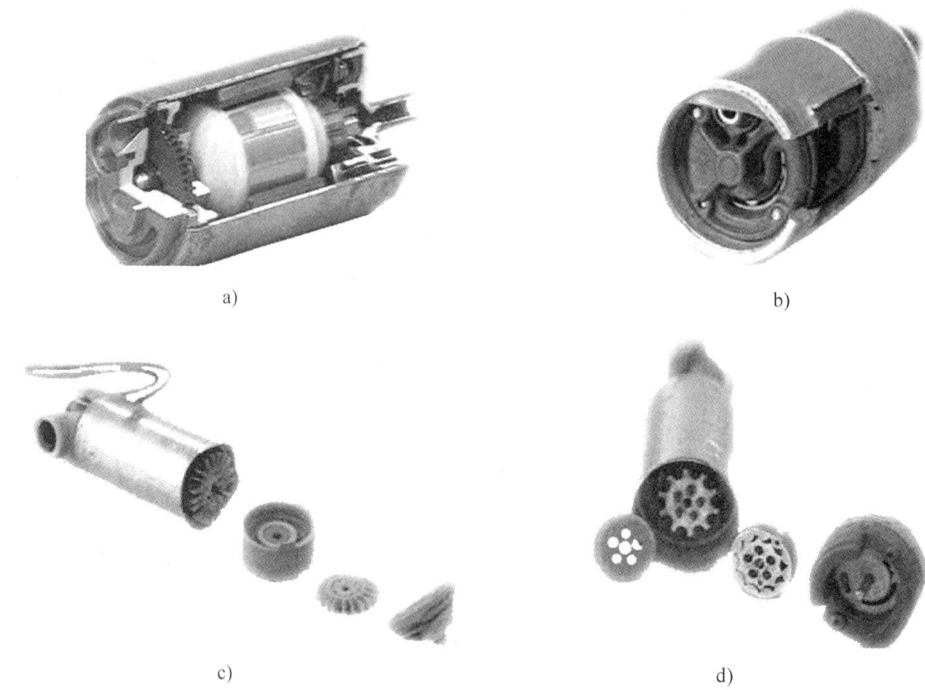

图3-26　电动燃油泵的结构类型

a）涡轮式电动燃油泵　b）滚柱式电动燃油泵　c）双极涡轮式电动燃油泵

d）齿轮、涡轮结合式双级电动燃油泵

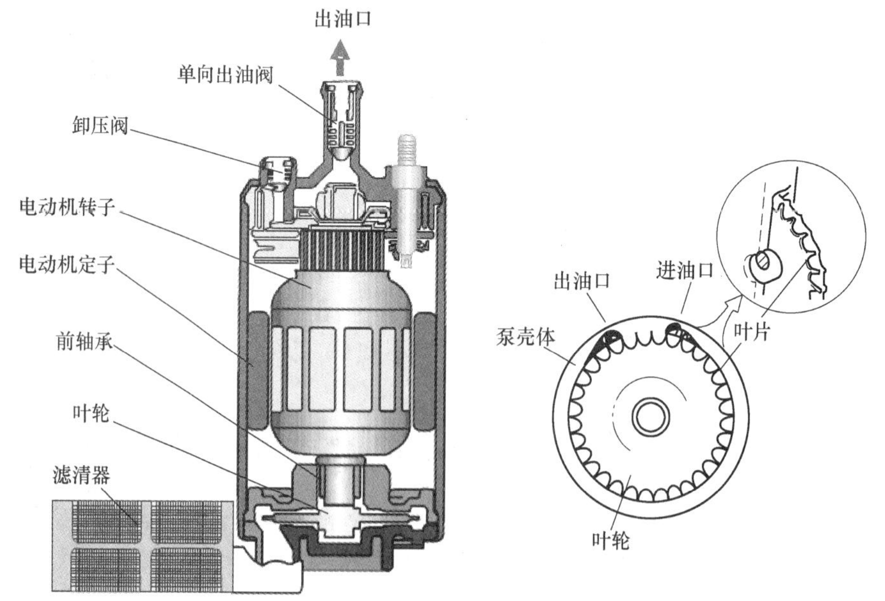

图3-27　涡轮式电动燃油泵

② 滚柱式电动燃油泵。滚柱式电动燃油泵主要由燃油泵电动机、滚柱式燃油泵、出油

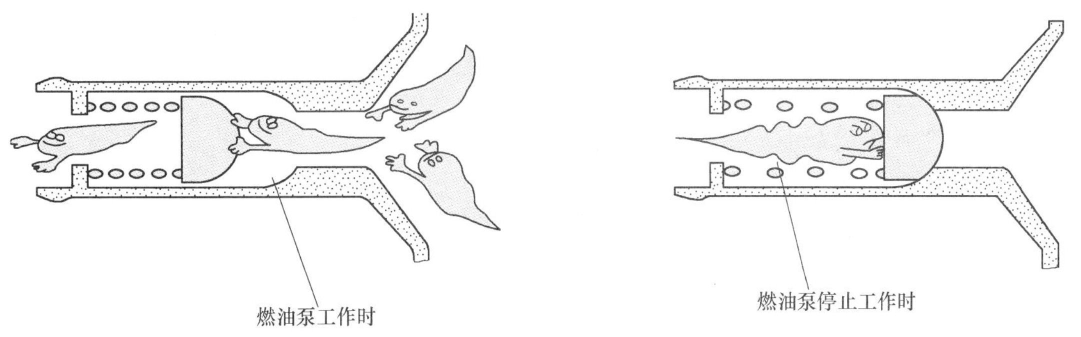

图 3-28 单向出油阀的工作过程

阀、卸压阀等组成。特点是输油压力波动较大，因此必须在出油端安装阻尼减振器，这使得燃油泵体积增大，所以大部分用作外装式燃油泵。滚柱式电动燃油泵的结构组成及工作原理如图 3-29 所示。

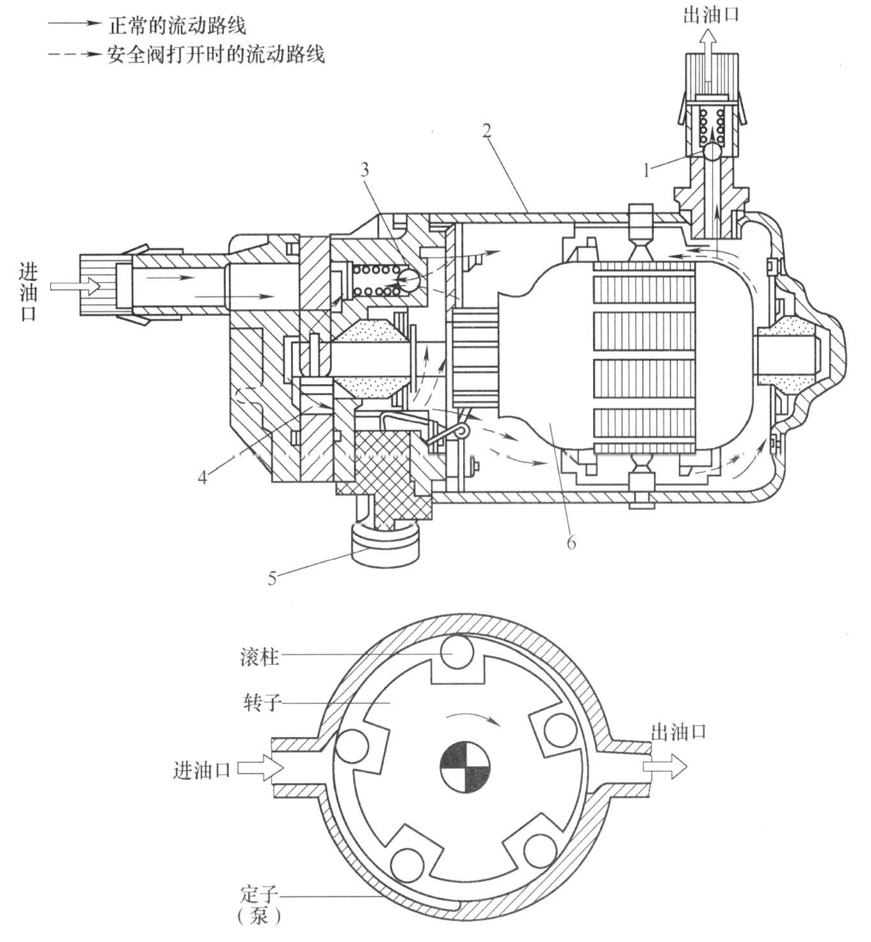

图 3-29 滚柱式电动燃油泵的结构组成及工作原理

1—单向阀 2—外壳 3—安全阀 4—滚柱泵 5—连接器 6—燃油泵电动机

滚柱式电动燃油泵的工作原理是：当转子旋转时，位于转子槽内的滚柱在离心力的作用下，紧压在泵体内表面上，对周围起密封作用，在相邻两个滚柱之间形成工作腔。在燃油泵运转过程中，工作腔转过出油口后，其容积不断增大，形成一定的真空度，当转到与进油口连通时，将燃油吸入；而吸满燃油的工作腔转过进油口后，容积不断减小，使燃油压力提高，受压燃油流过电动机，从出油口输出。

（2）电动燃油泵控制电路　不同车型采用的电动燃油泵控制电路也不同，主要有 ECU 控制式电动燃油泵控制电路、燃油泵开关控制式电动燃油泵控制电路和带燃油泵继电器的 ECU 控制式燃油泵控制电路三种形式。

1）ECU 控制式的电动燃油泵控制电路。该类型的控制电路主要应用在 D 型 EFI 系统和装用热式或卡门涡旋式空气流量计的 L 型 EFI 系统中。图 3-30 所示为丰田皇冠 3.0 轿车 ECU 控制式电动燃油泵控制电路。

提示：图中 +B 和 FP 端用于对燃油泵控制电路部件进行检查。

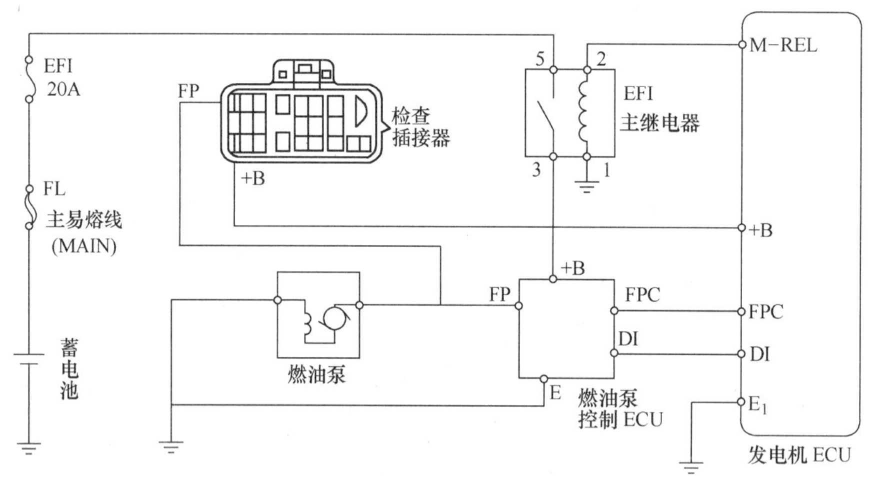

图 3-30　ECU 控制式电动燃油泵控制电路

ECU 控制式电动燃油泵控制电路的原理是：当发动机处于高转速、大负荷工况时，发动机 ECU 施加给燃油泵 ECU FPC 端子 12V 电压，使燃油泵高速运转；当发动机处于怠速或小负荷工况时，发动机 ECU 施加给燃油泵 ECU FPC 端子 9V 电压，使燃油泵低速运转。

2）燃油泵开关控制式电动燃油泵控制电路。此种燃油泵控制电路主要用于装用叶片式空气流量计的 L 型 EFI 系统，如丰田雷克萨斯 ES300 轿车等。图 3-31 所示为燃油泵开关控制式电动燃油泵控制电路，其工作原理与 ECU 控制式电动燃油泵控制电路基本相似。

3）带燃油泵继电器的 ECU 控制式燃油泵控制电路。此种控制电路可根据发动机转速和负荷的变化，通过燃油泵继电器改变燃油供电线路，从而控制燃油泵工作转速，即具有低、高速转换功能。当发动机低速运转，工作在中小负荷时，所需供油量少，燃油泵低速运转；当发动机工作在高速大负荷时，所需供油量多，燃油泵高速运转。图 3-32 所示为丰田雷克萨斯 LS400 型轿车带燃油泵继电器的 ECU 控制式燃油泵控制电路图。

注意：低、高速转换主要取决于燃油泵继电器是否串入电阻器，串入电阻器时燃油泵低速运转，否则燃油泵高速运转。

3. 燃油滤清器

燃油滤清器的作用是滤除燃油中的杂质和水分，防止燃油系统堵塞，减小机械磨损，以

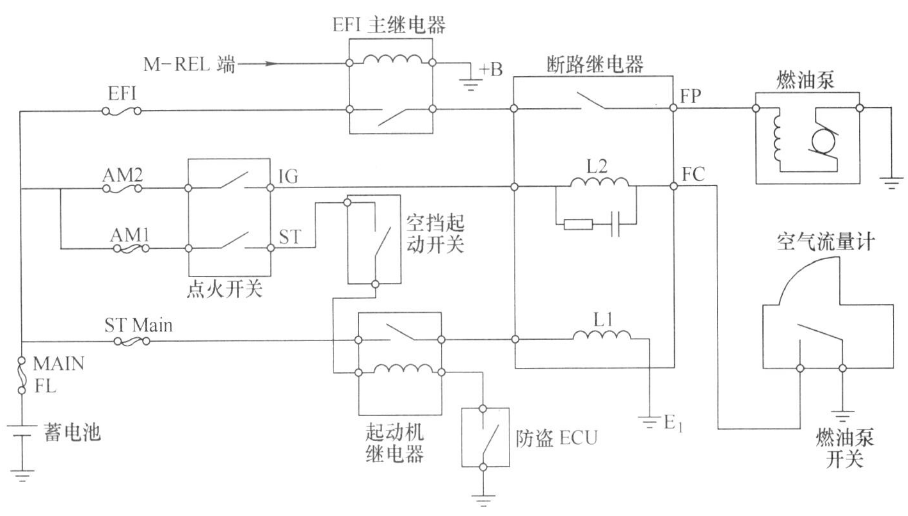

图 3-31　燃油泵开关控制式电动燃油泵控制电路

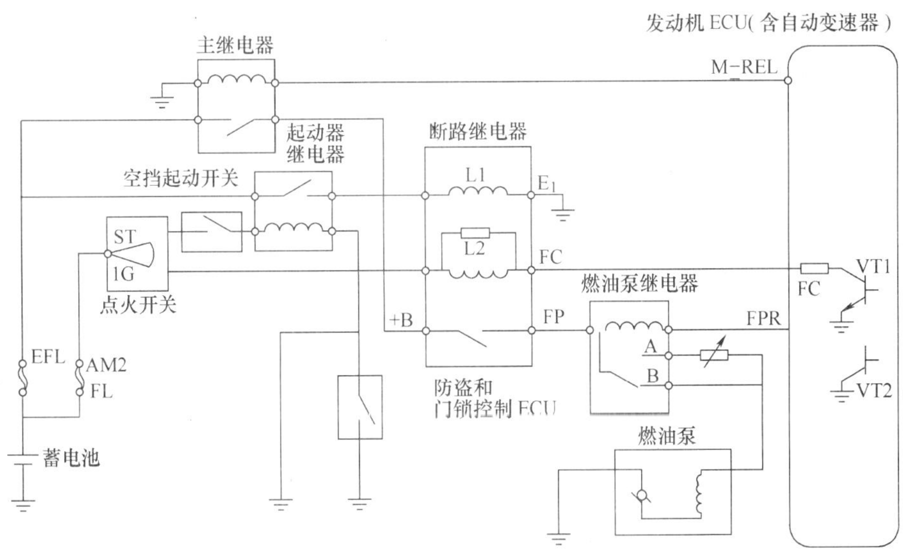

图 3-32　丰田雷克萨斯 LS400 带燃油泵继电器的 ECU 控制式燃油泵控制电路

保证发动机正常工作。燃油滤清器的实物图、安装位置及结构如图 3-33 所示。轿车上的燃油滤清器一般采用纸质滤芯，一次性的燃油滤清器。

提示：一般汽车每行驶 20000～40000km 或 1～2 年，应更换燃油滤清器。

注意：更换燃油滤清器时，应首先释放燃油系统压力，并注意燃油滤清器壳体上的箭头标记为燃油流动方向！安装时切勿装错。

4. 脉动阻尼器

部分电控燃油喷射系统中，在输油管的一端装有脉动阻尼器，其主要作用是衰减喷油器喷油时引起的燃油压力波动，使燃油系统压力保持稳定。

脉动阻尼器的结构如图 3-34 所示，主要由膜片和膜片弹簧等组成。当燃油压力产生脉动时，膜片弹簧被压缩或伸张，膜片下方的容积略有增大或者减小，从而可以起到稳定燃油

a)

b)

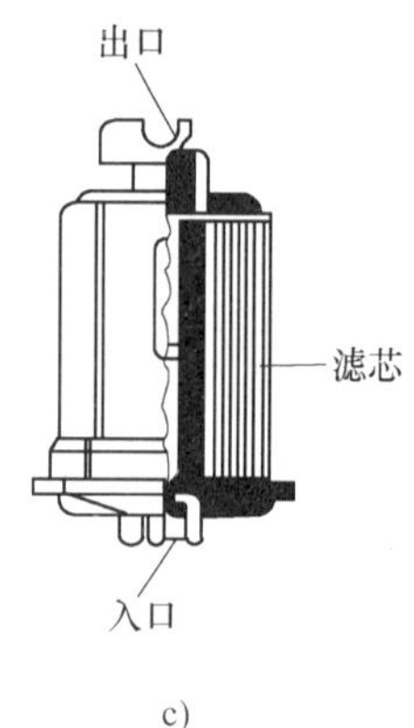

c)

图 3-33　燃油滤清器实物图、安装位置及结构

a）实物图　b）安装位置　c）结构

系统压力的作用，同时膜片的变形可以吸收脉动能量，迅速衰减燃油压力的波动。

提示：脉动阻尼器故障率较低，一般不需要进行修理。若需拆装，必须注意应首先卸压。

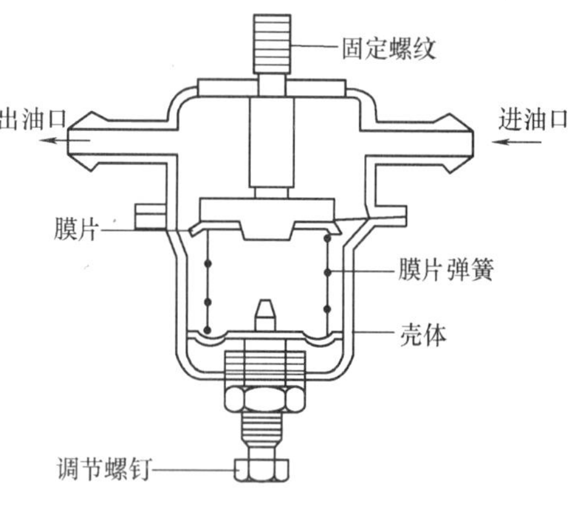

图 3-34　脉动阻尼器的结构

5. 燃油压力调节器

燃油压力调节器的作用是调节燃油压力，使输油管内燃油压力与进气管内气体压力的差值保持恒定，使喷油器喷油量仅与喷油时间有关。

燃油压力调节器外形及结构如图 3-35 所示，主要由阀片、膜片、弹簧和外壳等组成。

燃油压力调节器的工作原理是：发动机工作时，燃油压力调节器膜片上方承受的压力为弹簧压力和进气管内气体的压力之和，膜片下方承受的压力为燃油压力。当压力相等时，膜片处于平衡位置不动。当进气管内气体压力下降时，膜片向上移动，回油阀开度增大，回油量增多，使输油管内燃油压力也下降；反之，进

a)

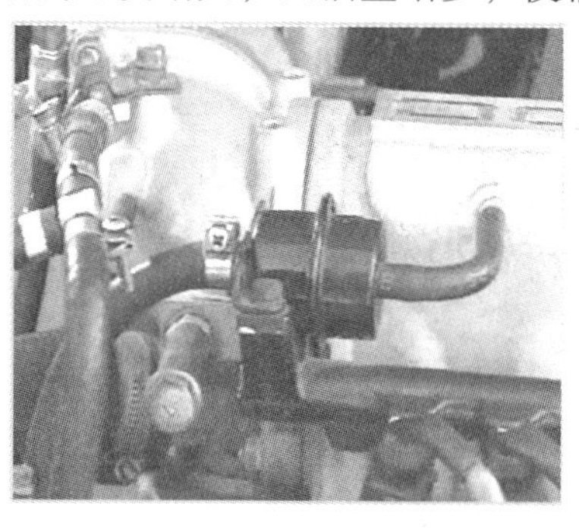

b)

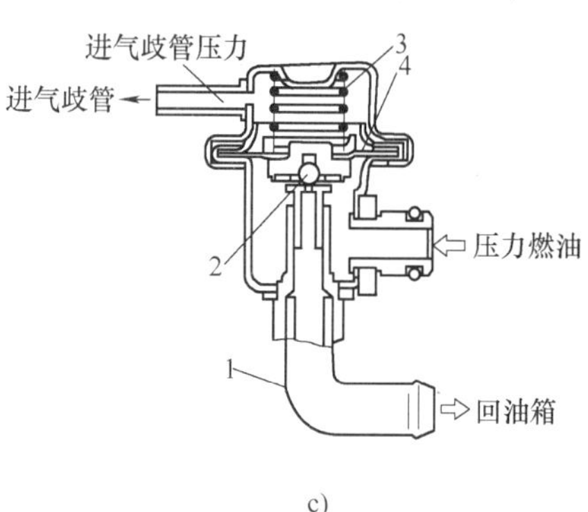

c)

图 3-35　燃油压力调节器

a）实物图　b）安装位置　c）结构

1—回油管　2—球阀　3—弹簧　4—膜片

气管内气体压力升高时，燃油的压力也升高。

6. 燃油分配管

燃油分配管的作用是固定喷油器和燃油压力调节器，并将具有一定压力的燃油均匀地分配到各个喷油器中。燃油分配管还具有储油功能，为了克服压力波动，其容积比发动机每个工作循环喷入的燃油量大得多，从而使接在分配管上的喷油器处于相同燃油压力之下。此外，分配管使喷油器便于拆装。

燃油（汽油）分配管一般安装在进气歧管或气缸盖上。燃油分配管与喷油器之间用O形圈和卡环密封，O形圈可防止燃油泄漏，并具有隔热和隔振功能，卡环将喷油器固定在燃油分配管上，如图3-36所示。

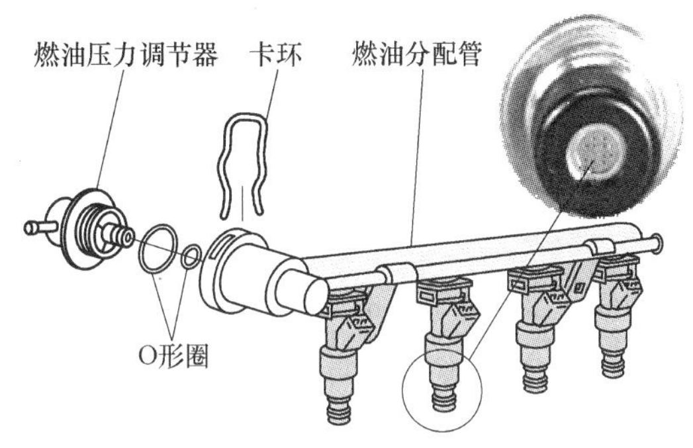

图3-36　燃油分配管

7. 喷油器

喷油器的作用是根据ECU的指令，控制燃油喷射量。EFI系统中使用的喷油器是电磁式的，喷油器通过绝缘垫圈安装在进气歧管或进气道附近的缸盖上，并用输油管（燃油分配管）将其位置固定。喷油器的安装如图3-37所示。

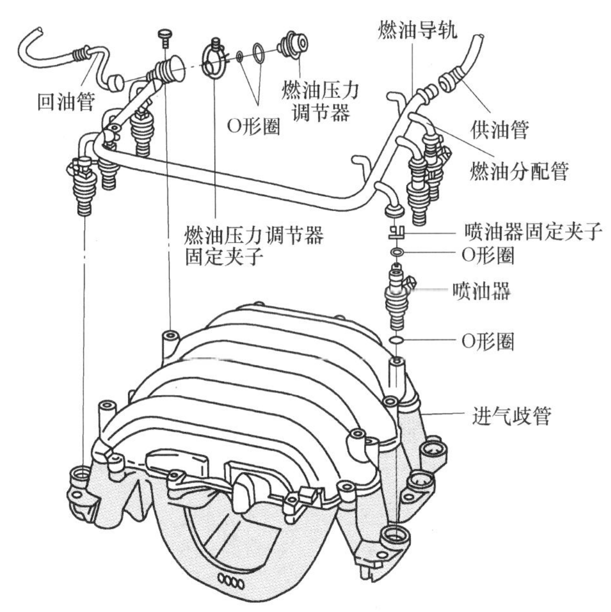

图3-37　喷油器的安装

（1）对喷油器的要求

1）具有良好的雾化能力和适当的喷雾形状，以保证发动机的冷起动性、怠速稳定性，并满足降低排放污染的要求。

2）具有良好的流量特性，以适应于多种排量发动机的使用。

3）具有良好的防积炭功能。

4）使用寿命长。

5）结构简单。

（2）喷油器类型

图 3-38 所示为汽油发动机用喷油器根据不同分类方法所进行的分类。

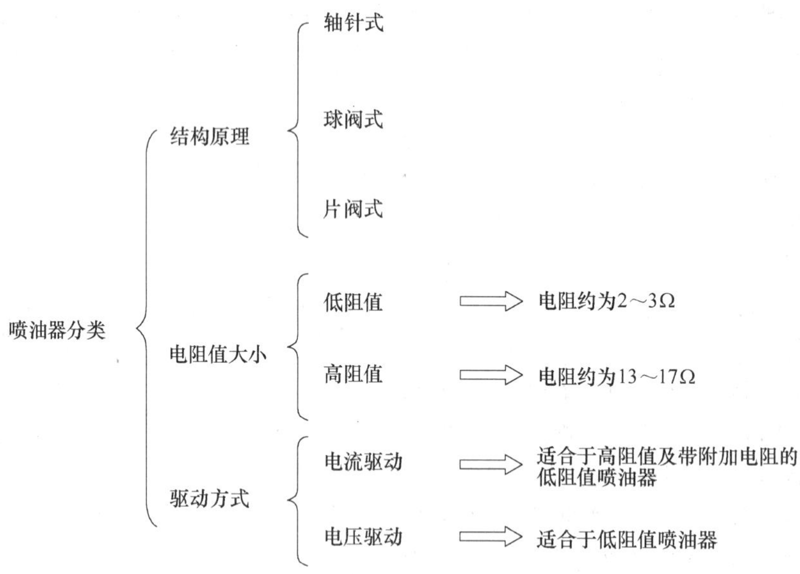

图 3-38　喷油器的类型

（3）喷油器结构

1）轴针式喷油器。轴针式喷油器结构如图 3-39 所示，主要由滤网、回位弹簧、电磁线圈、针阀和衔铁等组成。其特点是轴针可使燃油环状喷出，有利于雾化，喷口不易堵塞。

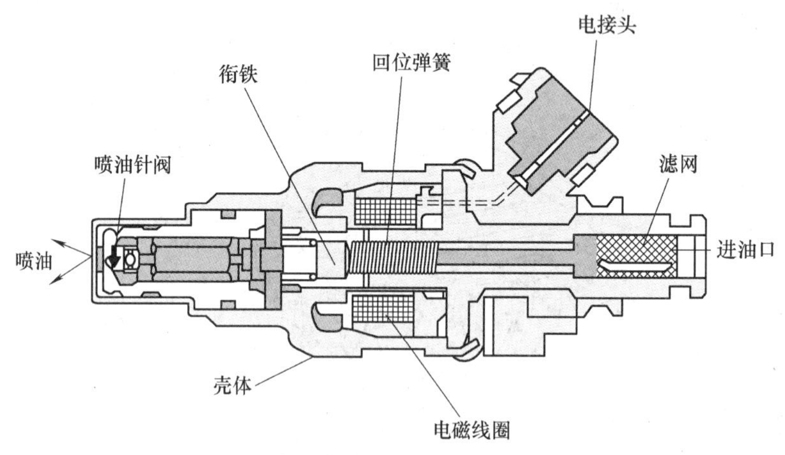

图 3-39　轴针式喷油器的结构

2）球阀式喷油器。球阀式喷油器结构如图 3-40 所示。球阀式喷油器与轴针式喷油器结构类似，其球阀杆为空心杆，质量较轻。另外球阀具有自动定心作用，其密封性能较好。

3）片阀式喷油器。片阀式喷油器结构如图 3-41 所示。其工作过程如下：电磁线圈未通电时，阀片受弹簧力和燃油压力压紧在阀座上；当 ECU 对电磁线圈通电时，电磁力克服弹簧力和燃油压力作用，使阀片升起，燃油通过计量孔喷出；当 ECU 输出的喷油脉冲结束后，

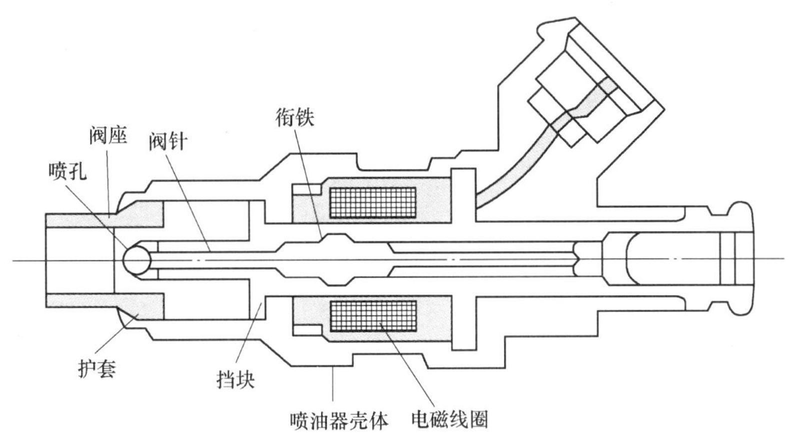

图 3-40　球阀式喷油器结构

阀片在弹簧力作用下回落复位。

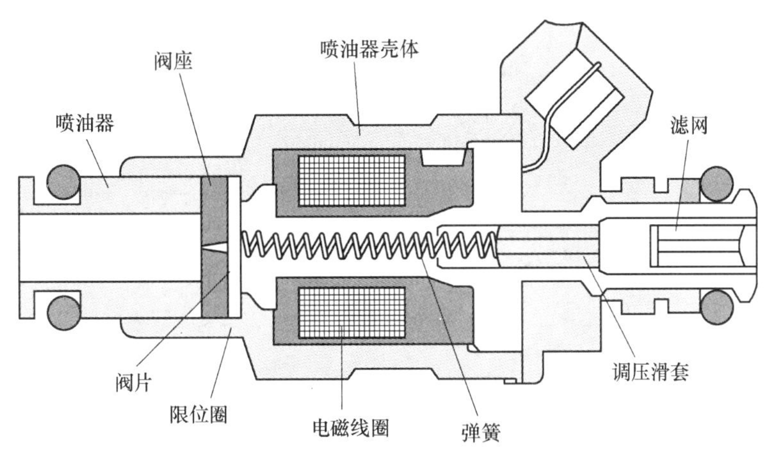

图 3-41　片阀式喷油器结构

（4）喷油器的驱动方式

喷油器的驱动方式主要有电流驱动和电压驱动两种形式。

1）电流驱动。电流驱动是指 ECU 输出较大电流信号驱动喷油器的喷油，其驱动原理及电路如图 3-42 所示。

提示：在采用电流驱动方式的喷油器控制电路中，不需附加电阻，低阻喷油器直接与蓄电池连接，通过 ECU 中的晶体管对流过喷油器线圈的电流进行控制。

2）电压驱动。电压驱动是指 ECU 输出电压信号控制喷油器的喷油，其驱动原理如图 3-43所示。

在采用电压驱动方式的喷油器控制电路中，对低电阻型喷油器而言，在电路中必须连接附加电阻，否则很容易烧毁喷油器。其附加电阻与喷油器的连接方式可分为独立式和分组式两种，如图 3-44 所示。

（5）喷油器控制电路

喷油器控制电路一般都通过点火开关和主继电器给喷油器供电，ECU 控制喷油器搭铁。

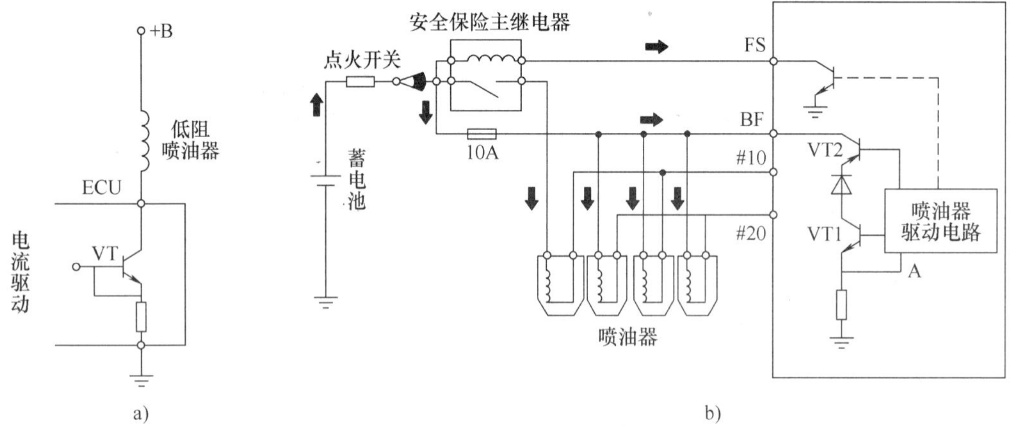

图 3-42　喷油器的电流驱动

a）电流驱动方式　b）电流驱动电路

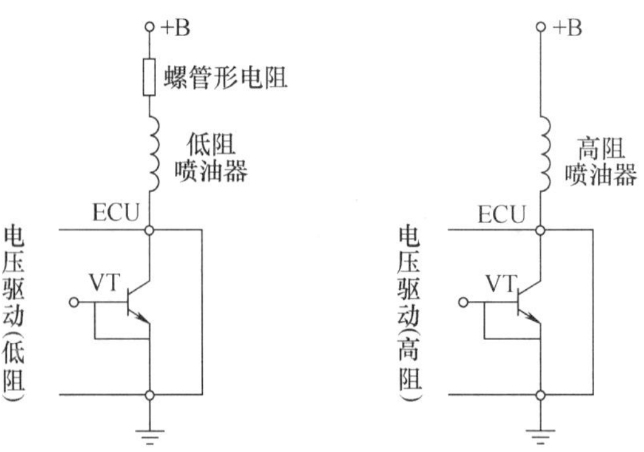

图 3-43　喷油器的电压驱动方式

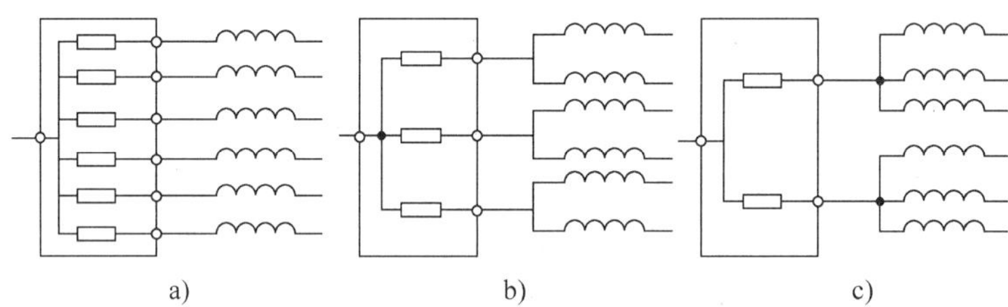

图 3-44　低阻喷油器与附加电阻的连接方式

a）独立式　b）分组式 1　c）分组式 2

因发动机喷油器数量、喷射方式、分组方式均有所不同，其控制电路也不同。

1）同时喷射方式的控制电路。这种喷射方式的控制电路是将各缸喷油器全部并联在一起，通过一条共同的线路和 ECU 连接，如图 3-45 所示。

该种喷射方式在发动机的每个工作循环中（曲轴每转两圈），各缸喷油器同时喷油一次或两次，其原理示意图如图 3-46 所示。

2）分组喷射方式的控制电路。这种喷射方式的控制电路是将多缸发动机的喷油器分成 2～3 组，每组有 2～4 个喷油器，分别通过一条线路和 ECU 连接，如图 3-47 所示。

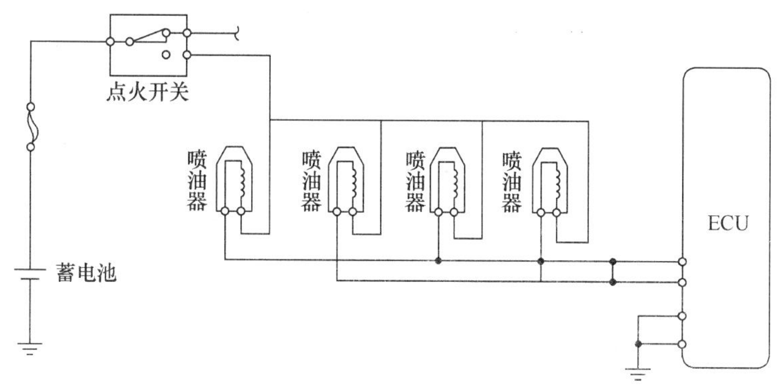

图 3-45　同时喷射方式的控制电路

曲轴转角/(°)

气缸	180	360	540	720	900
1缸	进气				
3缸		进气			
4缸			进气		
2缸				进气	

图 3-46　同时喷油一次或两次原理示意图

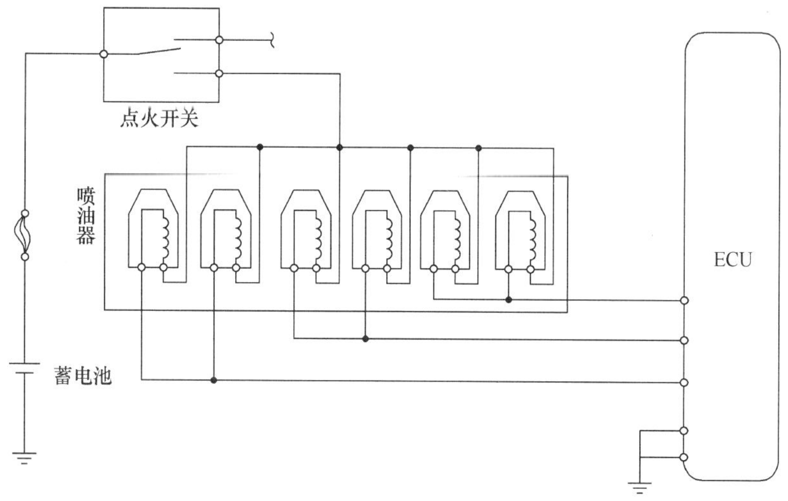

图 3-47　分组喷射方式的控制电路

该种喷射方式在发动机每个工作循环中，各组喷油器各自同时喷油一次，其原理示意图如图 3-48 所示。

3）顺序喷射方式的控制电路。这种喷射方式的控制电路是将各缸喷油器分别由各自的线路和 ECU 连接，如图 3-49 所示。

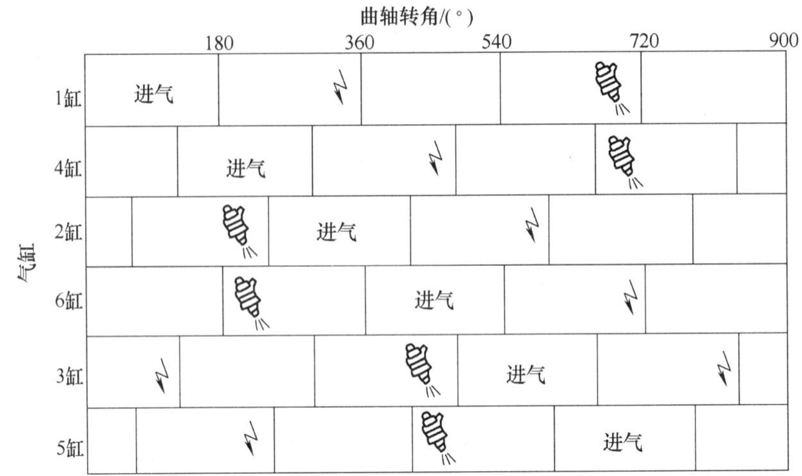

图 3-48　分组喷油一次原理示意图

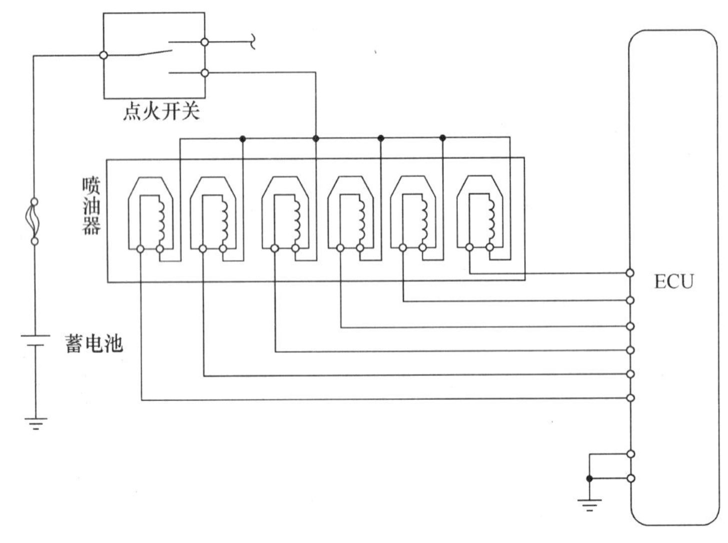

图 3-49　顺序喷射方式的控制电路

该种喷射方式在发动机每个工作循环中，ECU 分别控制各喷油器在各自的气缸接近进气行程开始的时刻喷油，其原理示意图如图 3-50 所示。

（6）冷起动喷油器及其控制电路

1）冷起动喷油器。冷起动喷油器安装在进气总管上，其功用是在发动机冷起动时喷油，以加浓混合气，改善发动机的冷起动性能。与前述喷油器不同之处是采用紊流式喷孔，喷油时将燃油喷成螺旋雾状旋流，有利于燃油的雾化和蒸发。

提示：安装冷起动喷油器，容易造成各缸供油不均，所以大多数发动机取消了冷起动喷油器。

2）冷起动喷油器的控制原理。冷起动喷油器一般采用安装在冷却水套中的冷起动喷油器温度正时开关进行控制。图 3-51 所示为丰田雷克萨斯 LS400 型轿车冷起动喷油器的结构及其控制电路。

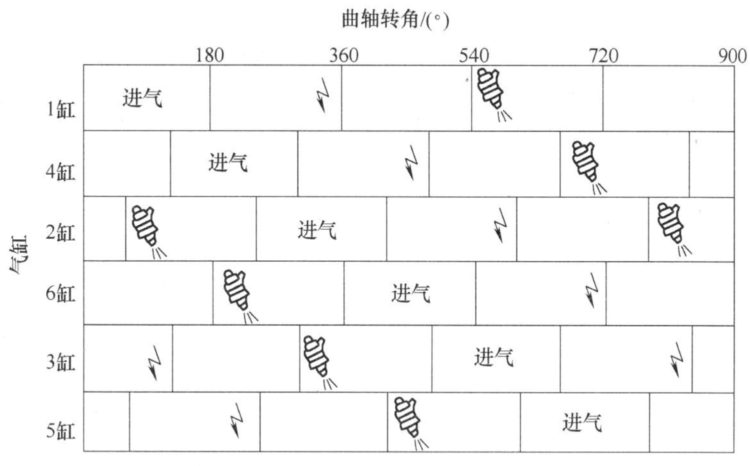

图 3-50 顺序喷油原理示意图

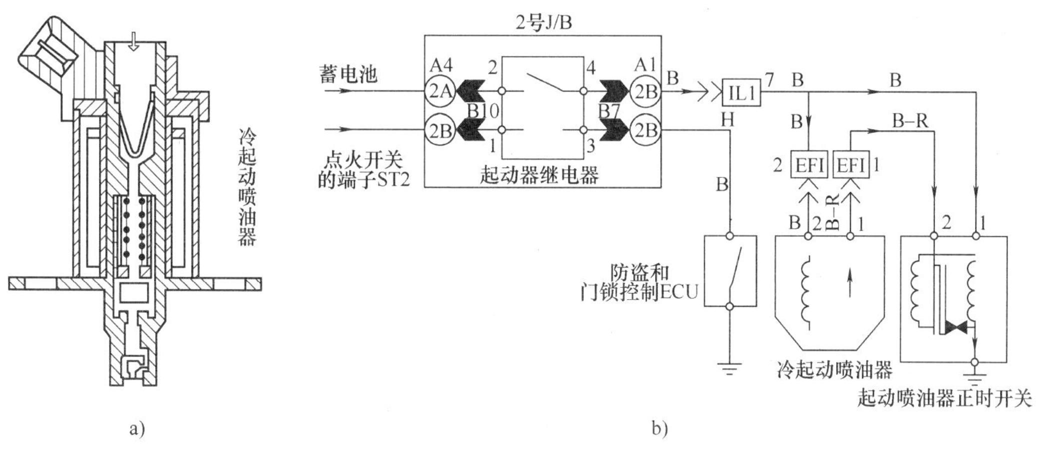

图 3-51 丰田雷克萨斯 LS400 型轿车冷起动喷油器及其控制电路

a）结构 b）控制电路

图 3-52 所示为冷起动喷油器正时开关的结构及其控制电路。

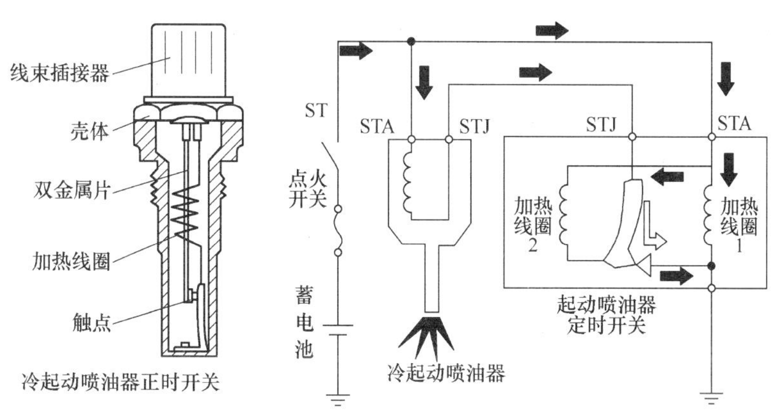

图 3-52 冷起动喷油器正时开关的结构与控制电路

① 冷起动时的工作原理。当发动机冷机时，定时开关触点闭合。如图 3-52 所示，冷起动时，使点火开关处于 ST 位置，冷起动喷油器电磁线圈通电，电流经蓄电池、点火开关 ST、冷起动喷油器的 STA、电磁线圈、STJ 及定时开关的 STJ、双金属、触点、搭铁构成回路，冷起动喷油器喷油。与此同时，也有电流经开关的 STA 流经加热线圈 1 和 2。两加热线圈使双金属片受热，当其弯曲打开触点时，冷起动喷油器停止喷油。

② 起动后的工作原理。如图 3-53 所示，起动开关断开，点火开关由 ST 位置转至 ON 位置，冷起动喷油器停止喷油。与此同时，加热线圈 1、2 均断电，但此时发动机冷却液温度使双金属弯曲，触点保持断开，即发动机正常运转中，冷起动喷油器定时开关的触点保持常开状态。

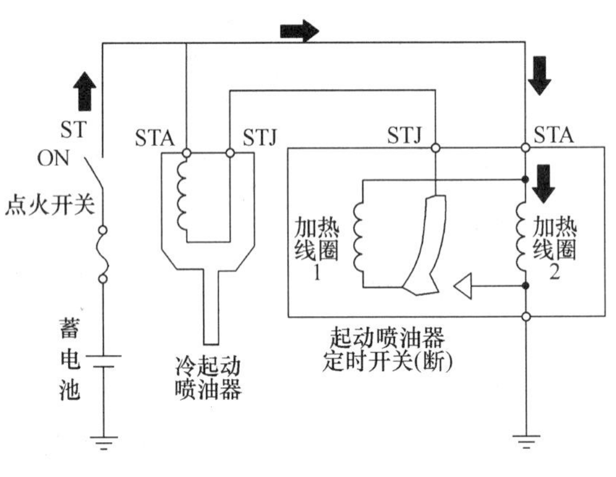

图 3-53　冷起动后的控制电路

也有些发动机采用 ECU 和温度正时开关同时控制方式，如图 3-54 所示，任何一条搭铁回路接通时都可以使冷起动喷油器喷油，ECU 的控制目的主要是修正冷起动喷油器的喷油量。

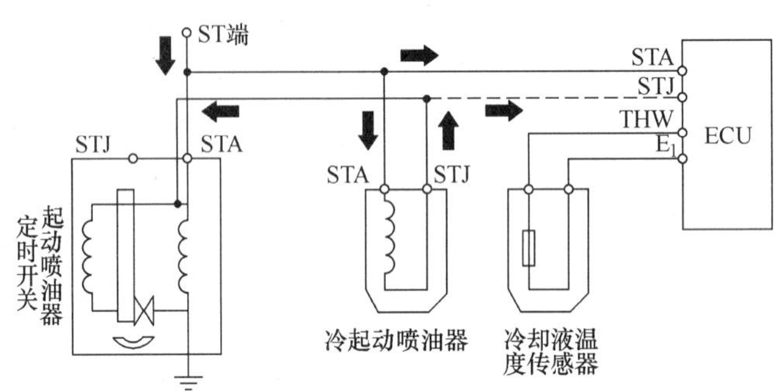

图 3-54　ECU 与正时开关协同控制电路

二、燃油供给系统的拆检流程及技术要求

电控燃油喷射发动机的燃油供给系统由电动燃油泵、燃油滤清器、燃油压力调节器、喷油器、冷起动喷油器等组成。它是燃油喷射发动机最容易产生故障的系统，特别是电动燃油泵和喷油器，常因燃油中所含杂质和水分的影响而损坏，导致不供油、油压过低或喷油器堵塞等故障，经常需要检修。燃油供给系统的拆检流程及技术要求以桑塔纳 2000Gsi 为例进行介绍。

1. 检查燃油保持压力及燃油压力调节器

检查燃油保持压力及压力调节器时要求燃油泵继电器正常、燃油泵正常、燃油滤清器正常和蓄电池电压正常。

燃油压力调节器是按照发动机工作时进气歧管压力(即真空度)来调节油压的。

注意：燃油系统是有压力的，在打开系统之前应在连接处周围绕上擦布，接着小心地松

开连接螺栓释放油压。

检查燃油压力调节器及其保持压力操作步骤如下所述。

1）短时地打开燃油滤清器盖（释放压力），用一块擦布盖住压力接头，打开图 3-55 箭头所指的接头并用擦布吸净泄出的燃油。使用接头 V. A. G1318/11、V. A. G1318/12 和 V. A. G1318/13 把压力表 V. A. G1318 串接到油路中，打开压力表上的开关阀（阀的手柄指向油的流向），如图 3-56 所示。

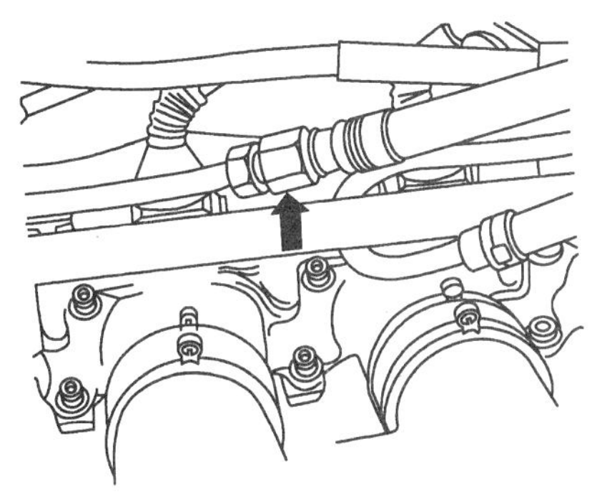

图 3-55　断开油管接头

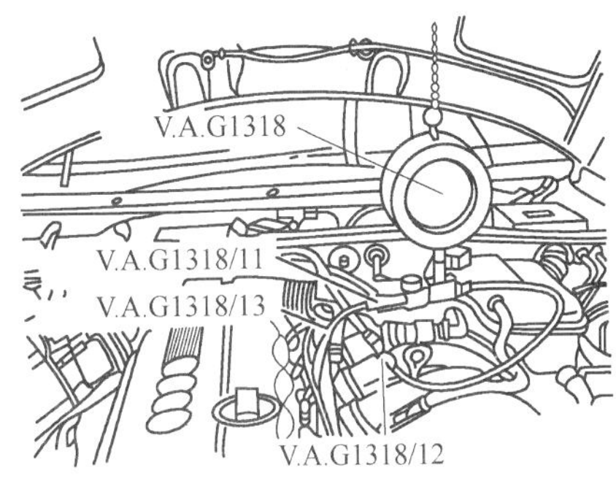

图 3-56　连接燃油压力表

2）起动发动机使之怠速运行，测量油压，其规定值约为 350kPa。

3）拔下图 3-57 箭头所指的燃油压力调节器的真空软管，燃油压力必须均匀升高到约 400kPa。重新插接上真空软管，关闭点火开关，观察压力表指示压力的降低，10min 之后，保持压力不应低于 250kPa。

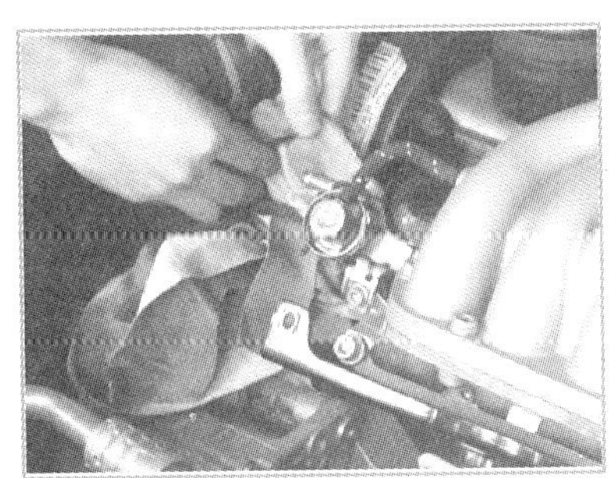

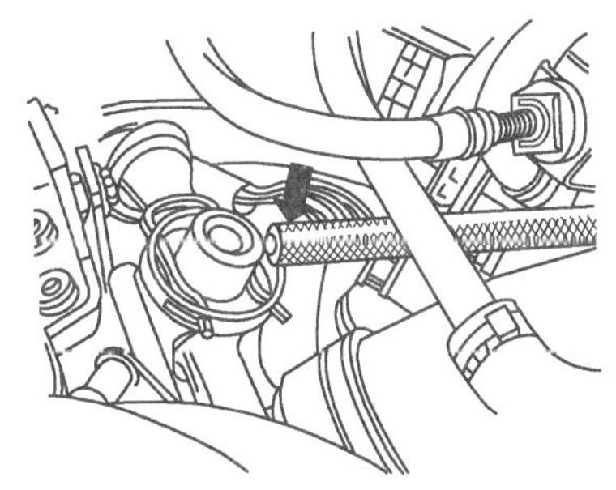

图 3-57　拔下燃油压力调节器真空软管测油压

4）如果压力降到低于 250kPa，则起动发动机并怠速运转，建立起油压后关闭点火开关，同时关闭压力表上的开关阀(阀的手柄与管路成90°)，观察压力表指示压力的下降。

5）如果压力没下降，可能有下列故障：燃油压力调节器损坏；喷油器泄漏；燃油压力表中的开关阀处泄漏。

6）如果压力继续下降，低于250kPa，可能有下列故障：

① 燃油压力表与燃油管之间的部分漏油。

② 燃油箱上的供油管漏油。

③ 燃油泵的回油阀漏油。

7）当拆下燃油压力表时，先关闭表上的开关阀，从接头 V. A. G1318/12 上拧下压力表部分，再打开开关阀把剩下的燃油放到适当的容器内。

2. 电动燃油泵的检修

多数轿车的电动燃油泵，可在打开汽车行李舱盖或翻开后坐垫后，从油箱上直接拆出。也有部分轿车需要先把燃油箱从汽车上拆下，才能拆卸燃油泵。拆卸燃油泵时应注意释放燃油压力并关掉用电设备。以桑塔纳2000Gsi为例，其检修过程及技术要求如下。

(1) 检测电动燃油泵电阻值　如图3-58所示，拔下电动燃油泵导线插接器的插头，用数字万用表测量电动燃油泵电阻值应为2~7Ω(此值与温度有关)。若所测阻值远小于2Ω，则说明电动燃油泵电动机线圈短路；若阻值稍大于7Ω，则说明电动机电刷接触不良；若所测阻值为无穷大，则说明电动机线圈断路。

(2) 检测电动燃油泵供电电压　如图3-59所示，拔下电动燃油泵导线插接器的插头，将点火开关置于“ON”，测量导线插接器插头上黑色线对应端子与搭铁之间的电压，应有12V；若无电压，则应检查F2熔丝是否熔断。

图3-58　检测燃油泵的电阻值

图3-59　检测燃油泵的供电电压

(3) 检测电动燃油泵继电器　从中央线路板上拔下2号继电器，即电动燃油泵继电器，给其“85”、“86”端加12V电压，若能听到触点的吸合声，则表明电动燃油泵继电器良好，否则应更换。

(4) 检测电动燃油泵泵油量　将点火开关置于“OFF”，拆掉燃油滤清器接口，短接电动燃油泵继电器“30”、“87”端，观察燃油泵油量及泵油压力，该种电动燃油泵的泵油量应为550mL/30s~650mL/30s，泵油压力应为330~350kPa。

(5) 检测燃油泵　如图3-60所示，将燃油泵从汽车上拆下，用蓄电池直接通电检测燃油泵油量及泵油压力。

3. 喷油器的检查

以丰田雷克萨斯 LS400 的喷油器为例，检修步骤如下：

（1）喷油器的就车检查

1）喷油器工作情况的检查

① 检查喷油器工作声音。发动机运转时，用手指接触喷油器，应有脉冲振动的感觉；用旋具或听诊器与喷油器接触，应能听见其有节奏的工作声音；否则要对喷油器或 ECU 输出的喷油信号作进一步检查，如图 3-61 所示。

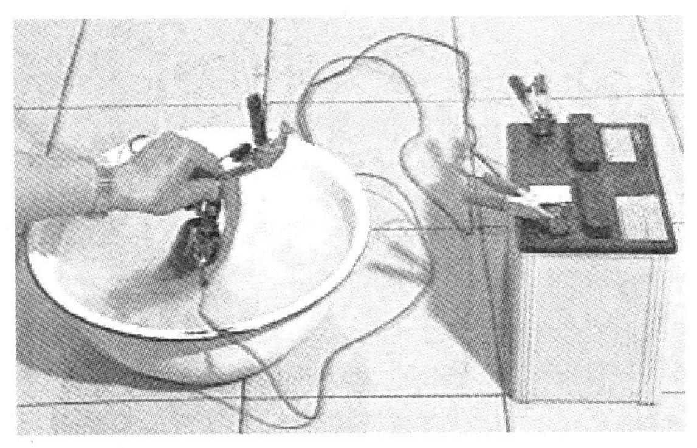

图 3-60　检测燃油泵

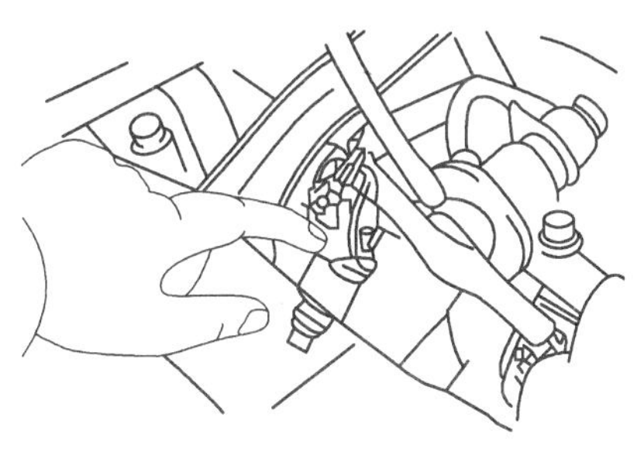

图 3-61　用手指感觉喷油器的工作

② 检查发动机转速变化。起动发动机，拔下某缸喷油器线束插头，喷油器停止喷油，发动机转速立即下降，表明该喷油器正常；否则要更换喷油器。

2）喷油器电磁线圈电阻的检查。拔下喷油器的线束插头，用万用表电阻挡（图 3-62）测量喷油器上两个接线端子间的电阻值。在 20℃时，高电阻型喷油器的电阻值应为 12～16Ω，低电阻型喷油器应为 2～5Ω；否则，应更换喷油器。

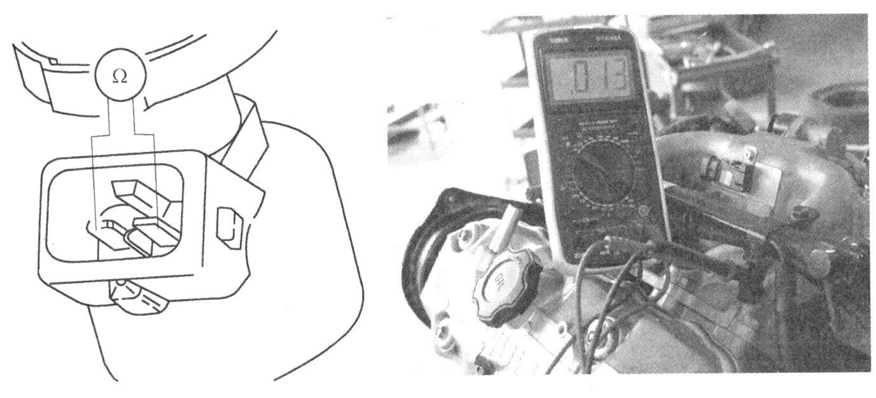

图 3-62　检查喷油器电阻

（2）喷油器的检验

1）首先拔下各喷油器的线束插头，从车上拆下主输油管，再从主输油管上拆下喷油器，连接喷油器、油压调节器、进油管、检查用的软管以及专用的软管接头等。

2）用连接线连接检查插接器的端子 +B 与 FP，将蓄电池与喷油器连接好；通电 15s，用量筒测出喷油器的喷油量，并观察燃油雾化情况，每个喷油器测试 2～3 次。标准喷油量为 70～80cm^2/15s，各喷油器间的喷油量允差为 9cm^2。如果喷油量不合标准，则应清洗或更换喷油器。

3）检查漏油情况。在检测喷油量后，脱开蓄电池与喷油器的连接线，检查喷油器喷嘴处有无漏油。

4）如果条件允许，可将喷油器连接到超声波清洗机上进行测试，如图 3-63 所示。

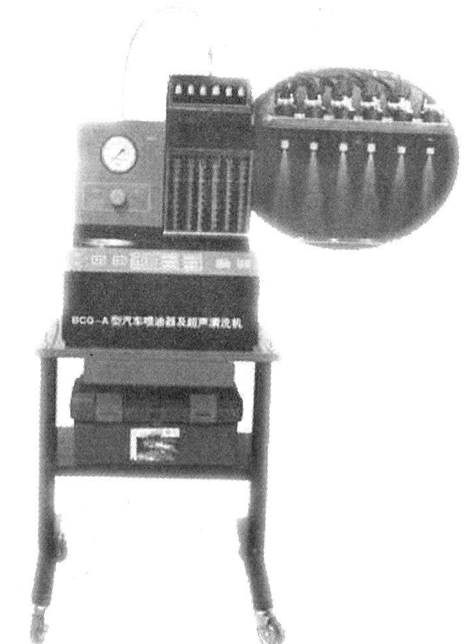

图 3-63　喷油器在超声波清洗机的测试

（3）喷油器控制电路的检查

1）拔下喷油器的线束插头。

2）接通点火开关，不要起动发动机。

3）测量喷油器控制线插接器插头上的电源电压，应为 12V；若无电压，检查点火开关、熔断器、主继电器及其他线路。

4）检查 ECU 与喷油器连线回路搭铁是否良好。

5）将专用测试试灯串接到喷油器插接器两插头上，起动发动机，试灯应闪烁。也可以用示波器检查喷油器的脉冲波形，从而对控制电路进行检查。

三、燃油供给系统典型故障案例分析

故障现象：有一辆奥迪 V6 轿车，发动机怠速时不稳，有抖动现象。

故障诊断：按照发动机怠速运转不良的方法进行检查。首先读取故障码，无故障码

显示。

第二步检查发动机各缸工作情况，发现第2缸工作不好。先检查喷油器电源供应情况，拆下喷油器电线接头，打开点火开关，用万用表的黑色线接车身，用红色线分别测量电线接头，一条为12V，另一条为0V，说明喷油器的电源正常；其次检查喷油器线圈电阻。关闭点火开关，用万用表的欧姆挡检查喷油器两个接线端子间的电阻值，基本上与标准电阻值相符，3Ω以上，说明喷油器无故障。检查时应注意：若电阻为无穷大，则说明喷油器电磁线圈断路，若测出电阻为0Ω，说明电磁线圈内部有短路故障。

第三步检查喷油器控制电路，先检查喷油器到ECU之间的线路，发现第2缸喷油器控制线路电阻为无穷大，即该线路存在断路故障。更换新的电线并与ECU连接后，发动机怠速不稳、抖动故障得以排除。

故障说明：引起怠速不稳的原因很多，如：

1）进气系统或真空系统漏气。

2）空气滤清器堵塞。

3）怠速控制阀或附加空气阀工作不良。

4）空气流量计有故障。

5）EGR阀卡住常开，不能关闭。

6）怠速调整不当。

7）油路压力太低。

8）喷油器雾化不良、漏油或堵塞。

9）ECU故障等。

在诊断过程中必须根据故障现象进行针对性的检查。如本例中发现只有第2缸工作不良，则应将第2缸喷油线路的检查列于重点。这样主次分明，可以减少不必要的麻烦。

任务3　空气供给系统的相关知识

一、空气供给系统的主要部件及工作原理

1. 空气供给系统元件及其位置

D型电喷发动机及L型电喷发动机的进气系统之间有一定区别，但是空气供给系统基本相同，其组成主要部件包括空气滤清器、节气门体和进气管等。图3-64所示为L型电喷发动机的空气供给系统。

如图3-65a所示，D型电控燃油喷射系统中空气供给系统的特点是，使用进气歧管压力传感器测量进气压力大小，间接计算出进气量，与曲轴/凸轮轴位置传感器测得的发动机转速一起决定发动机的基本喷油时间，结构中没有空气流量计。

D型电控燃油喷射系统进气系统结构简单，使用非常广泛，除桑塔纳车系外，克莱斯勒车系的切诺基、通用车系的科西嘉、本田雅阁、丰田皇冠3.0轿车等均采用该系统。

如图3-65b所示，L型电控燃油喷射系统中空气供给系统的特点是通过空气流量计检测空气量大小，与发动机转速信号一起决定发动机基本喷油量。

空气流量计对空气量的测量更精确，应用也较广泛。如丰田雷克萨斯LS400、LS300，

福特车系的林肯、天霸，通用车系的鲁米那3.8L旅游车等均装用L型电控燃油喷射系统。

图3-66及图3-67所示分别为典型D型电喷发动机空气供给系统和典型L型电喷发动机空气供给系统的组成及安装位置等。

2. 空气供给系统基本元件

（1）空气滤清器　空气滤清器的作用是滤除空气中的灰尘。电控发动机的空气滤清器一般都为纸质滤心，其结构与普通发动机上的相同。图3-68所示为空气滤清器的安装位置。

（2）节气门体

1）作用及原理。节气门体安装在进气管中，其功能是通过改变节气门开度的大小，来调节进气通道截面积，控制发动机的运转工况。图3-69所示为节气门控制原理。

2）结构组成。如图3-70所示，节气门体的结构主要包括节气门、节气门位置传感器、怠速空气调节器等结构，大部分节气门体上还

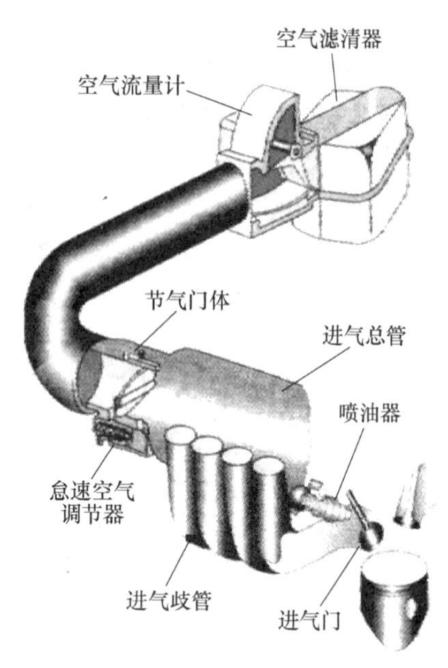

图3-64　空气供给系统主要组成部件及安装位置

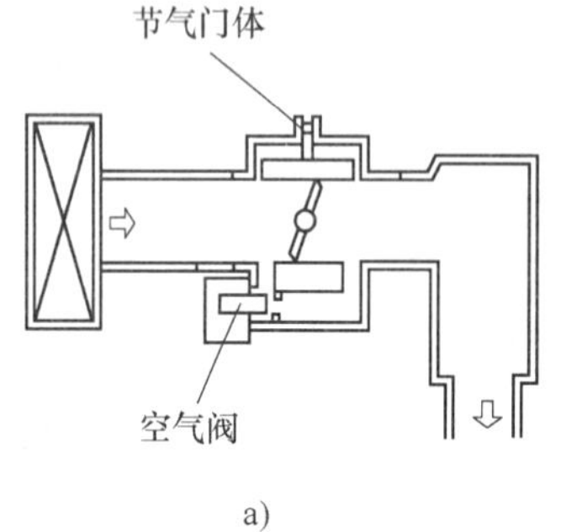

a)

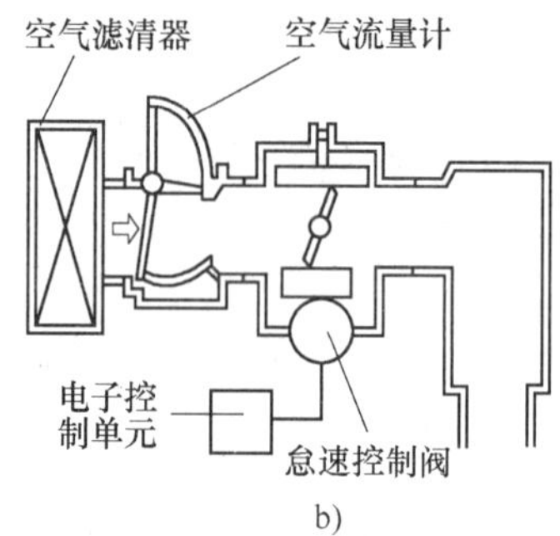

b)

图3-65　空气供给系统的主要部件

a）D型空气供给系统　b）L型空气供给系统

布置有怠速调整螺钉。

提示：有些汽车发动机节气门体上还有辅助节气门及辅助节气门传感器、辅助节气门控制器等结构。

3）结构类型。电控燃油喷射系统类型不一样，其节气门体结构也具有一定差异。图3-71、图3-72和图3-73所示分别为D型多点喷射系统、L型多点喷射系统和单点喷射系统的节气门体结构。

3. 空气流量计（L型）和进气歧管绝对压力传感器（D型）

空气流量计和进气歧管绝对压力传感器也属于空气供给系统的组成部分，其主要作用是检测空气流量的大小并将测量值转换为电信号作为基本喷油量控制信号输入ECU，详见项目二。

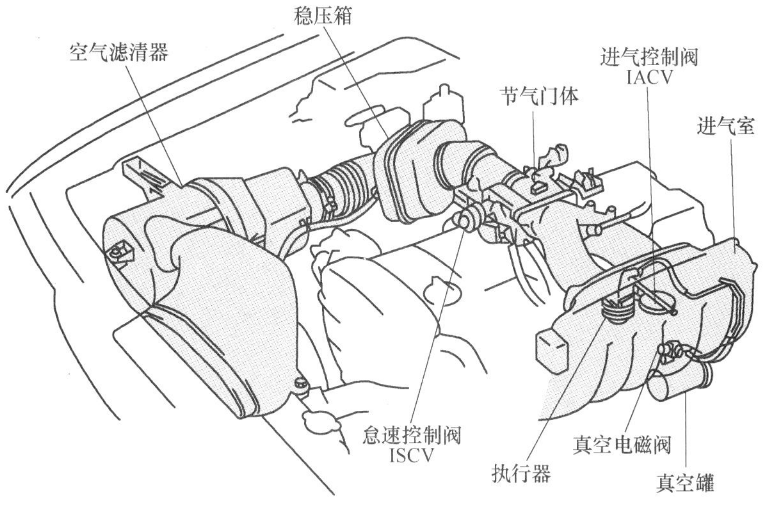

图 3-66　皇冠 3.0 轿车 D 型空气供给系统组成及安装位置

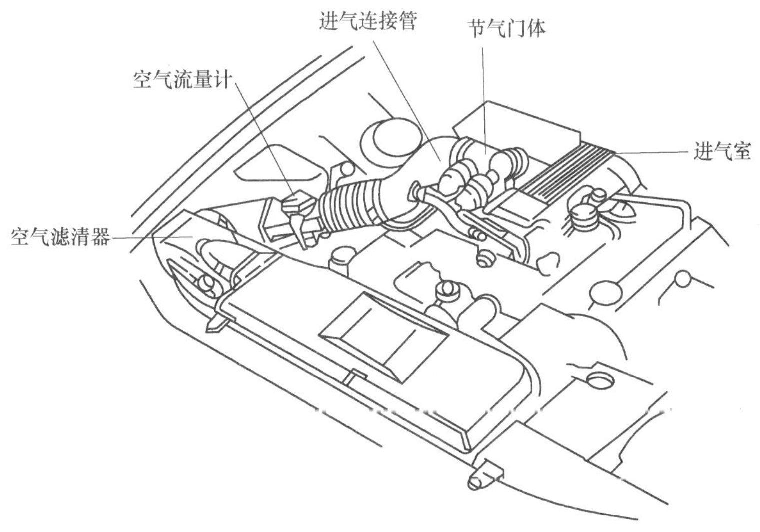

图 3-67　雷克萨斯 LS400 L 型空气供给系统组成及安装位置

图 3-68　空气滤清器的安装位置

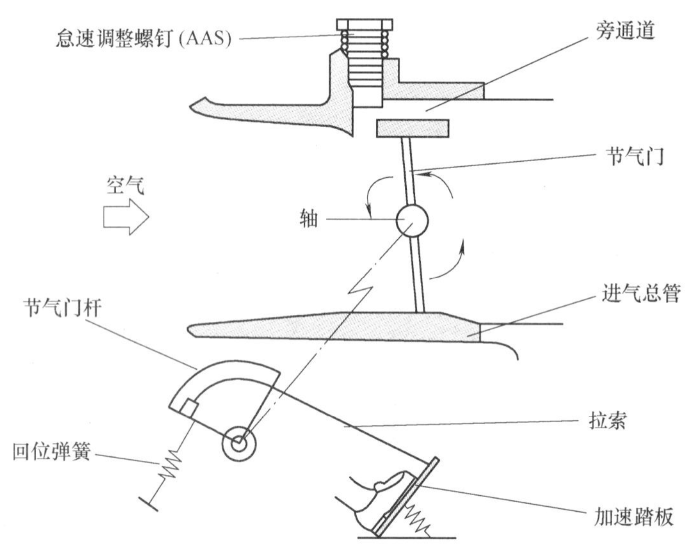

图 3-69　节气门控制及怠速调整螺钉

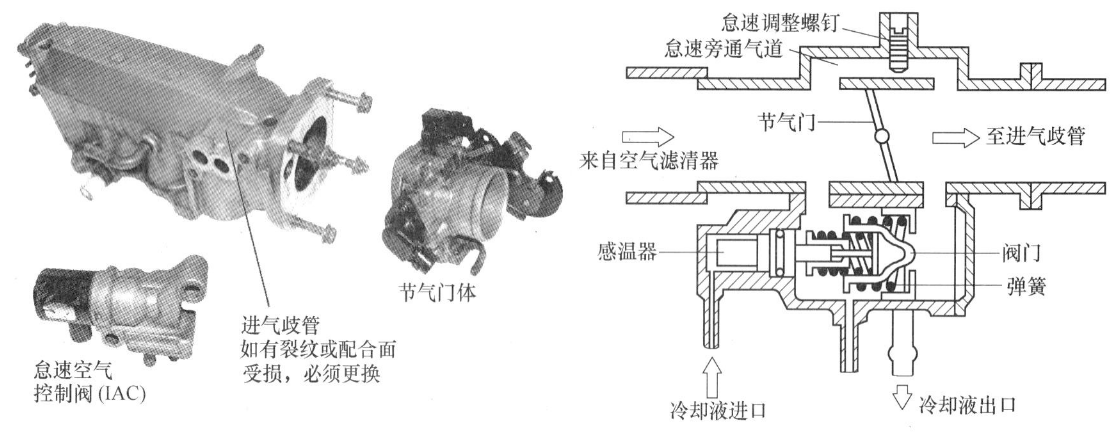

图 3-70　节气门体的结构组成

4. 进气总管和进气歧管

在多点电控燃油喷射式发动机上，为了消除进气波动和保证各缸进气均匀，对进气总管和进气歧管的形状、容积都有严格的要求，每个气缸必须有一个单独的进气歧管。有些发动机的进气总管与进气歧管制成一体，有些则是分开制造再用螺栓连接，如图 3-74 所示。

二、空气供给系统的拆检流程及技术要求

空气供给系统常见的故障是堵和漏，因此对空气供给系统进行检修的方法也是针对两者展开，其检修方法主要有利用进气管的真空度检测及利用数据流检测两种。

1. 利用进气管的真空度来检测

进气管真空度作为汽油机故障诊断的重要参数，可以检测出气缸、气门机构和配气正时等多种发动机的技术状态。测量时可在进气管找一个接口，接上真空表就可以检测，比较方

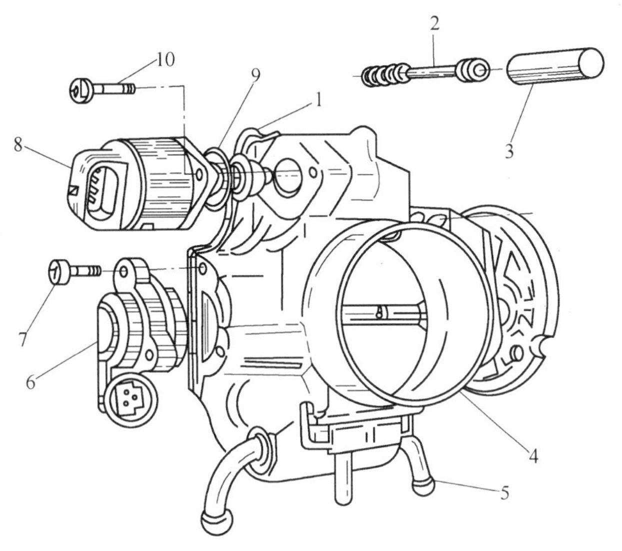

图 3-71　大宇王子/超级沙龙轿车 D 型多点喷射系统的节气门体

1—节气门衬垫　2—节气门限位螺钉　3—螺钉孔护套　4—节气门体　5—加热水管　6—节气门位置传感器　7—螺钉　8—怠速控制阀　9—O 形密封圈　10—螺钉

便简单。

将发动机起动升温至正常工作温度，在进气管上装上真空表，注意要将真空表接于图 3-75 圈中进气总管左端的真空测试接头上。发动机保持怠速运转，通过真空表读数即可进行判断。

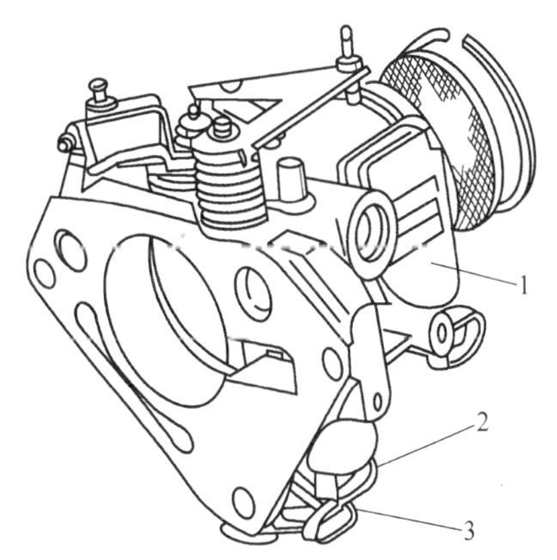

图 3-72　通用鲁米娜(LUMNA)3.8L 旅行车 L 型带空气流量计的节气门体

1—空气流量计　2—怠速控制阀　3—节气门位置传感器

1）真空表读数稳定在 57 ~ 71kPa 之间，则为正常。当迅速开启并关闭节气门时能在 7 ~ 84kPa 之间摆动，则表明技术状况良好。

2）如读数在 51 ~ 68kPa 之间摆动，则表明节气门关闭不严(黏滞)或点火系统有问题。

3）如读数明显低于正常值，则主要是进气系统、活塞等部件漏气所致。

4）真空表在 41 ~ 61kPa 之间摆动，表示怠速调整不良。

5）真空表指针在 34 ~ 74kPa 之间缓慢摆动，且随转速升高摆动不断加剧，表示节气门弹簧力不足、气门导管磨损或气缸垫泄漏。

6）如真空表读数逐渐下落为 0，则表明排气系统堵塞。

2. 利用数据流来检测

以大众捷达王轿车为例来进行检测，其数据流见表 3-1。

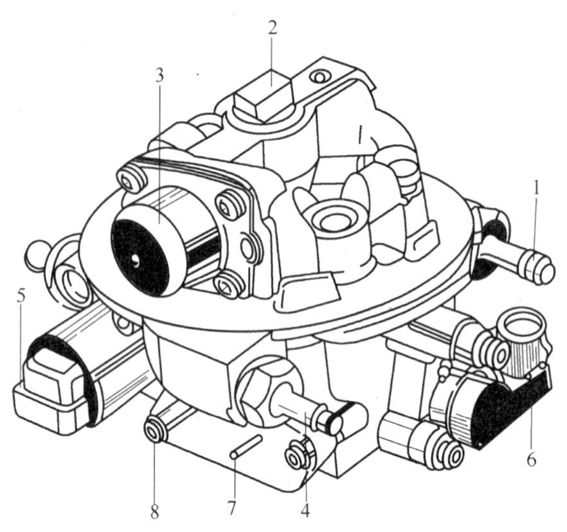

图 3-73　大宇希望(ESPERO)和赛手(RACER)轿车单点燃油喷射系统的节气门体

1—进油管接头　2—喷油器　3—燃油压力调节器　4—回油接头　5—怠速控制阀　6—节气门位置传感器　7—真空管接头　8—活性炭罐接头

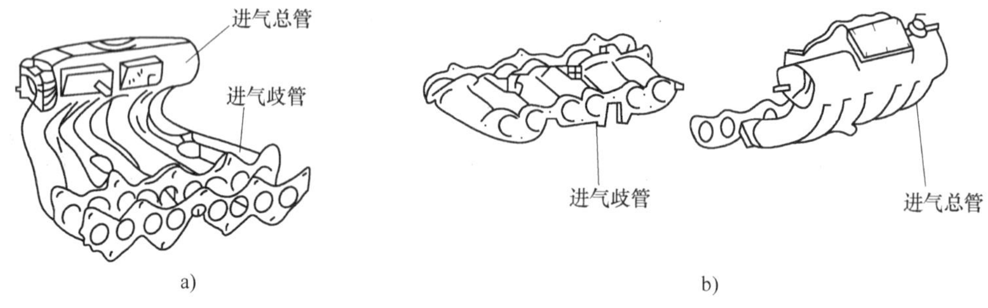

图 3-74　整体型和分开型进气总管和进气歧管

a）整体型　b）分开型

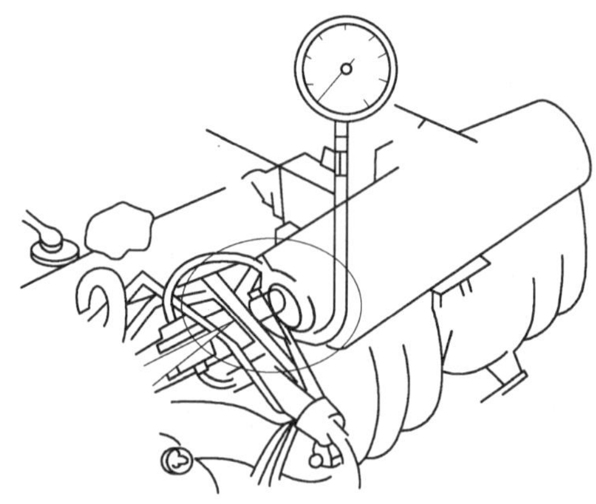

图 3-75　空气供给系统真空度检测

表 3-1　大众捷达王轿车数据流

显 示 组 号	显示屏显示	显示区域内容
04(或 004)	Block 4	
怠速调整	1	① 节气门角度
	2	② 怠速空气流量的自适应值
	3	③ 空气流量(漏气)
	4	④ 工况

显示区域 2 是怠速空气流量自适应值，正常为 -1.70 ~ 1.70g/s，如果小于 -1.70g/s，则说明节气门处有漏气，应检测进气系统。如果大于 1.70g/s，则说明有额外负荷，应关闭空调等附加设备；或者说明进气系统有堵塞及异物，应清除。

三、空气供给系统典型故障案例分析

故障现象： 有一辆捷达 GT，故障表现为发动机怠速不稳，抖动严重，同时发动机加速不良，似乎有缺缸现象。

故障排除： 用 V. A. G1551 诊断仪读取故障码，无故障码显示。测量数据块 08 的 099 组，观察氧传感器的控制值，最高达 25%，说明发动机燃烧不好，混合气过稀，造成发动机怠速时抖动。用断缸法检查各缸工作情况，未发现问题。测量各缸的气缸压力，每缸均在 1.06MPa 以上，说明发动机各缸无问题。

检查进气系统，听到有“嗞嗞”声，这是漏气的响声。用手堵住空气流量计的一部分，使其进气量变小，发现发动机抖动减轻，但是还是有抖动，说明还是混合气过稀。继续检查进气系统，用肥皂泡均匀涂抹在进气管道上发现，进气管道上有一个裂缝，混合气过稀的原因就是该裂缝漏气所致。用铝焊处理后装复试车，故障完全消除。

故障说明： 进、排气歧管漏气是影响发动机怠速的主要原因之一。进气管漏气，一般容易造成混合气过稀现象。

任务 4　电控系统的相关知识

一、电控系统的主要部件及工作原理

电控燃油喷射系统电控系统的主要作用是：通过各种传感器收集发动机运行信号并输入 ECU，ECU 通过与内部存储数据对比，计算出最佳喷油量并发出指令给喷油器，喷油器把相应量的燃油喷入到进气歧管或气缸中。

电控系统主要由信号输入装置(即传感器)、ECU 和执行器三大部分组成。

1. 传感器

传感器的主要作用是收集发动机运转的各种信号。发动机上常见的传感器有：空气流量计、进气歧管绝对压力传感器、曲轴/凸轮轴位置传感器、节气门位置传感器、冷却液温度传感器、进气温度传感器、氧传感器、爆燃传感器、车速传感器、制动开关、空调开关、空挡开关等。详见项目二所述。

2. ECU

ECU(微型计算机)是发动机运行的大脑，它采集各传感器的信号，经过比对计算后，把结果输送给执行元件的驱动电路，实现喷油器脉冲宽度的控制、点火提前角的控制等。

如图3-76所示，ECU主要由输入回路、A/D转换器(模拟/数字转换器)、微型计算机、输出回路四大部分组成。ECU实物如图3-77所示。

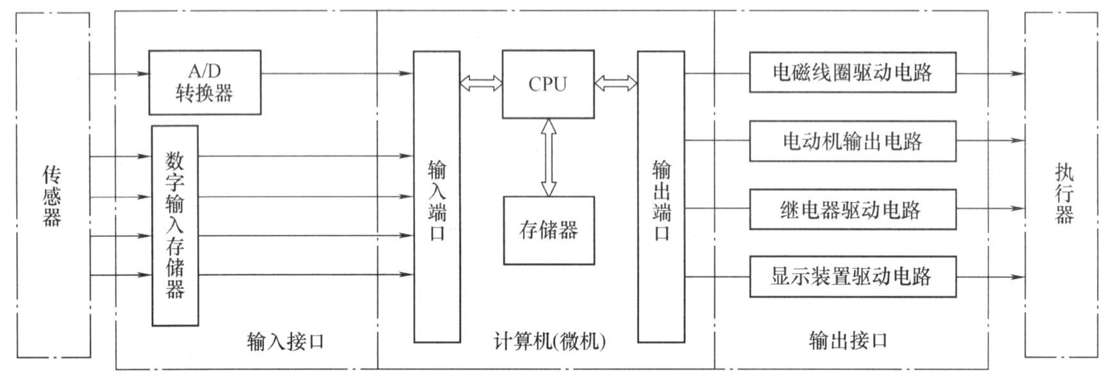

图3-76　ECU的基本组成

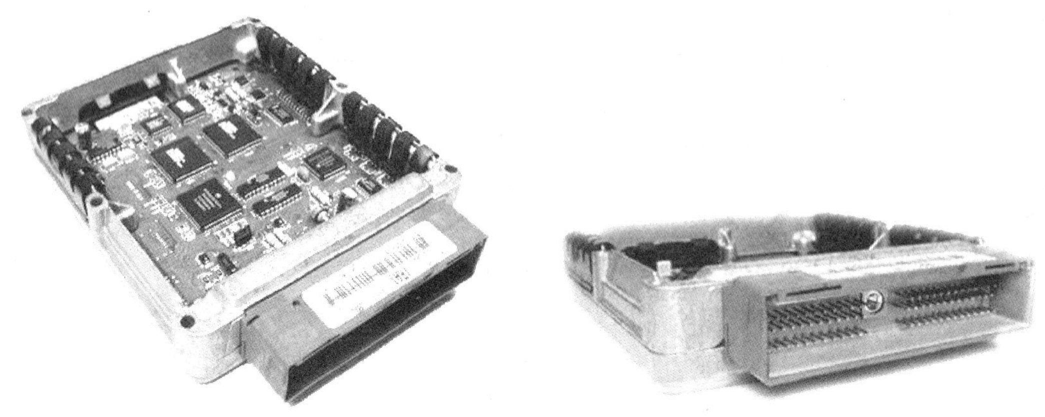

图3-77　ECU实物图

3. 执行器

执行器主要是能够通过电参数进行控制的一些机件，如继电器、电动机(如怠速步进电动机、燃油泵电动机等)、电磁阀、喷油器等，如图3-78所示。

二、电控系统典型故障案例分析

故障现象：有一辆奥迪A6 2.6L轿车，经常发生冷车和热车都不易起动的现象，但是只要踩加速踏板，发动机就能起动，只要一松加速踏板，发动机就熄火。这样反复做几次后，汽车发动机才能起动。

故障排除：根据故障现象分析，该车故障原因可能在电控部分。先提取故障码，电脑显示两个故障码，一个是冷却液温度传感器断路或短路，另一个是EGR电磁阀断路或短路。

检查冷却液温度传感器有间断性故障，予以更换；检查EGR电磁阀及线路，发现插头

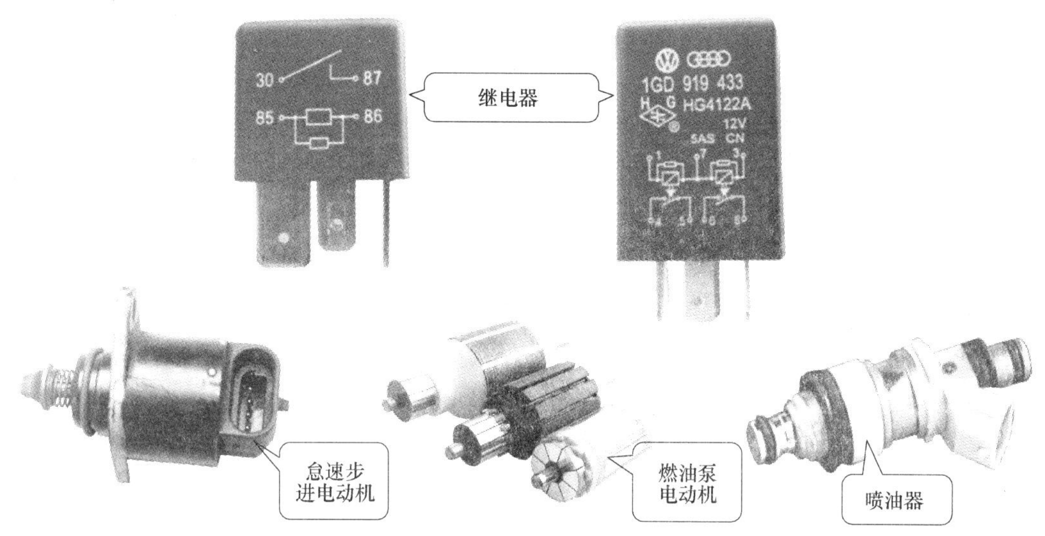

图 3-78　常见执行器种类

根部导线接触不良，重新连接好导线，消除故障码，第二天早上试车，一切正常。

过了一周车主反映：该车冷起动正常，热起动不正常，踏加速踏板才能起动。

用 V. A. G1552 重新提取故障码，无故障码显示。读取数据流，发动机怠速时转速在 760 ~ 850r/min 之间不断变化，明显有转速不稳的症状。经过系统分析，故障原因应在点火系统或进气系统上。

首先检查点火系统，各缸火花塞和点火线圈都基本正常，但第 1 缸和第 4 缸高压线有漏电痕迹，决定更换。再检查进气系统，进气管没有漏气的地方，各真空管连接良好，检查节气门无卡滞现象。检查怠速电动机，拆下电动机，不拔导线接头，打开点火开关，电动机打开一定角度，关闭点火开关，电动机又关闭了。反复几次，发现怠速电动机有时打不开或有时不关闭，出现了卡滞现象。而且随着温度升高，怠速步进电动机卡滞的频率越高。更换一只新的怠速步进电动机，试车后，所有的故障都排除了。

故障说明：该故障属于典型的执行器故障。该车由于怠速步进电动机卡死后，发动机进气很少，几乎不进气，所以造成混合气过浓。因为混合气浓度与起动所需要的空燃比差距大，所以发动机就不容易起动。但当踩下加速踏板时，节气门打开一定角度，使空气进入，空燃比发生变化，混合气可点燃，因此发动机就能顺利起动了。

本项目小结

1. 电控燃油喷射系统主要有喷油正时控制、喷油量控制、燃油停供控制和燃油泵控制四大功能。

2. 电控燃油喷射系统形式多样，有不同的分类方法。

按照喷射方式不同，燃油喷射系统可分为连续喷射和间歇喷射。间歇喷射又可分为同时喷射、分组喷射和顺序喷射三种类型。

按对空气量的计量方式分类，电控燃油喷射系统可分为 D 型和 L 型。

按喷射位置不同，电控燃油喷射系统可以分为缸内直接喷射和进气管喷射两种类型。进气管喷射又可分为单点喷射系统及多点喷射系统。

电控燃油喷射系统按有无反馈信号可分为开环控制系统和闭环控制系统。

3. 电控燃油喷射系统一般由燃油供给系统、空气供给系统及电控系统三大部分组成。

燃油供给系统的作用是供给喷油器一定压力的燃油，并通过喷油器按 ECU 指令向发动机喷油。

空气供给系统的功用是向发动机提供清洁的空气并控制发动机正常工作时的进气量。

电控系统的作用是通过各种传感器收集发动机运行信号并输入 ECU，ECU 通过与内部存储数据对比，计算出最佳喷油量并发出指令给喷油器，喷油器把相应量的燃油喷入到进气歧管或气缸中。

4. 电控燃油喷射系统中燃油供给系统主要由燃油箱、燃油泵、燃油滤清器、油压脉动衰减器、油压调节器、燃油分配管(输油管)、喷油器等组成。

5. 电动燃油泵根据安装位置不同可分为内装式电动燃油泵和外装式电动燃油泵。电动燃油泵根据结构原理不同进行分类可分为涡轮式、滚柱式、转子式和侧槽式等类型。

6. 燃油泵控制电路主要有 ECU 控制式电动燃油泵控制电路、燃油泵开关控制式电动燃油泵控制电路和带燃油泵继电器的 ECU 控制式燃油泵控制电路三种形式。

7. 一般汽车每行驶 20000 ~ 40000km 或 1 ~ 2 年，应更换燃油滤清器。

8. 燃油压力调节器的作用是调节燃油压力，使输油管内燃油压力与进气管内气体压力的差值保持恒定，使喷油器喷油量仅与喷油时间有关。

9. 喷油器按结构特点可分为轴针式喷油器、球阀式喷油器、片阀式喷油器等几种形式。

10. 喷油器的驱动方式主要有电流驱动和电压驱动两种形式。.

11. D 型燃油喷射发动机及 L 型燃油喷射发动机的进气系统有一定区别，但是空气供给系统基本相同，主要部件都包括空气滤清器、节气门体和进气管等。

12. 电控系统主要由信号输入装置、ECU 和执行器三大部分组成。

13. ECU 主要由输入回路、A/D 转换器(模拟/数字转换器)、微型计算机和输出回路四大部分组成。

14. 执行器主要是能够通过电参数进行控制的一些机件，如继电器、电动机(如怠速步进电动机、燃油泵电动机等)、电磁阀、喷油器等。

练习与思考

一、填空题

1. 电控燃油喷射系统简称为“____________________”。

2. 电控燃油喷射系统按喷射方式不同可分为________和________两种方式。

3. 目前广泛采用间歇喷射方式的多点电控燃油喷射系统中，按各缸喷油器的喷射顺序又可分为________、________、________。

4. 电控燃油喷射系统按进气量的计算方式不同可分为________和________型两种。

5. 电控燃油喷射系统的功能是对________、________、________及燃油泵进行控制。

6. 节气门体主要由________和________等组成。

7. 电动燃油泵按其结构不同，有________、________、________和侧槽式。

8. 对于喷油器一般要进行________、________、________三方面检查。

9. 在汽油机电控燃油喷射系统中，喷油量的控制是通过________的控制来实现的。

10. 外置式电动燃油泵________在燃油箱外部的输油管路中。

11. 汽车每行驶________ km 或 1～2 年，应更换燃油滤清器。

12. 喷油器按电阻大小可分为________和________两种。

二、判断题

1. 同时喷射喷油正时的控制是以发动机最先进入做功行程的气缸为基准。(　　)

2. 开环控制系统对发动机及控制系统各组成部分的精度要求高。(　　)

3. L 型喷射系统发动机上，空气流量计与节气门体是组合成一体的。(　　)

4. 在拆卸燃油系统内任何元件时，都必须首先释放燃油系统压力。(　　)

5. 冷起动喷油器仅在发动机低温起动时喷油。(　　)

6. 电控燃油喷射装置由传感器、电控单元和执行机构组成。(　　)

7. 在装有节气门限位螺钉的汽车上，可以调节节气门限位螺钉，来保持发动机怠速运转。(　　)

8. 目前大多数电动燃油泵是装在燃油箱内部的。(　　)

9. 舌簧开关型车速传感器的磁铁由车速表的软轴驱动。(　　)

10. 涡轮式电动燃油泵不工作时，出油阀关闭，以使油管内保持一定的残余压力。(　　)

三、选择题

1. 将电动燃油泵置于燃油箱内部的目的是(　　)。

A. 便于控制　　B. 降低噪声　　C. 防止气阻

2. 检测电控汽车电子元件要使用数字式万用表，这是因为数字式万用表(　　)。

A. 具有高阻抗　　B. 具有低阻抗　　C. 测量精确

3. 起动发动机前如果点火开关位于“ON”位置，电动燃油泵(　　)。

A. 持续运转　　B. 不运转　　C. 运转 10s 后停止　　D. 运转 2s 后停止

4. 燃油喷射发动机的怠速通常是由(　　)控制的。

A. 自动阻风门　　B. 怠速调整螺钉　　C. 步进电动机　　D. 继电器

5. 当节气门开度突然加大时，燃油分配管内油压(　　)。

A. 升高　　B. 降低　　C. 不变　　D. 先降低再升高

6. 下列(　　)不会引起燃油压力过低。

A. 燃油泵连接件松动　　B. 燃油泵压力调节器出故障

C. 燃油泵膜片不合格　　D. 燃油泵入口有阻塞

7. 一辆车的动力传动系控制组件不能改变喷油器脉宽，(　　)可能引起这问题。

A. 燃油压力调节器失效　　B. 氧传感器故障

C. 燃油泵压力不变　　D. 动力传动系控制组件失效

8. 一位顾客将一辆汽车送去修理，因为汽车在做检查/保养排放测试中，CO 含量高，测试没通过。在测试过程中，氧传感器电压值一直都低，然而在测试中，传感器功能却是正常的。(　　)是最可能的问题。

A. 空气泵在进气处漏气　　B. 燃油泵压力高

C. 喷油器漏油　　　　　　　　　　D. 空气滤清器滤芯太脏

9. 在速度密度型喷油系统中，对喷油器的接通时间或喷油持续期影响最大的传感器是(　　)。

A. 质量空气流量传感器　　　　　　B. 进气歧管压力传感器

C. 氧传感器　　　　　　　　　　　D. 发动机冷却液温度传感器

10. 对复合式车辆进行燃油压力的检查，在怠速时，测得压力为261.11kPa。技术员甲说：在回油管路上燃油受到阻滞会产生这个问题；技术员乙说：燃油压力调节器真空管断开可能是产生这个问题的原因。(　　)正确。

A. 只有甲正确　　B. 只有乙正确　　C. 两人均正确　　D. 两人均不正确

四、问答题

1. 简述电控燃油喷射系统中电控系统的控制原理。
2. 简述丰田LS400轿车燃油泵控制电路的工作过程。
3. 燃油压力调节器的作用是什么？简述燃油压力调节器的工作原理？
4. 电控燃油喷射系统有哪些优点？
5. 空气供给系统的作用是什么？它由哪几部分组成？
6. 燃油供给系统的作用是什么？它由哪几部分组成？

项目四　电控点火系统

　　点火系统是汽油发动机上直接影响汽车动力性、经济性和环保性等性能指标的重要组成部分。该系统结构隐蔽，原理复杂，故障率高。

　　点火系统主要功用是根据汽油发动机的点火顺序和工作循环要求，将蓄电池或发电机所提供的低压电（一般为 12V）通过点火线圈转变成高压电（一般为 15000～30000V），并将此高压电通过火花塞引入到燃烧室中，并在火花塞两级间产生电火花，依次点燃各缸可燃混合气。

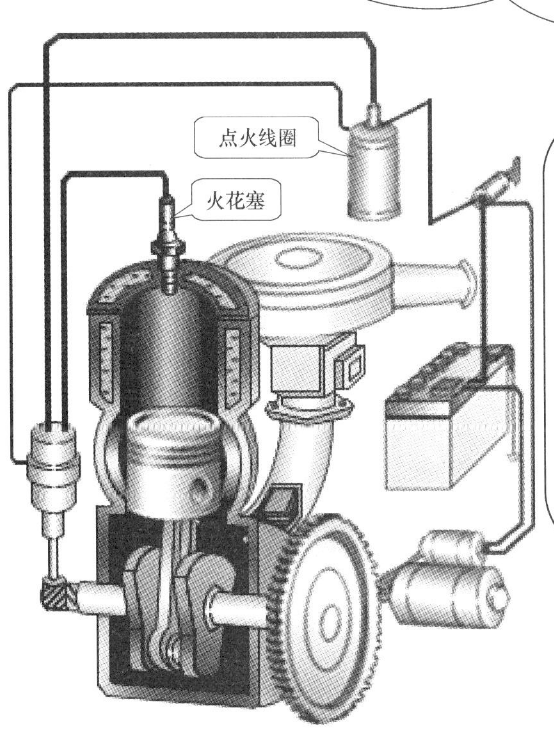

【学习目标】

◇ 了解电控点火系统的结构组成及工作原理

◇ 掌握电控点火系统主要部件的拆检步骤及故障案例分析

◇ 学会使用示波器检查电控点火系统故障

任务1　电控点火系统的结构组成及工作原理

一、电控点火系统的功能

汽油机电控点火系统主要功能有点火提前角控制、通电时间控制和爆燃控制，如图4-1所示。

（一）点火提前角控制

1. 点火提前角对发动机性能的影响

点火提前角是指从火花塞发出电火花，到活塞运行至压缩行程上止点时曲轴所转过的角度。当汽油机保持节气门开度、转速以及混合气浓度一定时，汽油机功率和耗油率随点火提前角的改变而变化。发动机每一工况都存在一个最佳点火提前角。点火提前角过大，易爆燃；点火提前角过小，排气温度升高，功率降低。点火提前角对发动机性能的影响如图4-2所示。

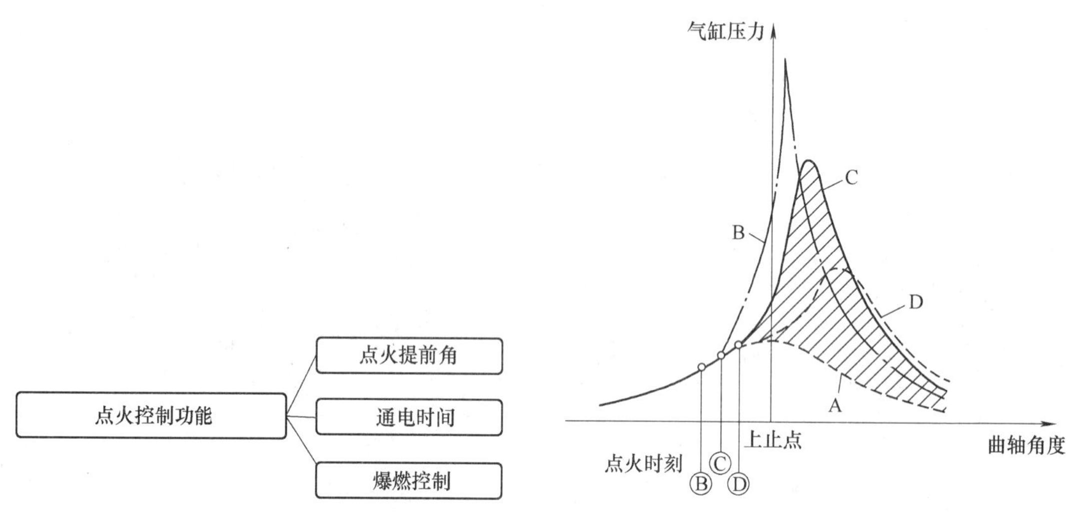

图4-1　电控点火系统的功能

图4-2　点火提前角对发动机性能影响

A—不点火　B—点火过早　C—点火适当　D—点火过迟

实验证明：发动机的最佳点火提前角，应使发动机气缸内的最高压力出现在上止点后10°～15°范围之内。

2. 最佳点火提前角的确定依据

最佳点火提前角主要与以下因素有关。

（1）发动机转速　转速升高，点火提前角增大。采用电控点火系统，更接近理想的点火提前角。

（2）发动机负荷　进气歧管压力高（真空度小、负荷大），点火提前角小，反之点火提前角大。采用电控点火（ESA）系统时，可以使发动机的实际点火提前角接近于理想的点火提前角。

（3）燃料性质　汽油辛烷值越高，抗爆性越好，点火提前角可适当增大。

(4) 其他因素　燃烧室形状、燃烧室内温度、空燃比、大气压力和冷却液温度。

3. 点火提前角的确定方法

确定最佳点火提前角通常有两种方法：

第一种方法是，实际最佳点火提前角 = 初始点火提前角 + 基本点火提前角 + 修正点火提前角，如图 4-3 所示。

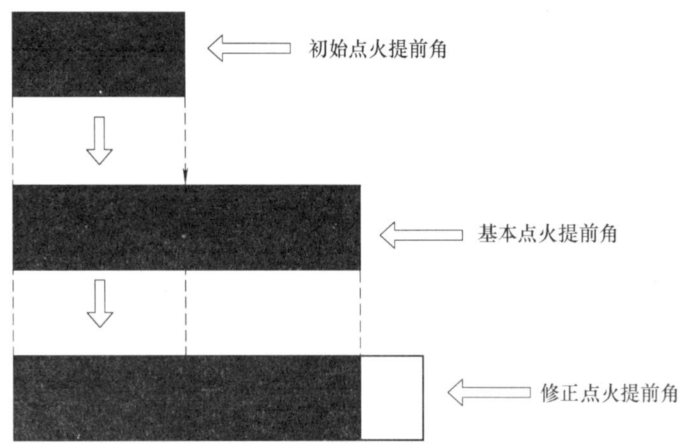

图 4-3　最佳点火提前角的确定

第二种方法是，实际点火提前角 = 基本点火提前角 × 点火提前角修正系数。这种方法主要应用在日产车系当中。

下面以丰田汽车公司 TCCS 系统 IG-GEL 发动机的点火提前角控制方式为例，来介绍最佳点火提前角的确定方法。

1）初始点火提前角，也叫固定点火提前角，一般为上止点前 10°，适用于以下工况：

① 发动机起动。

② 发动机转速在 400r/min 以下。

③ 节气门位置传感器怠速触点闭合。

④ 车速为 2km/h。

⑤ 发动机 ECU 内后备系统开始工作。

2）基本点火提前角，分为怠速和平常行驶两种情况。

怠速时的基本点火提前角在空调系统工作时为 8°，空调不工作时为 4°。平常行驶时的基本点火提前角以表格形式存储于 ECU 的存储器中，如图 4-4 所示。

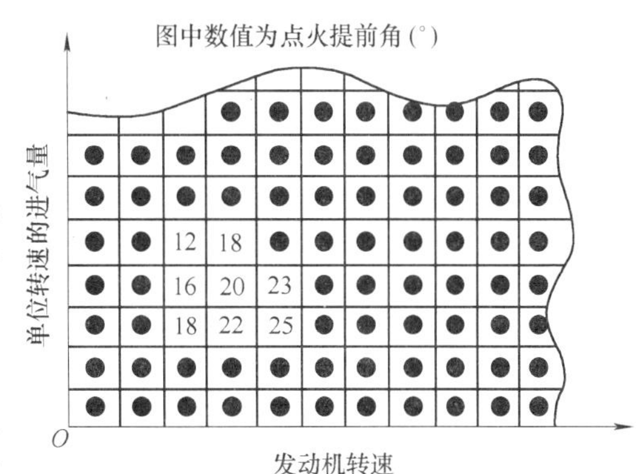

图 4-4　丰田 IG-GEL 发动机平常行驶的基本点火提前角

3）修正点火提前角

① 冷却液温度修正：冷却液温度修正又可分为暖机修正和过热修正。发动机冷车起动后的暖机过程中，随冷却液温度的提高，混合气的燃烧速度加快，燃烧过程所占的曲轴转角

减小，点火提前角也应适当减小，如图 4-5 所示。

② 稳定怠速修正：ECU 根据实际转速与目标转速的差来修正点火提前角。低于目标转速时，应增大点火提前角；反之，则推迟点火提前角，如图 4-6 所示。

③ 空燃比反馈修正：由于空燃比反馈控制系统是根据氧传感器的反馈信号调整喷油量的多少来达到最佳空燃比控制的，所以这种喷油量的变化必然带来发动机转速的变化。为了稳定发动机转速，点火提前角需根据喷油量的变化进行修正，如图 4-7 所示。点火提前角随喷油量的减小而增加。

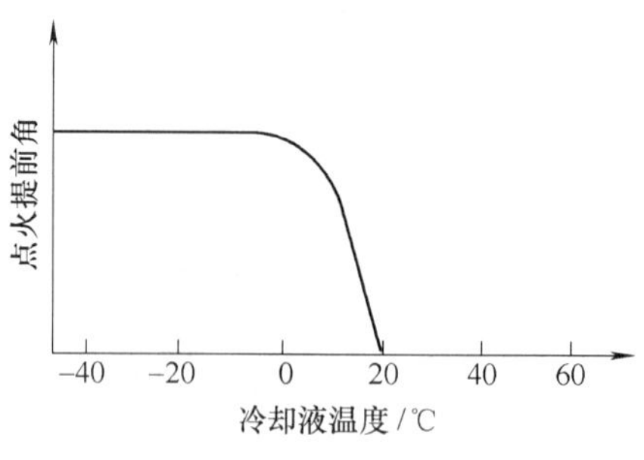

图 4-5　冷却液温度修正

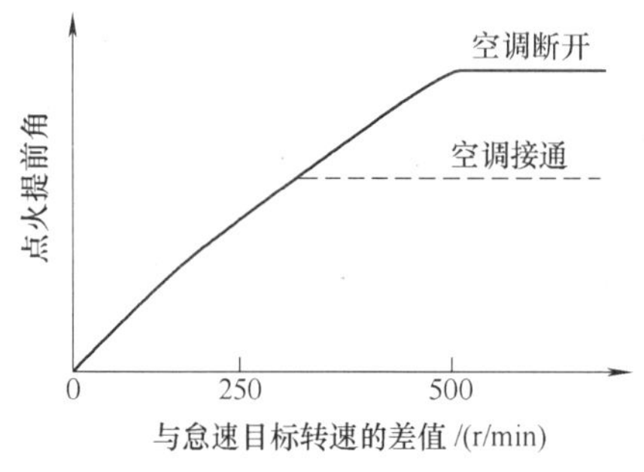

图 4-6　稳定怠速修正

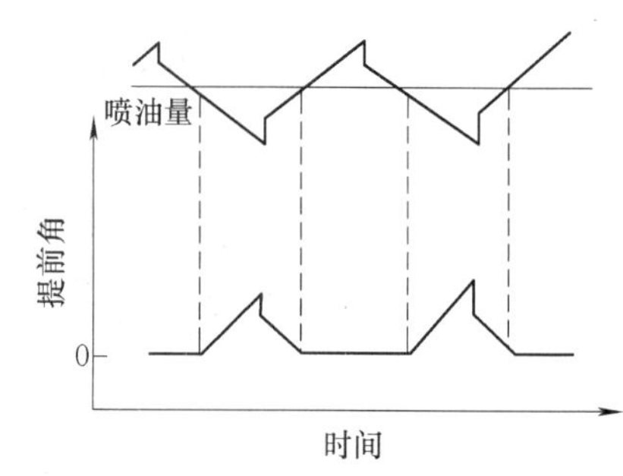

图 4-7　空燃比反馈修正

（二）通电时间控制

通电时间控制又称为点火闭合角控制，是指点火线圈初级侧的通电时间。它主要影响点火线圈初级电路的通电时间和点火线圈的储存能量，而点火线圈通电时间和储存能量取决于发动机转速和蓄电池的供电电压，其控制原理如图 4-8 所示。点火线圈初级电路的通电时间由 ECU 控制，根据发动机的转速信号和电源电压信号确定最佳的闭合角(通电时间)，并控制点火器输出指令信号(IGt 信号)，以控制点火器中晶体管的导通时间。

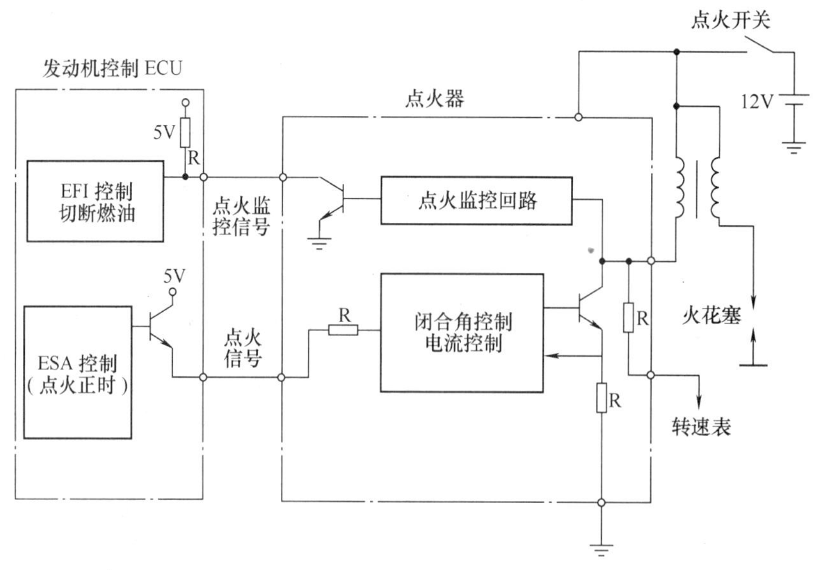

图 4-8　通电时间控制原理

提示：恒流控制的基本方法是，在点火器功率晶体管的输出回路中增设一个电流检测电阻，用电流在该电阻上形成的电压降反馈控制晶体管的基极电流。只要这种反馈为负反馈，就可使晶体管的集电极电流稳定，实现恒流控制，从而使点火能量保持稳定。恒流控制电路如图 4-9 所示。

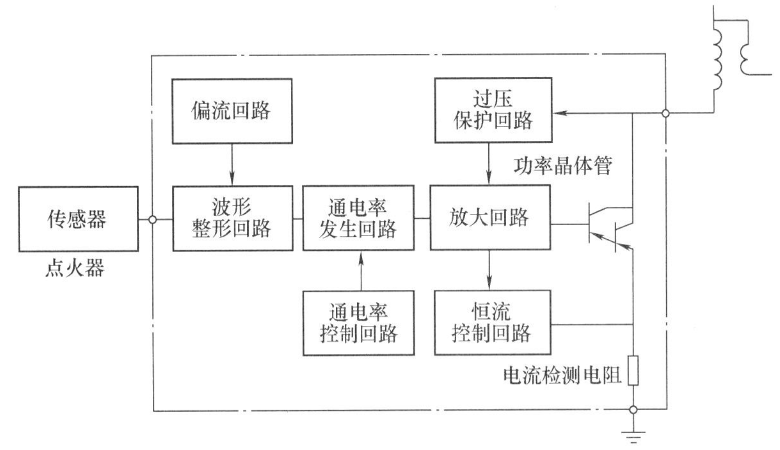

图 4-9 恒流控制电路框图

（三）爆燃控制

1. 发动机爆燃的危害

爆燃是指汽油发动机的火花塞点火后，在火焰还没有到达之前，其余混合气未被引燃就自行发火的燃烧现象。爆燃是一种发动机不正常的燃烧。轻微的爆燃，可使发动机功率上升，油耗下降；但严重的爆燃，会使气缸发出特别尖锐的金属敲击声（敲缸），且会导致冷却系统过热、发动机功率下降、耗油迅速上升等故障。

2. 爆燃控制原理

减少爆燃发生最有效的方法是减小点火提前角。爆燃控制原理如图 4-10 所示。当爆燃

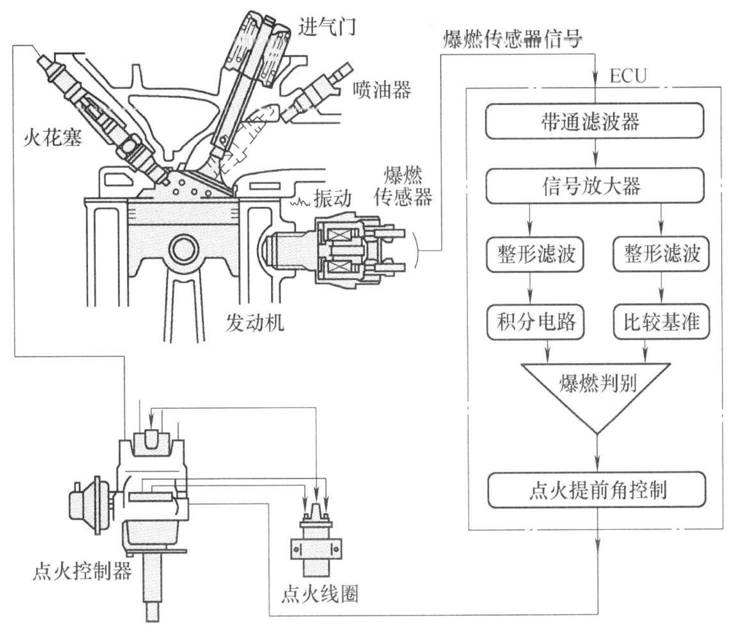

图 4-10 爆燃控制原理

传感器感受到发动机有爆燃时，就会逐渐减少点火提前角(推迟点火)，直到爆燃消失为止。无爆燃时，则通过增大点火提前角(提前点火)，使发动机燃烧速度增加以接近爆燃，如图4-11所示。爆燃反馈控制可以提高发动机的动力性及经济性，其主要作用是使汽油发动机一直工作在爆燃的边缘状态，即待爆燃又没有爆燃的临界状态。

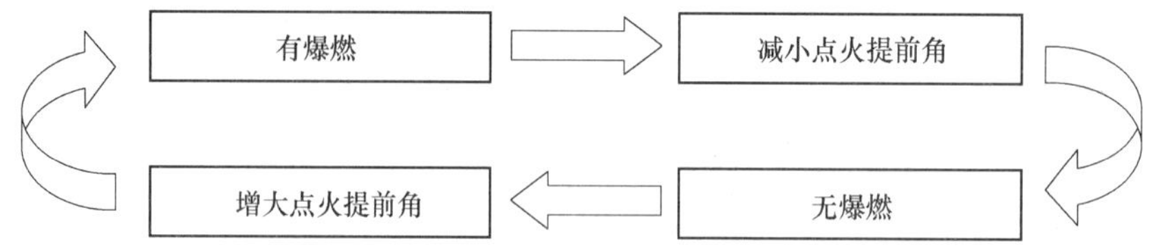

图4-11 爆燃反馈控制过程

二、电控点火系统的分类、结构组成及工作原理

(一) 电控点火系统分类

电控点火系统一般可以分为两大类：有分电器式和无分电器式。

1. 有分电器式电控点火系统

有分电器式电控点火系统是电控点火系统的早期结构形式，其主要特点是分电器保留了传统发动机的机械配电结构，不再有传统分电器中的断电器、断电器触点、离心式和真空式点火提前调节器等部件。由于其机械装置本身的局限性，无法保证各种状态下点火提前角处于最佳值，同时，由于分电器中运动部件的磨损，影响ECU对点火提前角控制的精确性和稳定性，当前的汽油发动机使用越来越少。有分电器式电控点火系统的工作原理图，如图4-12所示。

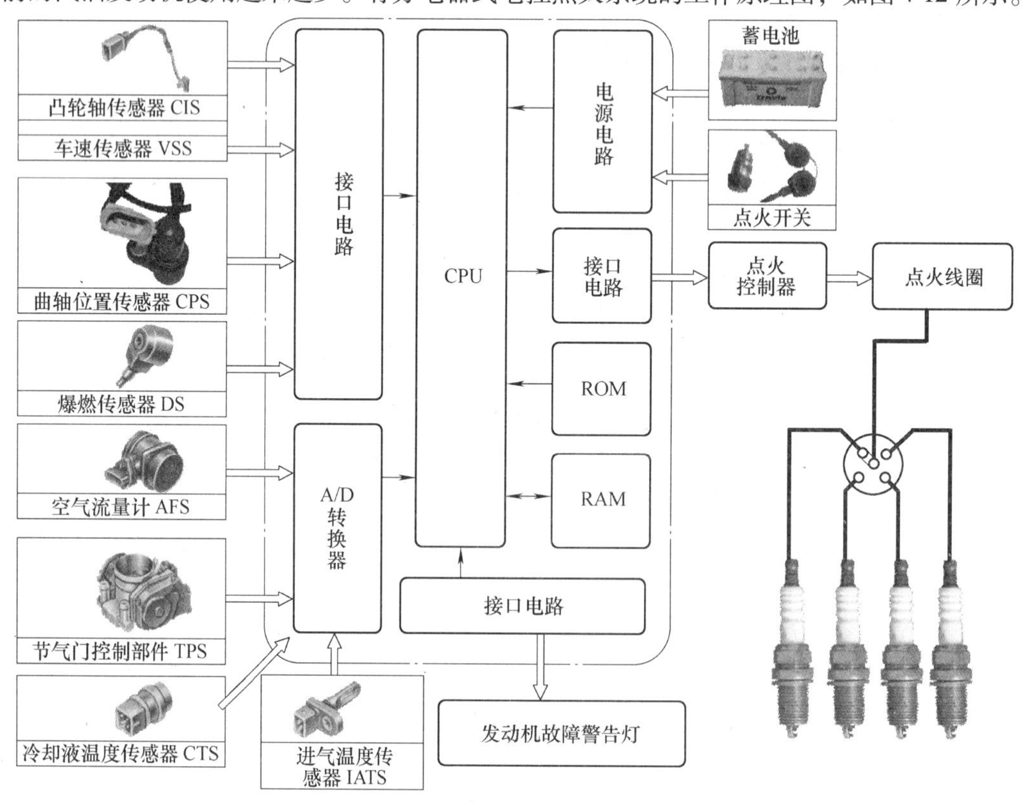

图4-12 有分电器式电控点火系统

2. 无分电器式电控点火系统

无分电器式电控点火系统又称为直接点火系统，它取消了常规点火系统中的分电器总成（分火头和分电器盖），避免了分火头和分电器盖间隙对点火系统的不利影响，提高了点火能量，故在汽车中广泛应用。无分电器式电控点火系统的结构原理如图4-13所示。

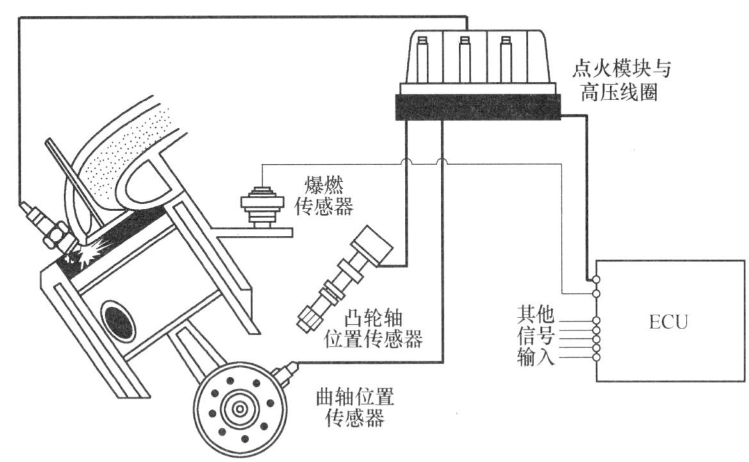

图4-13　无分电器式电控点火系统的结构原理

（二）有分电器式电控点火系统结构及工作原理

1. 有分电器式电控点火系统结构

有分电器式电控点火系统一般由电源、点火开关、传感器、电子点火模块、点火线圈、分电器和火花塞等组成，如图4-14所示。桑塔纳2000Gsi轿车发动机使用的就是该种点火系统。其结构如图4-15所示。

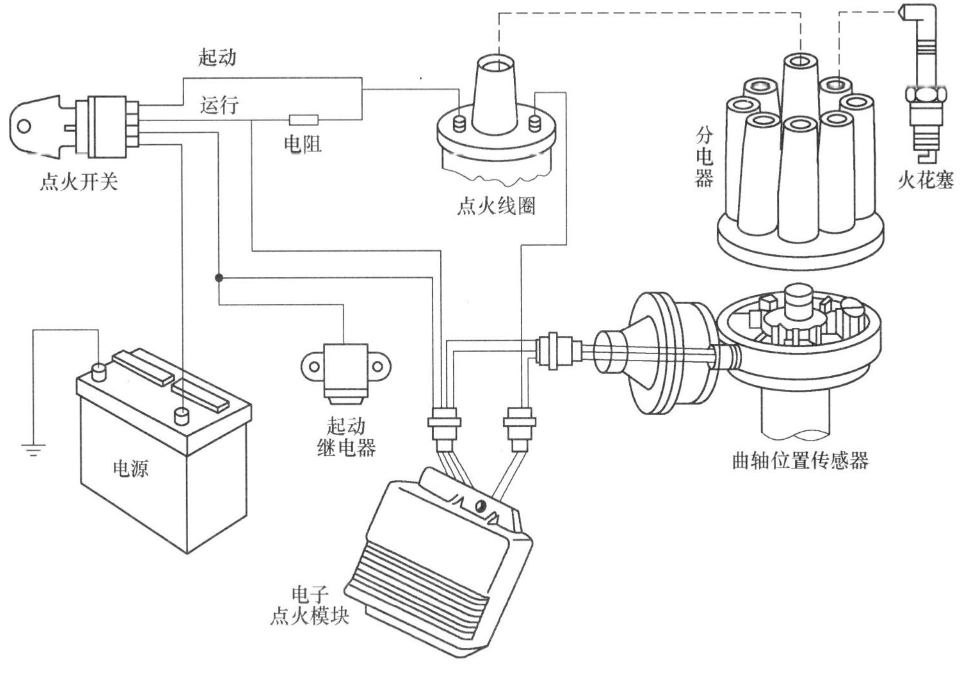

图4-14　有分电器式电控点火系结构

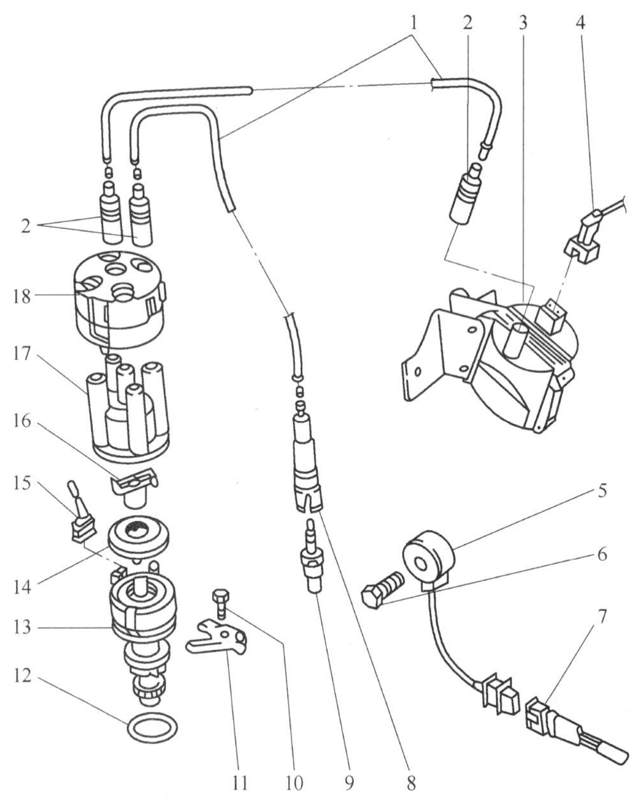

图 4-15 桑塔纳 2000Gsi 电子点火控制系统零部件图

1—点火线 2—带抗干扰元件插座(电阻 0.9～1.1kΩ) 3—点火线圈 4—点火线圈插头 5—爆燃传感器(G61,位于发动机体上,拧紧力矩 6～20N·m) 6—螺栓(拧紧力矩 20N·m) 7—爆燃传感器插头 8—火花塞插头(电阻 4.5～5.5kΩ) 9—火花塞(拧紧力矩 25N·m) 10—螺栓(拧紧力矩 25N·m) 11—分电器压板 12—O 形圈 13—带霍尔传感器的分电器(G40) 14—防尘盖 15—分电器弹簧夹 16—分火头(电阻值 1.1kΩ) 17—分电器盖 18—屏蔽罩

2. 有分电器式电控点火系统工作原理

有分电器式电控点火系统工作原理如图 4-16 所示，ECU 根据各输入信号，确定点火时间，并将点火正时信号 IGT 送至点火模块。当 IGT 信号变为低电平时，点火线圈初级电路由

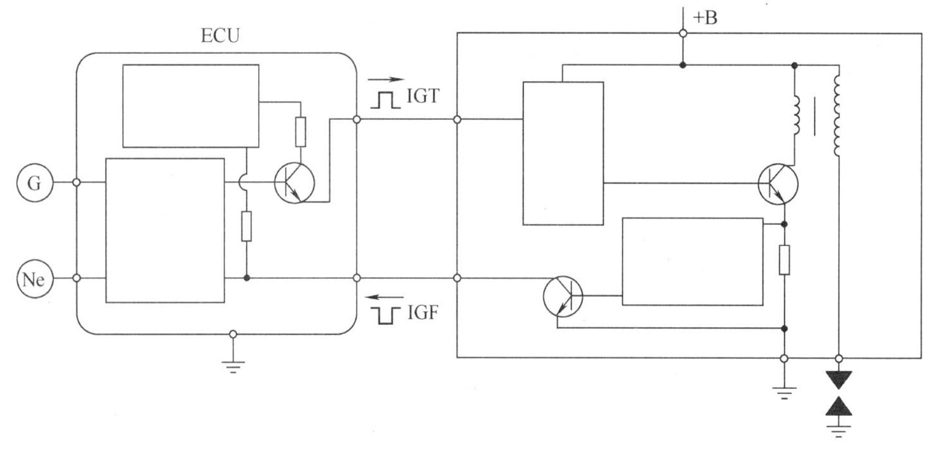

图 4-16 有分电器式电控点火系统工作原理

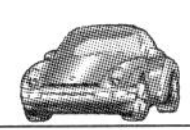

于功率晶体管的截止而被切断，次级感应出高电压，再由分电器按发火顺序送至相应气缸的火花塞上产生电火花，点燃发动机气缸内混合气。为了保证稳定的次级电压及系统的可靠工作，在点火器中设有闭合角控制回路和点火确认信号回路(IGF 信号)，分别用于提供足够能量的电火花及点火反馈信号。

（三）无分电器式电控点火系统的基本组成、分类及工作原理

1. 无分电器式电控点火系统的基本组成及分类

无分电器式电控点火系统一般由电源、传感器、ECU、点火模块、点火线圈和火花塞等组成，如图 4-17 所示。

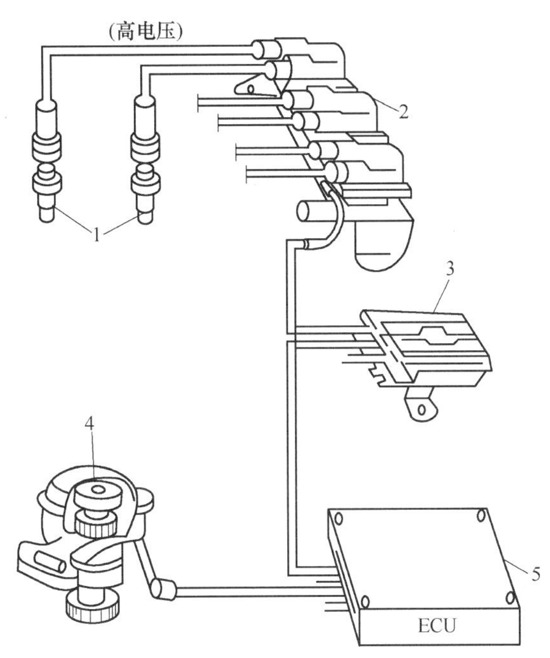

图 4-17　无分电器电控点火系统的基本组成
1—火花塞　2—点火线圈
3—点火模块　4—传感器　5—ECU

无分电器式电控点火系统一般可分为独立点火系统、同时点火系统和二极管配电方式点火系统等。

2. 无分电器式电控点火系统工作原理

无分电器式电控点火系统原理与有分电器式电控点火系统工作原理相似，但同时有自己的控制特点。

（1）独立点火系统　独立点火系统的特点是每个气缸配有一个或者两个点火线圈，单独对该缸进行点火，点火线圈的数目一般与火花塞的数目相等。其工作原理如图 4-18 所示。

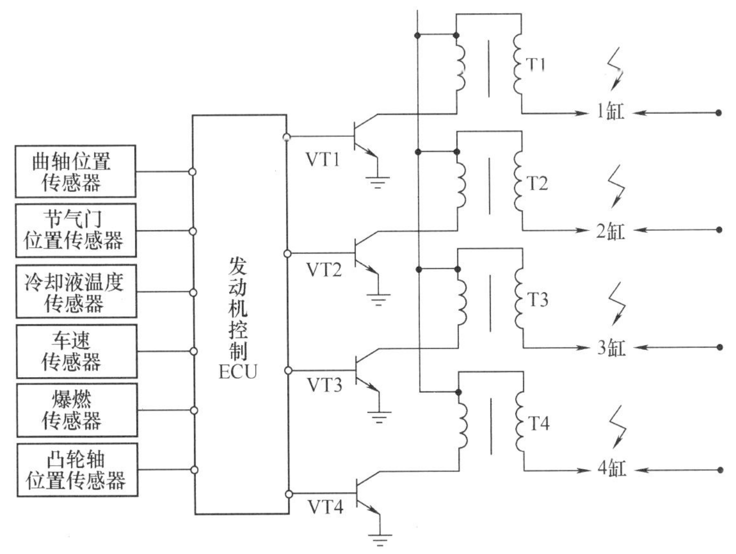

图 4-18　独立点火系统工作原理示意图

独立点火方式省去了高压线，点火能量损失少。而且，高压部分安装在发动机气缸盖上的金属罩内，减少了对无线电设备的干扰。有些发动机把点火线圈和火花塞制成一体单独安装在气缸盖上(图4-19圈中部分)。汽车常用的独立点火系统如图4-19所示。

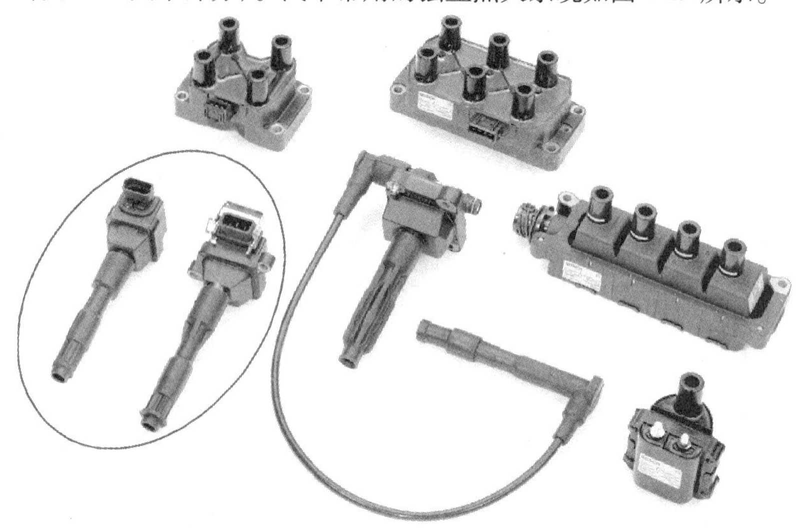

图4-19 汽车常用的独立点火系统

（2）同时点火系统 同时点火系统也称为分组点火系统，其特点是两个气缸共用一个点火线圈，即点火线圈数量为气缸数量的一半，其工作原理如图4-20所示。同时点火系统有两个气缸同时点火，其中一个气缸为压缩行程点火，另一个气缸为排气行程点火，如图4-21所示。

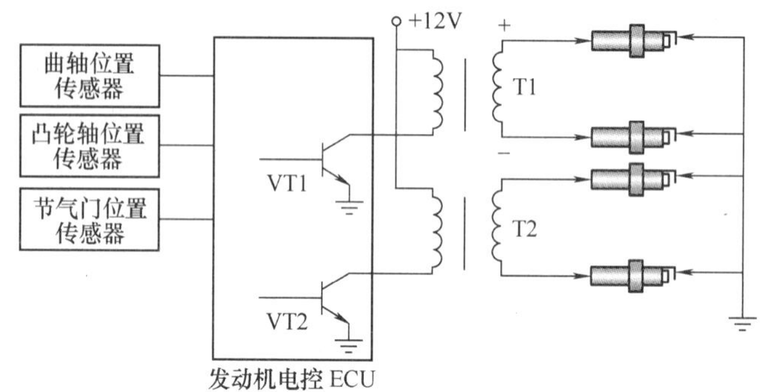

图4-20 同时点火系统工作原理示意图

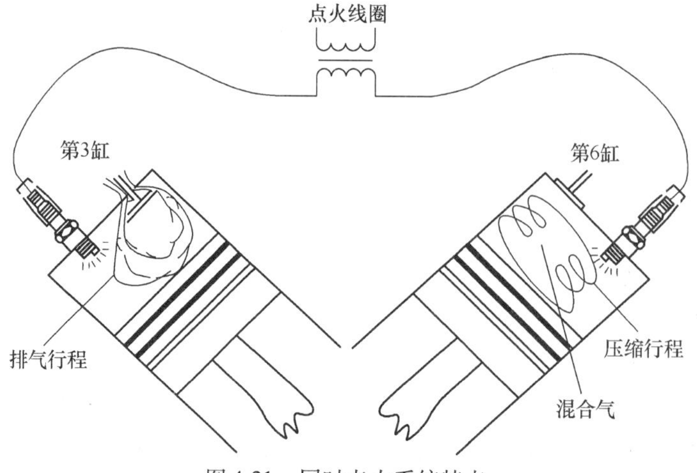

图4-21 同时点火系统特点

以工作顺序1-3-4-2四缸发动机为例，1、4缸和2、3缸的活塞同时到达上止点，称为同步缸。两同步缸共用一个点火线圈，两个缸的火花塞与共用的点火线圈中的次级线圈串联。当点火线圈初级电路断电时，一个气缸接近压缩行程的上止点，火花塞跳火可点燃该缸的混合气，称为有效点火；而另一气缸接近排气行程的上止点，火花塞跳火不起作用，称为无效点火。

（3）二极管配电方式点火系统　二极管配电方式点火系统如图4-22所示。其特点是：4个气缸共用一个点火线圈，点火线圈为内装初级线圈、双输出次级线圈的特制点火线圈，利用4个二极管的单向导电特性交替完成对1、4缸和2、3缸的配电过程。

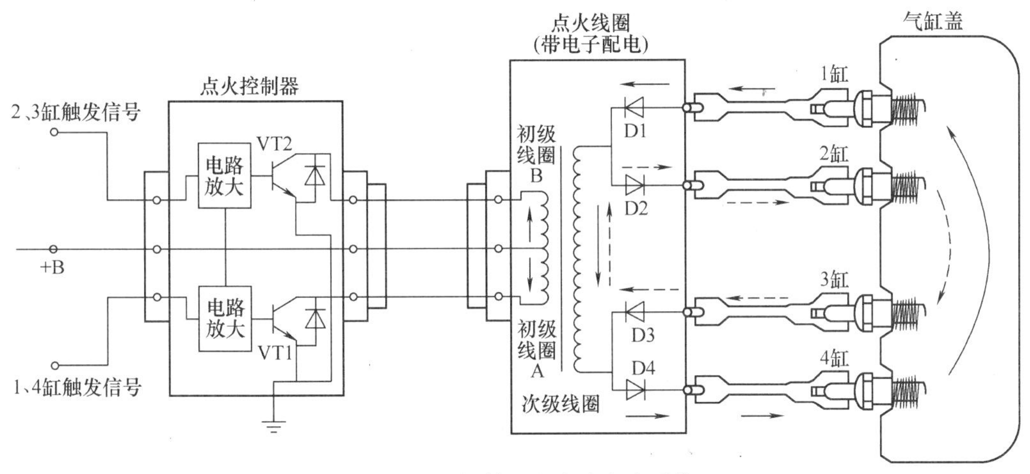

图4-22　二极管配电方式点火系统

由于二极管配电方式电控点火系统对点火线圈的要求比较高，且发动机气缸数必须是4的倍数，因此在应用上受到一定限制。

任务2　电控点火系统主要部件的拆检步骤及故障案例分析

一、火花塞

1. 火花塞的功用、结构及分类

火花塞的功用是利用次级点火线圈产生的高压电，击穿火花塞两极间隙获得电火花，从而点燃发动机气缸内的可燃混合气。

火花塞的结构如图4-23所示，主要由中心电极、侧电极、壳体、瓷绝缘管等组成。在中心电极和侧电极之间形成一个可以被高压击穿的间隙，传统点火间隙为0.6～0.9mm，电子点火间隙为1.0～1.2mm。

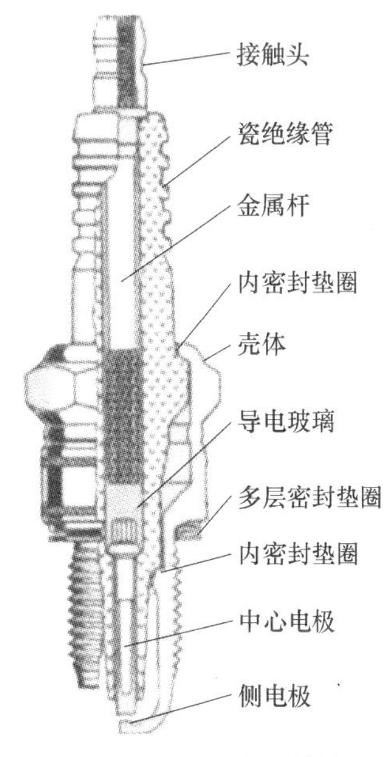

图4-23　火花塞的结构

火花塞的种类很多，按照材料可分为普通火花塞、铱金火花塞和白金火花塞等。按照电极分类可以分为单级火花塞和多级火花塞，如图4-24所示。根据火花塞的热特性又可以分为热型、中型和冷型火花塞，如图4-25所示。

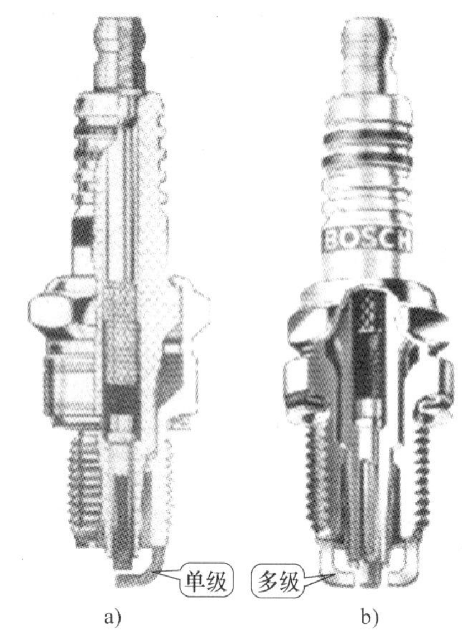

图 4-24　单级火花塞与多级火花塞

a）单级火花塞　b）多级火花塞

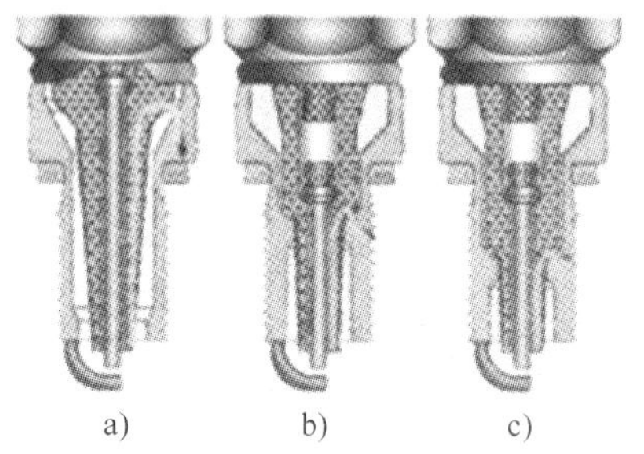

图 4-25　火花塞根据热特性分类

a）热型　b）中型　c）冷型

2. 火花塞检修规程及技术要求

（1）火花塞的常见故障及形态　火花塞常见故障主要有：过热、积碳、电极腐蚀、绝缘体破裂及侧电极开裂等。图 4-26 所示为火花塞部分故障形态对照图。

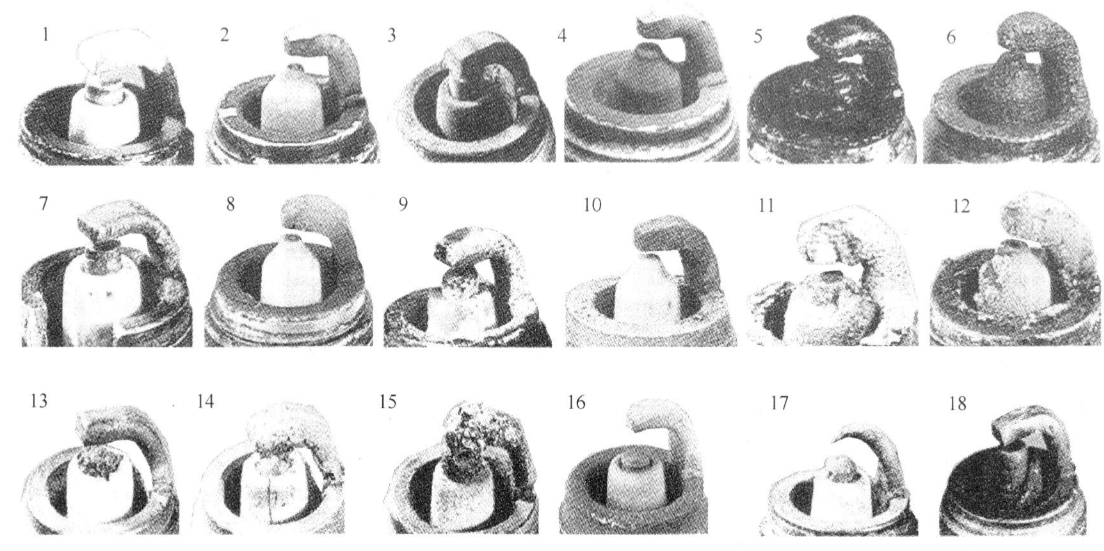

图 4-26　火花塞部分故障形态对照

1、2—正常的火花塞　3、4—积炭　5、6—机油沉积　7、8—铅沉积　9、10—重度铅沉积　11、12—灰分沉积　13—中心电极部分烧熔　14—中心电极完全烧熔　15—电极烧结在一起　16—中心电极缺失　17—侧电极部分缺失　18—绝缘破损

（2）火花塞的拆检和清洁

1）拆下火花塞电缆。

注意：从火花塞上拉出火花塞电缆时，务必握住电缆盖来拉而不要拖拽电缆本身。

2）拆下火花塞。拆卸火花塞时，一般等发动机冷却后再进行，以防止火花塞卡滞。

3）检查有无烧坏的电极或损坏的绝缘体，检查烧痕是否均匀。

4）对火花塞进行清洁时，一般不使用钢丝刷，最好采用火花塞清洁工具清除积碳，用压缩空气从火花塞螺纹部吹尽沙砾。

5）如图4-27所示，用火花塞测量调整用工具检查火花塞间隙是否在标准值范围内。如果火花塞间隙不在标准值范围内，可用特制的火花塞间隙调整工具对侧电极进行弯曲调整，或者直接选用合适的火花塞进行更换。

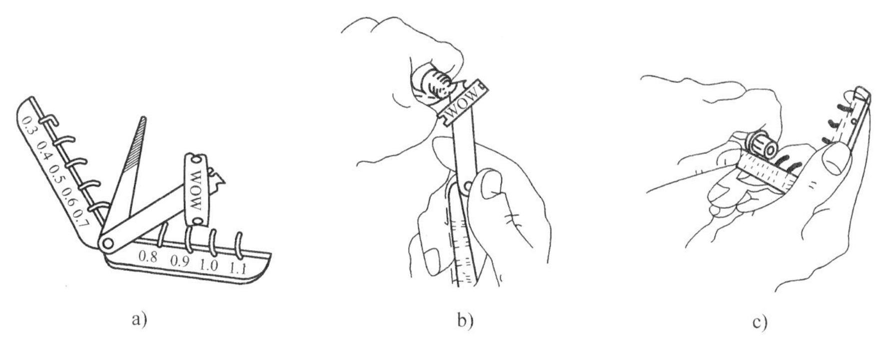

图4-27 火花塞间隙的检查

a）测量调整用工具 b）调整火花塞间隙 c）测量火花塞间隙

6）清洁发动机的火花塞孔。

注意：不要让外部脏物进入气缸内。

7）安装火花塞。安装时应注意使用扭力扳手以正确的拧紧力矩拧紧火花塞。

3. 火花塞典型故障案例分析

故障现象：一辆福特汽车在行驶到6800~7000km时，每当车速为80km/h由3挡换到4挡时，踩下加速踏板就出现，转速表速度下降且车子发生抖动的现象，松开踏板后现象就消失。水泥路上不是十分明显，柏油的高速路就十分明显。

故障诊断：开始怀疑是自动变速器的问题。但拆下自动变速器仔细检查，各部分工作性能完好。考虑到发动机各缸工作不平衡也可能导致发动机抖动现象，于是从几个方面进行检查：检查各气缸压力，均正常。考虑到发动机点火系统也可能导致这种现象出现。用示波器检查点火系统波形，结果发现有一缸波形明显和其他气缸不一样。于是将4个火花塞都拆开检查，发现其中一个火花塞有严重积炭！

更换新的火花塞，再行试车故障全无。

二、分电器(有分电器式电控点火系统)

1. 分电器的功用及结构形式

电控点火系统分电器的作用与传统点火系统相同，即将点火线圈产生的高压电正时、准确地分配到各个气缸，点燃气缸内的可燃混合气。但是电控点火系统中分电器结构与传统发动机有很大区别，即分电器的结构上不再有传统点火系统分电器上的断电器、真空室和离心式点火提前调节装置等结构。

目前电控点火系统中分电器主要有以下几种形式。

1）带凸轮轴/曲轴位置传感器、配电器的分电器，如丰田皇冠轿车的分电器，其结构如图 4-28 所示。

2）带凸轮轴/曲轴位置传感器、点火器、配电器的分电器，如韩国大宇轿车的分电器，其结构如图 4-29 所示。

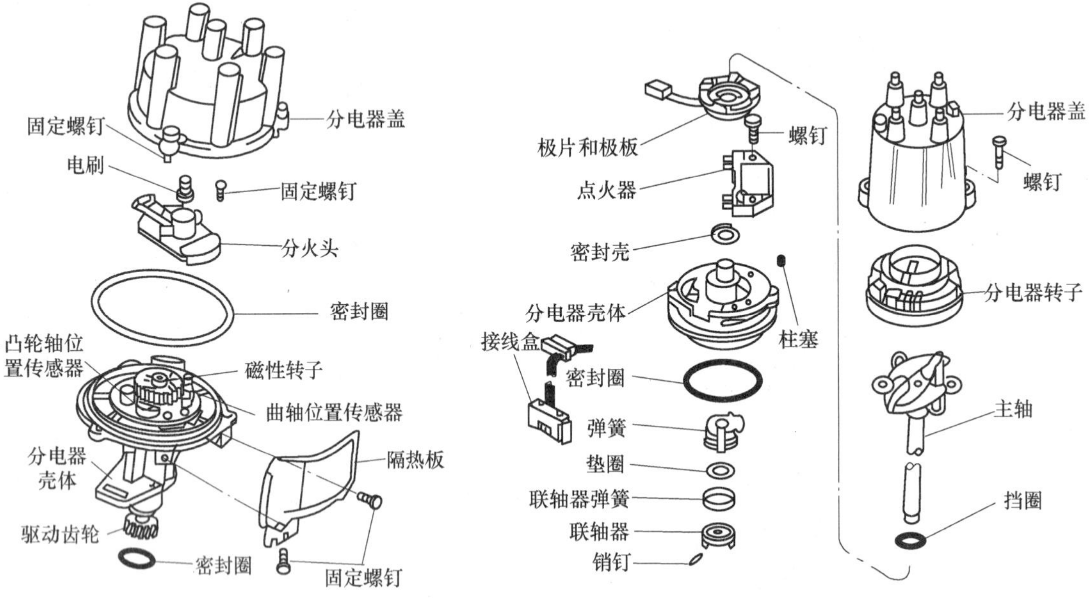

图 4-28　丰田皇冠轿车分电器的结构　　图 4-29　韩国大宇轿车分电器的结构

3）带凸轮轴/曲轴位置传感器、点火线圈、配电器的分电器，在丰田轿车上使用较多，其结构如图 4-30 所示。

4）带凸轮轴/曲轴位置传感器、点火器、点火线圈、配电器的分电器，也叫整体式分电器。本田雅阁轿车的分电器使用的就是这种分电器，其结构如图 4-31 所示。

2. 分电器的检修与安装

（1）分电器的检修规程及技术要求

1）分火头的检修

① 直观检查，分火头应无裂痕、烧蚀及击穿，否则应更换新件。

注意：分火头顶部金属有一些焦状物是正常的。

② 测试检查，分火头应不漏电，方法是将高压电源（10～20kV）的两根触针分别接导电片和底部轴孔，若有明显跳火过轴孔，证明分火头漏电；也可将分火头倒放在机体上，用发动机高压电进行跳火试验。

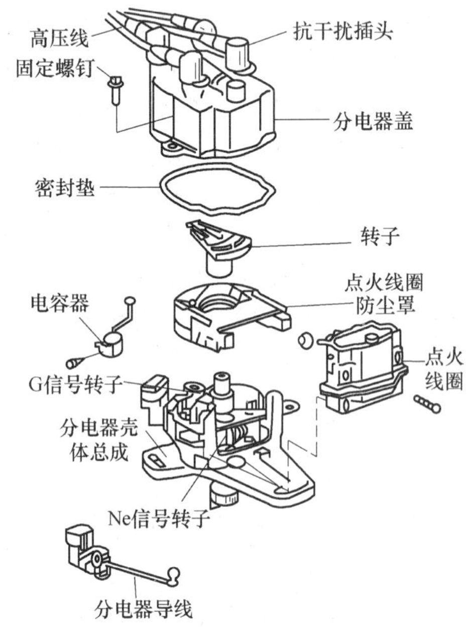

图 4-30　丰田轿车分电器的结构

③ 仪表检查，可采用兆欧表检测，阻值应为无穷大；分火头顶部电阻检测，应符合规定，正常应为(1 ±0.4)kΩ，如图 4-32 所示。

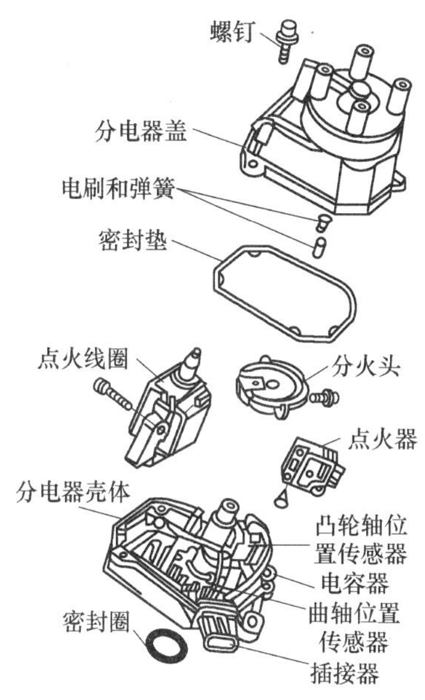

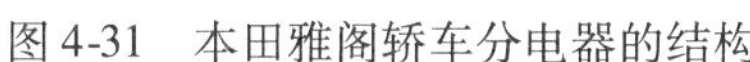
图 4-31　本田雅阁轿车分电器的结构

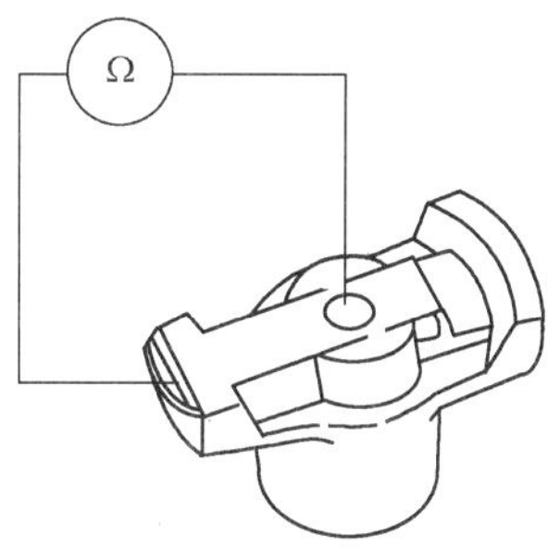

图 4-32　检查分火头电阻

2）分电器盖的检修

① 直观检查，用一块干燥的棉布将分电器盖擦拭干净，目测检查，分电器盖应无裂纹及烧蚀痕迹，内部各电极应无明显的磨损、腐蚀及烧蚀，否则应更换分电器盖。中心电极应无卡滞，若烧蚀磨损致使其长度较标准长度减小 2mm 以上时，应更换新件。

② 测试检查，分电器盖应不漏电，中央插孔和各旁插孔之间应不窜电，方法同分火头的漏电测试。

③ 仪表检查，采用兆欧表进行检测(各插孔和底座都要检测)，应无明显跳火或阻值无穷大。

3）曲轴/凸轮轴位置传感器的检修　参照项目二中所述的曲轴/凸轮轴位置传感器的检修。

4）分电器轴、衬套及齿轮的检修　检查分电器轴与衬套配合间隙。将分电器壳体夹在台虎钳上，使百分表的测量触头垂直顶到分电器轴上部外圆面上，沿百分表测杆方向晃动分电器轴，检查轴与衬套的配合间隙，应为 0.01 ~0.03mm，极限值为 0.05mm，否则应更换衬套；转动分电器轴，观察百分表指针的摆差，分电器轴的直线度误差应不大于 0.05mm，否则应更换新件；分电器驱动齿轮轮齿磨损严重、齿面出现明显的疲劳剥落凹坑或出现裂损，也应更换新件。

(2) 分电器的安装(点火正时的检查与调整)　分电器的安装如图 4-33 所示。

3. 分电器典型故障案例分析

故障现象：一辆奔驰 600SEL 轿车，发动机有时加速不良，此前发动机有明显的抖动现象。

故障排除：首先用金奔腾解码器进行故障检测，无任何故障码显示。根据故障症状，

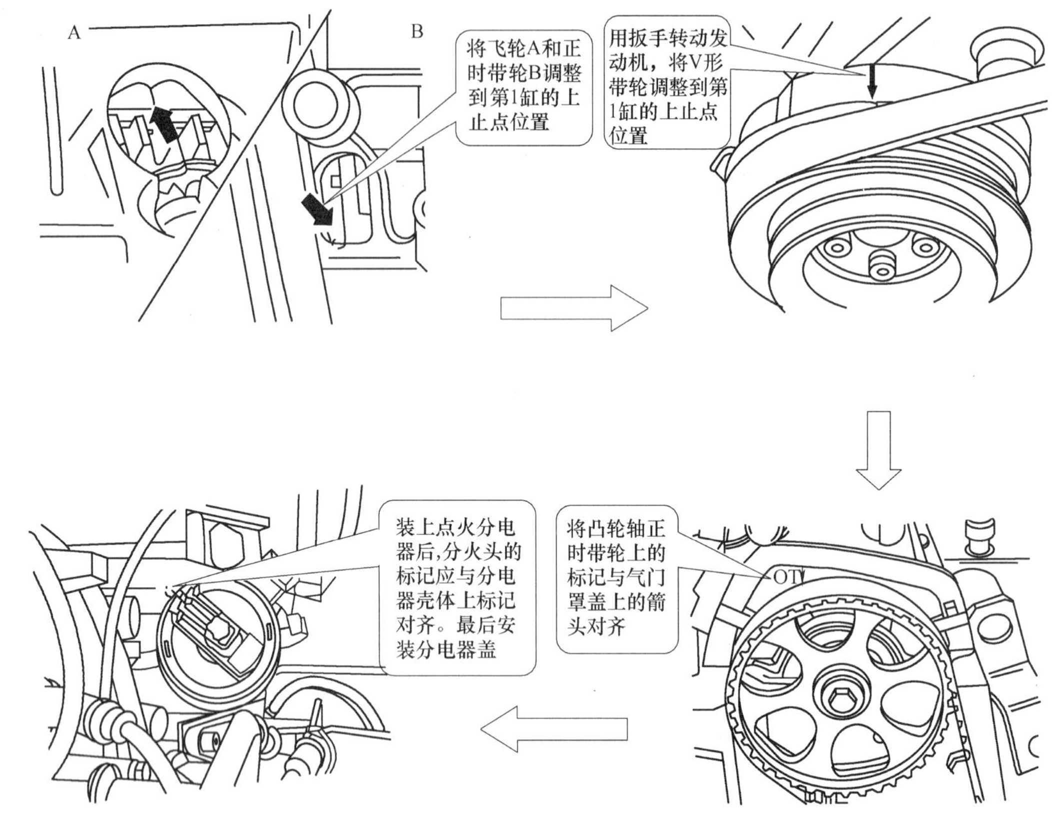

图 4-33　分电器的安装

可能是个别气缸或一组气缸工作不良。于是分别用两个发光二极管并联在发动机两侧的喷油器接头上，经过反复试验，发现右侧 6 个气缸有时没有喷油脉宽。说明上述判断正确。

根据控制系统的基本原理，如果某缸缺火，控制系统就会切断该缸的供油。为了分清该故障是由点火系统引起的还是由其他原因引起的，应同时监测喷油脉宽和点火波形。连接金奔腾示波器，发现在没有喷油脉宽的同时，仍然有点火波形，这说明点火系统没有问题，故障可能发生在其他地方。

先从检查发动机转速(曲轴位置)传感器的转速信号入手。由转速传感器产生的转速信号，首先进入点火模块，再通过点火模块送给发动机控制单元。因为在出现故障后点火波形仍然存在，证明转速传感器本身及传感器到点火模块的线路应无问题。接着怀疑点火模块是否能将转速信号送给发动机控制单元，由于在发动机控制单元背面接测量线较困难，于是就把左右两个点火模块进行互换(因左、右侧系统一样,且另一侧系统工作正常)，互换后故障仍然在右侧，证明点火模块本身无问题。进一步怀疑燃油喷射控制模块有故障，把左、右两个燃油喷射控制模块互换后，结果故障依旧。

为了进一步证明以上几个方面判断的正确性，根据电路图分析得出点火模块 4 号脚为点火模块转速信号的输出端，发动机控制单元的 XIA 的 5 号脚为转速信号的输入端，XIB 的 28 号脚为发动机转速信号的输出端。在这三个引线端分别接上示波器，同时观察这三个引线端的转速信号。结果发现在故障出现时，这三个引线端的转速信号都存在，并且不发生任

何变化，这说明故障并不是由转速信号引起。

接下来又仔细检查了燃油喷射控制模块的供电和搭铁线，也没有问题。经过以上检查未找到故障，说明在诊断思路上还是出了偏差。重新分析以上检查过程和结果，并仔细观察故障出现的全过程，不是6个缸同时失去喷油脉冲，而是由一个或两个缸逐渐发展成为6个缸都不喷油，这一点特别是在有负荷时更为明显。在重新检测中，有时出现"个别气缸缺火"的故障码，至此说明问题还是出在点火系统。由于缺火，使发动机控制单元切断了喷油脉冲。然而点火模块本身经过互换证明没有问题，剩下的只有火花塞、高压线、分火头及分电器盖。

经检查，火花塞、高压线和分火头都正常。测量分电器盖的分缸极柱电阻也正常，但测量中心电极时发现电阻为∞，即断路，而正常值应为1kΩ左右。正是由于中心电极断路，使次级点火电路的阻抗过大，而真正加在火花塞上的点火能量不足，造成有时缺火，从而导致发动机控制单元切断供油。

更换一个新的分电器盖后试车，一切恢复正常。

三、高压导线

1. 高压导线的作用及分类

高压导线的功用是连接点火线圈—分电器、分电器—火花塞并传递高压电，也称为火花塞引线或高压电缆，其实物如图4-34所示。按高压导线作用不同可以分为中心高压线和各缸高压分线。

2. 高压导线的检测

（1）检查盖和涂层有无裂纹　拉下橡皮套，小心地拆下点火高压导线，切勿过度弯曲高压导线，否则可能将高压导线内部折断。

（2）检查高压导线端子的状况　如果任一端子出现锈蚀，应进行清理；如果端子折断或变形，应更换高压导线。

（3）检查点火高压导线的电阻　20℃时最大值为25kΩ，如果阻值不符合则应更换高压导线，如图4-35所示。

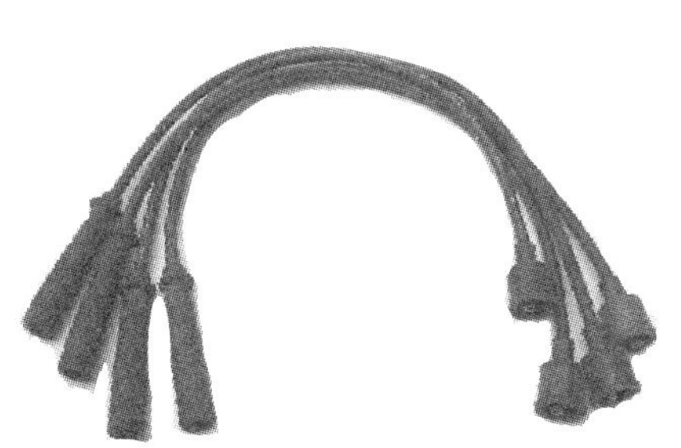

图4-34　高压导线实物图

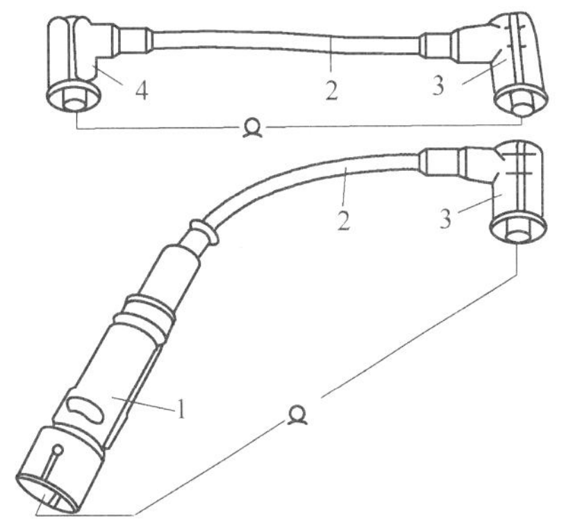

图4-35　检查高压导线电阻

1—火花塞　2—高压导线

3—分电器　4—点火线圈

3. 高压导线典型故障案例分析

故障现象：有一辆丰田皇冠3.0L轿车，怠速运转时抖动厉害，先后清洗过怠速控制阀、节气门体和喷油器，换过汽油滤清器滤芯和火花塞等，但均未排除故障。

故障排除：首先读取故障码，无故障码输出。按照电控发动机怠速运转不良疑难故障的排除方法进行检查。检查油压，怠速时为235kPa，加速时为284kPa，均为正常。检查各处无真空泄漏。然后检查各缸工作情况，结果发现第1缸工作不良，其他各缸均为正常。拆下第1缸火花塞检查，火花塞电极间隙为0.8mm，正常，火花塞表面状况也正常。用气缸压力表测量第1缸压缩压力为1225kPa，也属正常。把各缸高压导线拔下，用万用表测量其电阻值，发现第1缸高压导线电阻值明显偏大。换上一套新的高压导线，故障完全排除。

故障说明：该故障排除之所以走了弯路，是修理人员没按照排除故障的基本方法去检查所造成的。在排除故障时，不能盲目更换部件，检查的部件是完好的，就不要进行更换。

四、点火线圈

1. 点火线圈的功用、结构及工作原理

点火线圈的功用是将电源的低电压(12V)转换成高电压(15~30kV)。

根据点火线圈铁心形状和磁路的不同，点火线圈分为开磁路点火线圈和闭磁路点火线圈两种。开磁路点火线圈的外形、结构及原理示意图如图4-36所示。开磁路点火线圈又有两接线柱和三接线柱两种形式，分别如图4-37a、b所示。开磁路点火线圈主要应用在传统点火系统中。

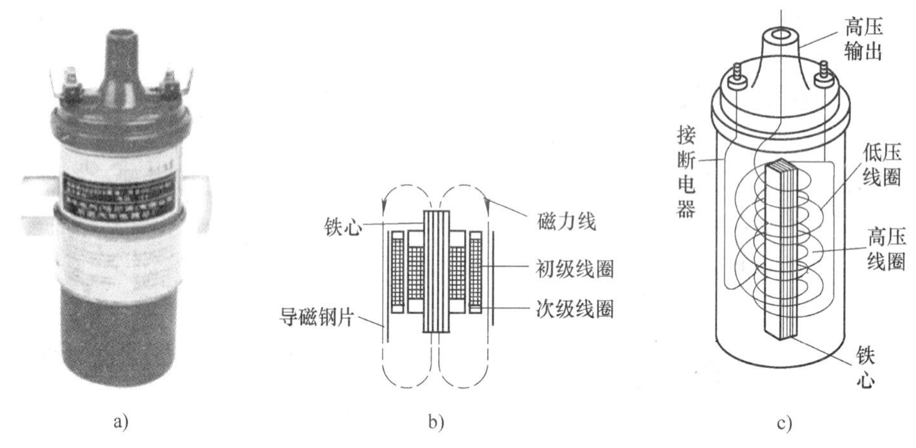

图4-36　开磁路点火线圈的外形、结构及原理示意图

a）外形　b）结构　c）原理示意图

闭磁路点火线圈如图4-38所示，它主要由铁心、初级线圈、次级线圈及外壳等组成。闭磁路式点火线圈存在磁阻小、能量损失小、能量转换率高、体积小及便于直接压装在分电器上等优点，目前在无触点点火系统中被广泛使用。

闭磁路点火线圈安装位置如图4-39所示。点火线圈虽然结构有所差异，但是其工作原理基本上相似，以闭磁路式点火线圈为例，其工作原理如图4-40所示。

电源对初级线圈通电，当初级线圈电流突然被切断(通过功率晶体管断开电路搭铁端)时，磁场衰减，使次级线圈产生电磁互感应从而得到高压，该感应电动势的电压足以击穿火花塞间隙而发出点火花。

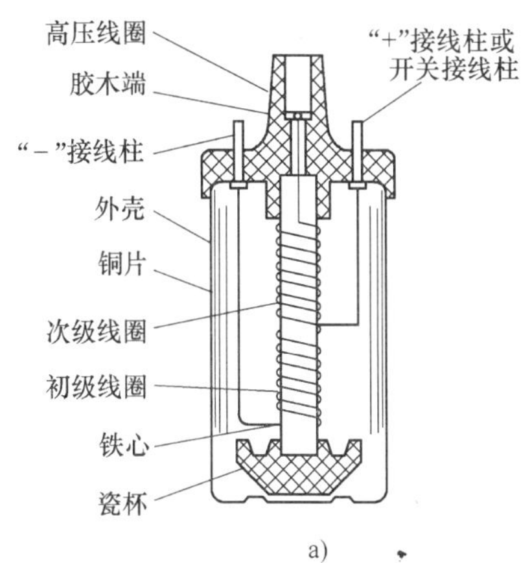

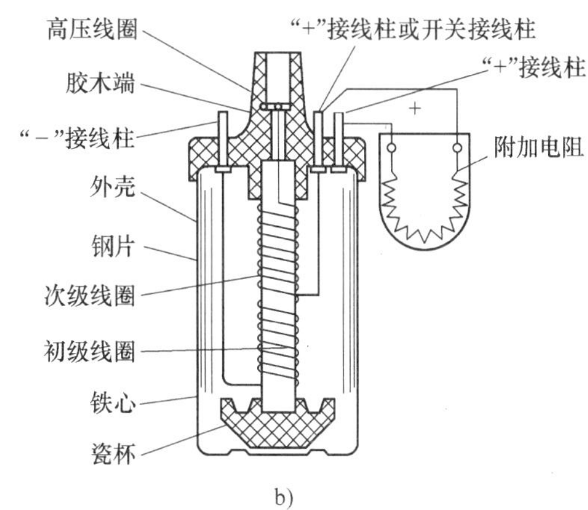

图 4-37　开磁路点火线圈两种形式

a）两接线柱式　b）三接线柱式

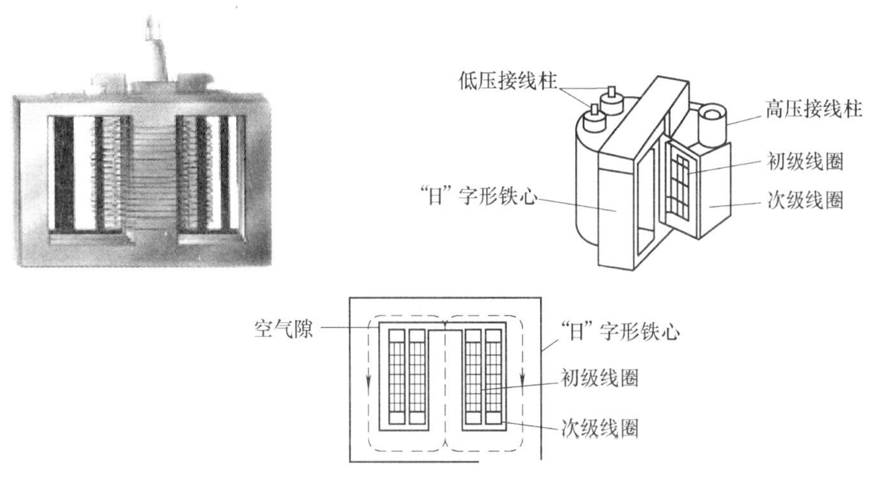

图 4-38　闭磁路点火线圈的外形、结构及原理示意图

图 4-39　闭磁路点火线圈安装位置

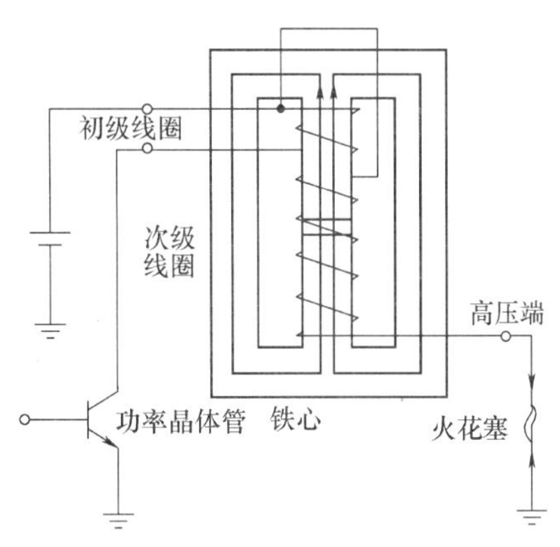

图 4-40　闭磁路式点火线圈

2. 点火线圈的检测

点火线圈一般通过两个方面进行检查。

1）在点火开关闭合时，用万用表直流电压挡检查点火初级线圈“+”接线柱和蓄电池负极之间的电压是否为蓄电池电压。

2）用欧姆表测量点火线圈的初级和次级线圈电阻值。若测量的电阻值不符合规定，则需要更换点火线圈，同时应保证点火线圈绝缘盖板清洁、干燥，防止漏电。表4-1所示为部分车型点火初级和次级线圈电阻值对照。

表4-1　部分车型点火初、次级线圈的电阻值

车　　型	测量温度/℃	初级线圈电阻/Ω	次级线圈电阻/Ω
上海桑塔纳		0.50～0.76	2.4～3.5
一汽奥迪100(4缸)		0.50～1.50	6.8～7.7
北京切诺基(2.4L)	21～27	0.97～1.18	11.3～15.3
北京切诺基(4L)	21～27	0.97～1.18	11.3～13.3
广州标致	20	0.63～0.77	3.2～4.2

3. 点火线圈典型故障案例分析

故障现象：一辆道奇轿车拖至修理厂，故障为点火线圈在运行时炸裂。

故障排除：该车为6缸发动机，点火系统为双缸点火，它有三个点火线圈，中间为1、4缸线圈，两侧为3、6缸线圈和2、5缸线圈，裂纹发生在中间。线圈炸裂的主要原因为内部温度过高，而引起高温的原因是点火初级电路通电时间过长或点火次级电压未及时释放。

检查点火情况，各缸均有火，且火花正常，再查火花塞及缸线间隙和阻值都符合规定，绝缘良好。这样将高压电引起因素排除，故障应出在点火初级电路上。

该车点火系统示意图如图4-41所示。

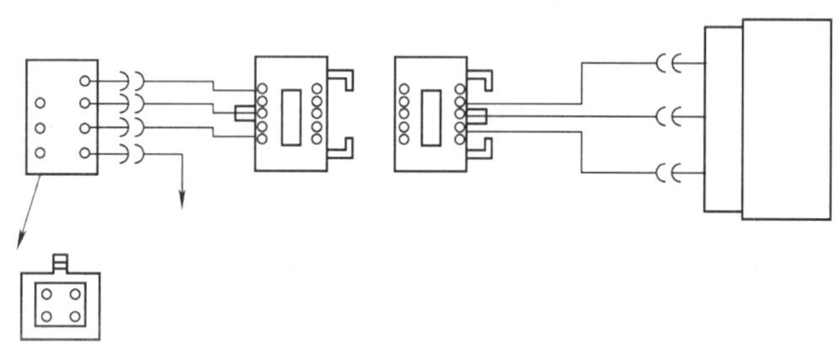

图4-41　道奇轿车点火系统示意图

此点火系统由PCM直接控制点火线圈。PCM位于发动机舱左侧护板处，插座为60脚接头，其中17、18、19脚分别控制3个点火线圈，线粗细均为18mm^2，线色分别为红/黄、深黑/黄、黑/灰。PCM与线圈间有一中间接头，为灰色，位于蓄电池后面。点火线圈的工作电压由点火熔丝供给。既然车辆能起动且能运转正常，可断定电脑输入及控制正常，应对外部线路进行检查。

拔开点火线圈处接头，将点火开关置于“ON”，用万用表电压挡测绿/红线电压，为蓄电池电压。将点火开关置于“OFF”，用欧姆挡测电脑到点火线圈间线路导通性，均良好，

再活动线束分别测其与车身搭铁间绝缘性，发现19号黑/灰线有对搭铁短路的现象。沿线查找，发现在接近电脑处，该线有破损，与搭铁间略有接触，可以断定故障原因就在这里。

此搭铁点使点火初级线圈始终有电流通过，从而使线圈发热而裂开。此故障不引起失火的原因是磨破点与搭铁间导通性不良，相当于串联在线圈电路中的一个电阻，与电脑控制的搭铁点并联。当电脑控制时，初级线圈中仍有较大的电流变化，故能跳火。

故障说明：汽车故障现象并不一定表示发生故障的元件本身出现问题，也与其相联系的部件或系统有关，只靠换件是不能解决问题的。所以我们的修理应透过现象，查清根源，从根本上解决问题，这也是每个修理人员应该做到的最基本的事情。

五、点火模块

1. 点火模块的作用及原理

点火模块也叫点火放大器，也称为大功率晶体管。其主要功用是根据ECU输出的点火指令，控制点火初级线圈的通断，使次级线圈产生高压，并把点火确认信号反馈给ECU。

图4-42所示为本田雅阁轿车点火模块的结构及原理。四个接线柱分别接电源线、搭铁线、来自ECU的控制线及控制点火线圈通断的控制线。有些点火模块上还加装有点火反馈信号和转速信号线。

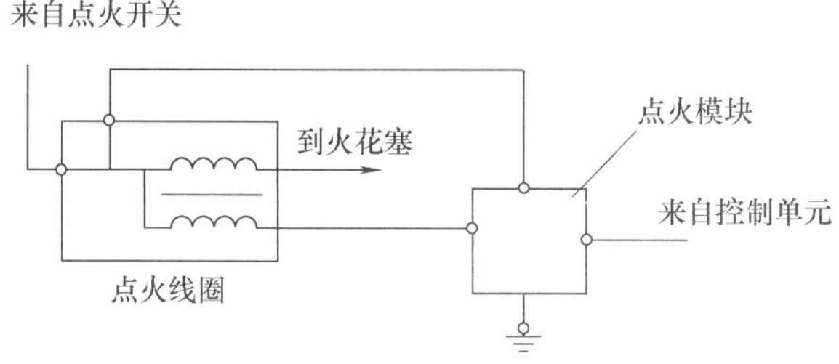

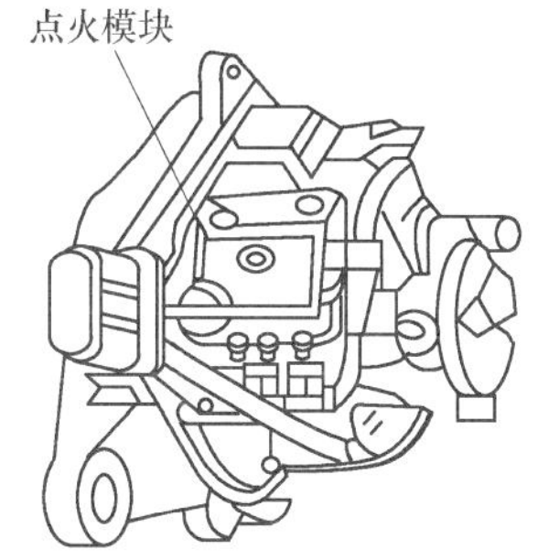

图4-42　本田雅阁轿车点火模块的结构及原理

2. 点火模块的检修规程及技术要求

以本田雅阁轿车点火模块为例，检修步骤如下：

1）拆下分电器盖、分电器内信号触发轮和防泄漏盖。

2）断开点火模块的导线。

3）接通点火开关。检查点火模块上电源线的对地电压，应为蓄电池电压。否则应检查点火开关与点火模块之间的导线。

4）接通点火开关。检查点火模块与点火线圈之间导线对地的电压，应为12V左右，否则应检查点火线圈和导线。

5）将25芯插头从ECM/PCM上断开，并且检查点火模块上的点火信号线是否与ECM/PCM上相对应的导线相通。

6）检查点火信号线对地电阻，应不导通。

3. 点火模块典型故障案例分析

故障现象：一辆桑塔纳时代超人轿车，行驶里程8万km，冷车不易起动，起动后怠速运转不稳，热车后加速有闯车现象，车速超过120km/h后提速困难。

故障排除：经过仔细询问客户后试车，果然热车加速有闯车现象。客户反映该车不久前刚进行过正常保养，更换过火花塞。维修人员首先进行电脑检测，拆下位于变速杆下部的防尘罩，将解码器连接到诊断插座上。打开点火开关至“ON”位置，读取发动机电控系统故障码，显示故障码如下：

00561-015，混合气自适应值超过调节界限下限；

00561-012，混合气自适应值超过调节界限上限。

将上述故障码清除后，退出故障诊断。

起动发动机，保持怠速运转状态。进入007显示组，观察氧传感器G39反馈信号电压，该信号电压在0.1~1.0V之间波动，但变化频率很慢。将油压表接入进油管路进行油压测试，怠速状态油压表显示为0.25MPa。加油时油压表指针在0.28~0.30MPa之间摆动。关闭点火开关10min后，燃油系统保持压力为0.16MPa。油压值均符合标准，可以判定燃油泵工作性能良好，油压调节器正常。

据客户反映，该车已行驶8万km，但未清洗过燃油系统。使用免拆清洗剂对燃油系统进行彻底清洗后，路试时故障现象有所减轻。检查火花塞、高压导线都正常。此时考虑大众系列轿车节流阀体脏污对怠速及加速工况均有影响，因此将其清洗后进行基本设置，但仍不见成效。接着检查并清洗空气流量计、更换氧传感器后故障依旧。故障排除至此陷入僵局。

第二天早晨检修时，发动机难以起动。检查时发现1、4缸火花塞火花较弱。考虑到此车1、4缸共用同一点火线圈，更换点火线圈N152后，故障彻底排除。由此得知，点火模块工作不良造成1、4缸点火能量不足，导致混合气燃烧状况变差是该故障的根本原因。

任务3　使用示波器检查电控点火系统故障

一、示波器的使用

1. 应用示波器检修电控点火系统故障的基本步骤

现代汽车采用了大量的电子控制系统，以往常规的检测方式已无法适应现代汽车的要求。特别是在直接点火系统的检查中，常规的断缸测试已经无法精确判断系统是否正常，而示波器由于具有实时性、不间断性、直观性等优点，越来越得到广泛的应用。图4-43所示为汽车专用示波器MT3500，下面以MT3500为例简要介绍使用示波器检修点火系统故障的基本步骤。

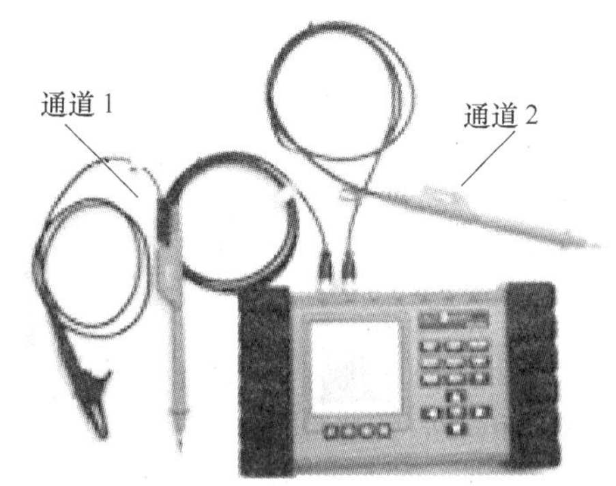

图4-43　汽车专用示波器MT3500

1）将连线接到仪器和要测试的元器件上。

2）启动仪器，在主菜单中选择“专业示波器”，按下YES键即可启动测试功能，屏幕上会显示出波形，如图4-44所示。

3）通过对波形进行分析，找出故障部位。

4）排除故障。

2. 示波器使用注意事项

1）保持仪器及测试连线与汽车的运动部件有一定距离，如传动带、风扇，齿轮等。

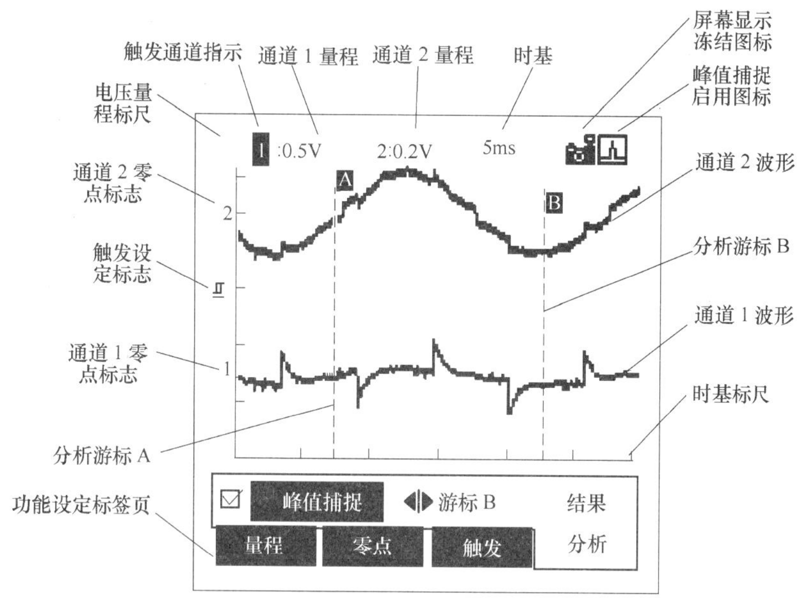

图 4-44　利用示波器读取故障波形

2）禁止用导电物体短接蓄电池的正负电极。

3）防止仪器被冷却液、水、油或其他液体弄湿。

4）进行各种测试前应首先连接好搭铁线。

5）禁止在没有安装防滑护套的情况下使用仪器。

6）禁止在仪器信号输入端输入超过 500V 的直流或交流电压。

7）使用完毕后，应将所有的接头、测试导线及测试夹卸下，并完整保存于 MT3500 的包装箱中。

二、点火波形分析

1. 单缸波形分析

单缸点火次级波形测试主要作用：分析单缸的点火闭合角(点火线圈充电时间)；分析点火线圈和次级高压电路的性能，可从燃烧线或点火击穿电压开始分析，如图 4-45 所示；检查单缸混合气空燃比是否正常(从燃烧线)；查出造成气缸断火的原因(如火花塞污浊或破裂)；单缸点火次级波形可以观察每个气缸持续燃烧时间的变化以及电压和闭合角。

图 4-45 所示为桑塔纳 2000 发动机 780r/min 时的单缸标准次级波形。它反映了单缸点火的工作情况。当点火装置出现故障时，次级电压的波形就会发生变化，因此根据波形的变化可初步判断故障所在。

2. 多缸重叠波形

多缸重叠波形是将各单缸波形从初始时刻波形对齐并重叠在一起的排列方式。6 缸发动机的标准次级重叠波形如图 4-46 所示。多缸重叠波形是各缸点火波形的叠加，因而可评价各缸工作的一致性。各缸工作一致的重叠波就像一个单缸波形，只要其中任一缸工作不佳，其波形就会偏离重叠波，通过逐个单缸断火可立即找出这一工作不佳的气缸。

3. 多缸平列波和多缸并列波形

为比较各缸点火情况，可将各缸点火波形平列和并列在显示屏上。通过对比各缸的工作

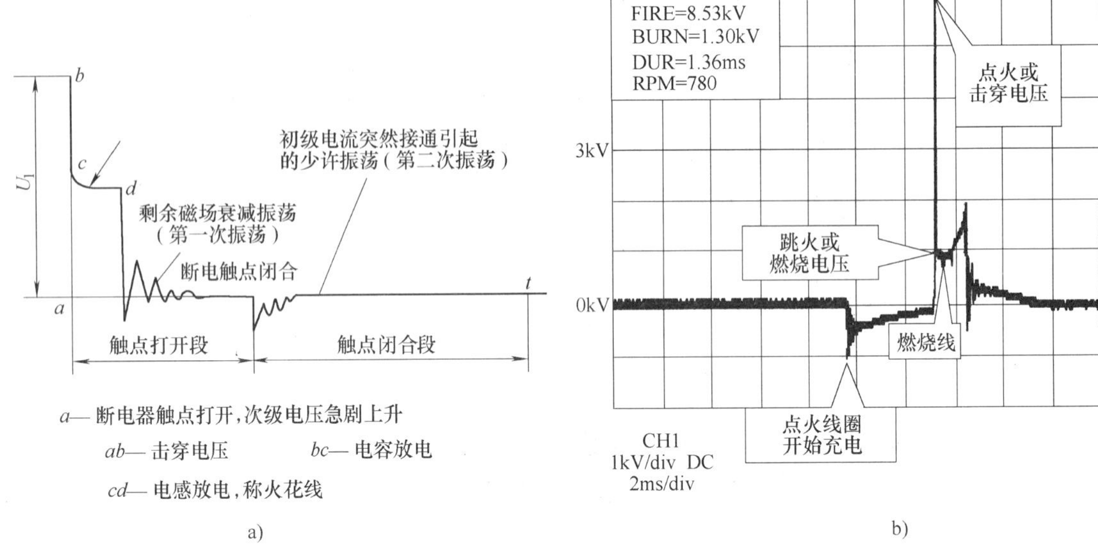

图 4-45　点火系统一般单缸标准波形及桑塔纳 2000 发动机 780r/min 时的单缸标准次级波形

a）点火系统一般单缸标准波形　b）桑塔纳 2000 发动机 780r/min 时的单缸标准次级波形

状态，可以找出故障缸的位置。

多缸平列波，即在屏幕上从左至右按点火次序将所有各缸点火波形首尾相连的一种排列方式。6 缸发动机的标准次级平列波形如图 4-47 所示。

多缸并列波，即在屏幕上从下到上按点火次序将所有各缸点火波形首尾对齐并分别放置的一种排列方式。6 缸发动机的标准次级并列波形如图 4-48 所示。

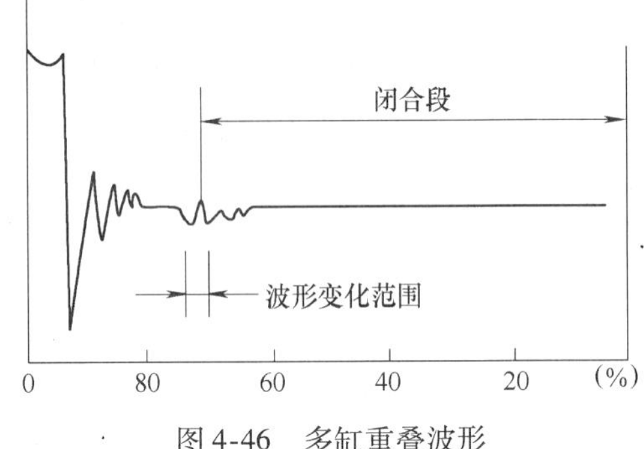

图 4-46　多缸重叠波形

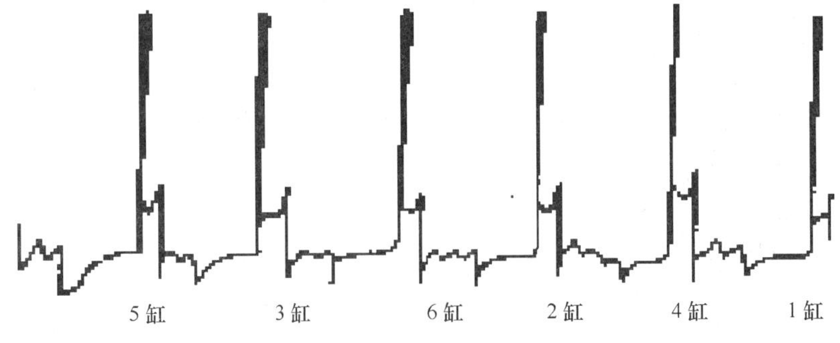

图 4-47　6 缸发动机的标准次级平列波形

三、使用示波器检查典型故障案例分析

故障现象：切诺基车型的正常点火电压为18kV，现测得电压为24～25kV，电压明显过高，如图4-49所示。可能的故障原因：所有火花塞间隙过大，或者不是规定的火花塞；点火线圈导线安装不好；点火线圈的电阻值过大；喷油器和气门有积炭。

故障排除：用示波器进行测试，如图4-50所示，可看出一个气缸点火电压过高。由此分析可能是火花塞间隙过大或火花塞导线断路。经检查后，发现火花塞间隙过大，经调整后，故障排除。

图4-51所示为电子点火系统常见的故障波形及分析。

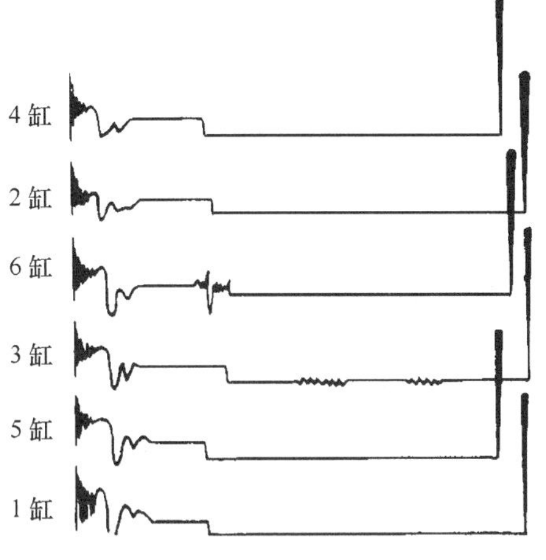

图4-48　6缸发动机的标准次级并列波形

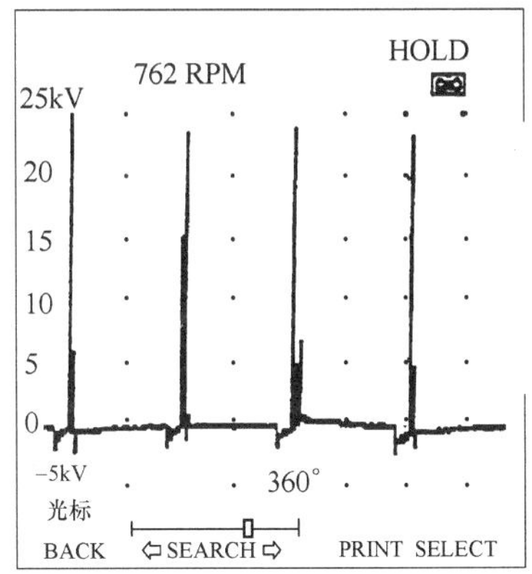

图4-49　切诺基越野车点火次级波形

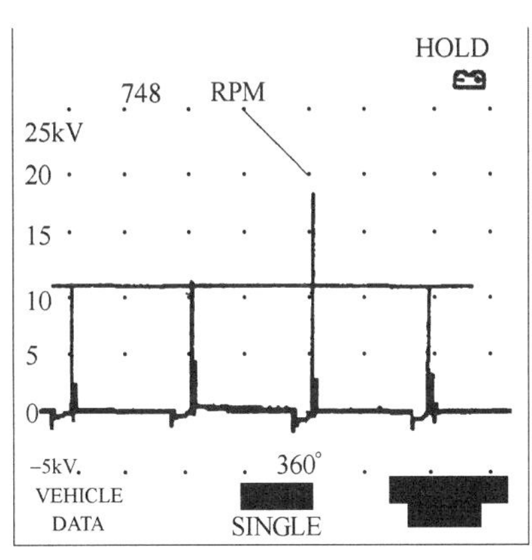

图4-50　单缸点火电压高波形

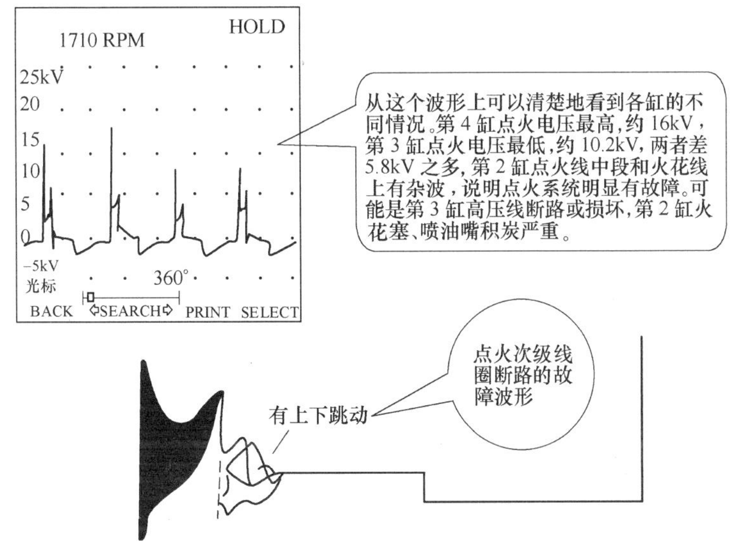

图4-51　电子点火系统常见的故障波形及分析

本项目小结

1. 汽油机电控点火系统主要功能包括点火提前角控制、通电时间控制和爆燃控制三个方面。

2. 最佳点火提前角通常有两种方法确定：

1）实际最佳点火提前角 = 初始点火提前角 + 基本点火提前角 + 修正点火提前角。

2）实际点火提前角 = 基本点火提前角 × 点火提前角修正系数。

3. 电控点火系统一般可以分为两大类：有分电器式和无分电器式。

4. 有分电器电控点火系统一般由电源、点火开关、传感器、ECU、点火模块、点火线圈、分电器和火花塞等组成。无分电器电控点火系统一般由电源、传感器、ECU、点火模块、点火线圈和火花塞等组成。

5. 无分电器式电控点火系统有独立点火系统、同时点火系统和二极管配电方式点火系统三种形式。

6. 火花塞常见故障主要有：过热、积炭、电极腐蚀、绝缘体破裂及侧电极开裂等。

7. 电控点火系统分电器的结构上不再有传统点火系统分电器上的断电器、真空室和离心式点火提前调节装置等结构。

8. 根据点火线圈铁心形状和磁路的不同，点火线圈分为开磁路点火线圈和闭磁路点火线圈两种。

9. 示波器由于具有实时性、不间断性、直观性等特点，在汽车维修中得到广泛的应用。

练习与思考

一、填空题

1. 在传统的汽油机点火系统中，断电器触点的开闭是由________来控制的。

2. 点火线圈初级电路的接通时间取决于________和________。

3. 使发动机产生最大输出功率的点火提前角称为________。

4. 有分电器式电控点火系统一般由________、________、________、________、点火线圈、分电器、火花塞等组成。

5. 电源一般是由蓄电池和________共同组成。

6. ________是爆燃控制系统的主要元件，其功能是________。

7. 对应发动机每一工况都存在一个________点火提前角。

8. 最佳点火提前角应使发动机气缸内的最高压力出现在上止点后________。

9. 最佳点火提前角的数值与________、________、________、________等很多因素有关。

10. 辛烷值较低的汽油抗爆性较________，点火提前角则应________。

11. 丰田车系 TCCS 系统中，实际的点火提前角等于________、________和________之和。

12. 点火提前角的主要修正项目有________、________、________等。

13. 空燃比反馈控制系统是根据________的反馈信号调整喷油量的多少来达到最佳空燃比控制的。

14. 在现代电控点火系统中，用灵敏可靠的________和________取代了传统点火系统中的断电器和分电器凸轮。

15. 发动机工作时，ECU 根据________信号判断发动机负荷大小。

16. 火花塞的作用是________。

17. 点火系统的功能主要有________、________、________。

18. 为了防止初级电流过大烧毁点火线圈，在部分电控点火系统上的点火控制电路中增加________电路。

19. 汽油机点火系统有________和________两大类。

20. 无分电器电控点火系统分为________、________和________三种类型。

21. 分电器的作用就是按发动机的________，将点火线圈产生的________依次输送给各缸火花塞。

22. IGT 为________信号，IGF 为________信号。

二、判断题

1. 点火提前角过大，会造成发动机温度升高。(　　)

2. 发动机怠速工况下，空调工作时的基本点火提前角比空调不工作时小。(　　)

3. 增大点火提前角是消除爆燃的最有效措施。(　　)

4. 无分电器点火系统采用小型闭磁路的点火线圈是自感式线圈。(　　)

5. 在无分电器点火系统(一个点火线圈驱动二个火花塞)中，如果其中一个气缸的火花塞无间隙短路，那么相应地另一缸火花塞也将无法跳火。(　　)

6. 无分电器单独点火系统每个气缸的火花塞配用两个点火线圈。(　　)

7. 一般来说，缺少转速信号，电子点火系统将不能点火。(　　)

8. 通电时间和闭合角是完全不同的两个概念，不可混为一谈。(　　)

9. 采用爆燃传感器来进行反馈控制，可使点火提前角在不发生爆燃的情况下尽可能地增大。(　　)

10. 在桑塔纳时代超人车型的无分电器点火系统中，1、4 缸共用一个点火线圈。(　　)

11. 双缸同时点火系统中，其中一个为有效点火，另一个为无效点火。(　　)

12. 用万用表测爆燃传感器的端子与壳体之间的电阻，应为 0。(　　)

三、选择题

1. 传统点火系统与电子点火系统最大的区别是(　　)。

A. 点火能量的提高　　B. 断电器触点被点火控制器取代

C. 曲轴位置传感器的应用　　D. 点火线圈的改进

2. 电子控制点火系统由(　　)直接驱动点火线圈进行点火。

A. ECU　　B. 点火控制器　　C. 分电器　　D. 转速信号

3. 一般来说，缺少了(　　)信号，电子点火系统将不能点火。

A. 进气量　　B. 冷却液温度　　C. 转速　　D. 上止点

4. 点火闭合角主要是通过(　　)加以控制的。

A. 通电电流　B. 通电时间　C. 通电电压　D. 通电速度

5. 在装有(　　)系统的发动机上，发生爆燃的可能性增大，更需要采用爆燃控制。

A. 废气再循环　B. 涡轮增压　C. 可变配气相位　D. 排气制动

6. 发动机工作时，随冷却液温度提高，爆燃倾向(　　)。

A. 不变　B. 增大　C. 减小　D. 与温度无关

7. 下列说法正确的一项是(　　)。

A. 在怠速稳定修正中，ECU 根据目标转速修正点火提前角

B. 辛烷值较低的汽油，抗爆性差，点火提前角应减小

C. 初级电路被断开瞬间，初级电流所能达到的值与初级电路接通时间长短无关

D. 随着发动机转速提高和电源电压下降，闭合角增大

8. 下列(　　)不是怠速稳定修正控制信号。

A. 车速传感器　B. 空调开关信号

C. 冷却液温度传感器信号　D. 节气门位置传感器信号

9. 丰田 TCCS 系统中，实际点火提前角是(　　)。

A. 实际点火提前角 = 初始点火提前角 + 基本点火提前角 + 修正点火提前角

B. 实际点火提前角 = 基本点火提前角 × 点火提前角修正系数

C. 实际点火提前角 = 基本点火提前角 × 点火提前角修正系数 + 修正点火提前角

D. 实际点火提前角 = 初始点火提前角 + 基本点火提前角 × 点火提前角修正系数

10. 关于点火控制电路维修下列说法正确的一项为(　　)。

A. 发动机怠速时，检查点火器“IGT”端子与搭铁之间应无脉冲信号

B. 发动机怠速时，检查点火器“IGT”端子与搭铁之间应有脉冲信号

C. 怠速时检查 ECU 的“IGF”端子与搭铁之间应无脉冲信号

D. 点火开关接通后，用万用表检查点火线圈的“+”与搭铁之间的电压应为 5V

11. ECU 根据(　　)信号对点火提前角实行反馈控制。

A. 冷却液温度传感器　B. 曲轴位置传感器

C. 爆燃传感器　D. 车速传感器

12. Ne 信号指发动机(　　)信号。

A. 凸轮轴转角　B. 车速传感器　C. 曲轴转角　D. 空调开关

13. 采用电控点火系统时，发动机实际点火提前角应(　　)理想点火提前角。

A. 大于　B. 等于　C. 小于　D. 接近于

14. 点火线圈初级电路的接通时间取决于(　　)。

A. 断电器触点的闭合角　B. 发动机转速

C. 发动机负荷　D. 发动机气缸数

15. 发动机工作时，ECU 根据发动机(　　)信号确定最佳闭合角。

A. 转速信号　B. 电源电压　C. 冷却液温度　D. A 和 B

四、问答题

1. 发动机起动后在正常工况下运转时，控制点火提前角的信号主要有哪些？

2. 通电时间对发动机工作有哪些影响？

3. 影响发动机点火提前角的因素有哪些？

4. 无分电器式电控点火系统由哪些部件组成?
5. 分电器的作用是什么?试述有分电器电控点火系统的工作原理。
6. 点火提前角过大或过小分别对发动机有什么影响?
7. 发动机爆燃产生的原因是什么?爆燃怎样被控制?
8. ECU 是如何对爆燃进行反馈控制的?

项目五　汽油机辅助控制系统

汽油机辅助系统用于对发动机的各种状态进行参数控制。主要有怠速控制系统、排放控制系统、进气控制系统、增压控制系统及其他辅助控制系统等。辅助控制系统有助于发动机动力性、经济性及排放性能的提高。

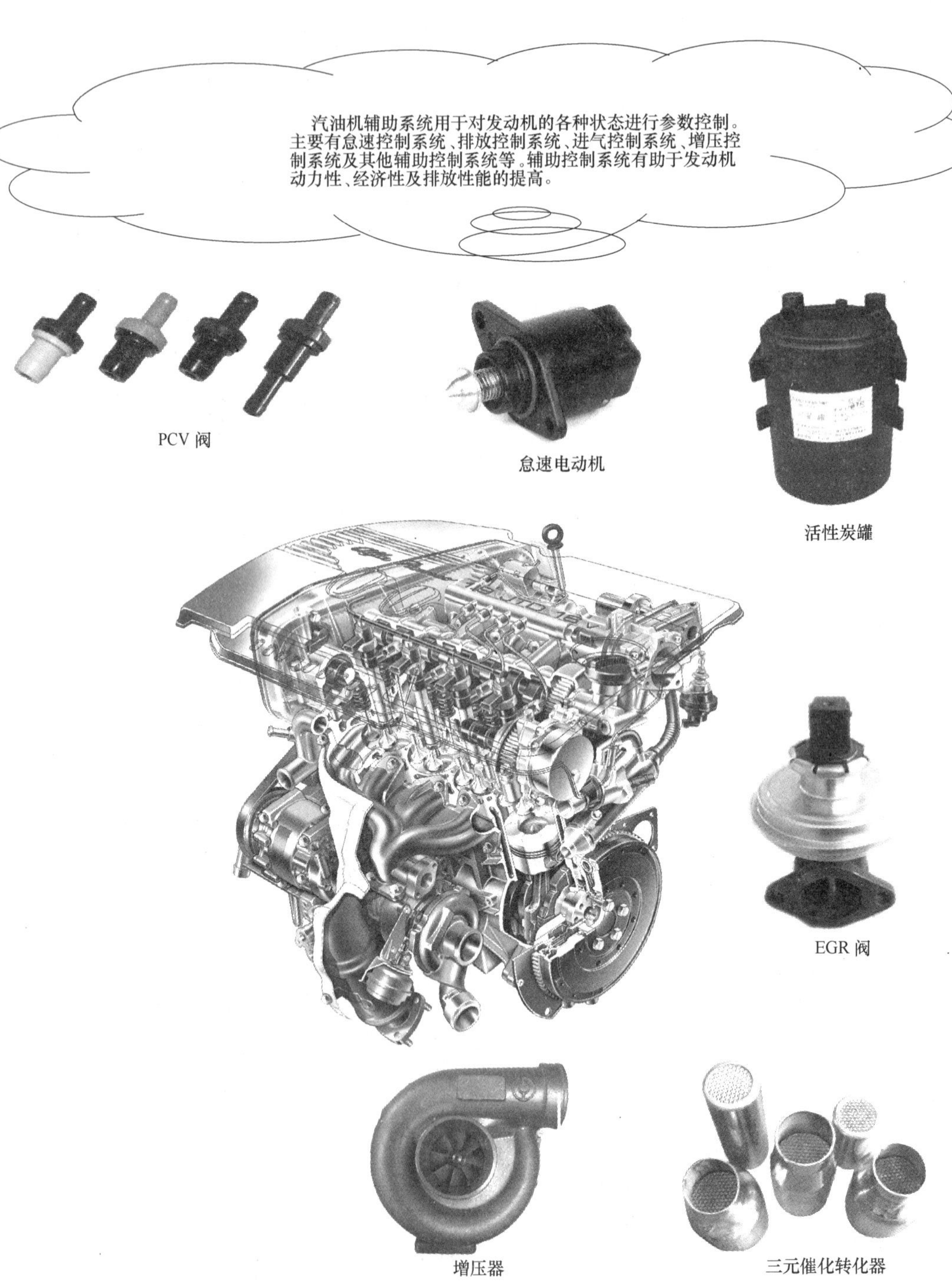

【学习目标】

◇ 怠速控制系统的认识
◇ 排放控制系统的认识
◇ 进气控制系统的认识
◇ 增压控制系统的认识
◇ 其他辅助控制系统的认识

任务1　怠速控制系统的认识

1. 怠速控制系统的功用、组成及结构类型

（1）功用　怠速控制系统的主要作用是在冷机时用高怠速实现发动机起动后的快速暖机，并自动维持发动机在目标怠速下的稳定运转。

（2）组成　怠速控制系统的组成如图5-1所示，主要由传感器、ECU和执行器三部分组成。表5-1所示为怠速控制系统组件及功能。

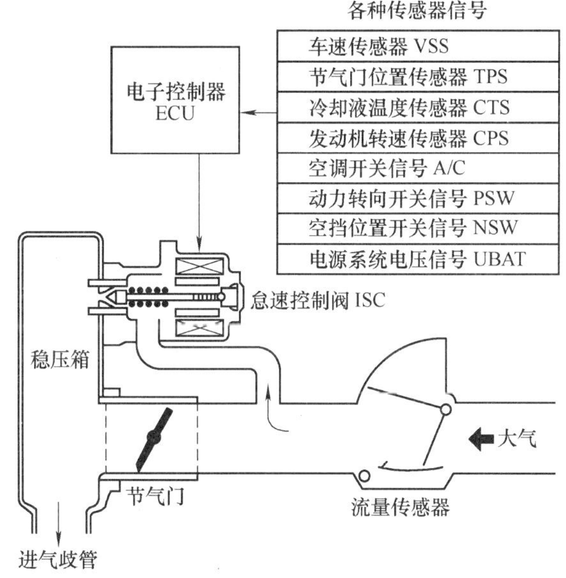

图5-1　怠速控制系统的组成

表5-1　怠速控制系统组件和功能

组　　件		功　　能
传感器	转速传感器（Ne信号）	检测发动机转速
	节气门位置传感器	检测发动机是否处于怠速状态
	冷却液温度传感器	检测发动机冷却液温度
	起动开关信号	检测发动机是否处在起动状态

（续）

组件		功能
传感器	空调开关(A/C)信号	检测空调的工作状态(ON、OFF)
	车速传感器	检测车速
	空挡起动开关信号(P/N)	检测变速杆位置
	液力变矩器负荷信号	检测液力变矩器负荷变化
	动力转向开关信号	检测动力转向工作状态
	发电机负荷信号	检测发电机负荷的变化
执行器	旁通怠速控制阀(ISC) 节气门直动怠速控制器	控制节气门旁通空气通道 控制节气门
ECU		根据从各传感器输入的信号，把发动机的实际转速与各传感器输入的信号所决定的目标转速进行比较。根据比较得出差值，确定相当于目标转速的控制量，去驱动控制空气量的执行机构，使怠速转速保持在目标转速上

（3）结构类型

注意：怠速控制的实质是控制怠速时的进气量。

怠速进气量的控制方法主要有节气门直动式控制和旁通气道控制两种形式。节气门直动式怠速控制系统如图5-2所示，它通过执行元件改变节气门的最小开度来控制怠速进气量；旁通空气式怠速控制系统如图5-3所示，它通过执行元件控制怠速旁通气道的空气量来控制怠速进气量。

2. 节气门直动式怠速控制器结构及工作原理

（1）组成　节气门直动式怠速控制器的结构如图5-4所示。它主要由直流电动机、减速齿轮机构、丝杠机构和传动轴等组成。

（2）原理　当直流电动机通电转动时，经减速齿轮机构减速增矩后，再由丝杠机构将其旋转运动转换为传动轴的直线运动。传动轴顶靠在节气门最小开度限制器上，发动机怠速运转时，ECU根据各传感器的信号，控制直流电动机的正反转和转动量，以改变节气门最小开度限制器的位置，从而控制节气门的最小开度，实现对怠速进气量进行控制的目的。大众车系部分车型使用的即为节气门直动式怠速控制器，如图5-5所示。

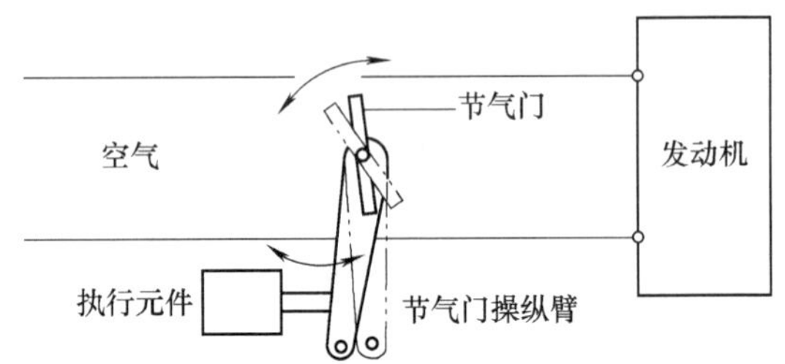

图5-2　节气门直动式怠速控制系统

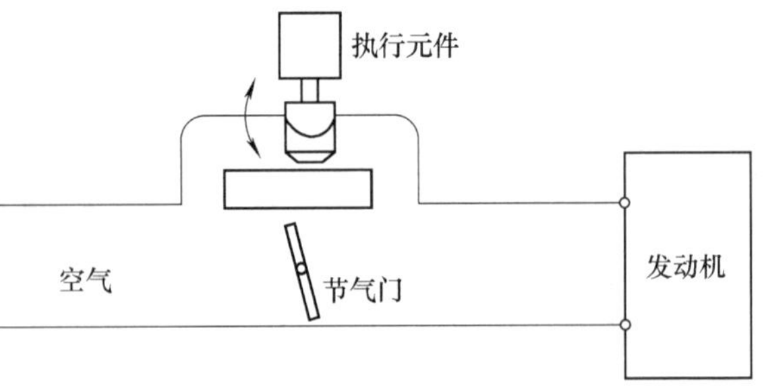

图5-3　旁通空气式怠速控制系统

3. 旁通空气道怠速控制器结构及工作原理

旁通空气道怠速控制器主要有步进电动机式、旋转滑阀式、占空比控制式和开关控制式四种形式。

（1）步进电动机式怠速控制阀 步进电动机式怠速控制阀的安装位置及结构如图5-6所示。它主要由步进电动机（转子和定子）、阀杆、插接器、轴承和阀等组成。步进电动机由ECU控制转动；阀杆为丝杠机构，它将步进电动机的旋转运动转变为直线运动，使阀芯作轴向移动，从而改变阀芯与阀座之间的间隙，以改变怠速旁通道通过的空气量大小。

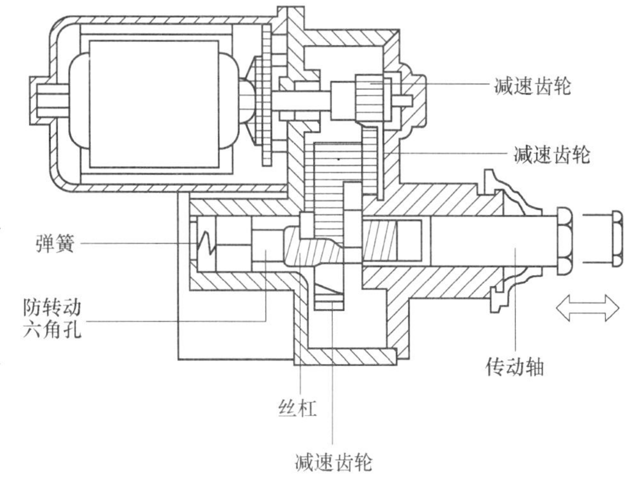

图5-4 节气门直动式怠速控制器结构

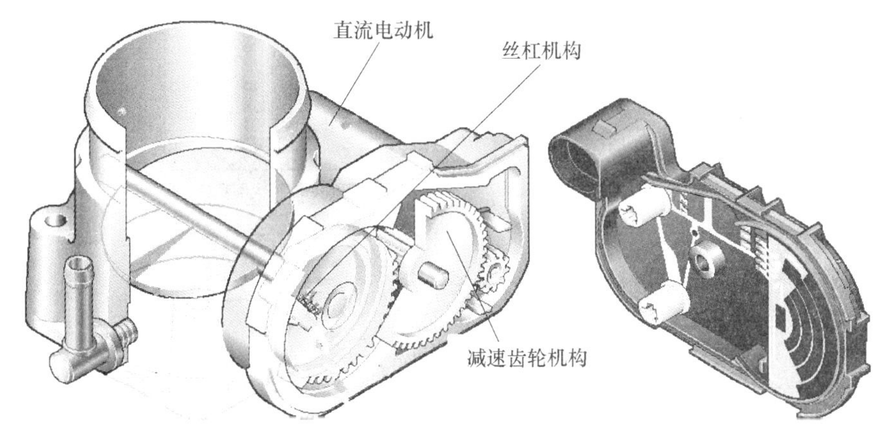

图5-5 大众车系节气门直动式怠速控制器

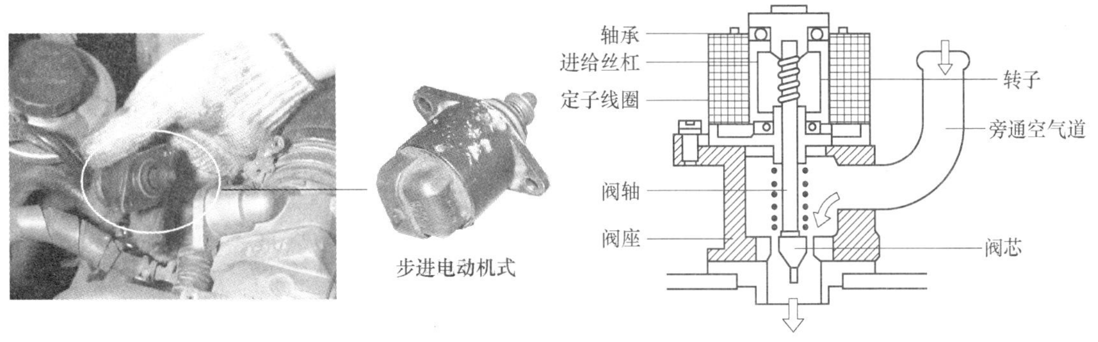

图5-6 步进电动机式怠速控制阀的安装位置及结构

注意：步进电动机是步进电动机式怠速控制阀中的核心部件。

1）步进电动机的结构及工作原理。步进电动机的结构如图5-7所示。它主要由转子和定子（永久磁铁）构成，N极和S极在圆周上相间排列，共有八对磁极。定子由4、6两个定子组成，其内绕有1、2两组绕组，绕组由导磁材料制成的爪极包围。每个定子各有八对爪极，每对爪极(N极与S极)之间的间距为一个爪的宽度。A、B两定子爪极相差一个爪的差位，构成一体安装在外壳上。爪极的极性是变换的，由ECU输出的控制定子相线绕组的电压脉冲决定。

步进电动机的工作原理如图5-8所示。两个定子绕组分别由1、3相绕组和2、4相绕组构成。各相绕组的搭铁由ECU内晶体管控制。转子之所以会转动，是因为定子线圈电磁铁的S极和转子永久磁铁的N极之间互相吸引，产生转矩使N极和S极转到最近距离。由于定子的爪极极性随相线控制脉冲的变化而改变，所以转子也随之转动，以保持转子的N极随时与定子的S极对齐。

提示：阀芯移动的距离和移动的方向均由相线控制脉冲决定。

图5-9所示为步进电动机式怠速控制阀的控制电路图。

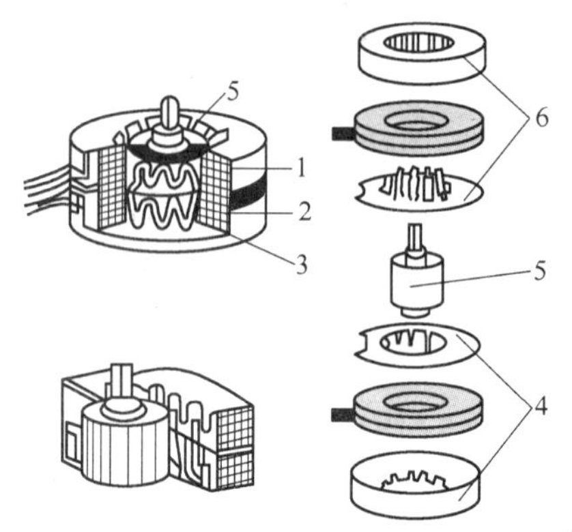

图5-7　步进电动机的结构

1、2—线圈　3—爪极　4、6—定子　5—转子

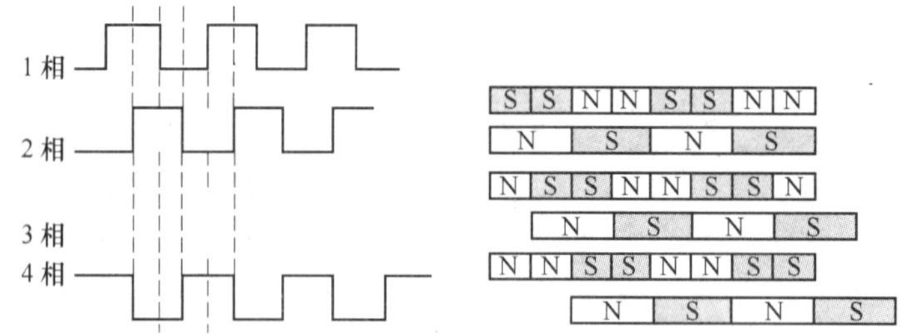

图5-8　步进电动机的工作原理

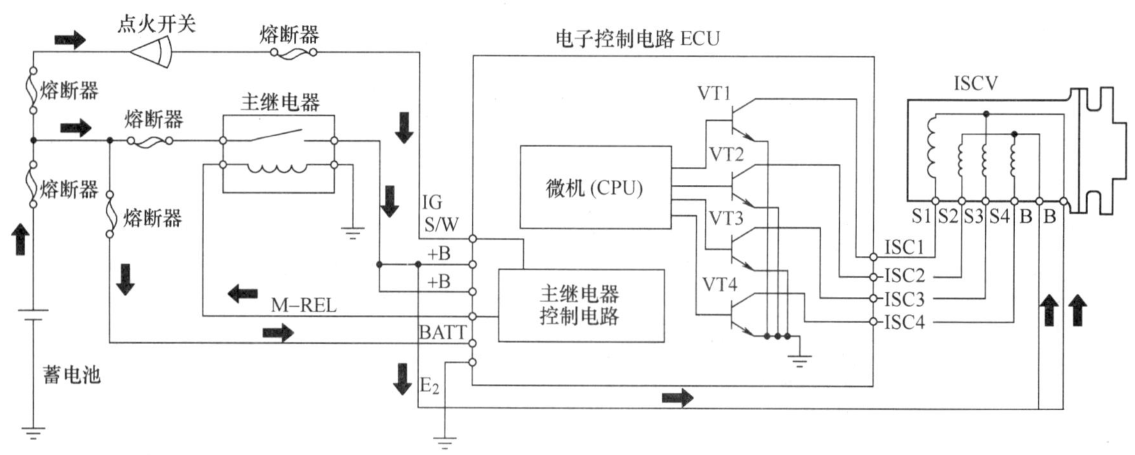

图5-9　步进电动机式怠速控制阀的控制电路

图5-10所示为步进电动机的正反转控制原理。ECU控制S1通电，转子顺时针转动90°；ECU继续给S2通电，转子再顺时针转动90°；依此类推。当ECU按照S1→S2→S3→S4的顺序通电时，转子顺时针转动。相反，当ECU按照S4→S3→S2→S1的顺序通电时，转子逆时针转动。

图 5-11 所示为步进电动机的步进原理。图中①、②、③、④表示线圈的相线控制脉冲（依次间隔 90°相位角）通电顺序，不论线圈按哪个顺序通电一次，定子均被激磁，定子和转子磁极间同极性相斥，异极性相吸，在磁场力作用下，转子转动一步级的工作过程。转子转动一圈分 32 个步级进行，每个步级转动一个爪，即 11. 25°。

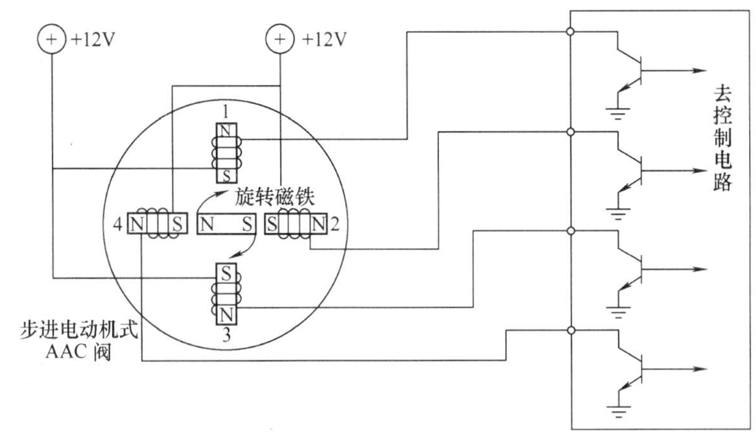

图 5-10　步进电动机的正反转控制原理

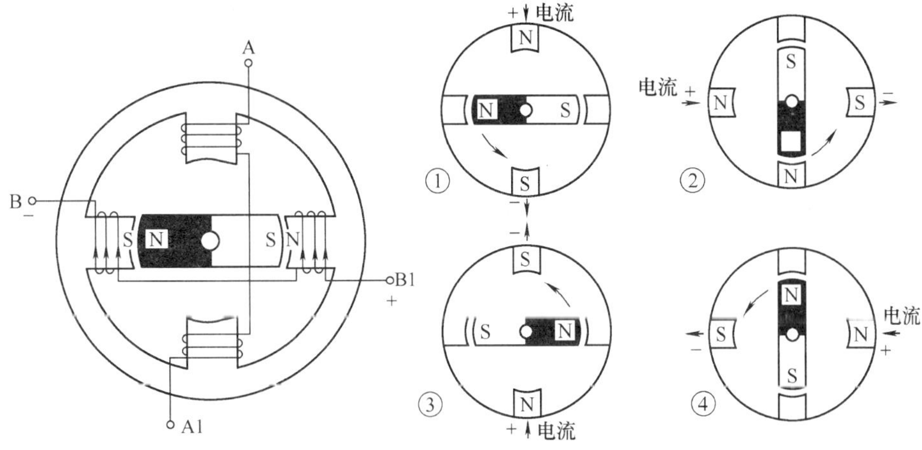

图 5-11　步进电动机的步进原理

提示：大多数步进电动机转子每转一步一般为 1/32 圈。图 5-12 所示为丰田汽车步进电动机型怠速控制阀，该步进电动机转一步为 360/32≈11°，其工作范围为 0～125 个步进级。

2）步进电动机式怠速控制阀的检修流程及技术要求。如图 5-13 所示，步进电动机式怠速控制阀的工作情况检查过程如下：

① 拆下控制阀线束插接器，检测 B1 和 B2 与搭铁间的电压，应为蓄电池电压。

② 熄火后，2～3s 内在怠速控制阀附近应能听到内部发出的“嗡嗡”响声。

③ B1 与 S1 和 S3、B2 与 S2 和 S4 之间的电阻应为 10～30Ω。

④ 蓄电池正极接 B1 和 B2 端子，负极按顺序依次接通 S1—S2—S3—S4 端子，控制阀应向外伸出；若负极按反方向接通 S4—S3—S2—S1 端子，则控制阀应向内缩回。

（2）旋转滑阀式怠速控制阀

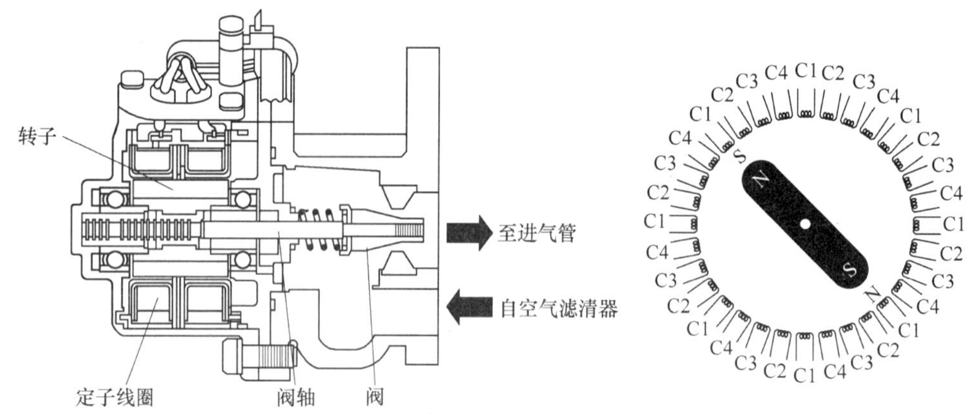

图 5-12　丰田汽车步进电动机型怠速控制阀

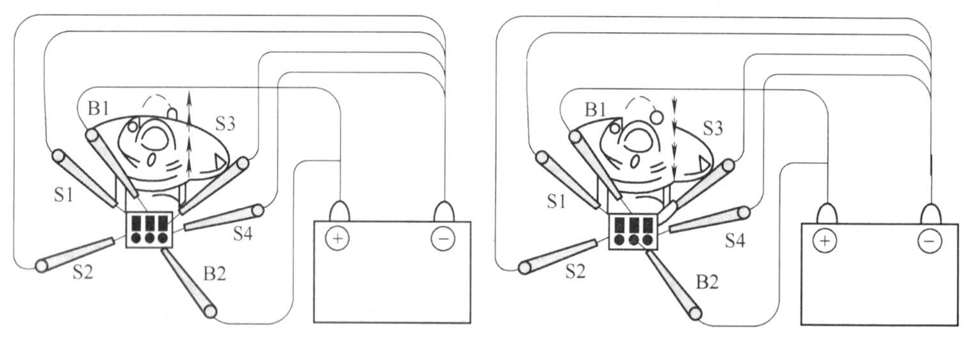

图 5-13　步进电动机式怠速控制阀的工作情况检查

1）旋转滑阀式怠速控制阀的结构及工作原理。旋转滑阀式怠速控制阀的结构如图5-14所示。它主要由永久磁铁、电枢、旋转滑阀、螺旋回位弹簧、电刷及引线等组成。旋转滑阀

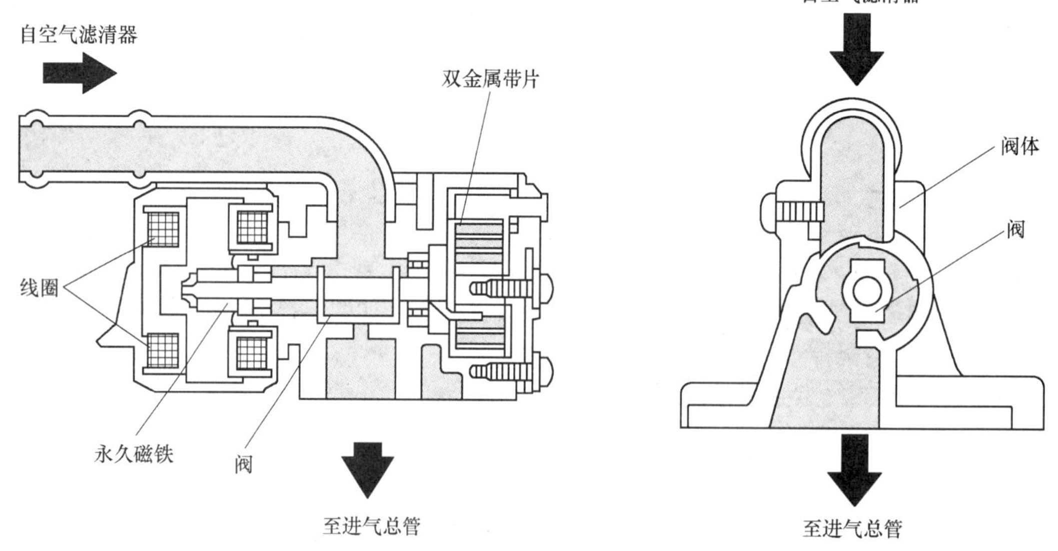

图 5-14　旋转滑阀式怠速控制阀的结构

固定在电枢轴上，与电枢轴同步转动。双金属带一端连接带有凹槽的挡块，另一端固定。冷却液流过阀体，当冷却液温度发生变化时，双金属带产生变形带动挡块一端转动。挡块的凹槽限制阀门轴上方滑阀的旋转，控制阀门的最大和最小开度，以起保护作用。

旋转滑阀的工作原理是，当给线圈通电时，就会产生磁场从而使电枢轴带动旋转滑阀转动，控制通过旁通空气道的空气。

ECU 控制旋转滑阀型怠速控制阀工作时，控制阀的开度是通过控制两个线圈占空比的大小(平均通电时间)，即控制线圈 L1、L2 中平均电流的大小来实现的。

提示： 占空比是指脉冲信号的通电时间与通断周期的比值，如图 5-15 所示。占空比的范围约为 18%(旋转滑阀关闭)~82%(旋转滑阀打开)。滑阀的偏转角度限定在 90°内。

旋转滑阀式怠速控制阀原理如图 5-16 所示，当占空比为 50% 时，线圈 L1、L2 平均通电时间相等，产生的磁场作用力相互抵消，阀轴停止转动；当占空比超过 50% 时，线圈 L2 磁场强度大于线圈 L1 的磁场强度，阀门向打开方向转过一定角度；当占空比小于 50% 时，线圈 L2 磁场强度小于线圈 L1 的磁场强度，阀门向关闭方向转过一定角度。

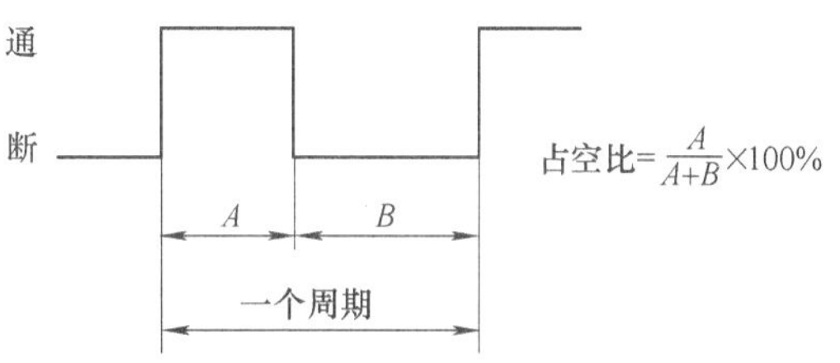

图 5-15　占空比的定义

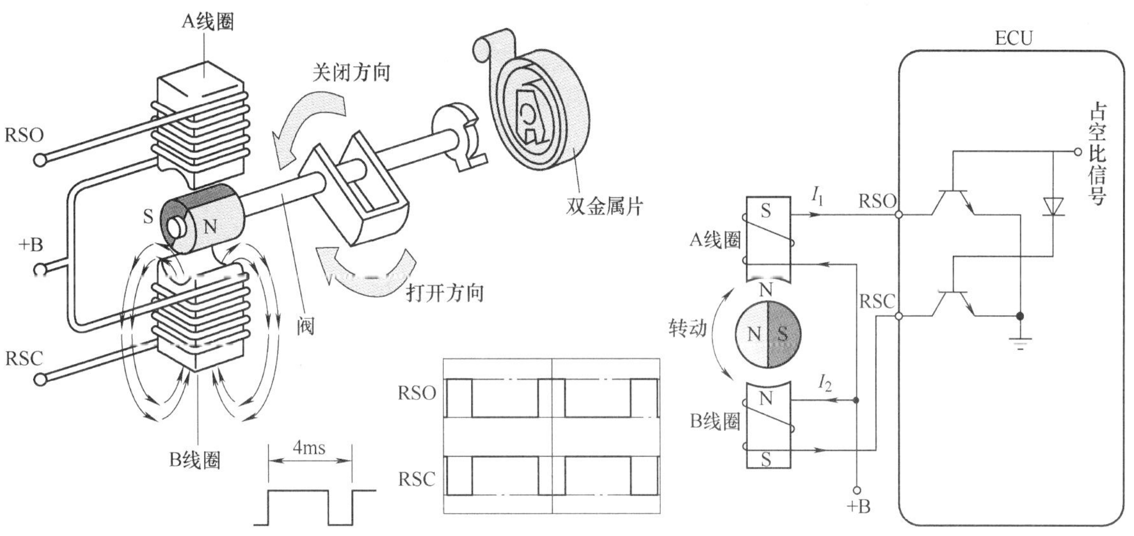

图 5-16　旋转滑阀式怠速控制阀工作原理

2）旋转滑阀式怠速控制阀的检修规程及技术要求。图 5-17 所示为旋转滑阀式怠速控制阀的工作电路。检修流程如图 5-18 所示。

(3) 占空比控制式怠速控制阀　占空比式怠速控制阀也称作平动电磁阀式怠速控制阀。它的结构如图 5-19 所示，主要由电磁线圈、阀轴、阀芯、波纹管和弹簧等组成。

提示： 图中波纹管的作用是为了消除阀门上下两侧压差对开启位置的影响，便于 ECU 计算决定 PWM 信号，同时也减小了阀上的作用力。

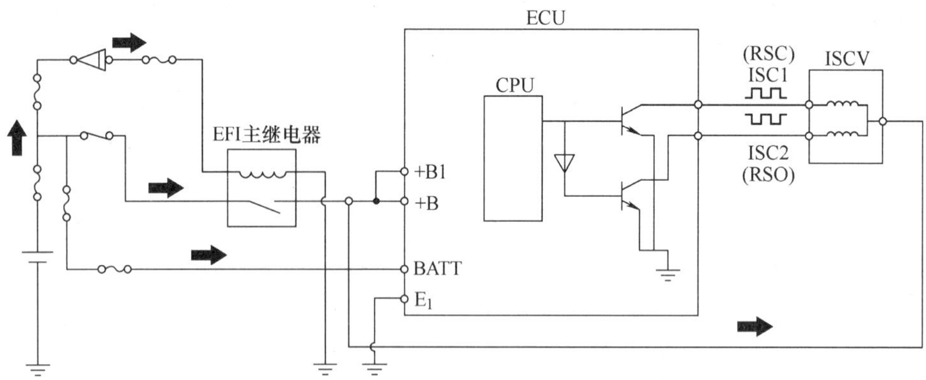

图 5-17　旋转滑阀式怠速控制阀的工作电路

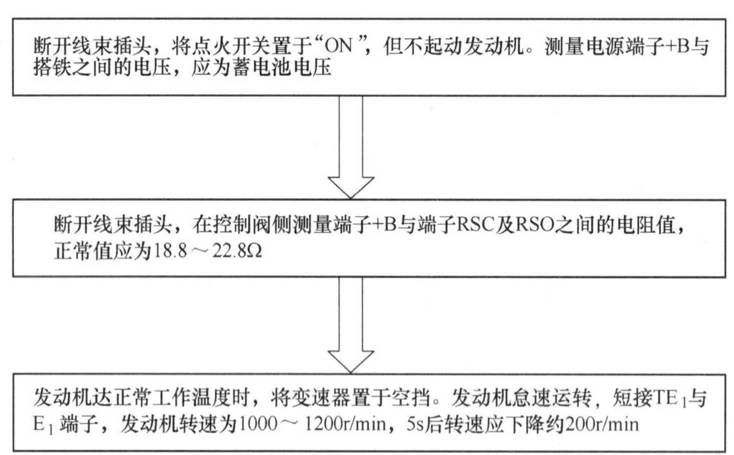
断开线束插头，将点火开关置于“ON”，但不起动发动机。测量电源端子+B与搭铁之间的电压，应为蓄电池电压

断开线束插头，在控制阀侧测量端子+B与端子RSC及RSO之间的电阻值，正常值应为18.8～22.8Ω

发动机达正常工作温度时，将变速器置于空挡。发动机怠速运转，短接TE_1与E_1端子，发动机转速为1000～1200r/min，5s后转速应下降约200r/min

图 5-18　旋转电磁阀式怠速控制阀检修流程

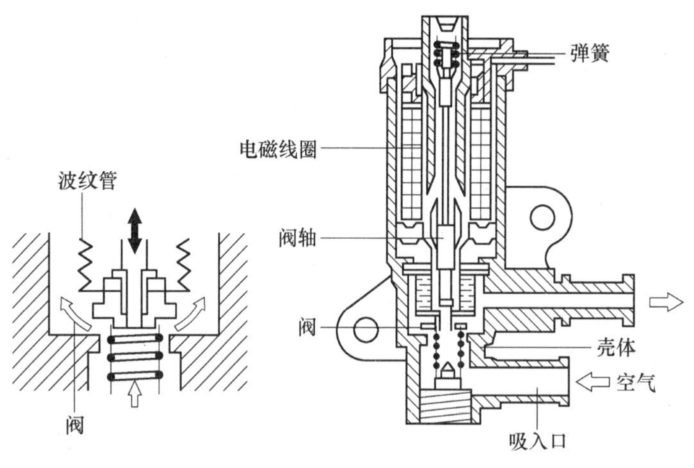

图 5-19　占空比控制式怠速控制阀的结构

占空比控制式怠速控制阀电路如图 5-20 所示，ECU 向电磁线圈通以占空比可调的脉冲信号，因此线圈中的平均电流取决于控制信号的占空比，而平均电流的大小又决定了电磁阀的开度和发动机怠速的高低。占空比越大，线圈中平均电流就越大，线圈吸力强，阀门升程高，开度大，旁通空气量大，怠速高；反之，怠速低。

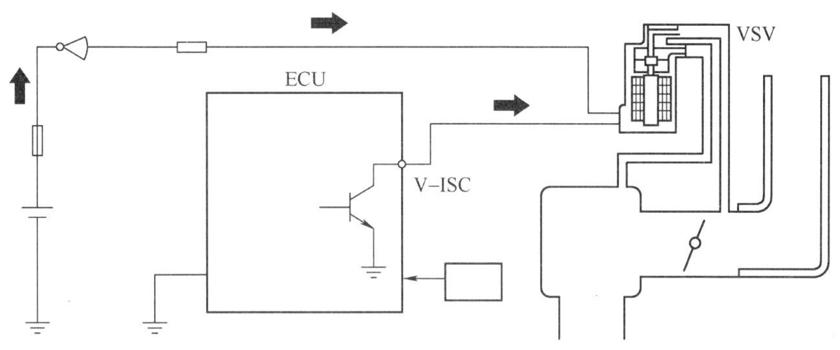

图 5-20　占空比控制式怠速控制阀电路

（4）开关控制式怠速控制阀　开关控制式怠速控制阀的结构如图 5-21 所示。

这种阀的怠速信号只有开、关两种状态。怠速时，ECU 发出指令打开阀门，升高到某预定值时，切断电源，阀门关闭。

注意：开关控制式怠速控制阀不能单独使用控制怠速，只能配合其他类型的怠速控制阀使用。

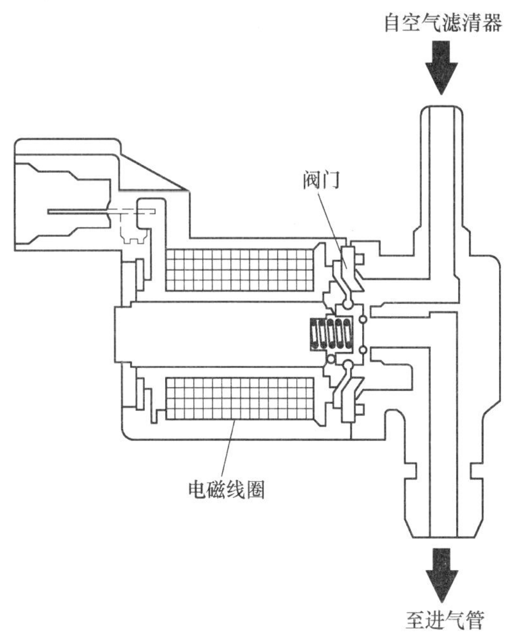

图 5-21　开关控制式怠速控制阀的结构

任务2　排放控制系统的认识

一、排放控制系统概述

1. 汽车排放污染来源及类型

汽车排放污染的主要来源有：

1）发动机排出的废气（约占65%以上）。

2）曲轴箱窜气（约占20%）。

3）燃料供给系统中蒸发的燃油蒸气（约占10%～20%）。

汽车排放污染中汽油机的主要污染物是：一氧化碳（CO）、碳氢化合物（HC）、氮氧化合物（NO_x）及蒸发的燃油蒸气。表5-2所示为汽油机与柴油机排放污染物含量对照。

表5-2　汽油机与柴油机排放污染物含量对照

污染物种类（体积分数）	柴　油　机	汽　油　机	备　　注
CO（%）	<0.5	<10	汽油机为柴油机的20倍以上
HC（$\times 10^{-6}$）	<500	<3000	汽油机为柴油机的5倍以上
NO_x（$\times 10^{-6}$）	1000～4000	2000～4000	二者相当
PM（g/km）	0.5	0.01	柴油机为汽油机的50倍以上

2. 汽车排放污染的治理

如图5-22所示，目前应用在汽车上的部分排放控制系统主要有：

1）曲轴箱强制通风（PCV）系统。

2）汽油蒸气排放（EVAP）控制系统。

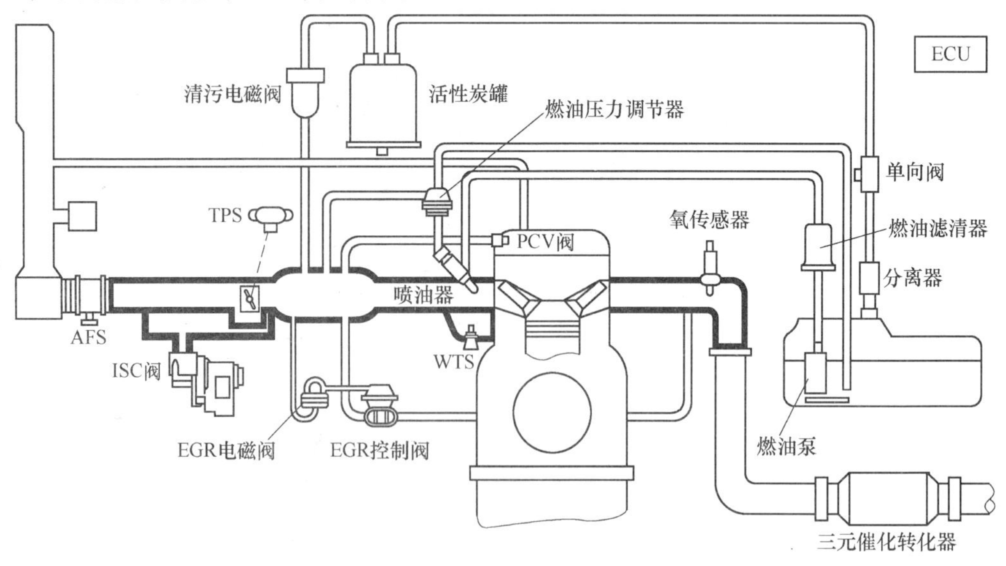

图5-22　应用在汽车上的部分排放控制系统

3）废气再循环(EGR)系统。

4）三元催化转化器(TWC)与空燃比反馈控制系统。

5）二次空气供给系统。

6）热空气供给系统。

二、曲轴箱通风控制系统

1. 曲轴箱强制通风控制系统的结构及工作原理

（1）作用　曲轴箱强制通风系统的作用是防止曲轴箱气体排放到大气中。

（2）结构组成　曲轴箱强制通风控制系统的结构及原理如图 5-23 所示，它主要由曲轴箱强制通风阀(PCV 阀)，通风软管、出气管、机油过滤器和加热电阻等组成。图 5-23 中箭头所指处为曲轴箱强制通风系统中的气体流动方向。

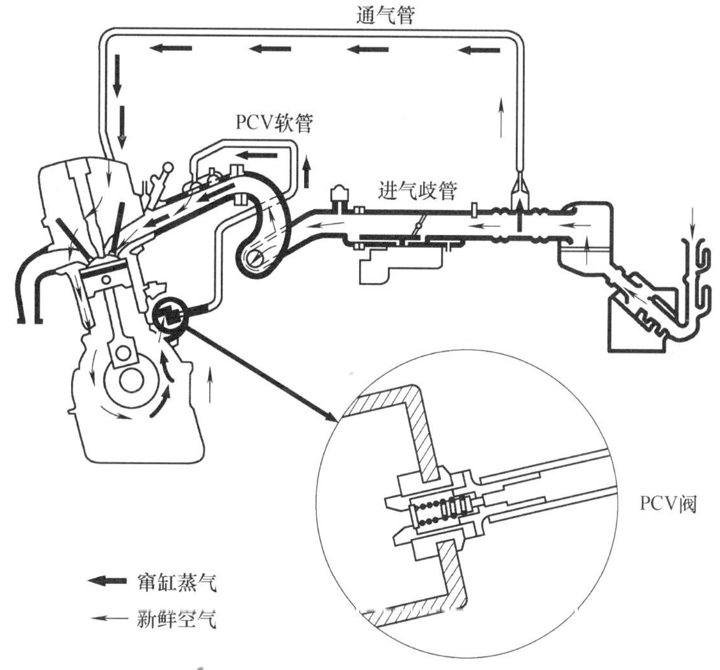

图 5-23　曲轴箱强制通风控制系统的结构及原理

（3）工作原理　如图 5-24 所示，一般轿车的曲轴箱强制通风阀位于气门盖罩上，此系统通过空气滤清器把新鲜空气供给曲轴箱。在曲轴箱内，新鲜空气和窜入气缸的混合气先混合，混合后的气体通过缸盖上的出气孔、PCV 阀和通风软管进入进气歧管。发动机工作时，进气管处的吸力将曲轴箱内的混合气吸入进气管，与新鲜混合气一起进入气缸燃烧。

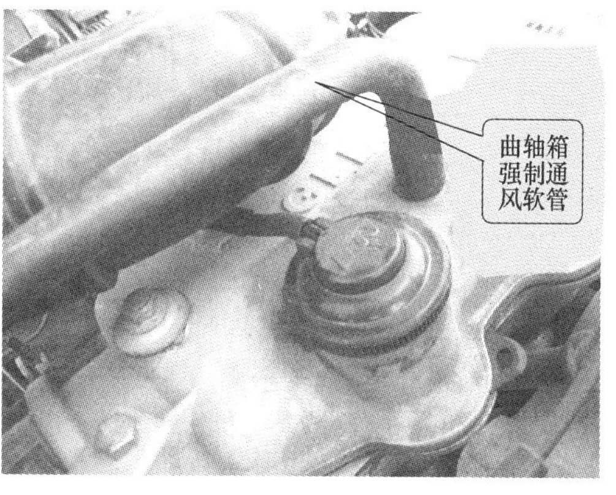

图 5-24　曲轴箱强制通风系统的通风软管

PCV 阀如图 5-25 所示，它是真空控制单向计量阀，在真空度大的时候(图 5-25a，怠速状态下)，PCV 阀的开度小；在真空度小的时候(图 5-25b，加速状态下)，PCV 阀的开度大。

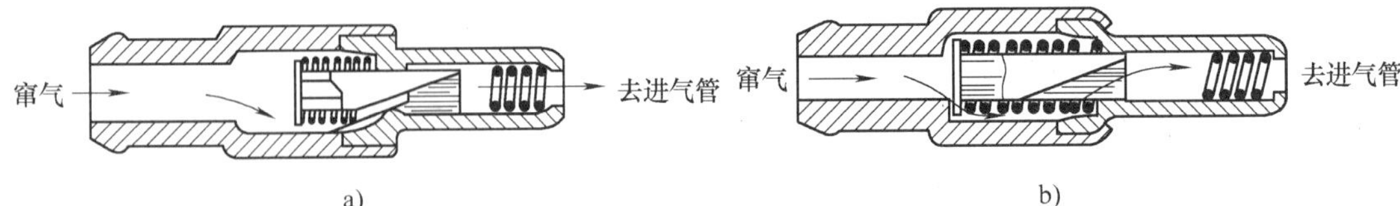

图 5-25　PCV 阀

a）PCV 阀开度小　b）PCV 阀开度大

提示：在发动机熄火后，PCV 阀应该关闭，否则机油蒸气容易挥发到进气管中。发动机处在冷机状态时，机油蒸气会在节气门孔和节流阀片上沉积并固化，当汽车放置一段时间后，就会导致节流阀片在节流孔内发生轻微粘连现象。

为了能减少冷的机油蒸气集结在节气门体上，有的汽车在曲轴箱通风连接管上设置了加热电阻，有的汽车装有油水分离器。

2. 曲轴箱强制通风控制系统的拆检流程及技术要求

（1）常见故障现象　发动机不能起动或者起动困难；怠速不稳或无怠速；加速困难或发抖；油耗增加；曲轴箱通风不良而使曲轴箱内温度过高，导致机油过快变质。

（2）故障原因分析　引起上述故障的 PCV 系统故障原因有：气管接头松动漏气、老化、破损；PCV 阀卡滞等。

（3）曲轴箱通风控制系统的检修

1）从曲轴箱通风阀(PCV 阀)上拆下通风软管。

2）从气门罩盖上拆下曲轴箱通风阀。

3）重新将曲轴箱通风阀与拆下的通风软管连接。

4）起动发动机并维持怠速运转。

5）将手指压在 PCV 阀开口(图 5-26)，感觉确认进气歧管真空，此时曲轴箱通风阀的柱塞会前后移动；如果柱塞没有移动，则应检查 PCV 阀。图 5-27 所示对 PCV 阀柱塞移动情况进行检查。

6）如果未感觉到真空，则应清洁或更换曲轴箱通风阀。

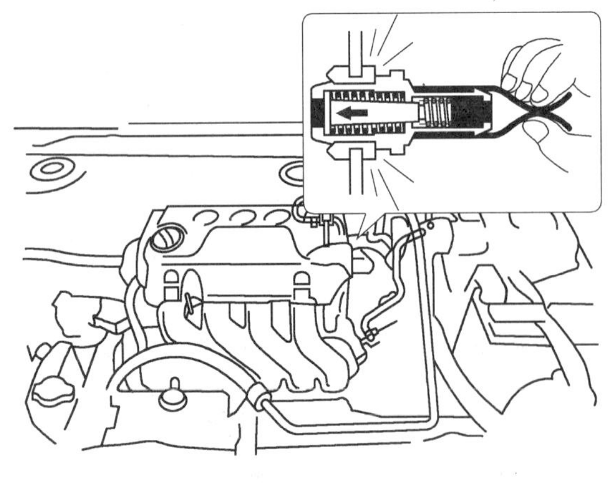

图 5-26　用手指压住 PCV 阀检查真空

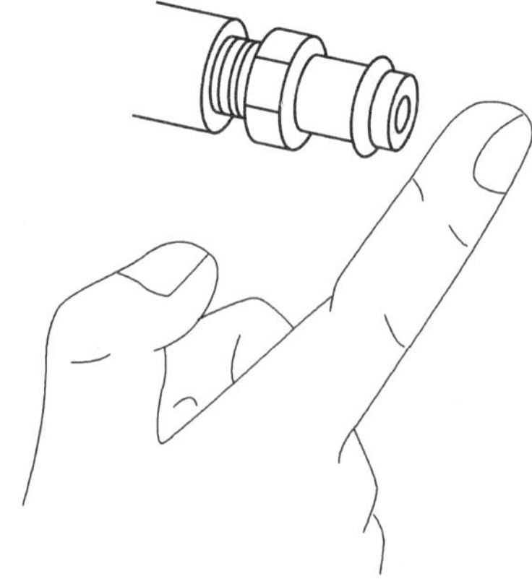

图 5-27　检查 PCV 阀柱塞移动情况

三、燃油蒸气排放控制系统

1. 燃油蒸气排放控制系统的结构及工作原理

（1）作用　燃油蒸气排放控制系统（EVAP）的作用是收集燃油箱或者浮子室（化油器式汽油机）内蒸发的汽油蒸气，并将汽油蒸气导入气缸参加燃烧，从而防止汽油蒸气直接排入大气而造成污染。同时，还必须根据发动机工况，控制导入气缸参加燃烧的汽油蒸气的量。

（2）结构类型　EVAP 主要有机械控制式和电子控制式两种结构形式，分别如图 5-28 和图 5-29 所示。

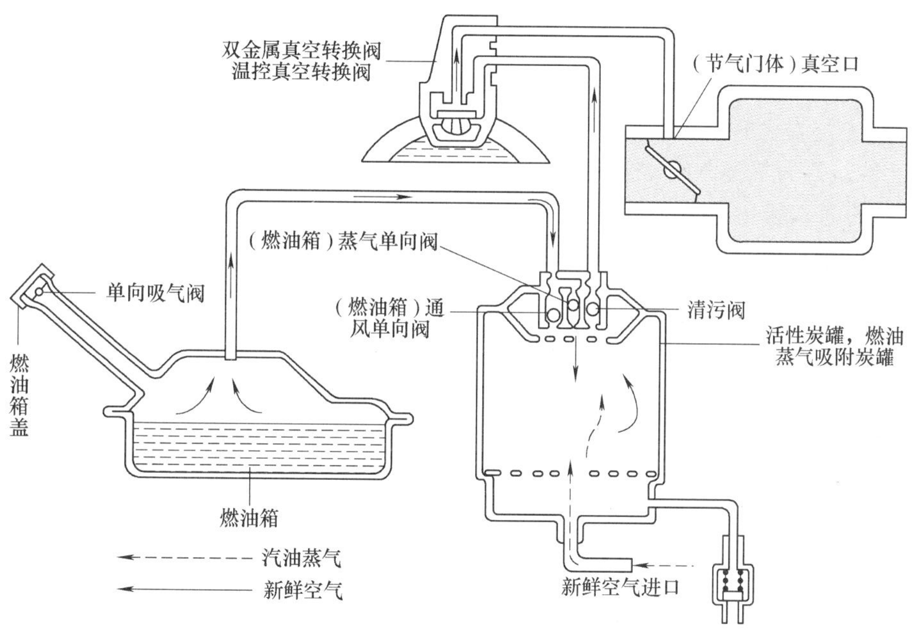

图 5-28　机械控制式 EVAP 控制系统

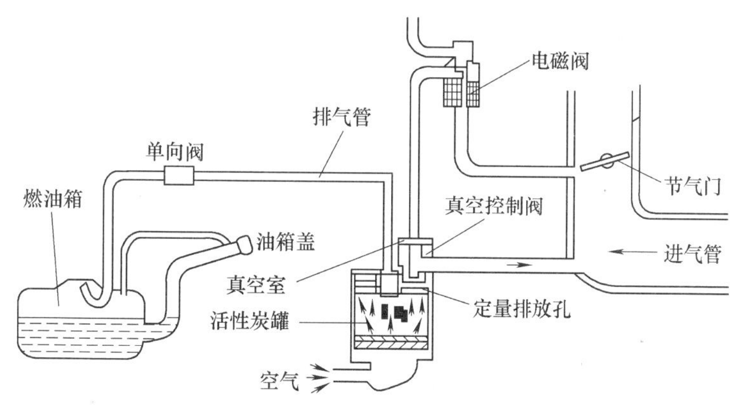

图 5-29　电子控制式 EVAP 控制系统

现代汽车广泛采用电子控制式 EVAP 控制系统，它主要由真空控制阀、活性炭罐、电磁阀（也称净化电磁阀）及相关组件等构成。图 5-30 所示为典型电子控制式 EVAP 系统在汽车上的布置。

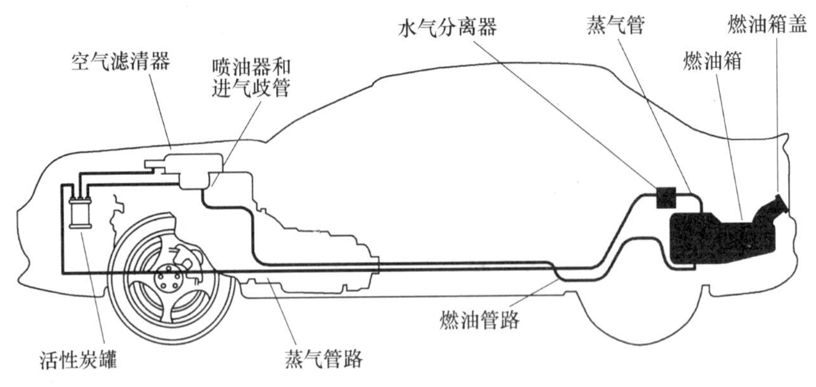

图 5-30　典型电子控制式 EVAP 系统在汽车上的布置

（3）电子控制式 EVAP 主要部件

1）活性炭罐通气控制阀（清污控制阀）。活性炭罐通气控制阀用于控制经活性炭罐通入进气管进气的通、断和进气量。它是一个脉冲式电磁阀，由计算机通过频率一定但脉宽变化的脉冲信号来控制其开度。活性炭罐通气控制阀为常闭阀，当发动机的温度达到 60℃时，ECU 才会发出控制信号使吸附在活性炭罐中的汽油分子被空气带入进气歧管。

2）活性炭罐。图 5-31 所示为活性炭罐，其作用是吸附燃油箱中产生的汽油蒸气。燃油蒸气通过单向阀（图 5-31A 处）进入活性炭罐上部，空气从活性炭罐下部进入清洗活性炭。在活性炭罐右上方有一定量排放小孔（图 5-31C 处）及受真空控制的排放控制阀（图 5-31B 处），排放控制阀内部的真空度由活性炭罐控制电磁阀控制，电磁阀由 ECU 控制。

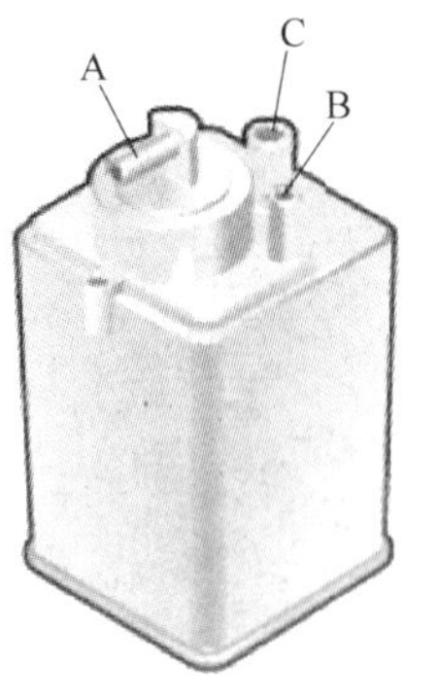

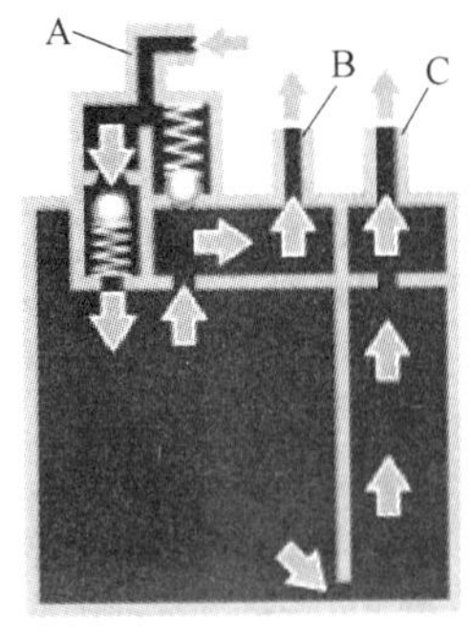

图 5-31　活性炭罐
A—接油箱　B—接发动机进气总管　C—接大气

3）活性炭罐净化电磁阀（清污电磁阀）。活性炭罐净化电磁阀的作用是根据发动机控制单元的负荷及转速信号来开和关真空通道，参见图 5-29，开启时间由具体信号决定。图 5-32 所示为活性炭罐通气控制阀的结构及其控制电路。

部分电控 EVAP 的控制系统中，活性炭罐上不设置真空控制阀，而将受 ECU 控制的电磁阀直接安装在活性炭罐与进气管之间的吸气管中，如图 5-33 所示。

2. EVAP 的检修流程及技术要求

（1）EVAP 常见故障现象及原因　燃油蒸气排放控制系统（EVAP）出现故障的原因主要有：活性炭罐通气控制阀脏污或管接头松动、破损而漏气；电磁阀线圈及内部电路有短路、断路，使电磁阀不能开启。这些故障原因可能造成起动困难、发动机怠速不稳、发动机在低温时因混合气过稀而运转不平稳、燃油蒸气不能回收而增加了汽车的油耗和对空气的污染等。

（2）EVAP 系统的检修

1）一般维护：经常检查管路是否漏气，滤芯是否堵塞，活性炭罐壳体是否有裂纹。

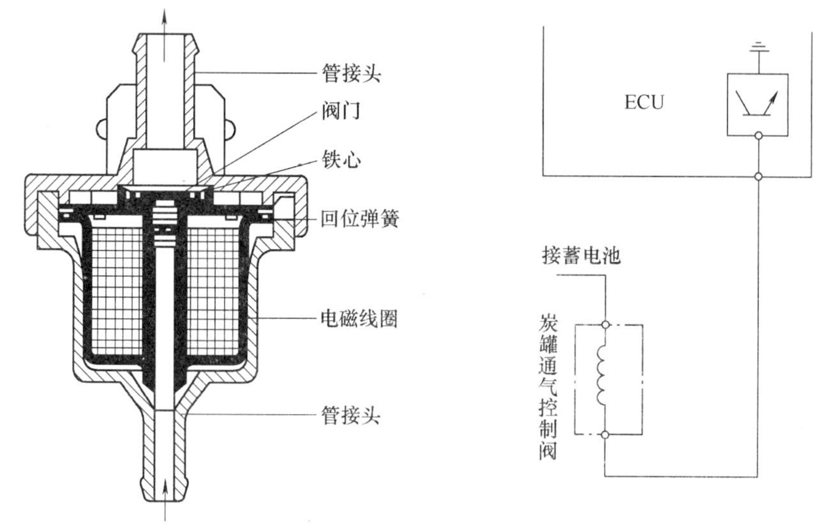

图 5-32　活性炭罐通气控制阀结构及其控制电路

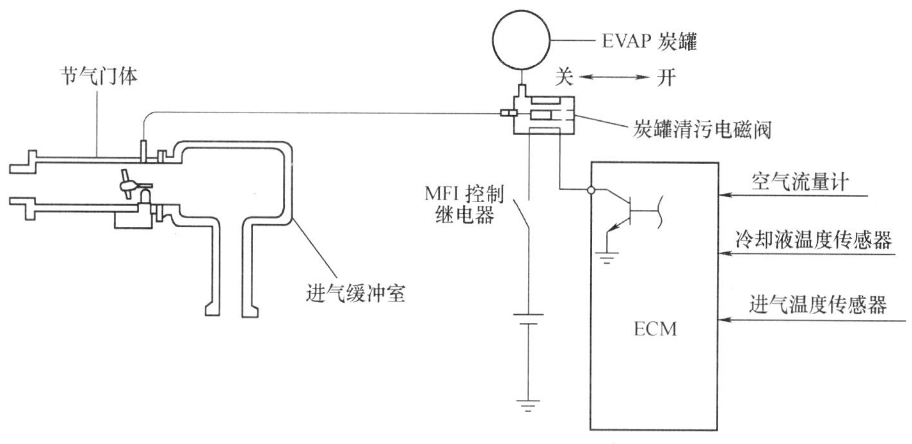

图 5-33　无真空控制阀的 EVAP 系统

2）活性炭罐通气控制阀的检修

① 如图 5-34 所示，检测活性炭罐通气控制阀的电源电压，其电压应为蓄电池电压。

② 如图 5-35 所示，检测活性炭罐通气控制阀的电阻，其电阻参考值为 27Ω 左右。如电

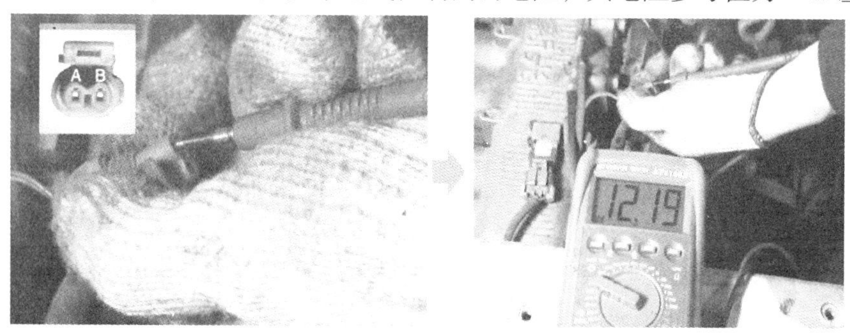

图 5-34　检测 EVAP 控制电磁阀工作电压

阻不正常，则应更换活性炭罐通气控制阀。

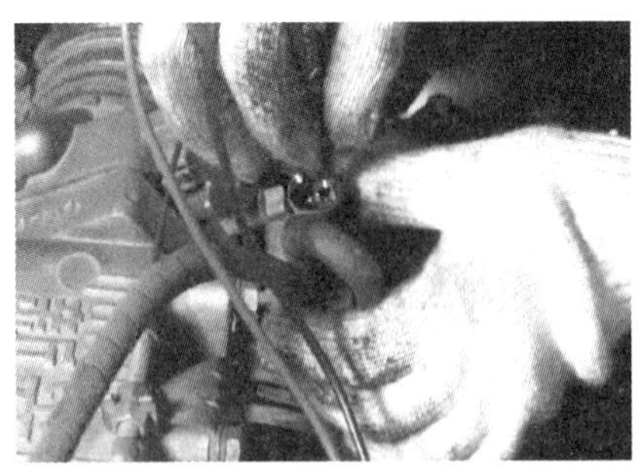

图 5-35　检测 EVAP 控制电磁阀电阻

③ 检查活性炭罐通气控制阀的动作情况。将电磁阀插座正极端子接蓄电池“+”，负极端子短暂搭铁，应能感觉到电磁阀有动作反应(通电打开、断电关闭)。

④ 检查活性炭罐通气控制阀有无漏气。如图 5-36 所示，使用手动真空泵，将活性炭罐通气控制阀的真空管按箭头方向接入，应有真空。

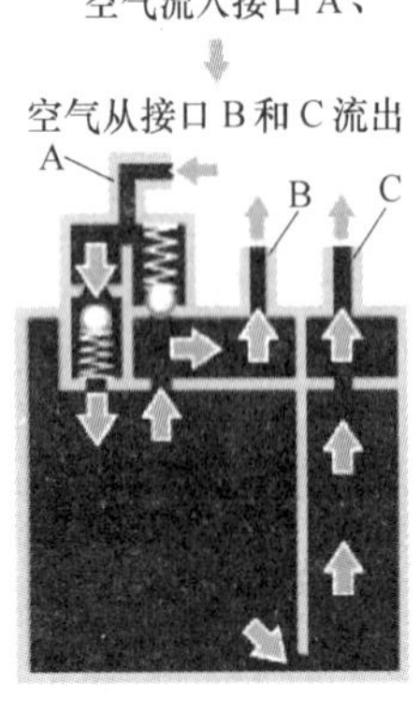

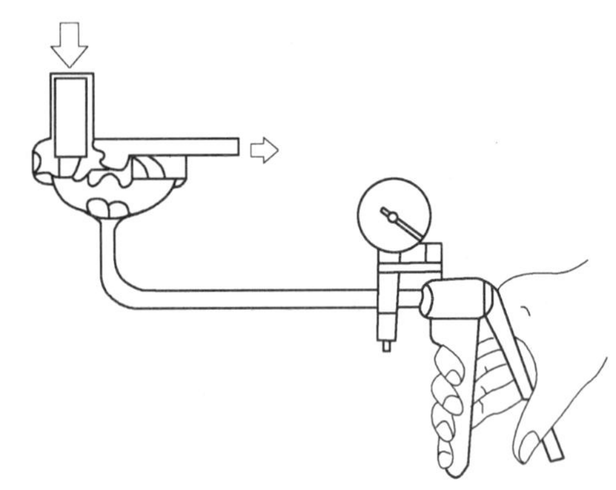

图 5-36　用手动真空泵检查活性炭罐通气控制阀有无漏气

3）检查活性炭罐

① 检查活性炭罐是否堵塞。拔开活性炭罐空气管，起动发动机，当发动机温度达到 60℃以上时，适当提高发动机转速(约 3500r/min)，检查活性炭罐空气管接头处是否有真空(是否吸气)。如果真空度不正常，则应更换活性炭罐。

② 检查活性炭罐是否有损伤。拆下活性炭罐进行检查，看是否有损伤。如果有损伤，则应更换。

4）检查净化电磁阀

① 从净化电磁阀上拆下真空管。当拆下真空软管时，须作记号，使它可重新安装到原来的位置。

② 拆下线束插头，连接手动真空泵到净化电磁阀的管接头，比较当有蓄电池电压加到电磁阀时，电磁阀动作产生的真空和没有蓄电池电压使电磁阀不动作这两者间电磁阀的密封性。

③ 测量净化电磁阀的电阻，标准值一般为 22 ~ 26Ω。

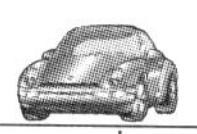

四、废气再循环系统

如图 5-37 所示，废气再循环(EGR)系统的作用是将适量的废气引入气缸内参加燃烧，从而降低气缸内的最高温度，以减少 NO_x 的排放量。

注意：为了保证发动机正常工作和性能不过多地受影响，必须根据发动机工况的变化，控制废气再循环量。

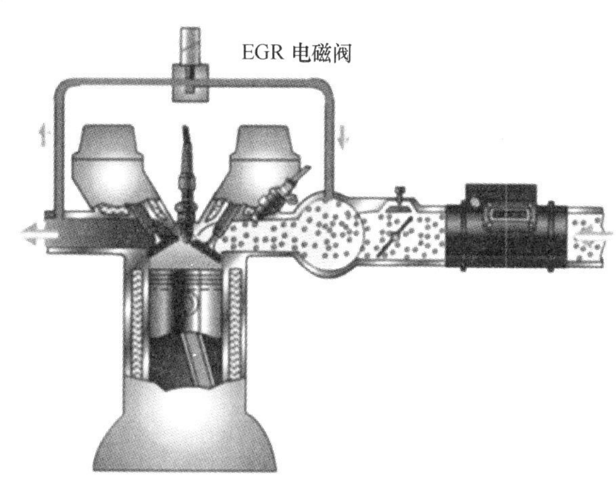

图 5-37　废气再循环(EGR)控制系统基本原理

废气再循环(EGR)系统主要有开环控制式 EGR 系统和闭环控制式 EGR 系统两种类型。

1. 开环控制式 EGR 系统

(1) 开环控制式 EGR 系统的结构类型　开环控制式 EGR 系统可分为非 ECU 控制式 EGR 系统和 ECU 控制式 EGR 系统两种。其中非 ECU 控制式 EGR 系统又可分为负荷控制式和冷却液温度及负荷控制式两种形式，其结构分别如图 5-38和 5-39 所示。

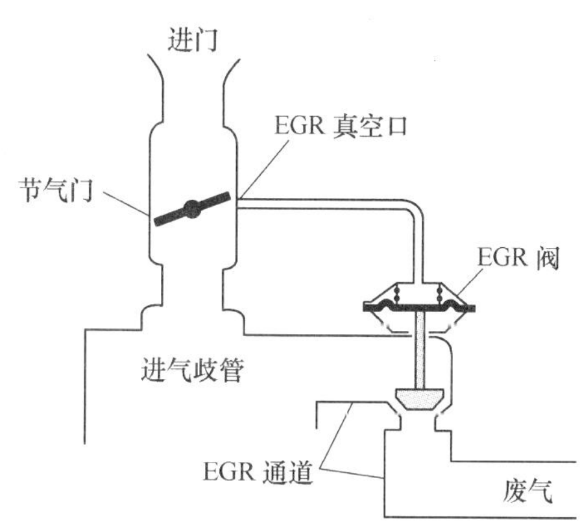

图 5-38　负荷控制式开环 EGR 系统

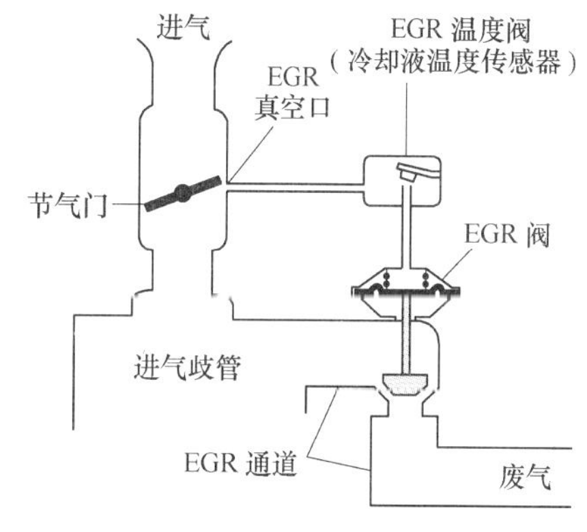

图 5-39　冷却液温度和负荷控制式开环 EGR 系统

ECU 控制式开环 EGR 系统如图 5-40 所示，它主要由 EGR 阀、EGR 电磁阀、节气门位置传感器、曲轴位置传感器、冷却液温度传感器、起动信号和 ECU 等组成。开环 EGR 系统的 ECU 根据预先设置好的程序控制 EGR 率的大小，不检测发动机在各工况下 EGR 率，无反馈信号。

提示：EGR 率 = EGR 量/(吸入空气量 + EGR 量) × 100%

(2) ECU 控制式开环 EGR 系统的工作原理　EGR 阀安装在废气再循环通道中，用以控制废气再循环量。EGR 电磁阀安装在通向 EGR 的真空通道中，ECU 根据发动机冷却液温度、节气门开度、转速和起动等信号来控制电磁阀的通电或断电。ECU 不给 EGR 电磁阀通电时，控制 EGR 阀的真空通道接通，EGR 阀开启，进行废气再循环；ECU 给 EGR 电磁阀通电时，控制 EGR 阀的真空度通道被切断，EGR 阀关闭，停止废气再循环。

2. 闭环控制式 EGR 系统

闭环控制式 EGR 系统的特点是检测实际的 EGR 率或以 EGR 阀开度作为反馈控制信号，其控制精度更高。

图 5-41 所示为闭环控制式 EGR 系统的结构及原理图。与开环控制式相比，闭环控制式 EGR 系统在 EGR 阀上增设一个 EGR 阀开度传感器。

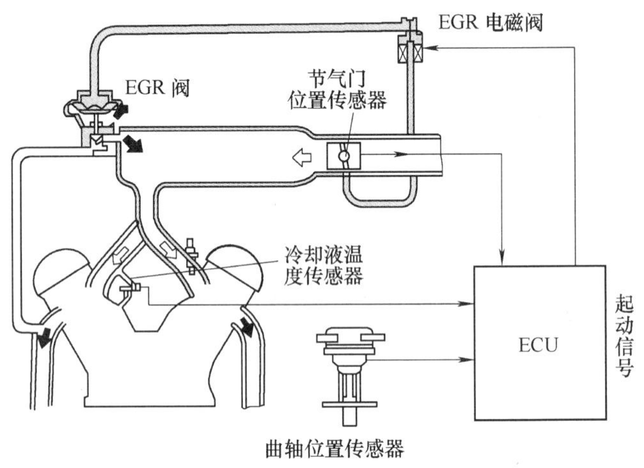

图 5-40　ECU 控制式开环 EGR 系统

闭环控制式 EGR 系统的控制原理为：EGR 阀开度传感器安装在进气总管中的稳压箱上，新鲜空气经节气门进入稳压箱，参与再循环的废气经 EGR 电磁阀进入稳压箱。传感器检测稳压箱内气体中的氧浓度，并转换成电信号送给 ECU。ECU 根据此反馈信号修正 EGR 电磁阀的开度，使 EGR 率保持在最佳值。

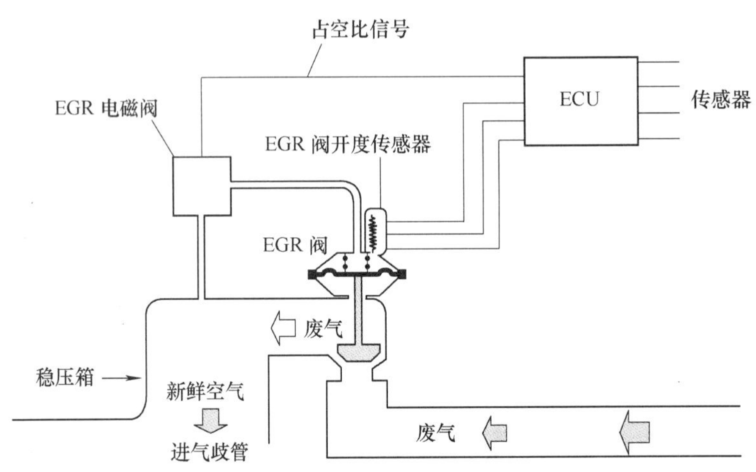

图 5-41　闭环控制 EGR 系统

3. EGR 系统的检修流程及技术要求

（1）一般检查　怠速时，拆下 EGR 阀上的真空软管，发动机转速应无变化，用手触试真空管口应无吸力；转速达 2500r/min 以上，同样拆下此真空软管，发动机转速应明显升高（中断了废气再循环）。

（2）EGR 电磁阀的检查

1）测量电阻值，应为 33 ~ 39Ω。

2）如图 5-42 所示，不通电时，从通进气管侧接头吹入空气时应畅通，从通大气的滤网处吹入时空气应不通。

3）通电时，与上述情况刚好相反。

（3）EGR 阀的检查　如图 5-43 所示，给 EGR 阀施加 15kPa 的真空，EGR 阀应能开启；

不施加真空时，EGR 阀应能完全关闭。

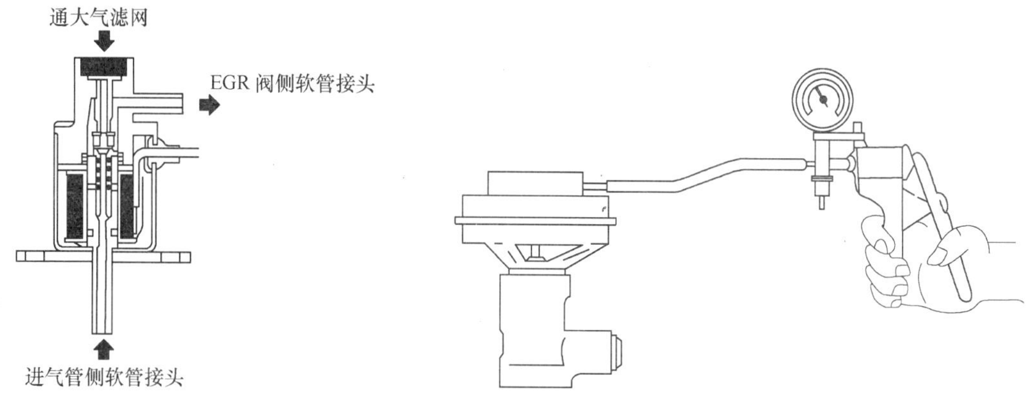

图 5-42　EGR 电磁阀的检查　　　　图 5-43　EGR 阀的检查

五、三元催化转化器与空燃比反馈控制系统

1. 三元催化转化器的作用及结构

三元催化转化器(TWC)的功能是利用转换器中的三元催化剂，将发动机排出废气中的有害气体 CO、HC 和 NO_x 变成无害气体。如图 5-44 所示，TWC 一般安装在排气消声器前面。

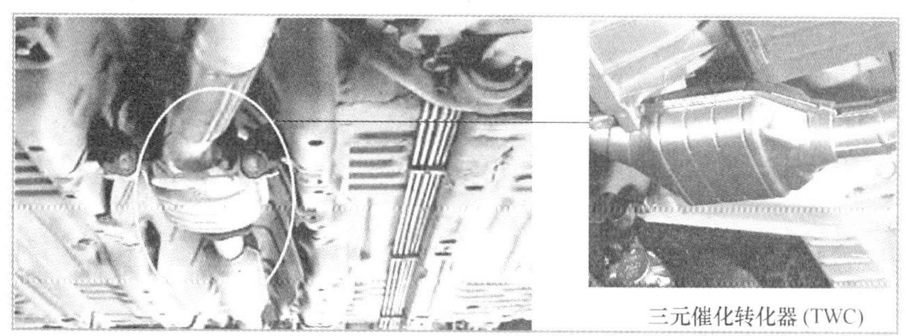

图 5-44　三元催化转化器的安装位置

TWC 的结构组成如图 5-45 所示，由转换芯子和外壳等构成。转换芯子常用蜂窝状陶瓷作为承载催化剂的载体，在陶瓷载体上浸渍铂、钯、铑贵重金属的混合物作为催化剂。

2. 影响 TWC 转化效率的因素

对 TWC 转化效率影响最大的因素是混合气的浓度和排气温度，加装 TWC 后如图 5-46 所示。

只有在标准混合气附近，即理论空燃比 14.7 附近时，TWC 对废气中的有害气体 CO、HC 和 NO_x 的转化效率 W 为最佳，图 5-47 中圈中部分即为 TWC 的最佳工作区域。

装用 TWC 后，发动机的排气温度须在 300 ~ 815℃之间。若低于 300℃，则氧传感器将不能产生正确信号，因此部分氧传感器内有加热线圈；若高于 815℃，TWC 转化效率下降。

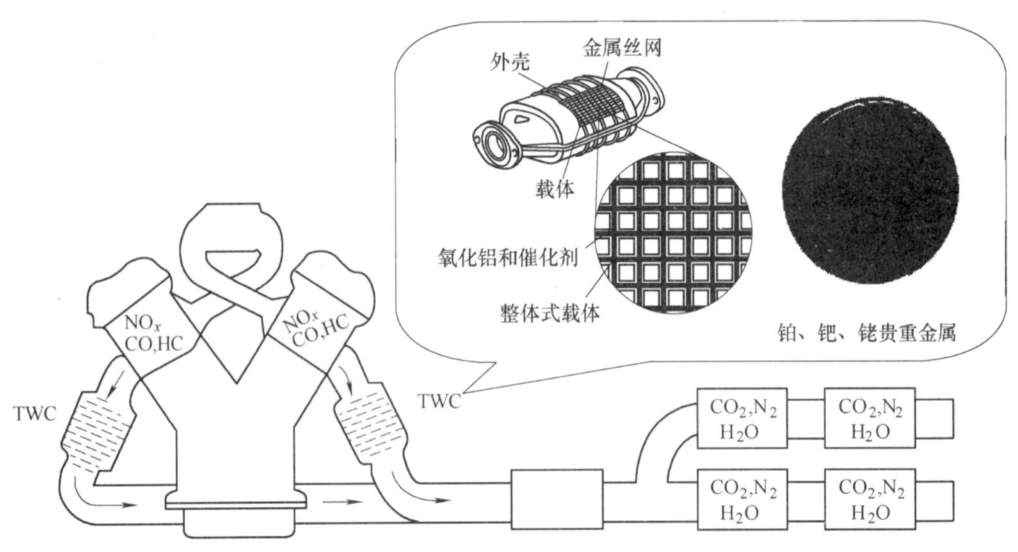

图 5-45　三元催化转化器的结构组成

提示：为达到此目的，一般都靠装在TWC前面的主(1号)氧传感器检测废气中氧的浓度，并把该浓度转换成电信号输送给ECU，用来对空燃比进行闭环控制，即空燃比信号反馈控制，如图5-48所示。

注意：在装有氧传感器的电控燃油喷射发动机上，电控燃油喷射(EFI)系统并不是在所有工况下都进行闭环控制，在发动机起动、怠速、暖机、加速、全负荷、减速断油等工况下，发动机不可能以理论空燃比工作，仍采用开环控制方式。此外，氧传感器温度在400℃以下、氧传感器或其电路发生故障时，也只能采用开环控制。电控燃油喷射系统进行开环控制还是进行闭环控制，由ECU根据相关输入信号确定。

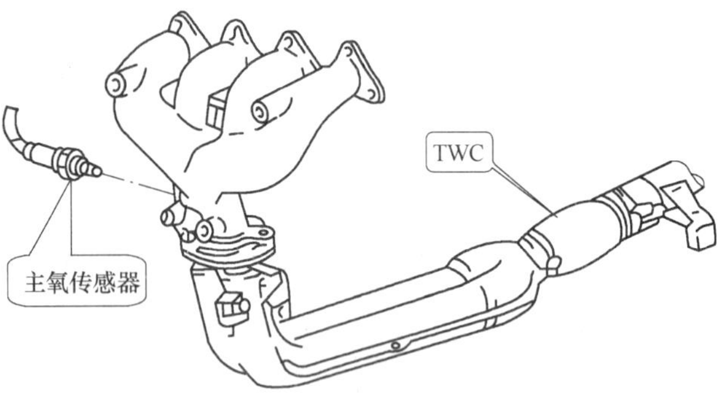

图 5-46　加装 TWC

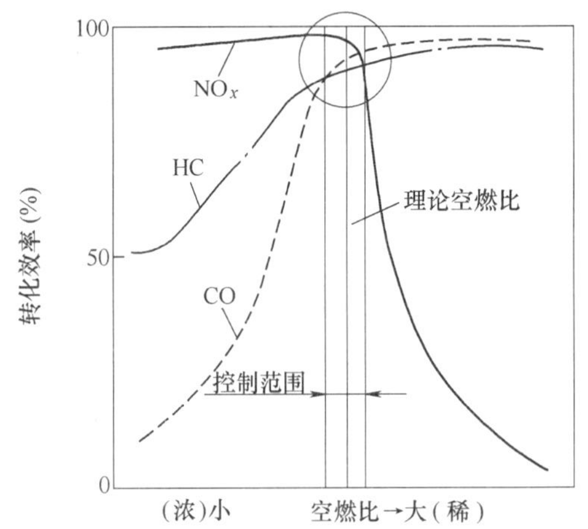

图 5-47　空燃比与 TWC 转化效率关系

3. TWC系统的检修流程及技术要求

1）用数字式高温检测计检测三元催化转化器入口和出口的温差不得小于38℃。

2）用尾气分析仪检测排气流中的有害物质是否超标，若超标，则说明三元催化转化器

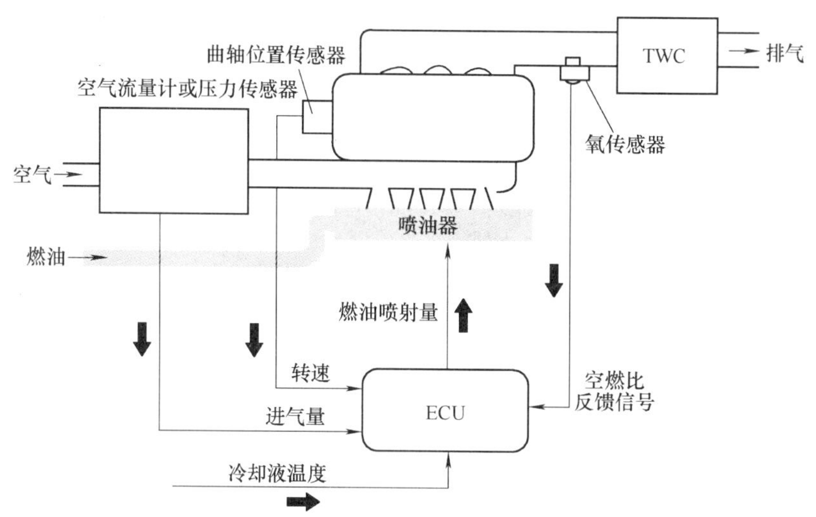

图 5-48　对空燃比进行的闭环控制过程

转化效率降低，必要时应更换。

3）目视检查三元催化转化器是否有破裂，破损。

4）用手电筒检查三元催化转化器排、吸气口有无被积炭、脏物堵塞。

4. TWC 使用注意事项

1）禁用含铅汽油，防止催化剂失效。

2）三元催化转化器固定不牢或汽车在不平路面上行驶时的颠簸，容易导致转化器中的催化剂载体损坏。

3）装用蜂巢型三元催化转化器的汽车，一般汽车每行驶 80000km 应更换转化器芯体。装用颗粒型三元催化转化器的汽车，当其颗粒形催化剂的重量低于规定值时，应全部更换。

六、二次空气供给系统

1. 二次空气供给系统的作用及结构

二次空气供给系统的作用是在一定工况下，将新鲜空气送入排气管，促使废气中的 CO 和 HC 进一步氧化，从而降低 CO 和 HC 的排放量，同时提高 TWC 的温度。

二次空气供给系统的组成及工作原理如图 5-49 所示，其控制阀主要由舌簧阀和膜片阀组成。

2. 二次空气供给系统的工作原理

ECU 根据发动机转速、节气门开度、冷却液温度等传感器信号确定二次空气供给系统是否参与工作。

如图 5-50 所示，点火开关接通后，蓄电池向二次空气电磁阀供电，ECU 控制电磁阀搭铁回路。电磁阀不通电时，关闭通向膜片阀真空室的真空通道，膜片阀弹簧推动膜片下移，关闭二次空气供给通道；ECU 给电磁阀通电时，进气管真空度将膜片阀吸起，使二次空气进入排气管。其控制回路为：ECU→二次空气电磁控制阀 VSV →真空→二次空气控制阀→新鲜空气→排气歧管。

二次空气系统在以下状态下不工作：

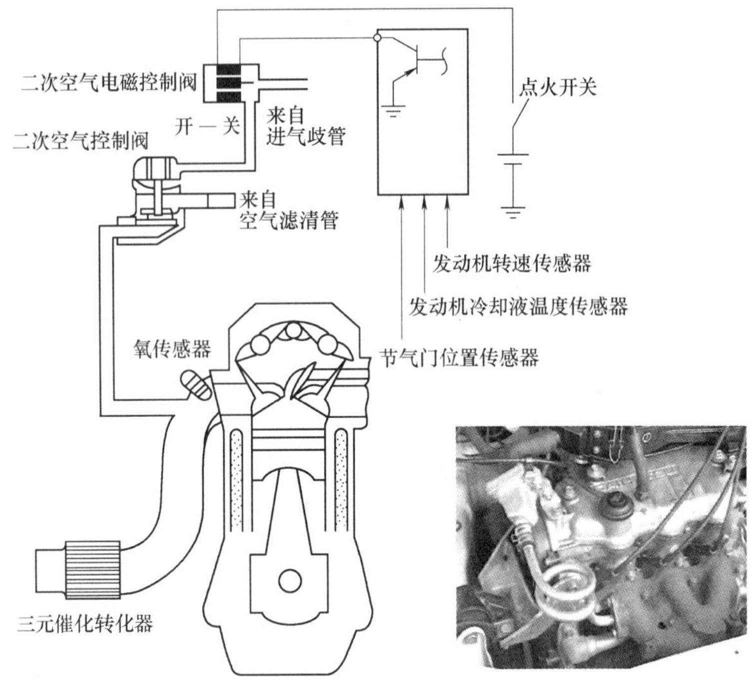

图 5-49　二次空气供给系统组成及工作原理示意图

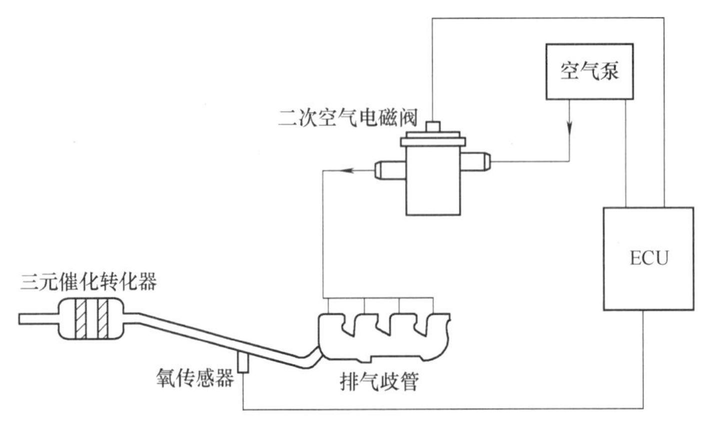

图 5-50　二次空气供给系统控制回路

1）EFI 进入闭环控制；

2）冷却液温度超过规定；

3）发动机转速和负荷超过规定；

4）ECU 有故障。

3. 二次空气供给系统的检修流程及技术要求

二次空气供给系统的检修步骤如下：

1）低温起动发动机后，拆下空气滤清器盖，应听到舌簧阀发出的“嗡嗡”声。

2）拆下二次空气供给软管，用手指盖住软管口检查，发动机温度在 18～63℃范围内怠速运转时，有真空吸力；温度在 63℃以上时，起动后 70s 内应有真空吸力，起动 70s 后应无

真空吸力；发动机转速从4000r/min急减速时，应有真空吸力。

3）拆下二次空气阀，从空气滤清器侧软管接头吹入空气应不漏气。

4）检查电磁阀，其阻值应为36～44Ω。

七、热空气供给系统

热空气供给系统又可称为空气预热系统。其主要作用是保证汽车在低温条件下的迅速起动，同时对发动机在起动时的排放性能也有一定提高。常用的空气预热方式主要有三种。

1. 利用陶瓷加热器预热

如图5-51所示，在进气歧管4内装有陶瓷热敏电阻加热器1。在发动机冷起动前，打开陶瓷加热器电源，加热器通电加热。当温度升高后，加热器电阻增大，当温度升高到180℃时，其电阻变得无穷大，切断电流，停止加热。

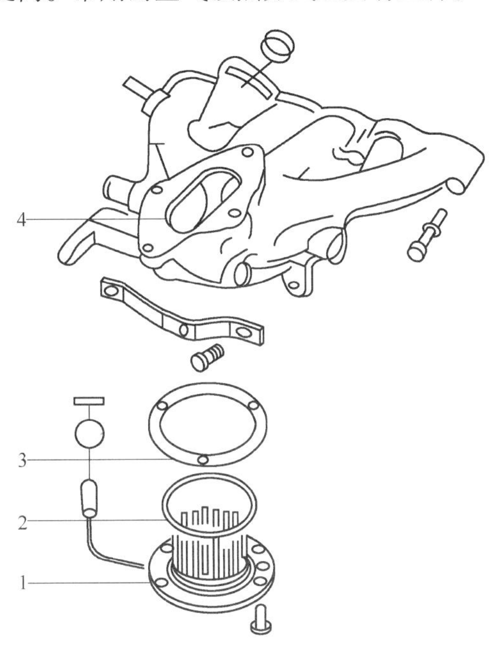

图5-51　陶瓷热敏电阻预热

1—陶瓷热敏电阻加热器　2—密封圈　3—密封垫　4—进气歧管

2. 利用高温排气预热

如图5-52所示，利用发动机排气流过进气歧管底部对空气进行加热。在排气歧管内装有混合气预热阀，根据季节的不同，调节此控制阀的开度，从而改变对进气歧管的加热程度。带恒温进气装置的空气滤清器也采用这种结构。

也有的发动机将进气歧管与排气歧管合装成一体，直接利用排气歧管中的热量加热进气歧管。这种方式加热快，能缩短冷机运转时间。缺点是热机的同时还在加热，减少了进入气缸的空气量，使发动机的功率下降。

3. 利用循环冷却液预热

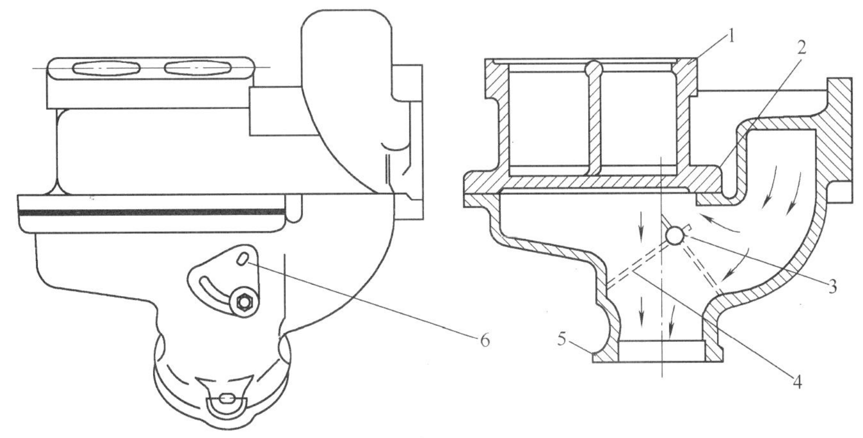

图5-52　利用高温排气预热

1—进气管　2—石棉衬垫　3—混合气预热阀轴　4—混合气预热阀

5—排气管　6—混合气预热阀调节手柄

利用循环冷却液预热如图 5-53 所示。这种进气歧管内设有水套，并与冷却系连通，让冷却液在进气歧管水套内循环。这种形式比废气加热时间长，但热机时，发动机的性能好。

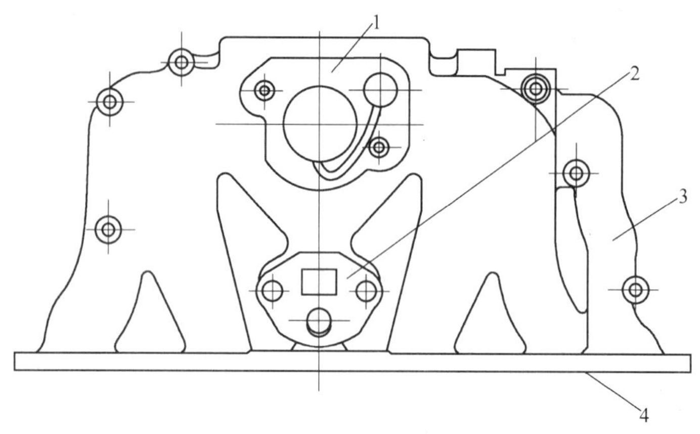

图 5-53 利用循环冷却液预热

1—节气体安装面 2—循环冷却液管 3—进气歧管安装面 4—与机体安装面

任务 3 进气控制系统的认识

进气控制系统主要包括动力阀控制系统、谐波增压控制系统和可变配气相位控制系统等。

一、动力阀控制系统

1. 动力阀控制系统的功用及结构

动力阀控制系统又称双进气道进气歧管，进气能够在长进气道和短进气道之间进行切换，其功用是根据发动机不同的负荷改变进气量，从而改善发动机的动力性能。

在进气量较小的低速、小负荷工况下，使进气道空气流通截面减小(短进气道,即单进气道)，可提高进气流速，从而提高充气效率，改善发动机的低速性能；在进气量较大的高速、大负荷工况下，适当增大进气道空气流通截面(长进气道,即双进气道)，可减少进气阻力，提高进气量，从而改善发动机的高速性能。

动力阀控制系统的结构及工作原理如图 5-54 所示。主要由真空罐、真空电磁阀、膜片真空气室、动力阀、ECU 等组成。

2. 动力阀控制系统的工作原理

如图 5-54 所示，动力阀控制系统的控制方式为：ECU→真空电磁阀→真空→膜片真空气室→动力阀。受真空控制的动力阀在进气管上，控制进气管空气通道的大小。发动机小负荷运转时，受 ECU 控制的真空电磁阀关闭，真空室的真空度不能进入动力阀上部的真空室，动力阀关闭，进气通道变小，发动机输出小功率；当发动机负荷增大时，ECU 根据转速、温度、空气流量信号将真空电磁阀电路接通，真空电磁阀打开，真空室的真空度进入动力阀，将动力阀打开，进气通道变大，使发动机输出的转矩和功率变大。

3. 动力阀控制系统的检修流程及技术要求

1）检查真空罐、真空气室和真空管路有无漏气。

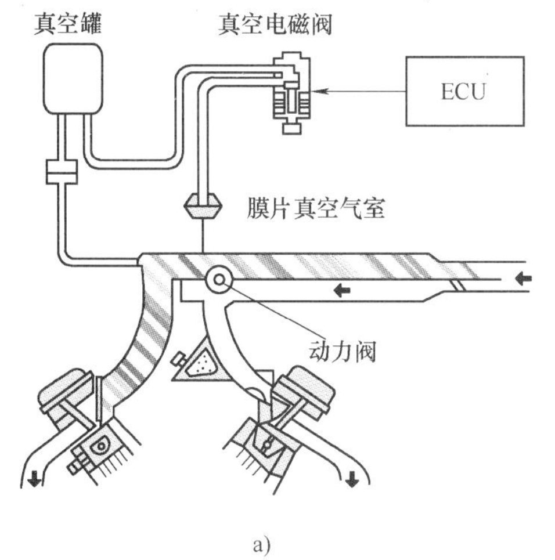

a)

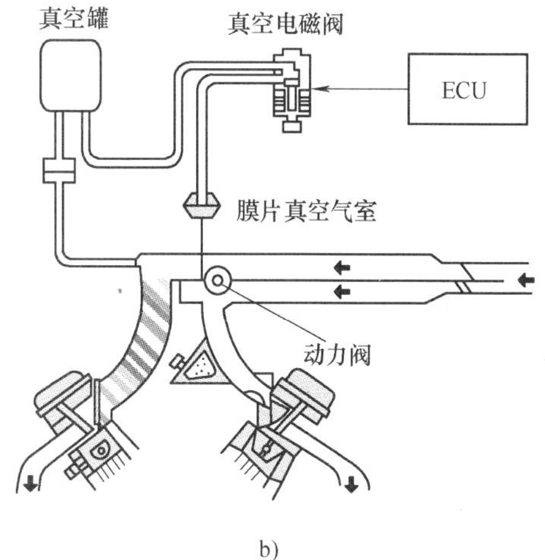

b)

图 5-54　动力阀控制系统的结构及工作原理

a）低速运行时（单进气道）　b）高速运行时（双进气道）

2）使用万用表检查真空电磁阀电路有无短路或断路。

二、谐波增压控制系统

1. 谐波增压控制系统的作用及结构

谐波增压控制系统（ACIS）的作用是利用进气流惯性产生的压力波提高进气效率。它的结构组成如图 5-55 所示，主要由进气增压控制阀、真空控制阀、真空电磁阀、真空罐及 ECU 等组成。

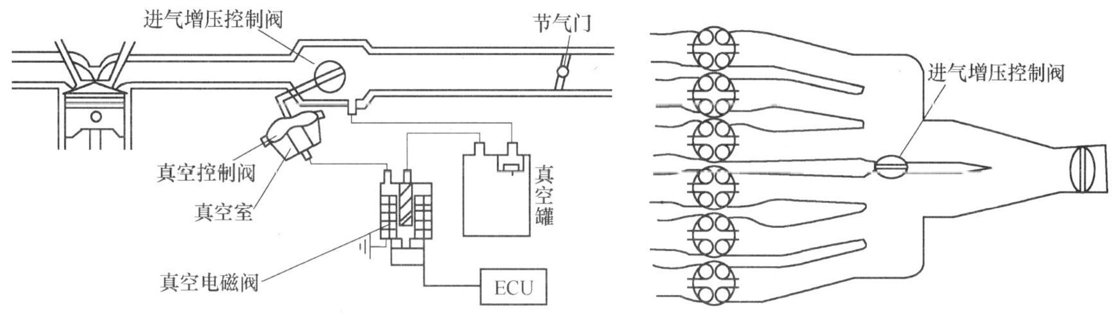

图 5-55　ACIS 的基本组成

重要知识链接—谐波增压压力波的产生机理及利用。

当气体高速流向进气门时，如进气门突然关闭，进气门附近气流流动就会突然停止，但由于惯性，进气管仍在进气，于是将进气门附近的气体压缩，使压力上升。当气体的惯性过后，被压缩的气体开始膨胀，向进气气流相反的方向流动，压力下降。膨胀气体的波传到进气管口时又被反射回来，形成压力波。

一般而言，进气管长度长时，压力波波长较长，可使发动机中低转速区功率增加；进气管长度短时，压力波波长短，可使发动机高速区功率增大。谐波增压系统就是利用该原理进行工作。

2. 谐波增压控制系统的工作原理

如图 5-56 所示，ECU 根据转速信号控制电磁真空通道阀的开闭。

低速时，电磁真空通道阀电路不通，真空通道关闭，真空罐的真空度不能进入真空气室，受真空气室控制的进气增压控制阀处于关闭状态。此时进气管长度长，压力波长大，以适应低速区域形成气体动力增压效果。

高速时，ECU 接通电磁真空通道阀的电路，真空通道打开，真空罐的真空度进入真空气室，吸动膜片，从而将进气增压控制阀打开。由于大容量空气室的参与，缩短了压力波的传播距离，使发动机在高速区域也得到较好的气体动力增压效果。

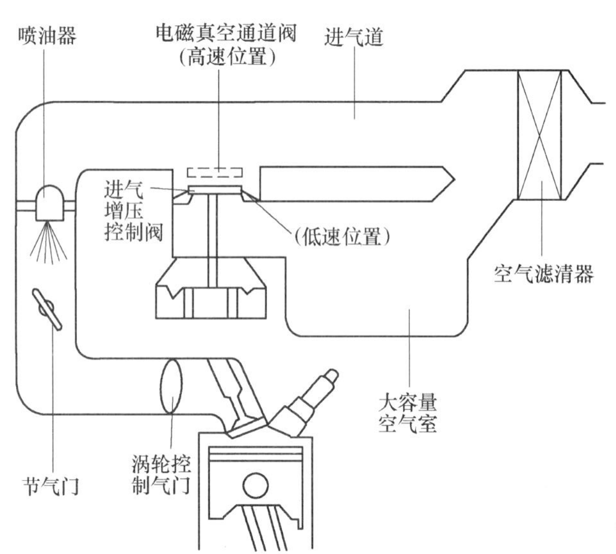

图 5-56　ACIS 系统的工作原理

3. 谐波增压系统的检修流程及技术要求

1）根据谐波增压系统的工作原理，当发动机由低速转高速时电磁阀应该工作，真空驱动器应有动作，可以听到电磁阀开闭的“嗒嗒”声。

2）检查电磁阀是否有短路或断路现象，通电时是否有振动。

3）如电磁阀工作正常，则应进一步检查电磁阀导线部分及真空管路是否正常。

4）如图 5-57 所示，主继电器触点闭合后，通过端子 3 给真空电磁阀供电，ECU 通过 ACIS 端子控制真空电磁阀的搭铁回路。维修时，检查真空电磁阀的电阻，正常应为 38. 5 ~ 44. 5Ω(皇冠 3. 0 轿车)。

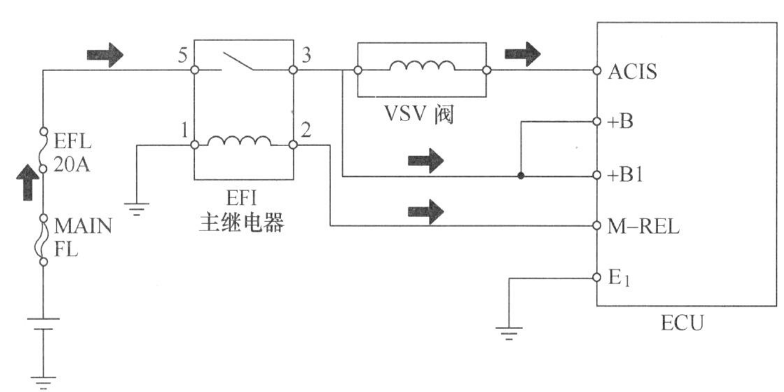

图 5-57　ACIS 系统控制电路

三、可变配气相位控制系统

1. 可变配气相位控制系统的作用及结构

可变配气相位控制系统(VTEC)的作用是根据发动机转速、负荷的变化来控制 VTEC 机

构的工作，改变驱动同一气缸两进气门工作的凸轮，以调整进气门的配气相位及升程，实现单进气门工作和双进气门工作的切换，从而改变气门升程和配气相位。

本田轿车可变配气相位控制系统(VTEC)的结构如图 5-58 所示。它主要由进气摇臂总成、正时板及凸轮轴等组成。其中进气摇臂总成由主摇臂、中间摇臂、次摇臂、同步活塞 A 和同步活塞 B 等组成。

进气摇臂总成：在三个摇臂靠近进气门的一端均设有油缸孔，油缸中装有靠液压控制的正时活塞、同步活塞、阻挡活塞及弹簧。正时活塞一端的油缸孔与发动机的润滑油道连通，ECU 通过电磁阀控制油道的通、断。

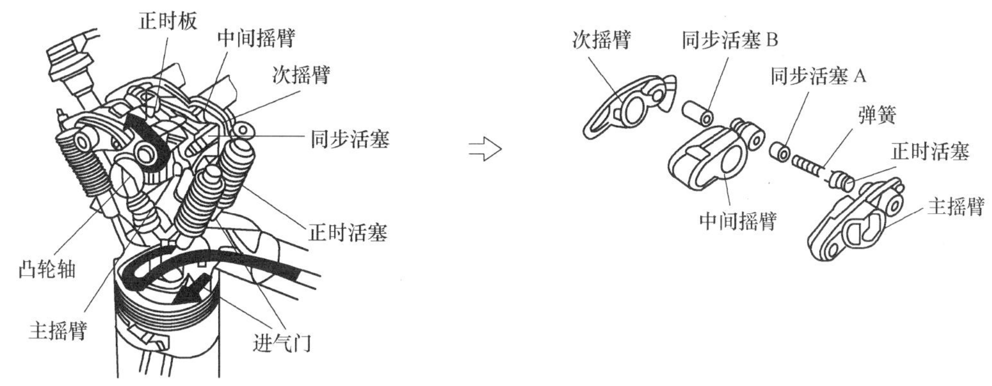

图 5-58　VTEC 机构的组成

气门升程关系为：中间摇臂 > 主摇臂 > 次摇臂。中间摇臂在发动机高速时驱动气门运动；主、次摇臂在发动机低速时驱动气门运动。

2. 可变配气相位控制系统的工作原理

可变配气相位控制系统工作原理如图 5-59 所示。

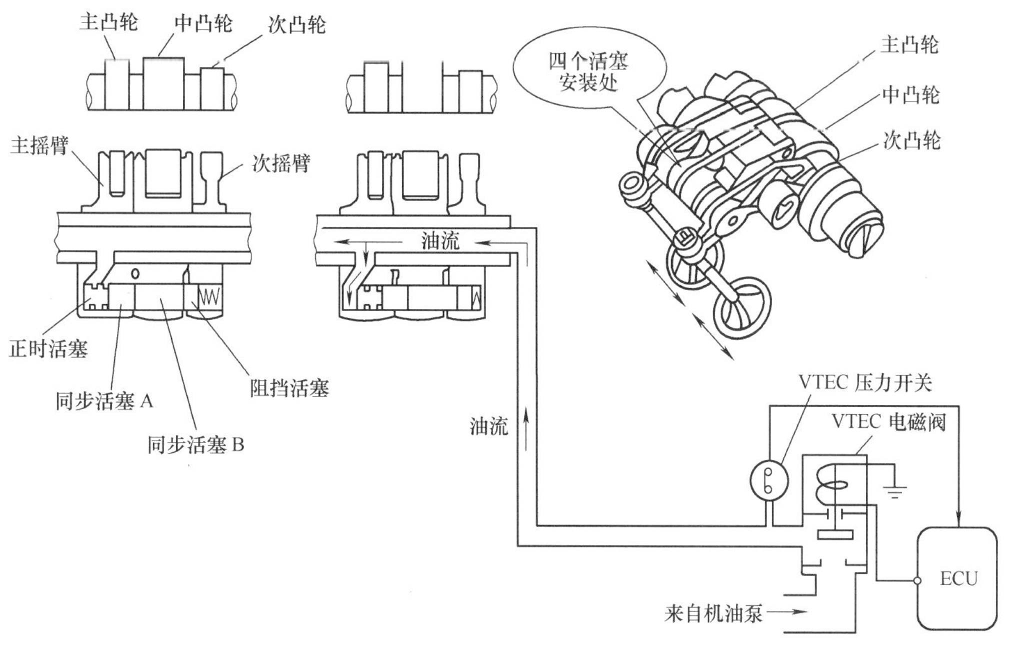

图 5-59　可变配气相位控制系统工作原理

如图 5-60 所示，当发动机低速运转时，电磁阀不通电使油道关闭，此时，三个摇臂彼此分离，主凸轮通过摇臂驱动主进气门，中间凸轮驱动中间摇臂空摆；次凸轮的升程非常小，通过次摇臂驱动次进气门微量关闭。配气机构处于单进气门、双排气门的工作状态，单进气门由主凸轮轴驱动。

如图 5-61 所示，当发动机高速运转时，ECU 向 VTEC 电磁阀供电，使电磁阀开启，来自润滑油道（图 5-61中箭头所指）的机油压力作用在正时活塞一侧，此时两个活塞分别将主摇臂、次摇臂与中间摇臂接成一体，成为一个组合摇臂。此时，中间凸轮升程最大，组合摇臂受中间凸轮驱动，两个进气门同步工作。

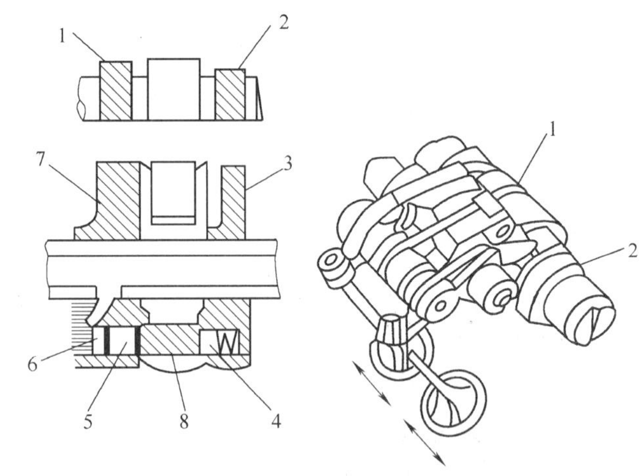

图 5-60　发动机低速运转时 VTEC 的状态

1—主凸轮　2—次凸轮　3—次摇臂　4—阻挡活塞　5—同步活塞 A　6—正时活塞　7—主摇臂　8—同步活塞 B

当发动机转速下降到设定值，ECU 切断电磁阀电流，正时活塞一侧油压下降，各摇臂油缸孔内的活塞在回位弹簧作用下，三个摇臂彼此分离而独立工作。

3. VTEC 系统控制电路分析

图 5-62 所示为 VTEC 系统控制电路。发动机控制 ECU 根据发动机转速、负荷以及冷却液温度和车速信号控制 VTEC 电磁阀。电磁阀通电后，通过压力开关给 ECU 提供一个反馈信号，以便监控系统工作。

4. VTEC 系统的检修流程及技术要求

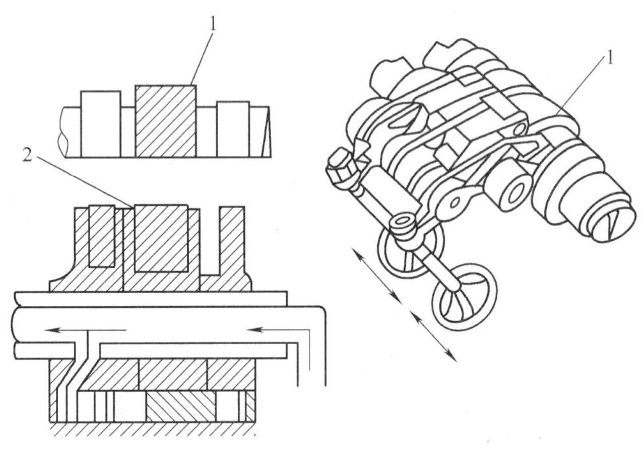

图 5-61　发动机高速运转时 VTEC 的状态

1—中间凸轮　2—中间摇臂

1）拆下 VTEC 电磁阀总成，检查电磁阀滤清器，若滤清器有堵塞现象，应更换滤清器和发动机润滑油。

2）电磁阀密封垫一经拆下，必须更换新件。

3）拆开 VTEC 电磁阀，用手指检查阀的运动是否自如，若有卡滞现象，应更换电磁阀。

提示：发动机不工作时，拆下气门室罩盖，转动曲轴分别使各缸处于压缩上止点位置，用手按压中间摇臂，应能与主摇臂和次摇臂分离单独运动。用专用堵塞堵住油道减压孔，拆下油压检查孔处的密封螺栓，通入压力为 400kPa 的压缩空气，并用手推动正时板端部使其向上移动 2 ~ 3mm。当转动曲轴使气缸内活塞处于压缩上止点位置，三个摇臂并列平行时，从三个摇臂的缝隙中观察同步活塞的接合情况，同步活塞应将三个摇臂连接为一体，用手按

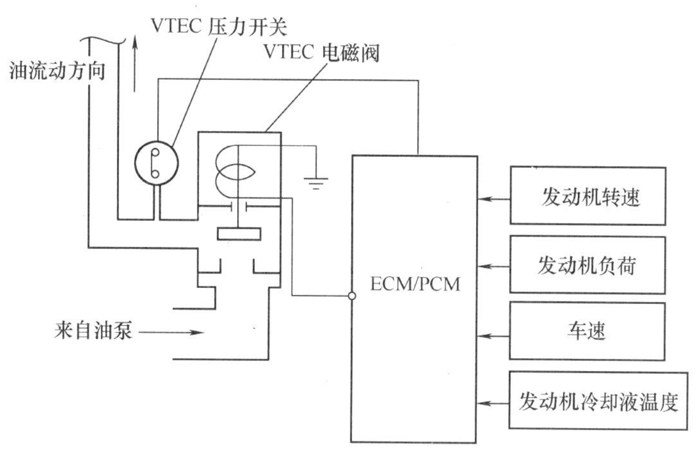

图 5-62　VTEC 系统控制电路

压中间摇臂应不能单独运动；当停止输入压缩空气时，再推动正时板使其向上移动，摇臂内的同步活塞应迅速回位。进气摇臂总成的工作情况若不符合上述要求，应分解检查摇臂总成，必要时成组更换进气摇臂。

相关案例：

在使用中，本田车系若有故障码 21，说明 VTEC 电磁阀或其电路有故障，应按下述方法进行检查。

① 清除故障码，并重新起动发动机，必要时进行路试，再次调取故障码，若不再有故障码 21，说明 VTEC 机构存在间歇性故障，应检查 VTEC 电磁阀连接线路是否连接不良。

② 关闭点火开关，拆开 VTEC 电磁阀线束连接器，测量电磁阀线圈电阻(1 号端子与搭铁间)，如图 5-63 所示。标准电阻应为 14～30Ω，否则应更换电磁阀。

③ 若电磁阀电阻符合标准，检查 VTEC 电磁阀与 ECU 之间的连接线路是否有短路或断路故障。

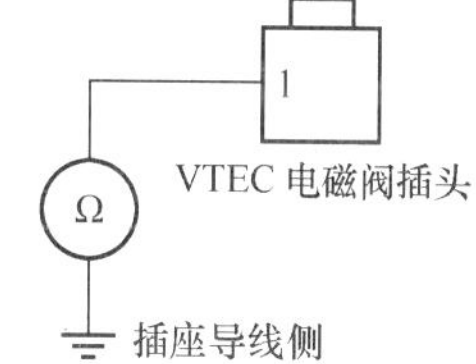

图 5-63　测量 VTEC 电磁阀线圈电阻

④ 若上述检查均正常，接好 VTEC 电磁阀线束连接器，拆下电磁阀上的螺栓，将专用接头和压力表连接到电磁阀上。然后起动发动机，当达到正常工作温度后(冷却风扇转动)，检查发动机转速分别为 1000r/min、2000r/min 和 4000r/min 时的机油压力，若机油压力均高于 49kPa，则说明电磁阀不能开启，必要时应更换电磁阀。

⑤ 用换件法检查 ECU 是否有故障，必要时更换 ECU。

任务 4　增压控制系统的认识

增压控制系统的功能是根据发动机进气压力的大小，控制增压装置的工作，以达到控制进气压力、提高发动机动力性和经济性的目的。

根据增压装置使用的动力源不同，增压装置可分为废气涡轮增压和动力增压两种类型。废气涡轮增压利用发动机排出的废气能量驱动增压装置工作；动力增压系统利用发动机输出动力或者电源驱动增压装置工作。目前汽车上广泛采用废气涡轮增压系统。

一、废气涡轮增压系统的结构组成

废气涡轮增压系统结构如图 5-64 所示，它主要由增压压力传感器、增压压力控制电磁阀、旁通阀、驱动气室、空气冷却器(中冷器)、ECU 及废气涡轮增压器等组成。

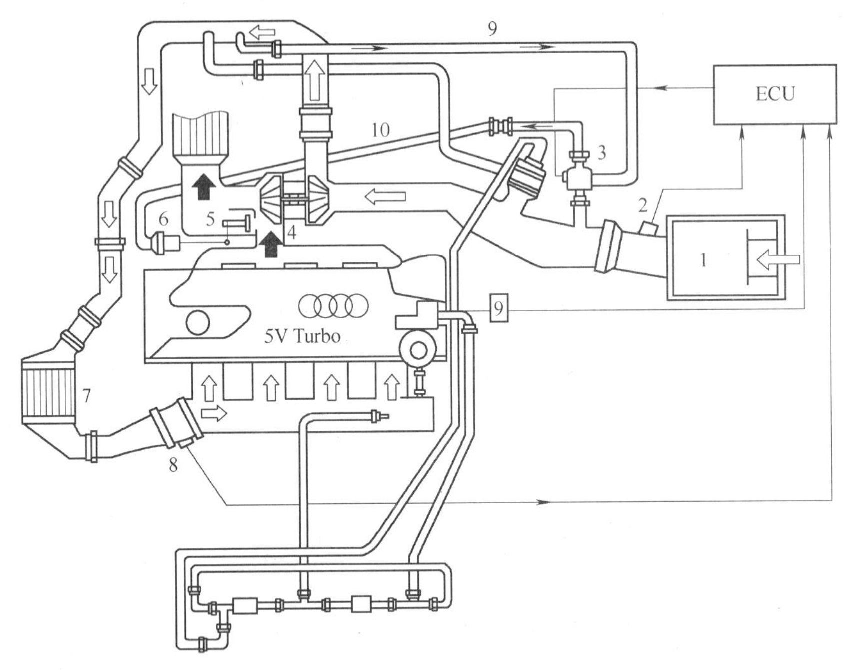

图 5-64　废气涡轮增压系统结构

1—空气滤清器　2—空气流量计　3—增压压力控制电磁阀　4—废气涡轮增压器　5—旁通阀
6—驱动气室　7—中冷器　8—增压压力传感器　9、10—高压空气管

废气涡轮增压器的结构如图 5-65 所示，它主要由两个涡轮工作轮、密封装置、壳体及轴承等组成。

二、废气涡轮增压系统的工作原理

废气涡轮增压系统的工作原理如图 5-66 所示。当 ECU 检测到进气压力低于某一规定值时(如低于 0.098MPa)，受 ECU 控制的释压电磁阀的搭铁回路断开，释压电磁阀关闭。此时由涡轮增压器出口引入的进气压力，经释压电磁阀进入驱动气室，克服气室弹簧的弹力推动切换阀，将废气进入涡轮室的通道打开，同时将排气旁通道关闭，于是排入的废气流经涡轮室，涡轮增压器工作，使进气增压。

当 ECU 检测到进气压力高于某一规定值时(如高于 0.098MPa)，将释压电磁阀搭铁回路接通，释压电磁阀打开，通往驱动气室的压力空气被切断，驱动气室在弹簧力的作用下，驱动切换阀，关闭排气进入涡轮室的通道。同时，将排气旁通道打开，排入的废气不经涡轮室而是经旁通阀直接排出，涡轮增压器停止工作，进气压力下降。直到进气压力降到规定的压力时，ECU 又将释压电磁阀关闭，切换阀将废气进入涡轮室的通道打开，增压器开始工作，使进气增压。

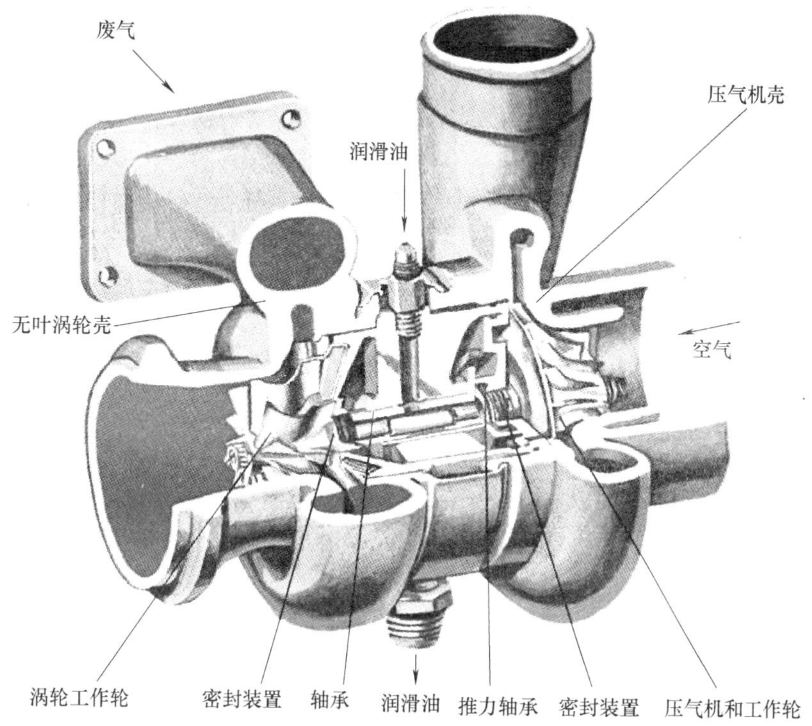

图 5-65　废气涡轮增压器的结构

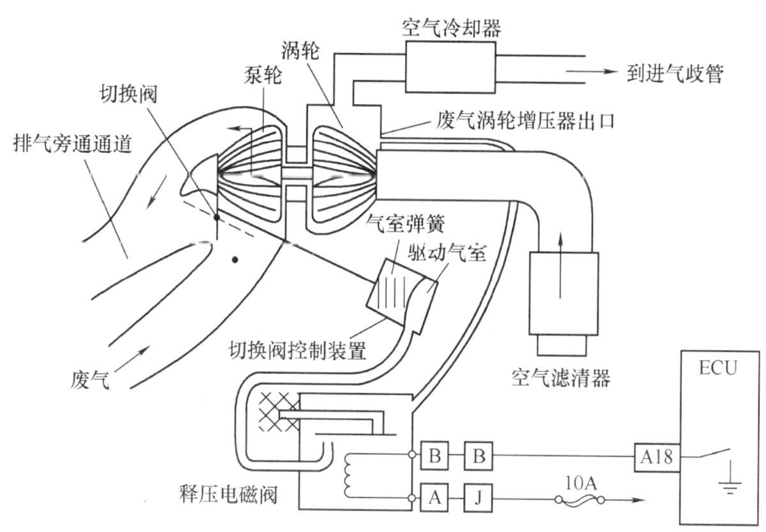

图 5-66　废气涡轮增压系统的工作原理

三、废气涡轮增压器的检修流程及技术要求

1. 影响废气涡轮增压器使用寿命的因素

1）润滑不良。

2）增压器进气中夹杂灰尘，使叶片弯曲或被割削，转子失去平衡导致轴承和密封的磨

损加剧。

3）废气排放中的细小颗粒进入涡轮，导致增压器损坏。

4）供油量过大，进气阻力大，使燃烧室内可燃混合气过浓而引起废气过热，致使涡轮壳体和油道过热。废气从排气管到涡轮室的通道泄漏，降低涡轮的转速，增加冒烟，造成涡轮室积炭及叶片腐蚀损坏。

2. 涡轮增压器的典型故障原因及排除

（1）压气机喘振　由于进气系统堵塞，如空气滤清器堵塞和进气胶管变形等，使通过增压器输送的空气量不足，进气管内增压后的空气压力产生较大的下降和波动，造成压气机喘振。此外，压气机喷嘴环流通道变形也会产生喘振现象。因此，空气滤芯应坚持每隔5000km 清洁一次外滤芯，2 万 km 更换安全滤芯，并经常检查进气胶管状况。

（2）增压器在运转中强烈振动且产生噪声　若噪声明显表现为金属摩擦声，则是轴承松动使涡轮或泵轮与泵体相摩擦或涡轮式泵轮叶片变形所致。若是周期性噪声，则可能是油泥和灰尘沉积所致；若增压器振动强烈，则可能是由于转子轴总成不平衡和浮动轴承损坏所致。

（3）增压压力下降　一般来讲，发动机在额定转速时，增压器转子的转速高达 $7\sim10\times10^4$ r/min，使增压压力达到额定值。空气滤芯堵塞、轴承磨损、涡轮/泵轮叶片变形或损坏、进气道胶管破裂或松脱等都会使转子转速下降，增压压力也随之下降。

（4）涡轮端或泵轮端漏油　废气涡轮增压器采用强制润滑方式，为不使机油泄漏，在浮动轴承两端设置有密封环。当转子轴磨损或轴承径向间隙过大时，该密封环将失去密封作用，使涡轮端或泵轮端漏油。泵轮端漏油严重时，进气通道、中冷器、进气歧管内存有大量机油，引起机油消耗增加、烧机油、冒蓝烟等故障；涡轮端漏油严重时，将使排气管、消声器存有大量油污，增大排气阻力，使动力下降。

（5）增压器突然停止运转　增压器突然停止运转是由于轴承缺油烧结、外界异物将涡轮或泵轮叶片打坏并卡死等原因造成的。

提示：分析了涡轮增压器典型故障原因后，应有针对性地排除故障，尽快恢复增压器的功能，延长增压器的使用寿命。

任务 5　其他辅助控制系统的认识

一、巡航控制系统

1. 巡航控制系统的功能

巡航控制系统也称为恒速行驶系统。巡航控制系统工作时，ECU 根据各种传感器信号判断汽车的运行工况，通过执行元件自动调节节气门开度，使汽车的行驶速度与设定车速保持一致。该系统可以起到减轻驾驶员疲劳、提高汽车燃油经济性和环保性等作用。

巡航控制过程中，系统的主要功能包括：

1）匀速控制功能。

2）巡航控制车速设定功能。

3）滑行功能。

4）加速功能。

5）恢复功能。

6）车速下限控制功能。

7）车速上限控制功能。

8）手动解除功能。

9）自动解除功能。

10）自动变速器控制功能。

11）快速修正巡航控制车速功能。

12）自诊断功能等。

2. 巡航控制系统的结构

巡航控制系统的结构如图 5-67 所示，它主要由操纵开关、制动开关、传感器、ECU 和执行元件等组成。其部件安装位置如图 5-68 所示。

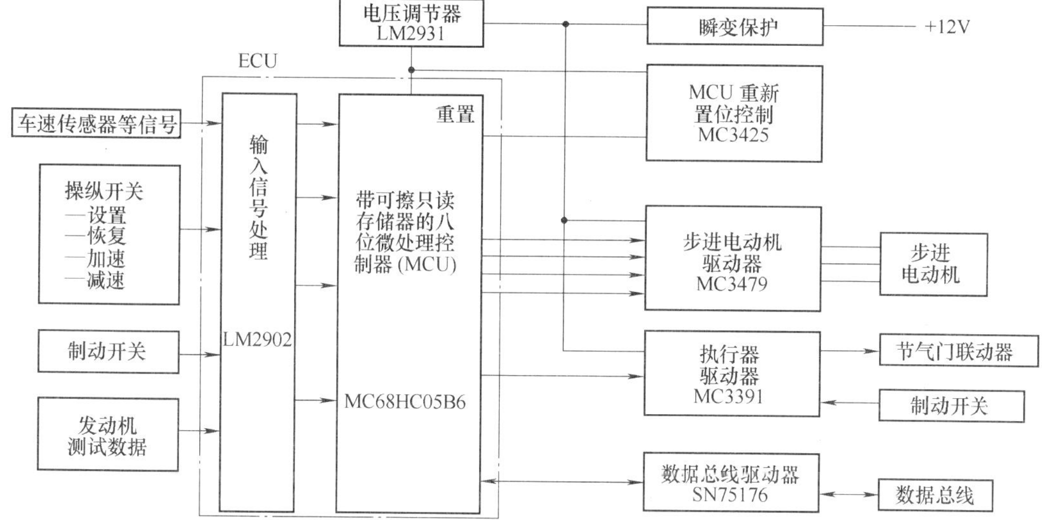

图 5-67　巡航控制系统的结构

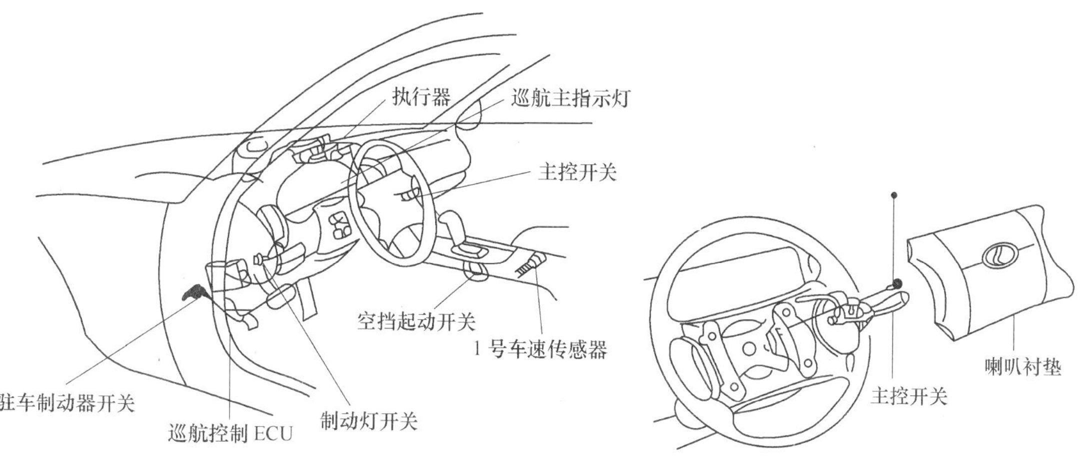

图 5-68　巡航控制系统部件安装位置

(1) 操纵开关　如图 5-69 所示，操纵开关安装在转向信号手柄上或方向盘上，驾驶员通过操纵开关给 ECU 输入巡航控制命令。操纵开关主要用于选择巡航控制模式、设置或修改巡航控制车速等。

“ON-OFF” 开关式巡航控制系统的主电源开关一般采用按键式，每次将其按下，该系统电源就接通或关闭，见图 5-69 中 A 箭头所指方向。

“SET/COAST” (设置/滑行)开关用于设定巡航控制车速，或者在巡航控制车速下减速滑行，见图 5-69 中 C 箭头所指方向。

“RES/ACC” (恢复/加速)开关用于恢复巡航控制模式或者在巡航控制模式下提高巡航车速，见图 5-69 中 B 箭头所指方向。

“CANCEL” (取消)开关，用于手动解除巡航模式，见图 5-69 中 D 箭头所指方向。

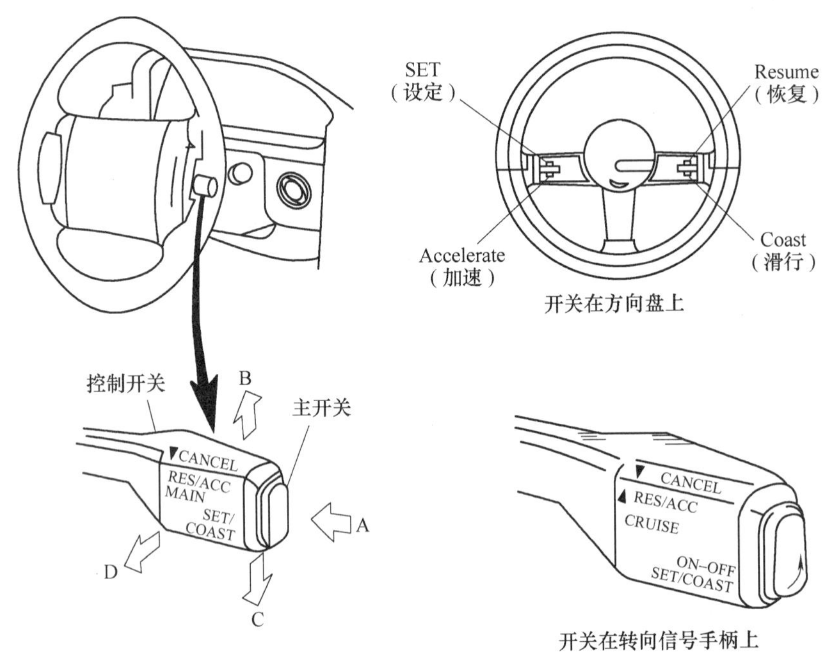

图 5-69　巡航控制开关

(2) 安全开关　安全开关包括制动灯开关、驻车制动开关、离合器开关和空挡起动开关。功用是向 ECU 提供解除巡航控制的信号，以免巡航控制系统的工作与驾驶员的操作目的发生冲突，导致系统损坏或发生事故。

(3) 传感器　除上述开关外，还必须由车速传感器、节气门位置传感器、执行元件位置传感器向 ECU 提供信号。

(4) 巡航控制 ECU　巡航控制 ECU 接收各传感器(包括开关)信号，对系统工作状态或执行元件实施控制。

(5) 执行元件　执行元件通过执行 ECU 的控制命令，来调节节气门的开度。它主要有两种类型：电动机式和气动膜片式。

1) 电动机式巡航控制执行元件。电动机式巡航控制执行元件如图 5-70 所示，它主要由电动机、电磁离合器、位置安全器和安全开关等组成。

电动机大多采用步进电动机，工作时通过巡航控制ECU发出的指令，控制电动机的正、反转来控制节气门开度的增加或减小，并通过转动步数控制节气门开度的变化量。

电磁离合器控制电动机与节气门之间的动力传递。当汽车在巡航控制模式行驶时，满足以下条件之一，巡航控制ECU将切断电磁离合器电路，使电磁离合器分离：驾驶员输入“CANCEL”信号；车速低于40km/h；驾驶员踩下制动踏板或拉起驻车制动手柄；自动变速器挂入P位或N位。

安全开关起到保护作用。当节气门全开或者全关时，若步进电动机继续旋转，就会损坏。因此电动机电路中设置两个安全开关，开关由输出轴驱动。节气门全开或全关时，安全开关断开，使电动机停转。

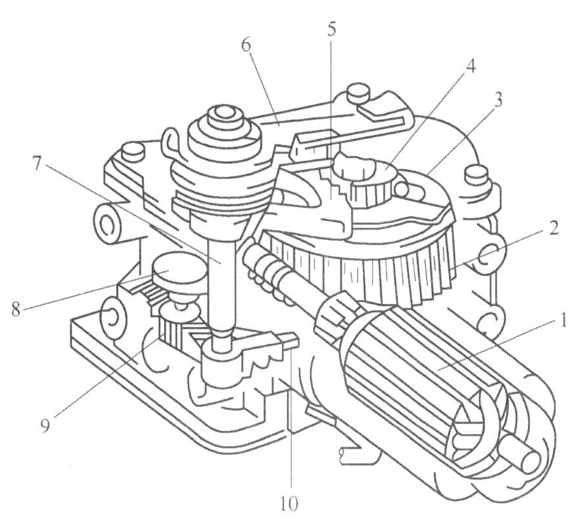

图5-70 电动机式巡航控制执行元件

1—电动机 2—电磁离合器主动件 3—电磁离合器从动件 4—减速齿轮 5—扇齿轮 6—节气门控制臂 7—输出轴 8—节气门位置传感器 9—节气门位置传感器驱动齿轮 10—安全开关

2）气动膜片式巡航控制执行器。气动膜片式巡航控制执行器如图5-71所示，它主要由真空输送阀、真空输送控制电磁阀、真空释放阀、真空释放控制电磁阀、膜片气室和膜片拉杆等组成。膜片通过拉杆与节气门控制臂或节气门拉线连接，ECU通过控制两个电磁阀线圈信号的占空比来控制真空输送阀和真空释放阀的开度，进而改变膜片气室的真空度，调节膜片的位置来改变节气门的开度，达到控制汽车行驶速度的目的。

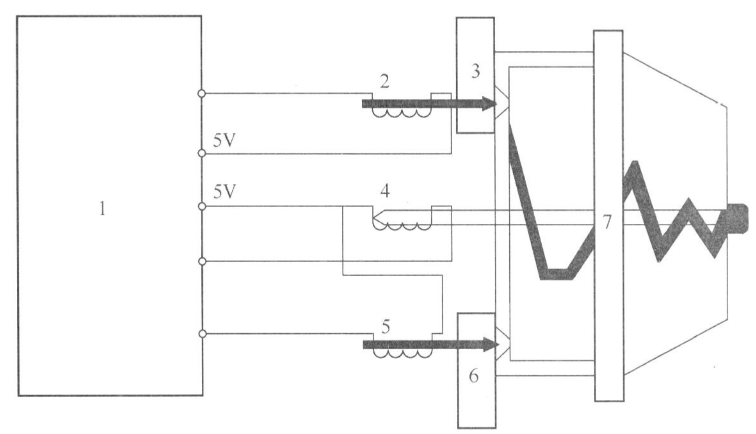

图5-71 气动膜片式巡航控制执行器

1—巡航控制ECU 2—真空输送控制电磁阀 3—真空输送阀 4—传感器 5—真空释放控制电磁阀 6—真空释放阀 7—膜片气室

3. 巡航控制系统的工作原理

巡航控制系统工作原理如图5-72所示。巡航控制开关和传感器将信号送至ECU，ECU

根据这些信号计算出节气门的合理开度，并给执行器发出信号，调节节气门的开度，保持汽车按设定的车速等速行驶。当汽车行驶速度低于设定的巡航车速时，ECU 发出指令给执行器使节气门开度增加，发动机功率上升，汽车速度提高；当汽车行驶速度高于设定的巡航车速时，ECU 发出指令给执行器使节气门开度变小，发动机功率下降，汽车速度降低。

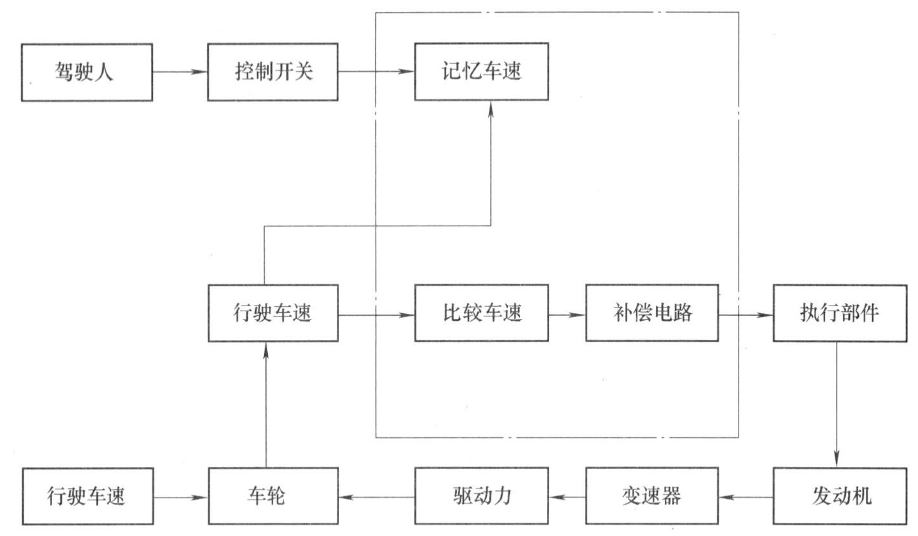

图 5-72 汽车巡航控制系统工作原理

4. 巡航控制系统的简单操作

（1）设定巡航车速

① 打开巡航控制系统开关，按下“ON-OFF”按钮，踩下加速踏板，使汽车加速。

② 当车速达到设定值时，将巡航控制系统操作手柄置于“SET/COAST”位置并放松，即进入自动行驶状态。

（2）解除巡航控制模式　解除巡航控制模式有多种方法可以选择

① 将巡航控制操纵手柄置于“CANCEL”位置并放松。

② 踩下制动踏板使汽车减速。

③ 将自动变速器变速杆置于空挡位置。

（3）提高巡航车速

① 将巡航控制系统操纵手柄置于“REC/ACC”位置并保持手柄不动。

② 当车速提高到重新设定值时放松巡航控制手柄。

（4）降低巡航车速

① 将巡航控制系统操纵手柄置于“SET/COAST”位置并保持手柄不动。

② 当车速降低到重新设定值时放松巡航控制手柄。

5. 巡航控制系统的使用注意事项

1）不要在天气恶劣条件下使用。

2）在解除巡航控制模式后，应关闭巡航控制系统的控制开关。

3）不要在坡道较大或较多的道路上行驶时使用。

4）若巡航指示灯闪亮时，则说明有故障，请勿使用。

5）ECU 是巡航控制系统的中枢，对电磁环境、湿度及机械振动有较高的要求。

6. 巡航控制系统的检修

系统工作时，如果 ECU 在预定的时间内接收不到车速信号，或由于操纵开关或执行元件故障而自动解除巡航控制模式，则系统指示灯闪烁 5 次，说明巡航控制系统有故障。

巡航系统常见故障有：不能进入巡航模式、间歇性故障、不能维持巡航控制车速、安全保护系统故障等。其常见故障及诊断方法如表 5-3 所示。

表 5-3　巡航控制系统的常见故障及诊断方法

故 障 类 型	故障现象或原因	诊 断 方 法
不能进入巡航控制模式	巡航控制操纵开关失效	检查开关工作状态及其电路
	节气门位置传感器无信号输出	检查传感器及电路
	车速传感器无信号输出	检查传感器及电路
	节气门不能动作	检查节气门控制臂及拉线
	安全保持系统故障	按安全保持系统故障检修方法处理
	ECU 故障	检查 ECU
	执行元件不工作	检查执行元件工作状态及其电路
间歇性故障	有时不能进入巡航控制模式，有时能进入巡航控制模式	检查电源继电器、车速传感器及其电路
		检查操纵开关、ECU、执行元件是否正常
		检查各连接线路
不能维持巡航控制车速	巡航控制车速比设定值高或低	检查执行元件工作情况
		检查 ECU 是否有故障
		检查车速传感器有无信号输出
安全保护系统故障	车速传感器信号不正确或无信号	检查传感器及其电路
	高速限制电路故障	检查高速限制开关及其电路
	低速限制电路故障	检查低速限制开关及其电路
	电磁离合器故障	检查电磁离合器及其电路
	无制动开关信号	检查制动开关及其电路
	无空挡启动开关信号	检查空挡启动开关及其电路
	ECU 故障	检查 ECU

二、冷却风扇及发电机控制系统

1. 冷却风扇控制系统

冷却风扇控制系统的功能是：发动机控制 ECU 根据冷却液温度传感器信号和空调开关信号，通过风扇继电器来控制风扇电动机电路的通断，以实现对风扇工作的控制。这主要是因为：如果起动时冷却液温度低而风扇持续工作，则发动机的冷起动性能下降；如果汽车运行过程中发动机温度上升时风扇停止运转，则发动机容易过热。

冷却风扇控制系统的主要功能是通过风扇继电器控制电路来实现的。图 5-73 所示为切诺基散热器风扇继电器控制电路，其控制原理为：发动机控制 ECU 控制风扇继电器线圈的搭铁回路，当冷却液温度低于98℃时，ECU断开风扇继电器搭铁回路，冷却风扇不工作；当冷却液温度高于103℃时，冷却风扇工作。如果选择空调打开信号，则不管冷却液温度多少，风扇都始终工作。

2. 发电机控制系统

发电机控制系统的作用是根据蓄电池的电压信号，控制发电机的输出电压。

如图5-74所示，ECU控制发电机励磁绕组的搭铁回路以调节磁场强度，从而实现对发电机输出电压的控制，并利用充电指示灯监测充电系统的工作情况。

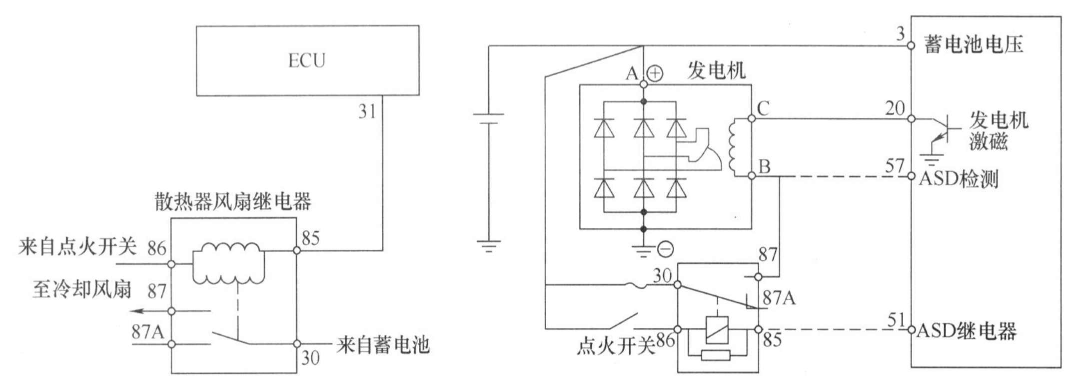

图5-73　风扇继电器控制电路

图5-74　发电机输出电压控制系统电路

三、故障自诊断系统

1. 故障自诊断系统的功能

现代汽车电子控制系统中，一般都设置有故障自诊断功能。我们把实现汽车故障自诊断功能的判定、存储及显示的装置统称为自诊断系统。其主要功能有：

1）通过自诊断测试判断电控系有无故障，有故障时，指示灯发出警报，并将故障码存储。

2）在维修时，通过一定操作程序可将故障码调出，以便维修人员进行有针对性的检查及判断；当故障解除后，可以消除故障码。

3）当传感器或其电路发生故障时，自动启动失效保护功能。

4）当发生故障导致车辆无法行驶时，自动启动应急备用系统，以保证汽车可以继续行驶。

2. 自诊断系统的工作原理

（1）传感器故障自诊断原理　若传感器输入ECU的信号超出正常范围，或在一定时间内ECU收不到该传感器信号，或该传感器输入ECU的信号在一定时间内不发生变化，自诊断系统均判定为故障信号。

图5-75所示为冷却液温度传感器的工作原理。当传感器向ECU输送的信号电压低于0.1V或高于4.8V时，自诊断系统会判定为故障信号。

（2）执行器故障自诊断原理　在没有反馈信号的开环控制中，如果执行元件有故障，则自诊断系统只能根据ECU输出的执行信号来进行判断。其原理与传感器类似。

带有反馈信号的闭环控制工作时，自诊断系统还可根据反馈信号判别故障。

图 5-76 所示为电控点火系统工作原理图。当 ECU 连续三次以上未收到点火器的 IG_F（点火确认信号）时，将停止向喷油器提供喷油信号，同时判定点火系统的点火器或其他执行元件发生故障。

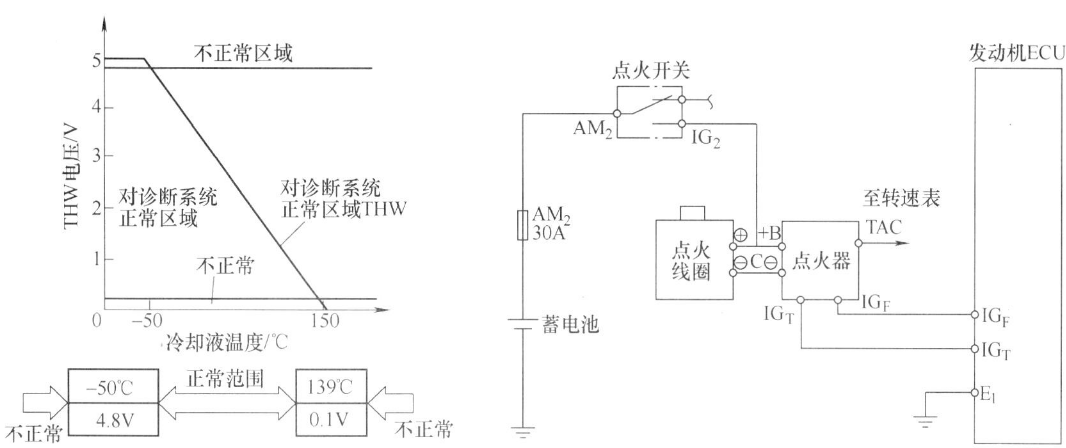

图 5-75　传感器的故障自诊断原理　　　　图 5-76　点火系统工作原理

3. OBD-Ⅱ 系统简介

OBD 是 ON-BOARD DIAGNOSITICS 的缩写，是由美国汽车工程师学会（SAE）提出的，经美国环保机构（EPA）和加州资源协会（CARB）认证通过的一种行业规范。20 世纪 70 年代，汽车电控系统中开始采用了第一代随车诊断系统（OBD-Ⅰ）；1994 年以后，美国、日本和欧洲的主要汽车制造厂家生产的电控汽车逐步开始采用第二代故障诊断系统（OBD-Ⅱ）。

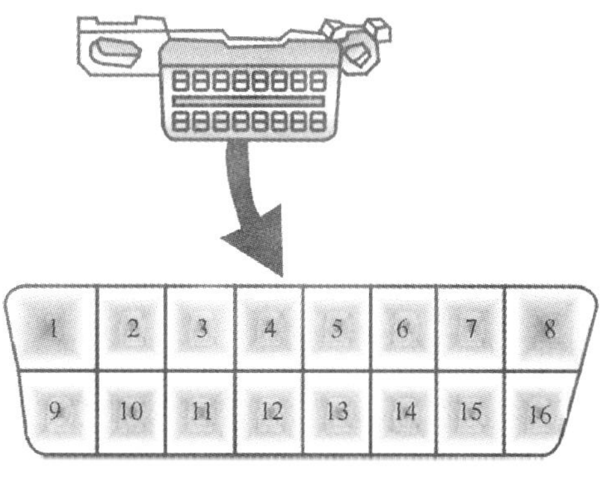

图 5-77　OBD-Ⅱ 诊断座形式

OBD-Ⅱ 的主要特点是：

1）汽车按标准装用统一的 16 端子诊断座，并将诊断座统一安装在驾驶室仪表板下方。如图 5-77 所示。OBD-Ⅱ 16 个端子的含义如表 5-4所示。

表 5-4　OBD-Ⅱ 16 个端子的含义

插脚	含　　义	插脚	含　　义
1	提供制造厂应用	9	提供制造厂应用
2	SAEJ1850 所定制的资料传输线	10	SAE 制造厂所定制的资料传输线
3	提供制造厂应用	11	提供制造厂应用
4	直接车身搭铁	12	提供制造厂应用
5	信号回路搭铁	13	提供制造厂应用
6	提供制造厂应用	14	提供制造厂应用
7	ISO-9141-2 所定制的资料传输线 K	15	ISO-9141-2 所定制的资料传输线 L
8	提供制造厂应用	16	直接蓄电池正电源

2）OBD-Ⅱ具有数据传输功能。

3）OBD-Ⅱ具有行车记录功能。

4）装用 OBD-Ⅱ的汽车，采用相同的故障码代号及故障码意义统一。OBD-Ⅱ的故障码一共由五位字母和数字组成。

① 第一位是总成控制 ECU 故障码。规定用英文字母表示，一共有四个：P 代表汽车发动机和自动变速器控制 ECU，C 代表汽车底盘控制 ECU；B 代表汽车车身控制 ECU；U 代表规定其他系统控制 ECU。

② 第二位是企业的故障码。企业的故障码规定由一位阿拉伯数字表示。其中，0 代表 SAE 定义的故障码，其他 1 ~9 为各汽车公司自行定义的故障码

③ 第三位为系统故障码。

④ 第四位和第五位是原厂编码顺序故障码。

例如 P2351，P 为总成控制 ECU 故障码，2 为编码企业故障码，3 为系统故障码，51 为原厂编码顺序故障码。

四、失效保护系统

失效保护系统的作用是当故障诊断系统判定某传感器或其电路出现故障(即失效)时，由自诊断系统启动而进入工作状态，给 ECU 提供设定的目标信号来代替故障信号，以保持控制系统继续工作，确保发动机仍能继续运转。表 5-5 所示为部分传感器失效或电路故障时失效保护系统的标准信号。

表 5-5　失效保护系统的标准信号

失效传感器或电路	标准信号或处理方式
冷却液温度传感器或其电路发生故障时	通常按冷却液温度为 80℃ 控制发动机工作，防止混合气过浓或过稀
进气温度传感器或其电路发生故障时	通常按进气温度为 20℃ 控制发动机工作，防止混合气过浓或过稀
点火系统发生故障造成不能点火，ECU 接收不到点火控制反馈的点火确认信号时(连续 3 ~5 次)	ECU 立即切断燃油喷射电路，使发动机停止运转
节气门位置传感器或其电路发生故障时	通常按节气门开度为 0°或 25°设定标准的节气门位置传感器
爆燃传感器或其电路发生故障时	ECU 将点火提前角固定在一个适当值
凸轮轴位置传感器发生故障时，导致 G1 和 G2 两个信号不能输送给 ECU	利用应急备用系统维持发动机基本运转
空气流量计或其电路发生故障，ECU 无法按进气量计算基本喷油量	失效保护系统使 ECU 根据起动信号和节气门位置传感器信号按固定的喷射时间控制发动机工作
进气管绝对压力传感器或其电路故障，ECU 无法按进气流量计算基本喷油量	使 ECU 按设定的固定值控制喷油量，或启动应急备用系统维持发动机运转

五、应急备用系统

1. 应急备用系统的功能

应急备用系统又称为回家系统。其功能由 ECU 内的备用 IC 来完成，即当 ECU 内的微处理器或少数重要的传感器出现故障，车辆无法行驶时，该系统使 ECU 把燃油喷射和点火正时控制在设定的水平上，作为一种备用功能使汽车能维持基本行驶，以便把汽车开到最近的维修站或适宜的地方。

注意：应急备用系统只能维持汽车的基本功能，而不能保证发动机正常运行。

2. 应急备用系统的工作原理

如图 5-78 所示，当启动备用系统工作后，备用 IC 根据控制所需的几个基本传感器信号，按照固定的程序对执行元件进行简单的控制。

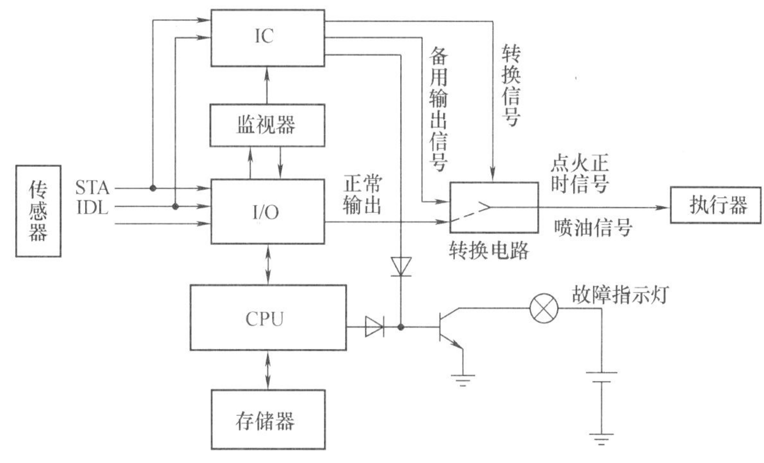

图 5-78　应急备用系统的工作原理

注意：应急备用系统工作时，只能根据起动开关信号和怠速触点信号将发动机的工况简单地分为起动、怠速和非怠速，并按预先设定的固定数值输出喷油控制信号和点火控制信号。

本项目小结

1. 汽油机辅助系统大体上可分为怠速控制系统、排放控制系统、进气控制系统、增压控制系统及其他辅助控制系统等。

2. 怠速控制系统的作用主要是在冷机时用高怠速实现发动机起动后的快速暖机，并自动维持发动机在目标怠速下稳定运转。

3. 怠速控制的实质是控制怠速时的进气量。怠速进气量的控制方法主要有节气门直动式和旁通空气控制式两种形式。

4. 旁通怠速控制器主要有步进电动机式、旋转滑阀式、占空比控制式、开关控制式四种形式。

5. 步进电动机型怠速控制阀主要由步进电动机(转子和定子)、阀杆、插接器、轴承和阀等组成。

6. 占空比是指脉冲信号的通电时间与一个通断周期的比值。

7. 目前应用在汽车上的部分排放控制系统主要有：曲轴箱强制通风(PCV)系统、汽油蒸气排放控制(EVAP)系统、废气再循环(EGR)系统、三元催化转化器(TWC)与空燃比反馈控制系统、二次空气供给系统和热空气供给系统等。

8. 曲轴箱强制通风系统的作用是防止曲轴箱气体排放到大气中。

9. 燃油蒸气排放控制系统(EVAP)的作用是收集燃油箱或者浮子室(化油器式汽油机)内蒸发的汽油蒸气，并将汽油蒸气导入气缸参加燃烧，从而防止汽油蒸气直接排入大气而造成污染。

10. 废气再循环(EGR)系统的作用是将适量的废气引入气缸内参加燃烧，从而降低气缸内的最高温度，以减少 NO_x 的排放量。为了保证发动机正常工作和性能不受过多影响，必须根据发动机工况的变化，控制废气再循环量。

11. 废气再循环(EGR)系统主要有开环控制 EGR 系统和闭环控制 EGR 系统两种。

12. 三元催化转化器(TWC)的功能是利用转换器中的三元催化剂，将发动机排出废气中的有害气体 CO、HC 和 NO_x 变成无害气体。

13. 二次空气供给系统的作用是在一定工况下，将新鲜空气送入排气管，促使废气中的 CO 和 HC 进一步氧化，从而降低 CO 和 HC 的排放量，同时提高 TWC 的温度。

14. 进气控制系统主要包括动力阀控制系统、谐波增压控制系统和可变配气相位控制系统等。

15. 可变配气相位控制系统(VTEC)的作用是根据发动机转速、负荷的变化来控制 VTEC 机构的工作，改变驱动同一气缸的两进气门工作的凸轮，以调整进气门的配气相位及升程，实现单进气门工作和双进气门工作的切换，从而改变气门升程和配气相位。

16. 本田轿车可变配气相位控制系统(VTEC)的结构主要由主摇臂、中间摇臂、次摇臂、同步活塞 A 和同步活塞 B 等组成。

17. 增压系统的功能是根据发动机进气压力的大小，控制增压装置的工作，以达到控制进气压力、提高发动机动力性和经济性的目的。

18. 废气涡轮增压系统结构主要由增压压力传感器、增压压力控制电磁阀、旁通阀、驱动气室、空气冷却器(中冷器)、ECU 及废气涡轮增压器等结构组成。

19. 巡航控制系统也称为恒速形式系统。巡航控制系统工作时，ECU 根据各种传感器信号判断汽车的运行工况，通过执行元件自动调节节气门开度，使汽车的行驶速度与设定车速保持一致。该系统可以起到减轻驾驶员疲劳、提高汽车燃油经济性和环保性等作用。

20. OBD 是 ON-BOARD DIAGNOSITICS 的缩写，是由美国汽车工程师学会(SAE)提出的，经美国环保机构(EPA)和加州资源协会(CARB)认证通过的一种行业规范。

练习与思考

一、填空题

1. 在怠速控制系统中 ECU 需要根据________、________确认怠速工况。

2. 占空比控制电磁阀型怠速控制阀的结构主要由________、________、________、

________等组成。

3. VTEC 配气机构与普通配气机构相比，在结构上的主要区别是：________。

4. 汽车排放污染主要来源于________。

5. 开环控制 EGR 系统主要由________和________等组成。

6. 三元催化转化器的功能是________。

7. 巡航控制系统用英文字母表示为________，又称________。

8. 在三元催化转化器前后各装一个氧传感器的目的是________。

9. 废气涡轮增压系统的主要部件有________、________、________和冷却器。

10. EVAP 是________英文缩写。

二、判断题

1. 怠速运转的高低直接影响燃油消耗和排放污染。(　　)

2. 只有在节气门全关、车速为零时，才进行怠速控制。(　　)

3. 目前汽车上的增压装置多采用动力增压。(　　)

4. 在所有的 EVAP 系统中，活性炭罐上都设有真空控制阀。(　　)

5. 汽车进入巡航控制状态后，若车速过低，ECU 将自动解除巡航控制。(　　)

6. 汽车在坡道较大的道路上行驶时，若使用巡航控制系统，会引起发动机转速变化过大。(　　)

7. 装用电控节气门系统的发动机不需装用怠速控制阀。(　　)

8. 自诊断系统对所设故障码以外的故障无能为力，特别是机械装置、真空装置等。(　　)

9. 自诊断系统只能根据传感器输入信号来判定有无故障，但不能确定故障的具体部位。(　　)

10. 当节气门位置传感器有故障时，ECU 将始终接收到节气门处于开度为 50% 的信号。(　　)

11. 二氧化锆氧传感器的输出特性在空燃比 14.7 附近有突变。(　　)

12. 一般氧传感器安装在排气管处，三元催化转化器前面。(　　)

13. 只有当发动机在标准的理论空燃比下运转时，三元催化转化器的转化效率才最佳。(　　)

14. 燃烧的温度越低，氮氧化合物排出的就越多。(　　)

15. 废气再循环的作用是减少 HC、CO 和 NO_x 的排放量。(　　)

三、选择题

1. 废气再循环的作用是抑制(　　)的产生。

A. HC　　B. CO　　C. NO_x　　D. 有害气体

2. 在(　　)时废气再循环控制系统不工作。

A. 行驶　　B. 怠速　　C. 高转速　　D. 热车

3. 如果三元催化转化器良好，后氧传感器信号波动(　　)。

A. 频率高　　B. 增加　　C. 没有　　D. 缓慢

4. 进气惯性增压系统通过改变(　　)达到进气增压效果。

A. 进气通道截面积　　B. 压力波传播路线长度

C. 废气流动路线　　　　　　　　　D. 进气管长度

5. 氧化钛氧传感器工作时，当废气中的氧浓度高时，氧化钛的电阻值(　　)

A. 增大　　　　B. 减小　　　　C. 不变　　　　D. 都不对

6. 下列(　　)工况不是采用开环控制。

A. 怠速运转时　　　　　　　　　B. 发动机起动时

C. 节气门全开或大负荷时　　　　D. 汽车中等负荷行驶

7. 技术员甲说调节发动机怠速的方法是调节发动机上的怠速调节螺钉或怠速电磁阀以调节节气门的关闭程度；技术员乙说发动机怠速改变后，节气门怠速开度传感器必须加以调整。(　　)正确？

A. 只有甲正确　　B. 只有乙正确　　C. 两人均正确　　D. 两人均不正确

8. 技术员甲说有真空泄漏对复合式车辆影响很小，因为它不需要依靠真空度信号来计量燃油量；技术员乙说真空泄漏对真空控制的排放控制装置有极大影响。(　　)正确。

A. 只有甲正确　　B. 只有乙正确　　C. 两人均正确　　D. 两人均不正确

9. 有一辆车据反映有怠速不稳定故障，用废气分析仪检查，发现在怠速时，出现混合气可能过稀状态，并且 HC 和 O_2 排放含量高，加大丙烷的浓度不能改善这种情况。在 2500r/min 时，废气分析仪的读数才有改善。最可能的原因是：(　　)。

A. 在油路中有空气　　　　　　　B. 气缸垫泄漏

C. 进气门导管磨损　　　　　　　D. 凸轮轴凸尖磨损

10. 下列说明不正确的一项为(　　)。

A. 发动机起动后，快怠速运转超过预示时间时，开关型怠速控制阀处于关闭状态

B. 发动机起动工作时或刚刚起动后，开关型怠速控制阀开启

C. 当怠速触点闭合，且发动机转速下降到规定转速以下时，发动机处于怠速运转状态

D. 发动机起动后怠速运转超过预定时，开关型怠速控制阀关闭

四、问答题

1. 在现代的汽车上装用了哪些排放控制系统？
2. 二次空气供给系统的功能是什么？
3. 在进行巡航控制时，系统的主要功能包括哪些？
4. 步进电动机型怠速控制阀的控制内容是什么？
5. 废气涡轮增压控制系统的工作原理是什么？
6. 什么是废气再循环？

项目六　汽油机电控系统常见故障诊断与检修

电控发动机由于增加了电子控制部分，使油路和电路相互联系，因此电控发动机的常见故障及诊断也具有与化油器式发动机不同的特点。对诊断方法的了解、诊断工具及仪器的使用、电路识图基础知识的掌握等在诊断过程中显得尤为重要。掌握这些知识，将对我们排除发动机电控系统故障，特别是疑难故障提供有效的帮助。

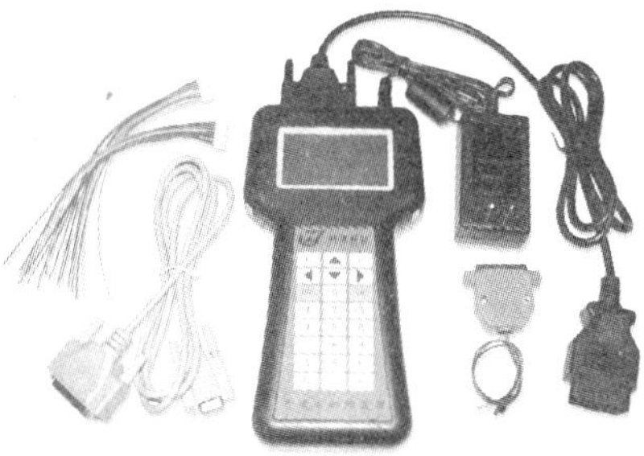

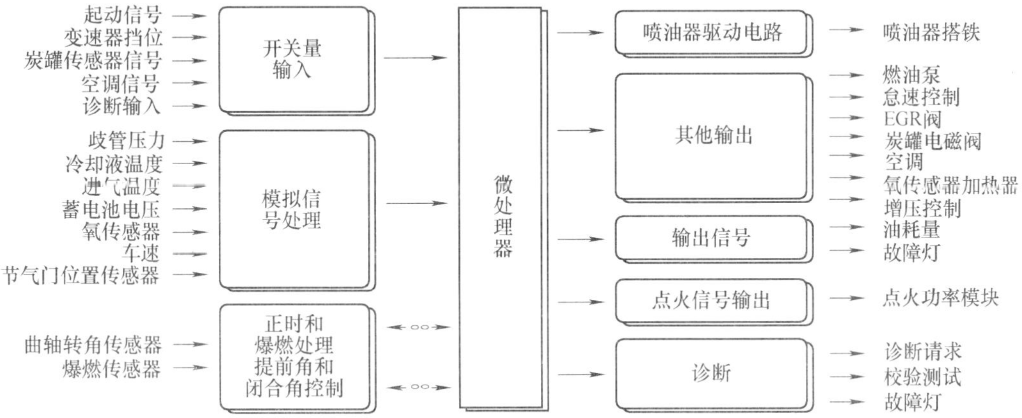

起动信号
变速器挡位
炭罐传感器信号
空调信号
诊断输入
→ 开关量输入 → 微处理器

歧管压力
冷却液温度
进气温度
蓄电池电压
氧传感器
车速
节气门位置传感器
→ 模拟信号处理 → 微处理器

曲轴转角传感器
爆燃传感器
→ 正时和爆燃处理提前角和闭合角控制 ↔ 微处理器

微处理器 → 喷油器驱动电路 → 喷油器搭铁

微处理器 → 其他输出 → 燃油泵、怠速控制、EGR阀、炭罐电磁阀、空调、氧传感器加热器、增压控制

微处理器 → 输出信号 → 油耗量、故障灯

微处理器 → 点火信号输出 → 点火功率模块

微处理器 → 诊断 → 诊断请求、校验测试、故障灯

【学习目标】

◇ 了解电控发动机使用及检修注意事项
◇ 掌握电控系统故障诊断检修常用工具、仪器的使用
◇ 掌握电控发动机的故障特征、诊断程序及分析方法
◇ 掌握电控发动机疑难故障的检查项目
◇ 掌握电路识图基础知识
◇ 掌握电控发动机常见故障及诊断流程

任务1　电控发动机使用及检修注意事项

一、电控发动机使用注意事项

电控燃油喷射式发动机出现故障多数是由于使用不当所造成的。

1）驾驶维修人员应了解电控系统各主要元件所在位置，以便对其实施维护。

2）掌握仪表板上各开关、显示灯、仪表等的作用和功能，弄清仪表板上英文缩写含义。

3）熟练掌握操作要领，避免误操作。

4）加装电器设备应远离ECU，防止干扰或加装防干扰屏蔽设施。

5）检查线束是否有油污、潮湿、松动，保持连接器清洁、连接可靠。

6）蓄电池的极性不许接反，禁用外接电源起动发动机，以免电压过高损坏电控系统元件。

7）必须使用无铅汽油，定期更换燃油滤清器。

8）知道“故障指示灯”工作情况。

二、电控发动机检修注意事项

1）接通点火开关时，不允许拆开任何12V电器装置，防止电器装置中的线圈自感作用产生的瞬时电压损坏ECU或传感器。

2）发动机发生故障时，忌盲目拆检。确定机械部分无故障后再检查电控系统。

3）故障诊断时，先根据“故障指示灯”工作情况进行相应检查。

4）注意检查线束插接器是否清洁，连线是否可靠。

5）对燃油系统检修前，应拆开蓄电池负极以免损坏电控系统元件。

6）维修中，注意各车型线束插接器的锁扣型式，不可盲目用力硬拉。安装时要插接到位，锁扣要锁住。

7）对电控系统电路或元件进行检查时，必须使用高阻抗数字万用表检查电压、电阻或电流。

8）发动机熄火后，燃油系统残余压力仍较高，对该系统进行拆检前，必须释放燃油系统的残余压力。

任务2　电控系统故障诊断检修常用工具、仪器的使用

一、电控系统故障诊断及检修常用工具的使用

在发动机电控系统的诊断及检修过程中，常用的工具主要有：跨接线、测试灯、点火正时灯、数字万用表、手动真空泵、燃油压力表等。

1. 跨接线

跨接线是一段专用导线，它主要由两端的接线头或者鳄鱼夹及中间的导线组成，如图6-1所示。

(1) 跨接线主要作用

1) 如果某电控元件工作不正常时，可使用跨接线将被检元件的“搭铁”端子直接搭铁，若该元件工作恢复正常，则说明该元件的搭铁线路有故障；同理，若将该被检元件的“电源”端子用跨接线连接到蓄电池正极，电控元件工作恢复正常，则说明该电源电路有故障。

2) 部分车系如丰田车系等调取故障码时可以使用跨接线进行某些端子的连接。

(2) 跨接线使用注意事项

1) 使用跨接线接电源正极时，应该先弄清该电路元件的工作电压是否为12V(或24V)，以免烧坏电路元件。

2) 应注意不要用跨接线直接将电路元件正负极短接，避免烧坏电源。

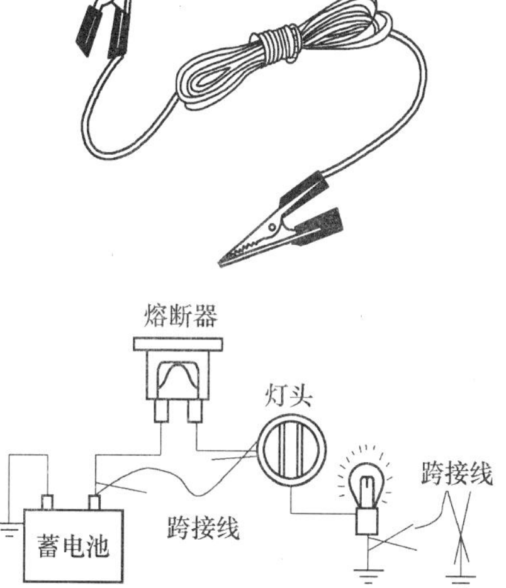

图6-1　跨接线及其使用

2. 测试灯

测试灯主要用来检查电控元件电路的通断情况，并根据指示灯亮度判断被测电路的电压高低。常用的测试灯有两种，即有源测试灯(图6-2)和无源测试灯(图6-3)。

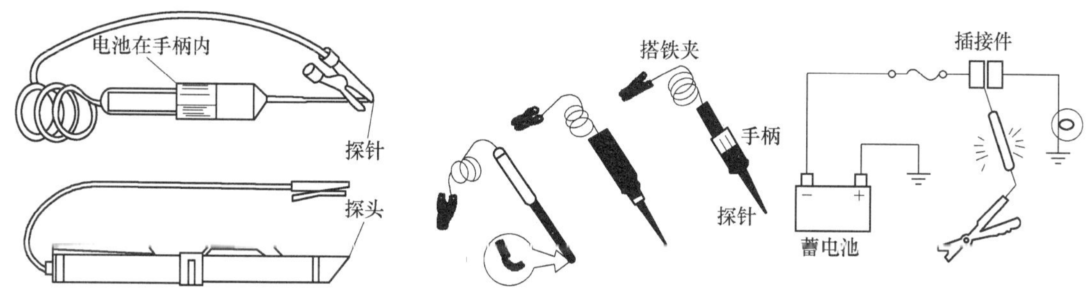

图6-2　有源测试灯

图6-3　无源测试灯及其使用

(1) 有源测试灯　有源测试灯如图6-2所示，可用于检查电路断路故障。

检查方法为：将自带电源测试灯跨接在被测线路的两端，如果灯不亮，则说明线路有断路故障。然后依次选择适当测点移动测针缩小测试范围，直到灯亮为止，即可确定电路的断开点在最后两个测点之间。

(2) 无源测试灯　无源测试灯如图6-3所示，可用于检查电路的断路和短路故障。

若怀疑电控元件有断路故障，可先将测试灯的搭铁线搭铁，再用探针触其电源输入端子。若灯不亮，则说明被测电路有断路故障，可继续沿着电流流向选择测点，直到灯亮为止，即可确认断路故障在最后两个测点之间。

若怀疑电路有短路故障，可将测试灯直接跨接在熔丝处，然后依次断开待测线路中的线束插接器，直到测试灯熄灭为止，短路故障即发生在最后断开的两个线束插接器之间。

3. 点火正时灯

点火正时灯的作用是用来检查发动机的点火正时和点火提前角。

点火正时灯如图6-4所示，大多数正时灯有一个与1缸火花塞高压线相连的夹线钳。老式的正时灯还有在1缸火花塞与火花塞高压线之间串联用的导线。

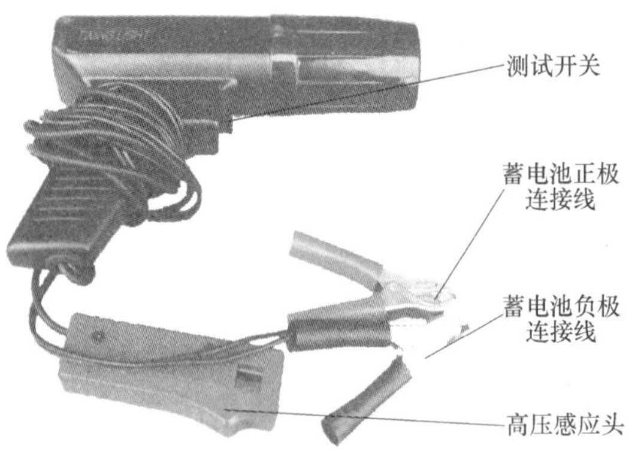

图6-4　点火正时灯

4. 万用表

万用表主要用于检测电阻、电压、电流等参数，并以此判断电路的通断和电控元件的技术状况。万用表有指针式万用表和数字式万用表两种形式。现在普遍采用数字式万用表。数字式万用表又可以分普通型（图6-5）和汽车专用型（图6-6）两种。

（1）普通型数字式万用表　普通型数字式万用表具有测量精度高、测量范围广、输入阻抗高、抗干扰能力强、容易读数等优点，在汽车故障诊断与检修中应用广泛。普通型数字式万用表功能比较简单，一般只能用来检测电阻、电压和电流。

图6-5　普通型数字式万用表

图6-6　汽车专用型数字式万用表

（2）汽车专用型数字式万用表　汽车专用型数字式万用表除具有普通数字式万用表的功能外，还具有一些汽车专用测试功能，除可用来测量电控元件和电路的电阻、电压、电流外，还能测量转速、频率、温度、电容、闭合角、占空比等项目，并具有自动断电、自动变换量程、数据锁定、波形显示等功能。下面以UT107型数字式万用表（图6-7）为例，其主要

功能和操作方法如下所述。

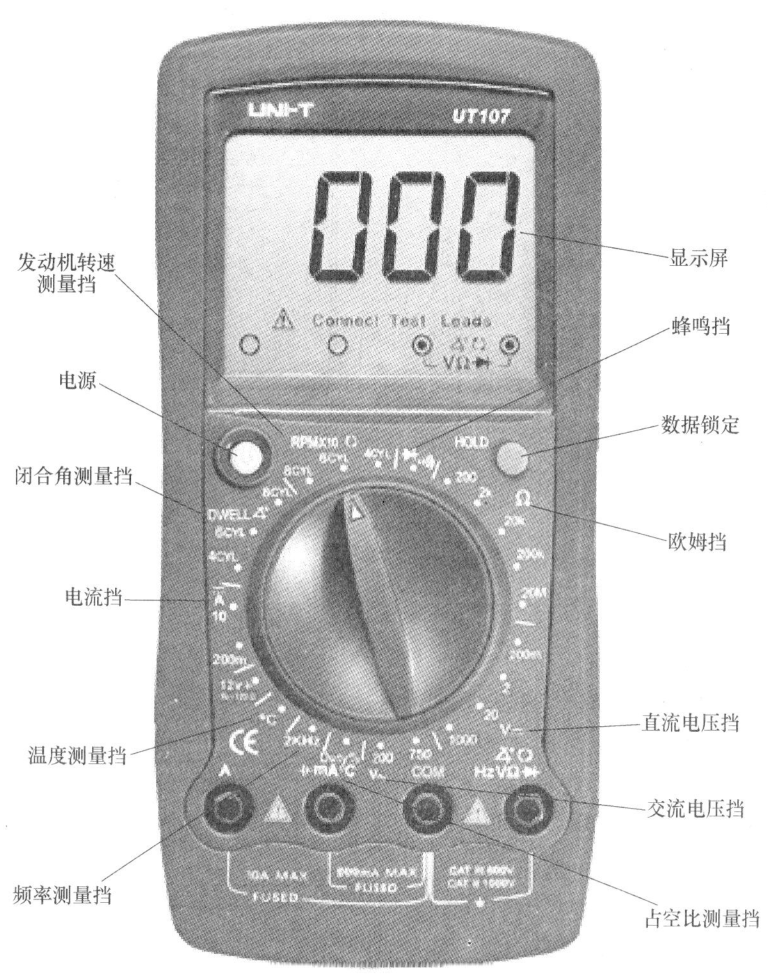

图 6-7　UT107 型数字式万用表

1）电压测量。将黑色表棒插入负极测试棒插座，红色表棒插入正极测试棒插座，功能开关旋至 DC(直流)或 AC(交流)量程范围。将测试表棒与被测负载或信号源并联，显示屏上即可显示电压读数，如图 6-8 所示。

2）电流测量。将黑色表棒插入负极测试棒插座，红色表棒插入电流正极测试棒插座，功能开关置于 DC 或 AC 量程范围。将测试表棒串入电路中，显示屏上即可显示电流读数，如图 6-9 所示。

3）电阻测量。将黑色表棒插入负极测试棒插座，红色表棒插入正极测试棒插座，功能开关置于电阻量程上。将测试表棒跨接在被测电阻上，显示屏上即可显示电阻读数，如图 6-10所示。

注意：在进行电阻测量时，被测部件必须从电路上脱开。

4）频率测量。将黑色表棒插入负极测试棒插座，红色表棒插入正极测试棒插座，功能开关置于 Hz 位置。将红色表棒测试线接传感器信号端，黑色表棒测试线搭铁或蓄电池负极，显示屏上即可显示频率读数。

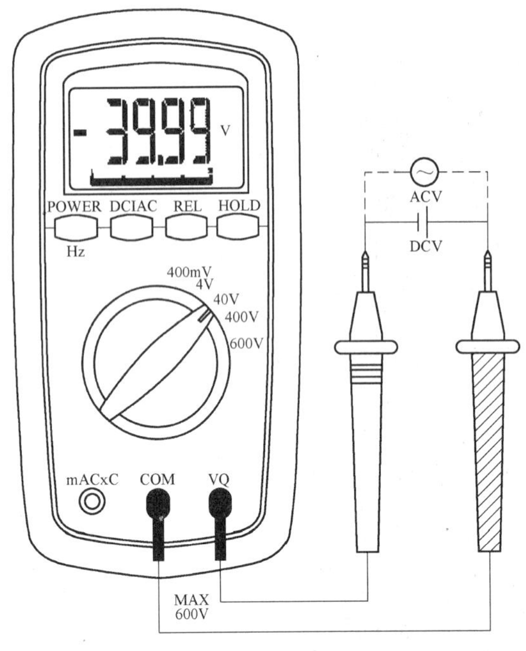

图 6-8　电压测量　　　　图 6-9　电流测量

5）二极管测量及带蜂鸣器的连续性测试。将黑色表棒插入负极测试棒插座，红色表棒插入正极测试棒插座，功能开关置于二极管测量挡。将测试表棒跨接在被测二极管上或接在待测线路的两端，当待测线路两端电阻值低于 70Ω 时，内置蜂鸣器发声。

注意：测量时，被测部件必须从电路上脱开。

6）读取故障码。将黑色表棒插入负极测试棒插座，红色表棒插入正极测试棒插座，功能开关置于读取电路脉冲信号位置。将红色表棒测试线接信号输出端，黑色表棒测试线搭铁或蓄电池负极。打开点火开关，即可通过声响来读取故障码。如听到一长“嘀”声二短“嘀”声，则表示为 12 号故障码(具体可参见相应车型维修手册)。

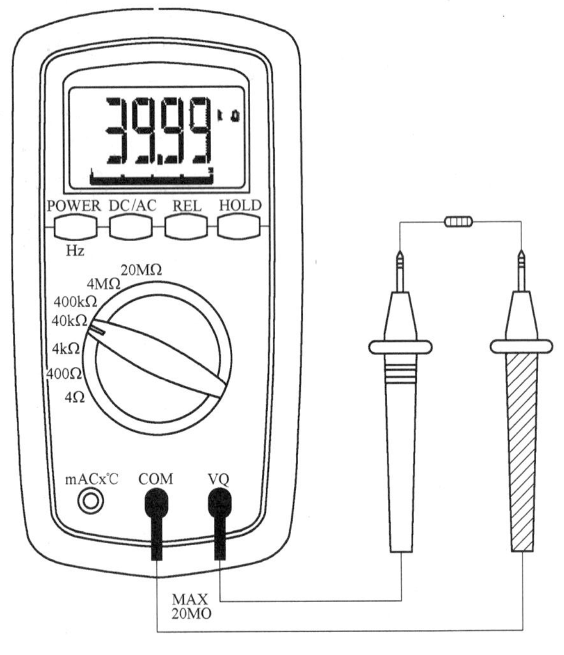

图 6-10　电阻测量

7）占空比测量。将黑色表棒插入负极测试棒插座，红色表棒插入正极测试棒插座，功能开关置于 DuTY% 位置(参见图 6-7)。将红色表棒测试线接需测试的信号端，如喷油器的负极、怠速控制阀的负极等，黑色表棒测试线搭铁或蓄电池负极，显示屏上即显示占空比数据。

8）执行元件通电时间检测（以喷油器为例）。将黑色表棒插入负极测试棒插座，红色表棒插入正极测试棒插座，功能开关置于20ms位置。将红色表棒测试线接喷油器12V电源端，黑色表棒测试线接喷油器信号控制端，起动发动机，即可从显示屏上读取通电时间。

9）闭合角测量。将黑色表棒插入负极测试棒插座，红色表棒插入正极测试棒插座，功能开关置于缸数位置。将红色表棒测试线接点火线圈的负极，黑色表棒测试线搭铁，显示屏上即可显示闭合角数据。

注意：在测量时，如果测量值超过量程，屏幕只会显示“1”，此时应将功能开关置于更高量程。如果屏幕显示为0，则应该将功能开关置于较小量程，以得到更精确的数字。

5. 手动真空泵及真空压力表

手动真空泵（图6-11）又称手持式真空测量仪。发动机电控系统中采用真空驱动的元件很多，所以它主要是用来抽真空。它一般带有显示真空度的真空表、各种连接软管和接头等附件，以适应对不同车型和不同真空驱动元件的检测。

（1）手动真空泵在使用过程中的注意事项

1）检查前将各真空软管连接好，防止因真空泄漏而导致测量结果失准。

2）检查时必须按规定对被检元件施加真空度，施加真空度过大会损坏被检元件。

3）检查完毕后，在拆开连接的真空软管前，应先施放真空度，否则会将灰尘、湿气等吸入被检元件内，造成不良后果。

（2）真空压力表（图6-12）的主要作用

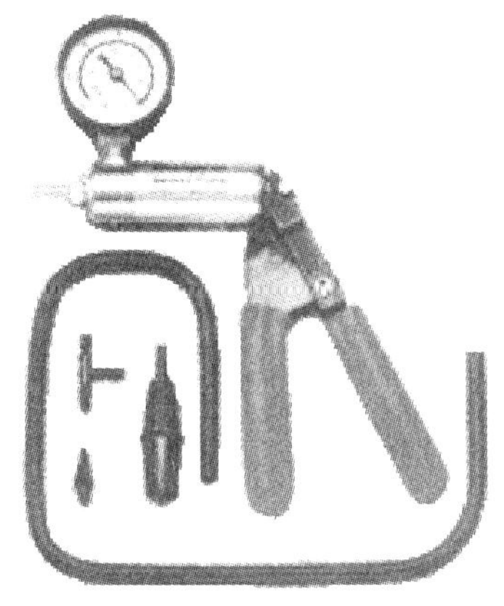

图6-11　手动真空泵

图6-12　真空压力表

1）用来检查进气歧管的真空度。

2）真空表通过软管以及各种接头连接在发动机进气歧管上，能够检测气缸的密封性和发动机的负荷状态。

6. 燃油压力表

燃油压力表（图6-13）主要用来测试燃油系统的压力。燃油系统压力达到额定标准是发动机正常工作的前提，在不同的载荷条件下，发动机燃油系统压力值会有所不同。

注意：使用时应选择量程与被测系统压力范围相适应的燃油压力表。

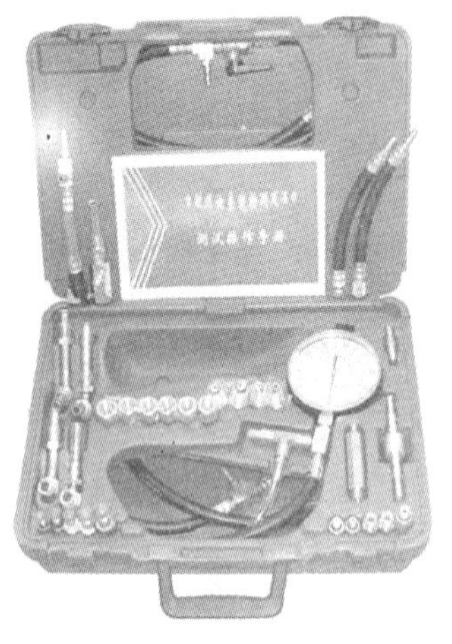

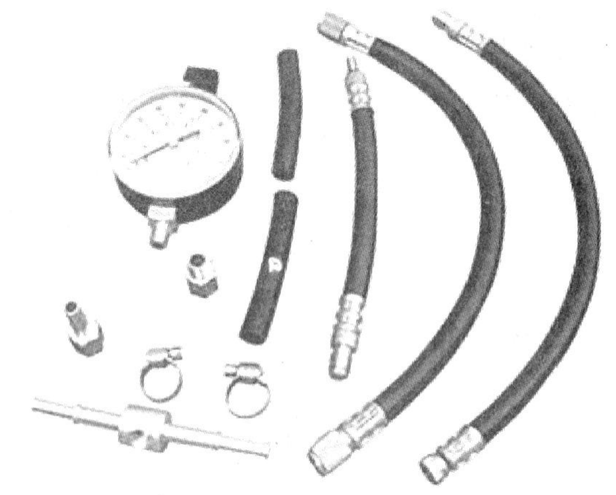

图 6-13　燃油压力表

二、电控系统故障诊断及检修常用仪器的使用

电控系统故障诊断及检修过程中，常用仪器主要有：喷油器清洗检测仪、故障诊断仪、示波器、信号模拟检测仪、废气分析仪和发动机综合检测仪等。

1. 喷油器清洗检测仪

喷油器清洗检测仪(图 6-14)的主要作用有：

1）清洗喷油器。

2）测试喷油器单位时间内的喷油量是否合适、各喷油器喷油量是否均匀一致。

3）检测喷油器喷油时的喷射角度和密封性。

喷油器清洗仪主要有便携式和固定式两种。便携式喷油器清洗仪无需拆卸，使用方便；固定式喷油器清洗仪一般除用来清洗喷油器外还具有喷油器滴漏检查功能和喷油量检查功能。

图 6-14　喷油器清洗检测仪

2. 故障诊断仪

（1）故障诊断仪的功能　故障诊断仪俗称解码器，是一种多功能的诊断检测仪器。它的主要功能有：

1）快速、方便读取或清除故障码。

2）对发动机控制系统进行动态测试，显示瞬时信息，为诊断提供依据。

3）能在静态或动态下，向电控系统各执行元件发出检修作业需要的动作指令，以便检查执行元件的工作状况。

4）在车辆允许或路试时监测并记录数据流。

5）具有示波器功能、万用表功能和打印功能。

6）有些诊断仪能显示系统控制电路图和维修指导，以供故障诊断和检修时参考。

7）有些功能强大的专用诊断仪能对发动机控制 ECU 进行某些数据的重新输入和更改。

（2）常见故障诊断仪简介　故障诊断仪可分为通用型及专用型两大类。

通用型故障诊断仪是汽车保修设备制造公司为适应诊断检测多种车型而设计制造的，一般都配有不同车系的测试卡和适合各种车型的检测连接电缆及插接器。测试卡存储有几十种甚至上百种不同公司及不同车型汽车电控系统的检测程序、检测数据和故障码等资料，适合综合性维修企业使用。

专用型故障诊断仪是汽车制造公司为自己生产的汽车而专门设计制造的。一般只适合在特约维修站配备，以便提供良好的售后服务，充分发挥故障诊断仪的功能。

目前在国内使用比较多的故障诊断仪主要有：红盒子 MT2500 故障诊断仪、V. A. G1552/5152 电脑诊断仪、元征 X-431 电眼睛诊断仪、金德 K-61 诊断仪等。

1）红盒子 MT2500 故障诊断仪(图 6-15)。红盒子 MT2500 故障诊断仪主要由电脑诊断仪主机、测试软件卡盒、诊断接头及其连接线组成，如图 6-15 所示。同时还配备有各种类型的诊断接头、资料传送线及备用电源接头等。

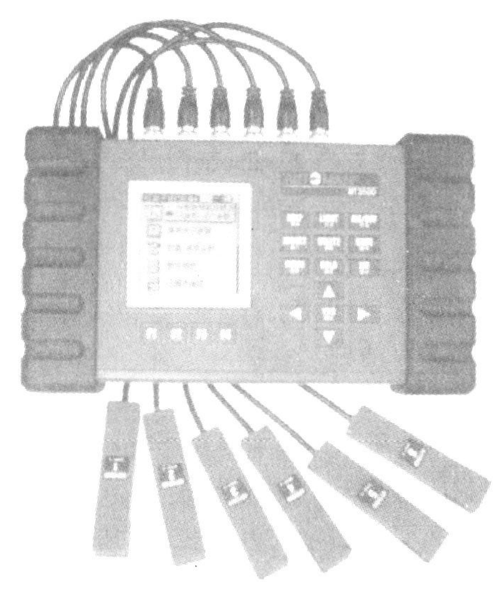
图 6-15　红盒子 MT2500 故障诊断仪

可测试系统：发动机、自动变速器、SRS、ABS、车身防盗、A/C 空调、巡航系统等。

测试功能与分析：OBD-Ⅱ分析、故障码读取、故障码清除、动态数据分析、元件测试等。

适用车型：克莱斯勒、通用、福特；丰田、本田、日产、五十铃、马自达、三菱；宝马、大众、奔驰等。

2）V. A. G1552/5152 故障诊断仪。图 6-16 所示为 V. A. G1552，它是大众系列车型专用诊断仪，其体积紧凑、重量轻，是一种便携式汽车故障诊断仪。该诊断仪主要由液晶显示屏、键盘、检测程序卡等组成。液晶显示屏只能显示两行数据，测试电缆用以连接诊断仪与汽车诊断座。V. A. G1552 主要适用于一汽大众生产的车辆，如捷达、奥迪等。

V. A. G1552 可检测大众系列车型的电控燃油喷射系统、安全气囊、ABS、电控自动变速器、全自动空调、汽车巡航等系统故障，还可以配汽车密码钥匙等，使用非常方便。另外，通过更换检测程序卡升级，可以检测最新车型控制系统的故障。诊断仪的键盘上有以下功能键：数字键 0 ~ 9、退出键 C、确认键 Q 和四个箭头键。

3）元征 X-431 电眼睛诊断仪。图 6-17 所示为元征 X-431 电眼睛诊断仪，其主要特点是：

① 通用性。可以对多个车系几百种车型进行测试，充分体现了原厂解码器所没有的通用功能。

② 网上升级。可极为方便地从网上下载诊断软件并直接使用，软件会随着新车型的出现而相继推出。

③ 广泛性。可提供多语言环境，可在不同国家和地区使用。

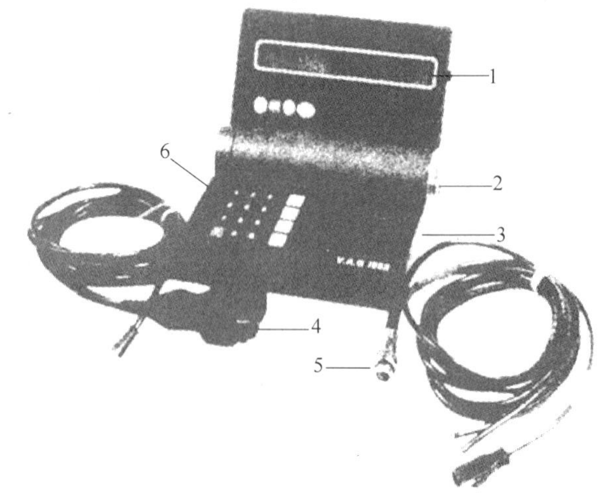

图 6-16 故障诊断仪 V. A. G1552 和测试导线

1—显示屏 2—测试导线的插座 3—程序卡及 RS422 插口的盖板 4—V. A. G1552/3(16 针测试电缆) 5—V. A. G1552/1(2 针测试电缆) 6—数字和字母以及符号的输入和功能区域

④ 先进性。

⑤ 综合性。

⑥ 灵活性。

4）金德 K-61 诊断仪。金德 K-61 诊断仪如图 6-18 所示，其主要功能有：

① 读取和清除故障码。

② 具有数字式万用表的功能，还具有一些汽车专用测试功能，可用来测量电控元件和电路的电阻、电压、电流，还能测量转速、频率、温度、电容、闭合角、占空比等项目。

③ 具有自动断电、自动变换量程、数据锁定、波形显示等功能。

（3）故障诊断仪的使用方法及操作步骤

1）选择测试卡和合适的连接电缆插接器（通用型故障诊断仪需要此项）。

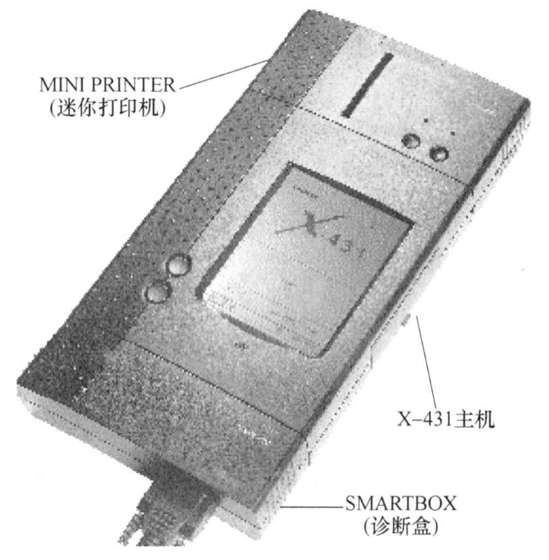

图 6-17 元征 X-431 电眼睛诊断仪

2）连接故障诊断仪。将测试电缆与汽车故障诊断座相连，并将电源电缆连接到车内点烟器或蓄电池上。

3）选择测试地址和功能。选择测试地址是指选择想要测试的电控系统，如发动机控制系统、自动变速器控制系统、ABS、安全气囊系统等；选择测试功能是指对要进行测试的系统选择具体的测试项目，如读取故障码、读取数据流、清除故障码等。

4）进行测试。对相应测试地址和功能进行测试。有些故障诊断仪自带打印机，可直接打印所测得的数据。

3. 示波器

示波器（图 6-19）用来显示控制系统中输入、输出信号的电压波形，以供维修人员根据

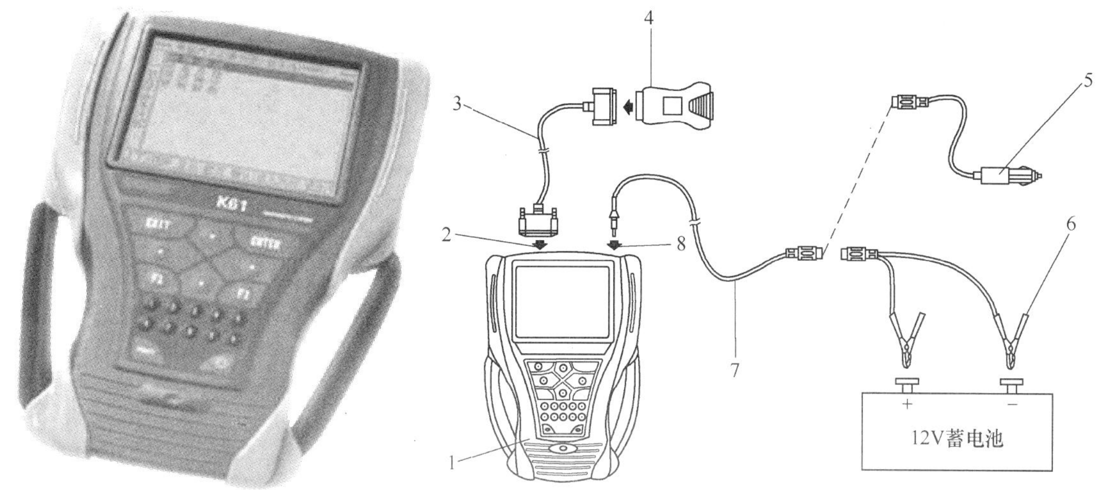

图 6-18 金德 K-61 诊断仪及连接图

1—主机 2—测试口 3—测试延长线 4—专用诊断接头 5—点烟器电源线 6—双钳电源线 7—电源延长线 8—电源口

波形分析判断电控系统故障。示波器有两种基本类型：数字式示波器和模拟式示波器。现代汽车检测普遍采用数字式示波器。

示波器的主要功能有：

1）测试各种传感器、执行元件、电路和点火系统的电压波形。

2）数字式示波器具有汽车万用表功能。有些示波器还具有汽车数据库和标准波形存储功能，使故障诊断更为方便。

3）数字式示波器还能够对测试内容进行记录、回放。

4）能够提供在线帮助，如系统工作原理、测试连接方法、接线颜色等。

由于示波器能显示电压随时间的波形，故它能观察汽车控制系统中几乎所有的电子信号，如直流信号、交流信号、频率调制信号、脉宽调制信号、串行数据信号等。

不论哪种汽车电子信号都可以用五种测量尺度来加以判断。

1）幅值：电子信号在一定点上的即时电压。

2）频率：指每秒电子信号的循环数(Hz)。

3）脉冲宽度：电子信号所占的时间或占空比。

4）形状：电子信号的外形特征，如它的曲线、轮廓和上升沿、下降沿等。

5）陈列：组成专门信息信号的重复方式，例如1缸传送给发动机控制ECU的上止点同步脉冲信号等。

4. 信号模拟检测仪

信号模拟检测仪(图6-20)可以模拟发动机控制系统各传感器信号，尤其对电控系统传感器及其线路故障的诊断，利用此类检验仪可简化分析过程，缩短诊断时间。

例如，当检测到某传感器信号不正常时，我们对故障是在传感器、连接线路还是ECU上是难以判断的。此时，可以通过信号模拟检测仪模拟该传感器信号通过连接线路输入ECU，如发动机工作有变化，故障症状消失，可以确定故障在传感器本身。若故障症状无变

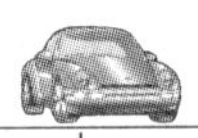

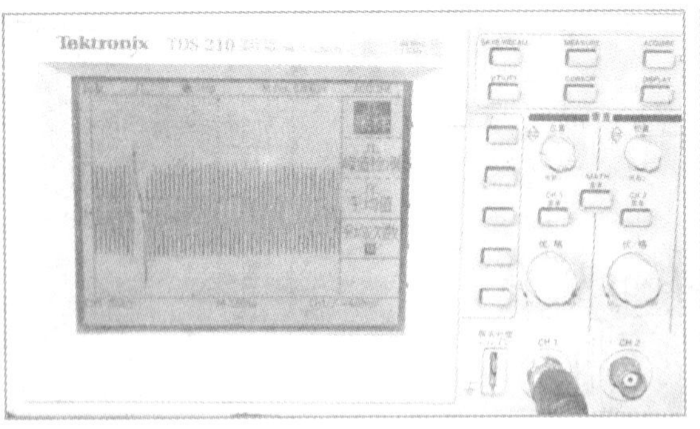

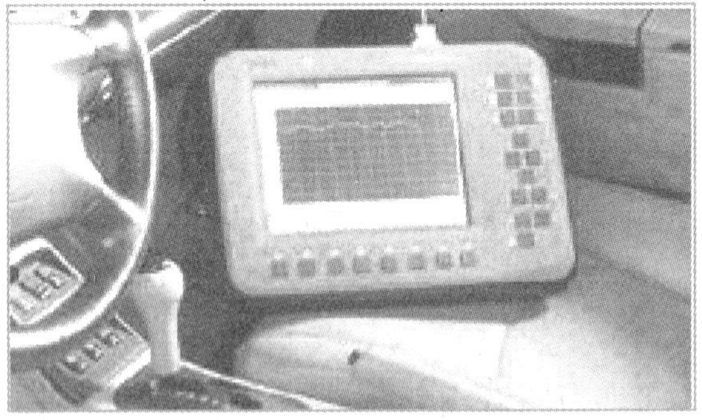

图 6-19　汽车专用示波器

化，可以继续将信号与 ECU 输入端子连接，此时若症状消失，可以判定故障在连接线路；若症状仍旧没有变化，则可以判定故障在 ECU。

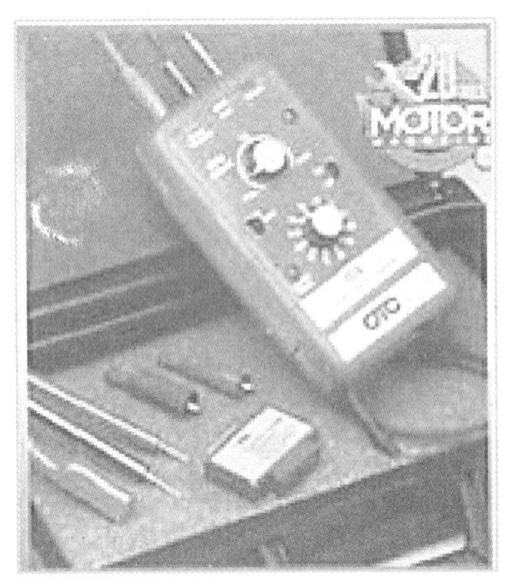

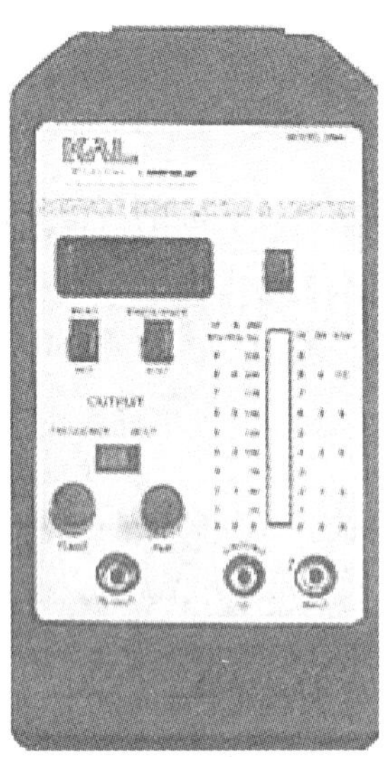

图 6-20　信号模拟检测仪

5. 废气分析仪

废气分析仪（图 6-21）主要有四气分析仪和五气分析仪两种。四气分析仪可以检测 HC、CO、CO_2 和 O_2 的含量，五气分析仪除了检测上述四种气体外，还可以检测 NO_x 的含量。利用废气分析仪还可以对以下故障进行分析：

1）混合气过浓或过稀。

2）二次空气喷射系统失灵。

3）喷油器或化油器存在故障。

4）气缸熄火。

5）进气歧管真空泄露。

6）三元催化转化器存在故障。

7）空气泵故障。

8）气缸盖衬垫损坏。

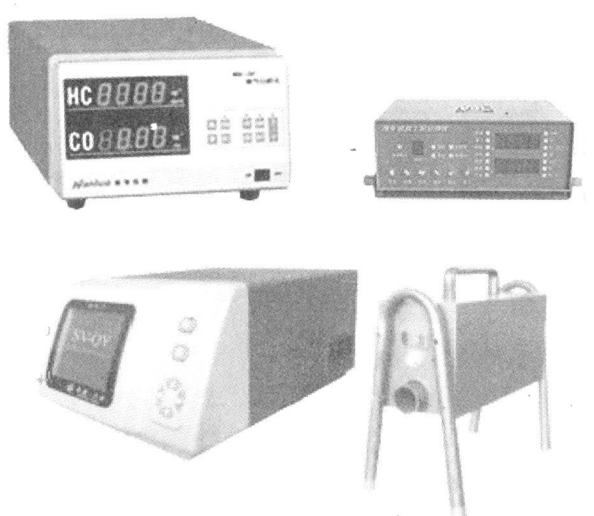

图 6-21　废气分析仪

9）EGR 阀故障。

10）排气系统泄漏或受节流。

11）点火提前角过大。

6. 发动机综合测试仪

发动机综合测试仪（图 6-22）又称发动机综合性能检验仪。它能对发动机进行不解体综合测试，并配备有标准的数据及专家分析系统，可通过对测试结果与标准数据比较，判断发动机整机或部分系统工作好坏。

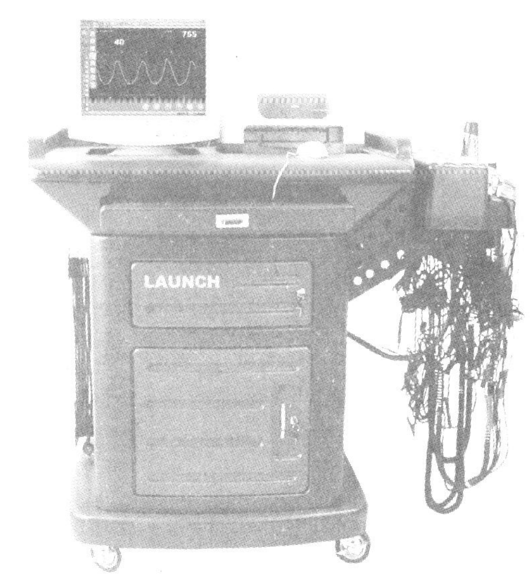

图 6-22　发动机综合测试仪

提示：发动机综合性能分析仪是当代传感技术、动态数据采集技术和信号处理技术在发动机检测领域应用的高科技机电一体化产品。它的多项功能和通用性可对所有形式不同结构的汽、柴油机的常规性能，电控汽车的点火、燃油、冷却、润滑、进排气、电控系统，以及传感器元件和动力特性等进行动态检测并进行故障分析，而无需被检车辆的任何专用资料和数据，从而使该分析仪成为汽车检测站、维修企业、设计制造和教学培训部门的必备设备。

任务 3　电控发动机的故障特征、诊断程序及分析方法

一、电控发动机常见故障的分类及特征

1. 按故障诊断的难易程度分类

电控发动机故障按其故障诊断的难易程度可分为常见故障和疑难故障两种。常见故障是指发动机有明显的异常症状时，经仪器检测、自诊断系统诊断或能够依靠维修经验能够迅速找出故障部位的故障，诊断过程比较简单；疑难故障是指利用仪器检测未能发现、使用车载自诊断系统无故障码显示，或者有故障码，但非故障真正原因，以及依靠维修经验不能很快确认故障部位及原因，诊断过程比较复杂的故障。

疑难故障可以分为以下六种类型。

（1）潜伏性故障　潜伏性故障的特点是有故障存在，但没有明显的症状，通常为隐蔽状态，而只有在特定条件下（如振动、受热、受潮等）其症状才会显现出来。

（2）间歇性故障　间歇性故障的特点是时有时无，不是持续发生，症状表现不稳定。其原因大多是某些插头或导线接触不良所致。

（3）交叉性故障　交叉性故障的特点是电控与非电控部分同时出现综合性故障。大多时候非电控故障掩盖了电控系统故障，导致维修人员只重视机械部件方面的故障排除，而忽视了电控系统的故障。

（4）虚假性故障　虚假性故障的特点是故障现象以非电控形式出现，故障真正原因难以查明。而导致发生故障的真实原因不是机械部件，而是电控系统，如某个传感器失灵，误导 ECU 发出错误指令，进而使故障恶性循环，造成机件严重损坏等。

（5）人为性故障　人为故障的特点是人为造成电控系统新的故障。其原因是驾驶员反映情况有误或车载自诊断系统乱码时，维修人员未经科学分析和详细检测而使电控系统产生了新的故障。

（6）配件不符合要求的故障　诊断该类型故障难度极高，有时是新换上的元器件本身质量不达标，有时是新换上的元件不匹配。

2. 按照 ECU 是否自诊断出故障码分类

按照 ECU 是否自诊断出故障码，电控发动机故障可以分为有故障码故障和无故障码故障两种形式。

1）有故障码故障在诊断过程中有故障码输出，维修人员可以根据故障码提示去找寻故障部位。

2）无故障码故障是指在车辆使用中，有明显的故障现象，但“故障灯”不亮，按规定程序调取故障码时，显示正常码。无故障码故障难于诊断，其故障部位有可能在电控系统，也可能在机械部件上。这时要多读数据流、多看传感器和执行器的波形，并综合其他故障诊断手段来排除故障。

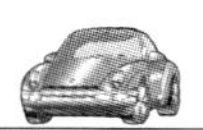

二、电控发动机故障诊断基本程序

电控发动机故障诊断的基本程序如图 6-23 所示。

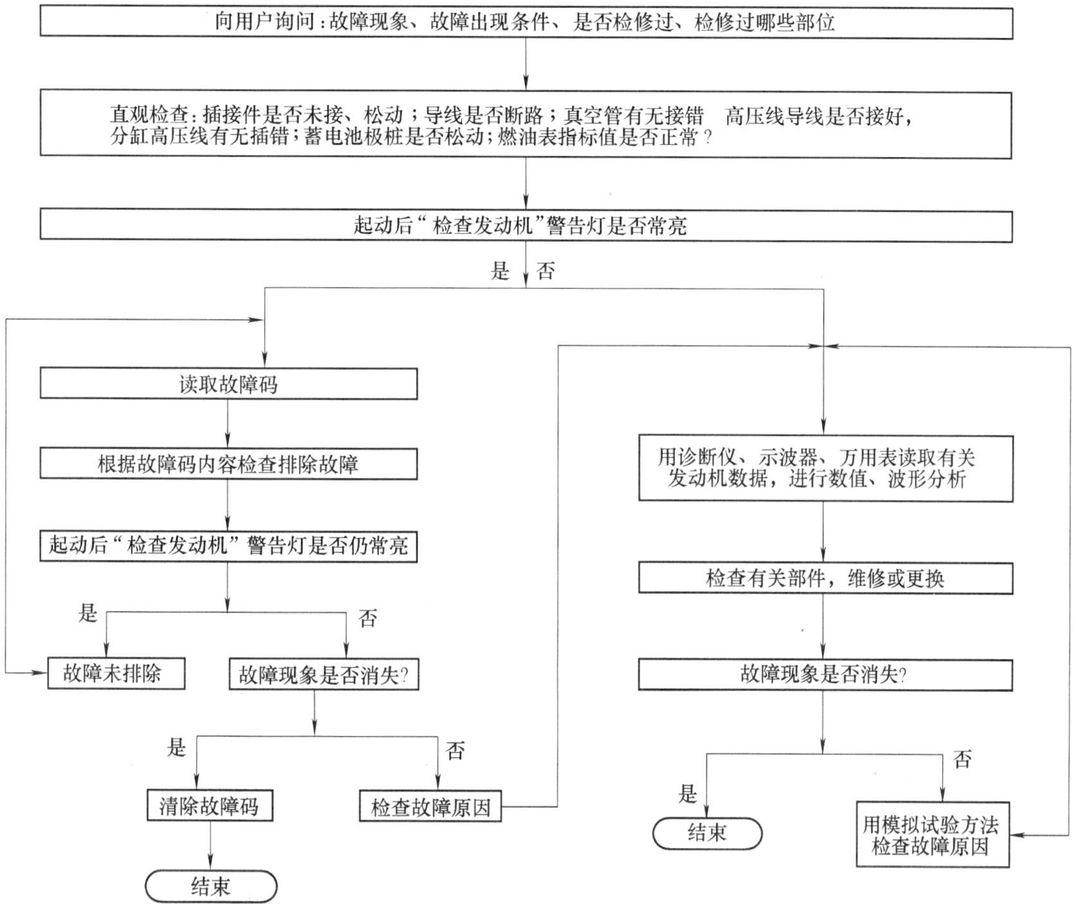

向用户询问：故障现象、故障出现条件、是否检修过、检修过哪些部位

直观检查：插接件是否未接、松动；导线是否断路；真空管有无接错　高压线导线是否接好，分缸高压线有无插错；蓄电池极桩是否松动；燃油表指标值是否正常？

起动后“检查发动机”警告灯是否常亮

是　否

读取故障码

根据故障码内容检查排除故障

起动后“检查发动机”警告灯是否仍常亮

是　否

故障未排除

故障现象是否消失?

是　否

清除故障码

检查故障原因

结束

用诊断仪、示波器、万用表读取有关发动机数据，进行数值、波形分析

检查有关部件，维修或更换

故障现象是否消失?

是　否

结束

用模拟试验方法检查故障原因

图 6-23　电控发动机故障诊断的基本程序

1. 向车主调查

向车主调查了解故障发生的时间、现象、故障发生前后的情况、近期维修情况等非常必要。可以通过收集这些信息对车辆的故障进行大致的了解。

2. 外部检查

外部检查的目的是排除一般性的故障成因，避免走弯路。外部检查的主要内容是：检查各真空软管是否损坏、是否连接错误、是否堵塞；检查各线束插接器连接是否可靠；检查发动机有无明显的漏油、漏气或外部损伤等现象。

3. 按规定程序调取故障码

发动机系统发生故障时，多以故障码形式存储于 ECU 存储器中，调取故障码的方式分为两种：一是使用随车自诊断系统调取故障码；二是使用故障诊断仪(解码器)调取故障码。

(1) 使用随车自诊断系统调取故障码

重要链接

1. 随车自诊断系统的组成和功用

现代汽车电控系统中一般都设有故障自诊断系统。故障自诊断系统主要由ECU中的部分软件和“故障指示灯”等组成，不需要专门的传感器。电控系统工作时，自诊断系统对电控系统各种输入、输出信号进行监测，并运用程序进行推理、判断，将结果迅速反馈到控制系统，改变控制状态；此外，还根据自诊断结果控制“故障指示灯”工作。

2. 随车自诊断系统的工作原理

执行元件故障自诊断原理如下图所示。

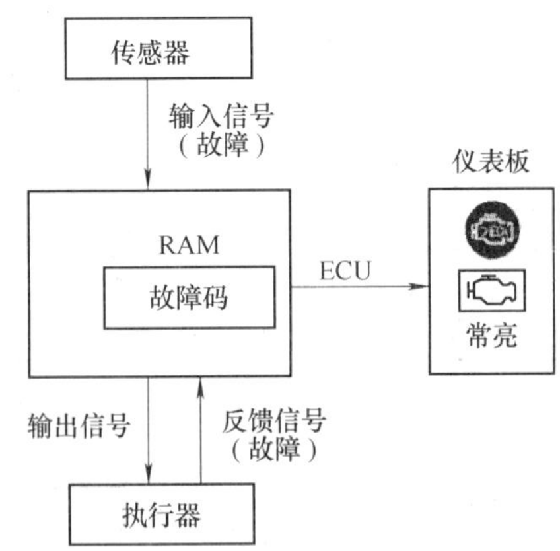

3. 随车自诊断系统故障码、故障与故障症状之间的关系（见下表）

故障码、故障与故障症状之间的关系

故障码	故障	故障症状	备注
有 有 没有	有 没有 有	明显或不明显 没有 不明显或明显	发动机ECU存储的故障码有两种：一种是当前故障码，即当前控制系统中存在着故障；另一种是历史故障码，即过去曾经存在故障，但当前不存在该故障。所以，对故障部位进行维修后，记录在ECU中的故障码必须清除。如果不清除故障码。虽然不会影响发动机的运行，但在ECU中会一直保留，下次再出现故障时，保留的故障码会与新的故障码一起出现，造成识别故障码的错觉

4. 随车自诊断系统故障码的清除要领

1）方法一：关闭点火开关，从熔丝盒中拨下EFI熔丝(20A)10s以上。

2）方法二：将蓄电池负极电缆拆开10s以上。

注意：这会同时使时钟、音响等有用的存储信息丢失。所以采用此方法时，一定要事先读取并保存好时钟、音响等系统的故障信息。

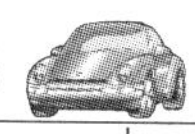

按故障码读取方法不同，随车自诊断系统调取故障码的方式主要有：

1）利用仪表板上“故障指示灯”的闪烁规律读取故障码，如丰田、本田车系轿车，通用、福特、克莱斯勒车系的部分轿车就使用该方式读取故障码。

下面以丰田车系利用随车自诊断系统读取故障码为例，详细介绍其操作程序。

图 6-24 所示为丰田车系三种型式的自诊断座的外形图，其中图 a 和图 b 所示的自诊断座一般设置在发动机舱内，图 c 所示的自诊断座则通常设置在驾驶室内仪表板下方。

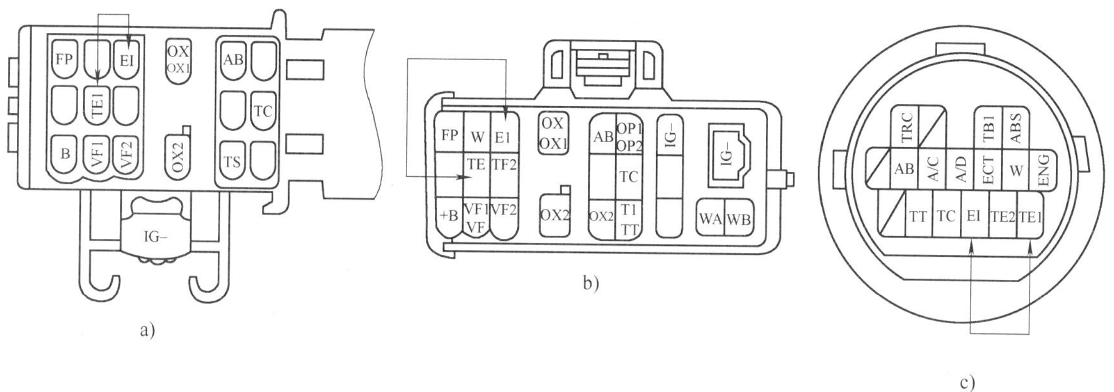

图 6-24　丰田车系自诊断座形式

第一步：检查发动机故障指示灯程序。

① 将点火开关置于“ON”位置，发动机不起动，“CHECK ENGINE”指示灯将点亮。如果“CHECK ENGINE”指示灯不亮，须检查指示灯灯泡及电路是否良好。

② 起动发动机后，“CHECK ENGINE”指示灯应灭。如果灯继续亮，则说明 ECU 系统有故障。

第二步：故障码读取程序。

故障码读出条件：

① 蓄电池电压在 11V 以上。

② 节气门处于全关闭状态，怠速接点 IDL 接通“ON”。

③ 变速器变速杆置空挡位置(P 或 N 位)。

④ 切断全部用电设备。

⑤ 跨接诊断座中端子 TE1(T)与 E1。

⑥ 将点火开关置于“ON”，但发动机不起动。

当上述条件满足时，组合仪表上的“CHECK ENGINE”指示灯闪烁。如果没有故障，“CHECK ENGINE”指示灯将以每秒两次的频率闪烁，如图 6-25 所示。

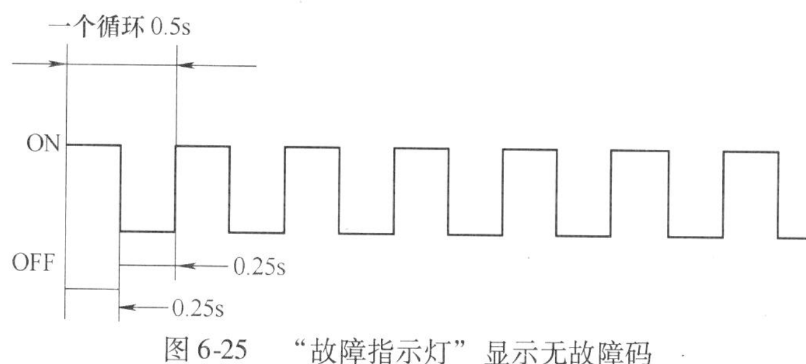

图 6-25　“故障指示灯”显示无故障码

当有故障时，“CHECK ENGINE”灯闪烁频率发现变化，以0.5s的频率闪烁。闪烁的第一个数字是两位故障码的第一位数，间歇1.5s后，闪烁的第二个数为第二位数。如果有两个以上故障码，每个故障码之间间隔2.5s。全部故障码显示完毕间隔4.5s，再重复显示全部故障码。比如，由图6-26中的波形可以读出13和32两个故障码。

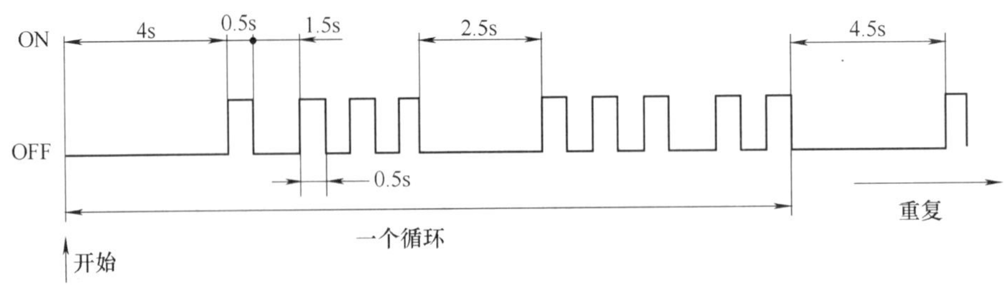

图6-26 “故障指示灯”显示故障码为13和32

知 识 拓 展

一般丰田车系发动机故障诊断模式有四种：正常诊断模式即利用仪表板上的“故障指示灯”的闪烁规律读取故障码（如前所述）、试验调取故障码模式（开关信号故障码读取）、空燃比（A/F）修正模式（混合比浓稀）和氧传感器输出信号检测模式。

1. 试验调取故障码模式

首先关闭点火开关，短接诊断座上的TE2与E1端子；然后打开点火开关，起动发动机，并以不低于10km/h的车速进行路试；路试后，再短接诊断座上的TE1与E1端子，仪表板上“CHECK ENGINE”灯即闪烁输出故障码。

提示：1994—1995年生产的部分丰田轿车装有16端子OBD-Ⅱ诊断座，用专用跨接线短接诊断座上的5号和6号端子，即可由仪表板上“CHECK ENGINE”灯读取故障码。

2. 空燃比（MF）修正模式

空燃比（A/F）修正模式就是检测混合气浓稀程度，也就是检测CO和HC的浓度。

检测步骤：

1）首先清除ECU中存储的故障码。

2）将点火开关置于“OFF”位置时，跨接诊断座中的端子TE1和E1。

3）将电压表的正、负表笔或发光二极管试灯跨接在诊断座中端子VF（VF1）和E1之间。

4）起动发动机，在2500r/min转速下运转2min，预热氧传感器。

进行下面观察：

① 观察二极管灯应在10s内闪亮8次或电压表在0～5V之间摆动8次以上，此时表示空燃比（MF）正常。

② 若二极管灯一直亮或电压表在5V处不动，则表示A/F过小，混合气过浓。

③ 若二极管灯不亮或电压表指示0V，则表示A/F过大，混合气过稀。

3. 氧传感器输出信号检测模式

通过检测氧传感器输出信号来判断混合气的浓稀，检测步骤如下。

1）将电压表的正、负表笔跨接在诊断座中端子OX（OX1）或OX2与E1之间。

2）起动发动机，预热达到正常温度。

3）在2500r/min下运转2min以上，观察电压表指示。

① 氧传感器输出电压应在0.1～0.9V之间变化。

② 若电压在0.45V以下，表示混合气过稀；若输出电压在0.45～0.90V之间，则表示混合气过浓。0.45V是标准值，此时混合比最佳。

2）利用指针式万用表的指针摆动规律、数字式万用表的数字显示规律或使用自制二极管灯读取故障码。如三菱、现代、奔驰、宝马车系就使用该类方式读取故障码。

三菱、现代车系读取故障码的方式为：在诊断座相应端子间短接二极管灯或指针式电压表。诊断座的位置、类型及短接方法如图6-27所示。

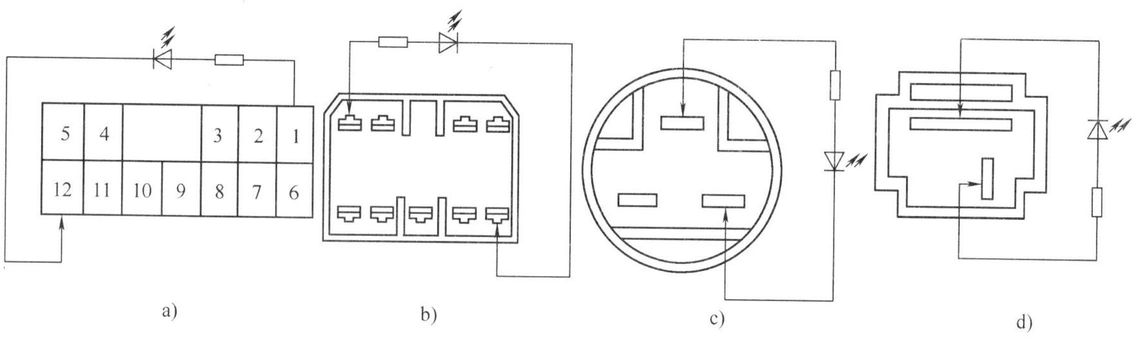

图6-27　三菱、现代车系使用自制二极管灯读取故障码

a）位于熔丝盒旁　b）位于工具箱正上方　c）位于前照灯旁　d）位于熔丝盒旁

调取故障码时，将二极管灯接在诊断座上，打开点火开关，二极管灯即闪烁输出故障码。故障码波形与丰田车系类似。

三菱、现代车系发动机控制系统故障码调取方式：用跨接线将OBD-Ⅱ诊断座1号端子和5号端子短接，根据仪表板上的“CHECK ENGINE”灯的闪烁规律，读取故障码。

清除发动机控制系统故障码时，只要将蓄电池负极电缆拆开15s以上即可。

3）利用电控单元(ECU)上红、绿发光二极管灯的闪烁规律读取故障码，如日产车系部分轿车采用该类型方式读取故障码。

日产车系部分轿车调取故障码的方式有如下几种。

① 主电脑位于仪表板后或翼子板后，主电脑侧有一红一绿两个指示灯，另有一个“TEST”开关。调故障码时，先打开点火开关，然后将“TEST”开关转至“ON”，两个指示灯即开始闪烁。红灯闪烁的次数为故障码的十位数，绿灯闪烁的次数为故障码的个位。

日产车系故障码为两位数，“CHECK ENGINE”灯(红色显示灯)闪亮的时间十位为0.6s，个位为0.3s；熄灭的时间十位与个位之间为0.9s，十位与十位之间为0.6s，个位与个位时间为0.3s；闪亮的次数代表故障码数值；两个代码之间有2.1s熄灭的间隔。由图6-28中波形可以读出12和33两个故障码。

清除故障码时，将“TEST”开关转至“OFF”位置，再关闭点火开关即可清除故障码。

② 对于主电脑位于仪表板后或翼子板后，主电脑侧只有一个红色显示灯，另有一个可变电阻调节旋钮孔的车型，调故障码时，先打开点火开关，然后将可变电阻旋钮顺时针拧到底，等2s后再将可变电阻旋钮逆时针拧到底，红色显示灯即开始闪烁。每次操作只能输出一个故障码，有多个故障码时需重复上述操作。清除故障码时，将可变电阻旋钮顺时针拧到

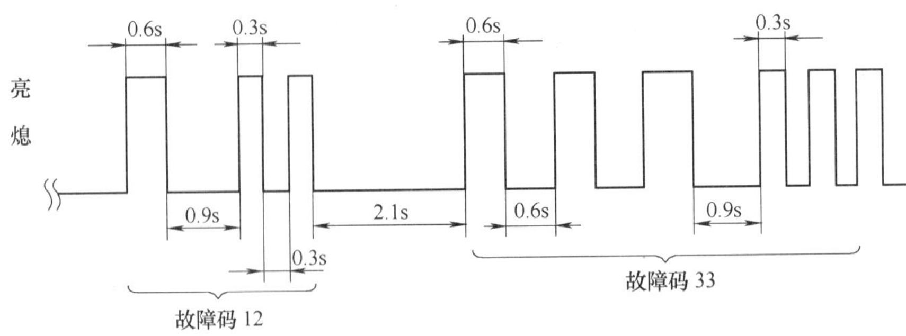

图 6-28 日产车系故障码闪烁方式

底，等 15s 后再逆时针拧到底，再等 2s 后关闭点火开关即可清除故障码。

③ 仪表板上有“CHECK ENGINE”灯，可通过短接诊断座上的相应端子调取故障码。

日产车系诊断座位于发动机盖板支撑杆上方的熔丝盒内，有 12 脚端子和 14 脚端子两种，如图 6-29 所示。调取故障码时，先打开点火开关，12 脚端子诊断座短接 4 号和 5 号端子，14 脚端子诊断座短接 6 号和 7 号端子，等 2s 后拆开短接线，仪表板上“CHECK ENGINE”灯即闪烁输出故障码。每次只输出一个故障码，有多个故障码时需重复上述操作。

1	2			3	4	5
6	7	8	9	10	11	12

a)

0	1	2	3	4	5	6	7
	8	9	10	11	12	13	14

b)

图 6-29 日产车系部分车型 12 端子和 14 端子诊断座

a) 12 脚诊断座 b) 14 脚诊断座

清除故障码时，将诊断座右上侧的两个端子短接 15s 以上，再关闭点火开关即可清除故障码。

4) 使用车上空调面板上的显示器读取故障码，如通用车系凯迪拉克轿车即使用该方式读取故障码。

通用、大宇车系部分车型可以在空调面板上直接调取或清除故障信息。图 6-30 所示为

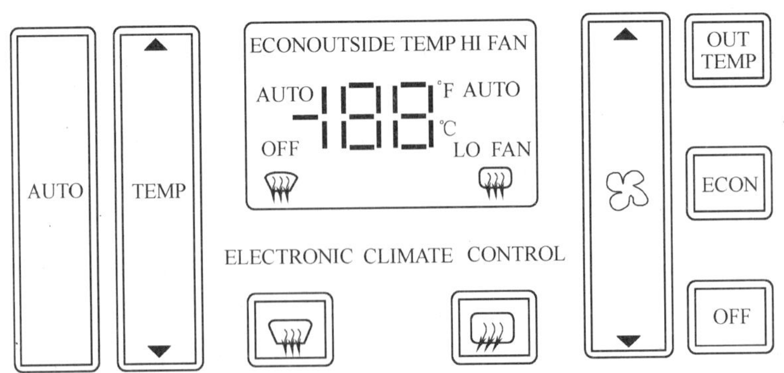

图 6-30 通用凯迪拉克轿车空调面板

通用凯迪拉克轿车空调面板，其读取故障码的步骤为：

①打开点火开关，同时按下空调面板上“OFF”键及“TEMP▲”键，直到屏幕显示“00”后放开两个按键。

② 按“▲”或“▼”键，选择所需的诊断系统。诊断系统代号：“00”为发动机系统诊断，“01”为中央电脑诊断，“02”为空调系统诊断，“03”为安全气囊系统诊断，“04”为 ABS 系统诊断。

③ 按“OUT TEMP”键，即进入故障码调取功能，并显示故障码，持续性故障为两位数故障码，间歇性故障为三位数故障码。

④ 按“AUTO”键退出诊断功能。

按上述操作步骤显示故障码后，按下“OFF”键即可清除故障码，再按下“AUTO”键即可结束本次操作。

（2）使用故障诊断仪（解码器）调取故障码　1994—1995 年以后生产的轿车基本上都装有 16 端子 OBD-Ⅱ诊断座，且统一安装在驾驶室仪表板下方。使用解码器读取汽车故障码的方式也被广泛应用。以大众车系为例，其使用解码器读取故障码的方法如下。

1）选择大众专用诊断仪 V. A. G1551，如图 6-31 所示。

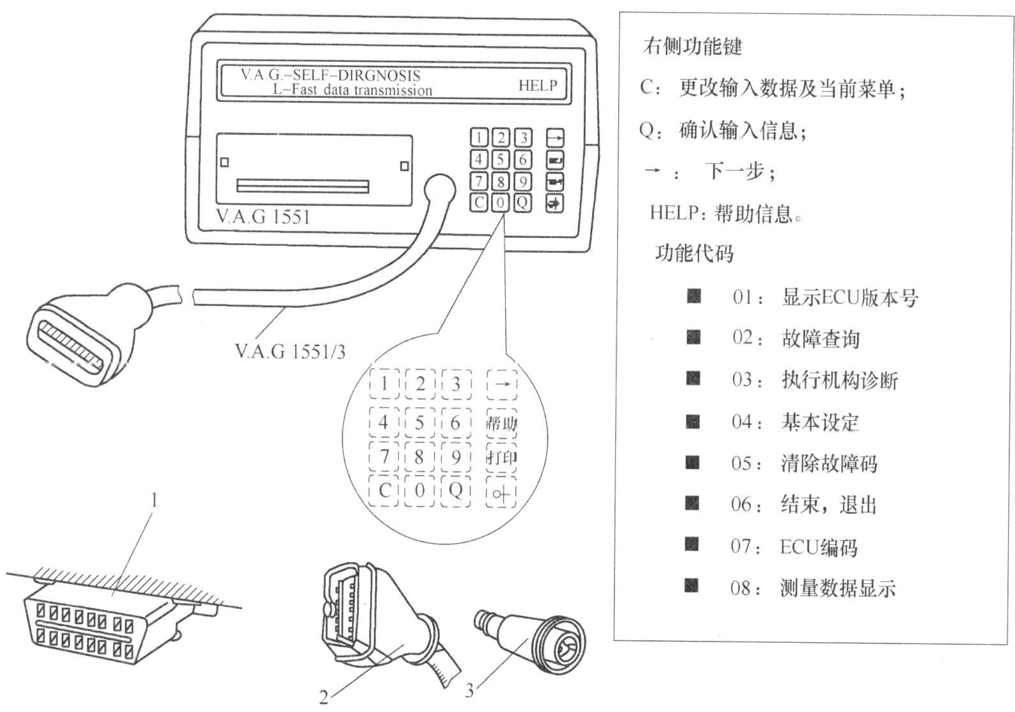

图 6-31　大众车系专用诊断仪 V. A. G1551

1—汽车上 OBD-Ⅱ诊断座　2—解码器上 OBD-Ⅱ插针座　3—接点烟器（电源）连接座

2）关闭点火开关，将传输线 V. A. G1551/3 的一端（5 号端子）与诊断仪相应接口连接，传输线另一端（16 端子）与变速杆前部的故障诊断座连接，如图 6-32 所示。

3）根据提示读取故障码

① 打开点火开关，输入“01”，按“Q”键确认，这时屏幕显示：

Rapid data transmission Q(快速数据传递)

01—Engine electronics(发动机电控单元)

经一段时间后屏幕上显示 ECU 的版本号和编号。

② 按“→”键进入功能选择，屏幕上显示：

Rapid data transmission Q(快速数据传递)

Select function × ×(功能选择 × ×)

③ 输入“02”，再按“Q”键确认。

无故障时屏幕上显示：

No fault(无故障)

有故障时，如果有两个故障，则屏幕上显示：

图 6-32　连接诊断座

2 fault Recognized(发现 2 个故障)

④ 按“→”键，将依次显示已检测到的故障码及原因。若屏幕底部出现/SP，则表示为间歇性出现的故障。

⑤ 故障码调取完成后，输入“06”，再按“Q”键确认退出。然后关闭点火开关，拆下专用诊断仪和传输线。

4）大众车系故障码清除方法

① 连接诊断仪后，打开点火开关，输入“01”，按“Q”键确认，屏幕显示：

Rapid data transmission Q(快速数据传递)

01—Engine electronics(发动机电控单元)

经一段时间后屏幕上显示 ECU 的版本号和编号。

② 按“→”键进入功能选择，屏幕上显示：

Rapid data transmission Q(快速数据传递)

Select function × ×(功能选择 × ×)

③ 输入“05”，并按“Q”键确认即可，此时屏幕上将显示：

Rapid data transmission(快速数据传递)

fault memory is erased(故障码已清除)

④ 若故障没有排除，故障码无法清除，屏幕上将显示：

Rapid data transmission(快速数据传递)

fault memory not erased(故障码没有清除)

⑤ 故障码清除后，输入“06”，再按“Q”键确认退出。

三、电控发动机常见故障诊断的基本原则及分析方法

1. 电控发动机故障诊断的基本原则

电控发动机的电控系统是一个精密而复杂的系统，其故障的诊断也较为困难。而造成电控发动机不工作或工作不正常的原因可能是电控系统，也可能是电控系统外其他部分的问题。故障检查的难易程度也不一样。如果我们能够遵循故障诊断的一些基本原则，就可以用

较为简单的方法准确而迅速地找出故障所在。电控发动机故障诊断排除的基本原则可概括为以下几点。

(1) 先外后内　在发动机出现故障时，先对电控系统以外的可能故障部位予以检查。这样可避免本来是一个与电控系统无关的故障，却对系统的传感器、ECU、执行器及线路等进行复杂且又费时费力的检查，而其实真正的故障可能是较容易查找到的。

(2) 先简后繁　能以简单方法检查的可能故障部位先予以检查。比如直观诊断最为简单，我们可以用看、摸、听等直观检查方法将一些较为明显的故障迅速地找出来。

如直观诊断未找出故障，需借助于仪器仪表或其他专用工具来进行诊断时，也应对较容易检查的部分先予以检查。

(3) 先熟后生　由于结构和使用环境等原因，发动机的某一故障现象可能是以某些总成或部件的故障最为常见，应先对这些常见故障部位进行检查。若未找出故障，则再对其他不常见的可能故障部位予以检查。这样做，往往可以迅速地找到故障，省时省力。

(4) 代码优先　电控系统一般都有故障自诊断功能。当电控发动机运行时，故障自诊断系统监测到故障后，以代码的方式将该故障储存到电脑的存储器内，同时通过“检测发动机”等警告灯向驾驶员报警。这时可人工或用仪器读取故障码，并检查和排除故障码所指的故障部位。待故障码所指的故障消除后，如果发动机故障现象还未消除，或者开始就无故障码输出，则再对发动机可能的故障部位进行检查。

(5) 先思后行　对发动机的故障现象先进行故障分析，了解可能的故障原因有哪些，然后再进行故障检查。这样可避免故障检查的盲目性：既不会对与故障现象无关的部位作无效的检查，又可避免对一些有关部位漏检而不能迅速排除故障。

(6) 先备后用　电控系统的一些部件性能好坏，电气线路正常与否，常以其电压或电阻等参数来判断。如果没有这些数据资料，系统的故障检查将会很困难，往往只能采取新件替换的方法，这种方法有时会造成维修费用猛增且费工费时。因此在检修车辆时，应准备好该车型的有关检修数据资料。除了从维修手册、专业书刊上收集整理这些检修数据资料外，另一个有效的途径是利用无故障车辆对其系统的有关参数进行测量，并记录下来，作为日后检修同类型车辆的检测比较参数。如果平时注意做好这项工作，会给系统的故障检查带来方便。

2. 电控发动机故障诊断的分析方法

电控发动机故障诊断按其诊断的深度可分为初步诊断和深入诊断。初步诊断是根据故障的现象，判断出故障产生原因的大致范围；深入诊断是根据初步诊断的结果对故障原因进行分析、查找，直到找出产生故障的具体部位。

电控发动机故障诊断方法主要有：直观诊断法、排除法、比较法、“傻瓜”修车法、电控发动机三要素分析诊断法、故障征兆模拟诊断法、利用氧传感器信号特征诊断法、读取故障码和数据流法，以及波形分析法等。

(1) 直观诊断法　直观诊断就是通过人的感觉器官对汽车故障现象进行看、问、听、试、嗅等，了解和掌握故障现象的特点，通过人的大脑进行分析、判断得出结论的诊断方法。

直观诊断的主要内容有：

1) 看，即目测检查，其目的是了解车型、电控发动机电控系统的类型，以便在进入更为细致的测试和诊断之前，能消除一些一般性的故障原因。

① 看车型和电控系统类型。因为不同公司不同年代生产的汽车，电控燃油喷射系统的形式不同，其故障诊断方法也不同。

② 拆除空气滤清器，检查滤芯及其周围是否有脏物、杂质或其他污染物，必要时更换。

③ 检查真空软管是否老化、破裂或挤坏；检查真空软管经过的路径和接头是否恰当。

④ 检查电控系统线束和连接器的连接状况。

⑤ 检查每个传感器和执行器有无明显的损伤。

⑥ 运转发动机（如有可能）并检查进、排气歧管及氧传感器处是否有泄漏。

2）问，了解故障出现时的情形、条件、如何发生及是否已检修过等与故障有关的情况和信息。

3）听，主要是听发动机工作时的声音：有无爆燃、有无敲缸、有无失速、有无进气管或排气管放炮等。

4）嗅，通过嗅觉对排气、线路短路等能发出异味的故障进行诊断。

5）试，根据前述检查，有针对性地试车，以便进一步确定故障。

（2）排除法　汽车的电控发动机和化油器式发动机故障一样，它的某一故障产生可能是由于多种原因造成的。因此在排除故障时，可以按照传统方法，把这些影响因素一一罗列出来，按照一定的步骤，逐步进入问题实际部位，这种方法即为排除法。

例如：氧传感器故障码出现时，换一个新的氧传感器不一定能够解决问题。因为燃油压力、配气正时、气缸压缩压力、电动汽油泵、喷油器等工作不正常时均能以氧传感器故障码的形式出现。因此在排除该类故障时，应按照排除普通故障的思路，先易后难，逐一排除，最后找出故障所在。

（3）比较法

1）是否参与工作比较。通过一定手段，使需要判断的系统（或元器件）工作或者不工作，来判定该系统（或元器件）工作是否正常。例如，用断缸法确定某个气缸工作是否正常；用断开 EGR 系统连接管的方法判断 EGR 是否工作正常等。

2）换件法比较。换件法比较就是将怀疑有故障的元器件用无故障的元器件替换后比对的方法。无故障元器件可以是备用新件，也可以是其他同类型车辆上的元器件，或者是同一台车上相同的元器件。检查时应注意无故障元器件是否确实无故障。

3）利用保护功能进行比较。使用发动机的失效保护功能，把怀疑有故障的传感器信号断开，利用失效保护功能进行工作，通过比较来观察传感器是否异常。如怀疑空气流量计有故障，可拔下空气流量计的插头插接器，如发动机能正常工作，则可以判定故障在空气流量计上。

（4）“傻瓜”修车法　判断一个电控发动机 ECU 的好坏，可以不管其内部如何动作，只要把传感器、ECU、执行元件之间的逻辑关系弄清楚，检查输入信号是否正常，输出到动作元件的信号是否正常。如果信号不正常，则进一步检查相关线路、电源线和搭铁线。如果信号正常，基本可以确定故障在 ECU。

维修中应注意：ECU 接收各传感器送来的信号，它控制的目标主要是点火正时、喷油时刻、喷油时间及怠速控制阀等。

（5）电控发动机正常工作三要素分析诊断法　所谓发动机正常工作三要素是指正常的

机械技术状态、足够的点火能量与正确的点火时刻，以及供给发动机在不同工况下所要求的不同浓度的混合气。这是分析电控发动机故障的主要依据。

正常的机械技术状态是指发动机机械机构能够提供足够的压缩力，实际缸压不少于标准缸压的75%，各缸压力偏差不大于0.3MPa；进气管无漏气，发动机怠速运转时的进气管真空度能稳定在500mmHg[⊖]左右。

足够的点火能量与正确的点火时刻是发动机能够点燃混合气的基础。若电火花能量弱，会导致燃烧不充分甚至点不着；点火时刻过早或过迟，则会导致发动机功率下降，发动机起动性能下降等故障。

供给发动机不同工况下所要求的不同浓度的混合气，其指标如表6-1所示。

表6-1　发动机在不同工况下所需混合气浓度

发动机工况	空燃比(A/F)	过量空气系数α	发动机工况	空燃比(A/F)	过量空气系数α
起动(0℃)	约2	0.2	中等负荷(经济车速)	15～18	1.0～1.15
起动(20℃)	约5	0.4	大负荷(功率车速)	12～13	0.85～0.95
怠速	约11	0.6～0.8	加速	8	0.4～0.6
小负荷	12～13	0.75～0.9			

提示：正确的空燃比能够使发动机具有良好的起动、怠速和加速等性能。

（6）故障征兆模拟诊断法　在排除故障时，最困难的是有故障而无明显的故障症状，这给故障的诊断工作带来了许多困难。这时应对故障进行彻底全面分析，然后模拟与车辆出现故障时相同或相似的条件和环境，使故障再现，从而验证故障征兆，诊断故障，并找出有故障的部件或零件。例如对于那些只有在发动机冷态下才出现的故障，或者车辆行驶时由于振动引起的问题等，都不能仅仅根据发动机热态和车辆静止时对故障征兆的验证来确诊。再者，振动、高温和潮湿等可能引起的故障难以在使用中再现。因此故障征兆模拟试验便成为一种诊断故障的有效方法，这种试验可以在车辆静止的情况下进行。

在模拟试验前，应缩小可能发生故障电路的范围，然后进行试验，判断被测试的电路是否正常，同时也验证故障征兆。

1）振动法。当汽车在颠簸的道路上行驶或受剧烈振动出现故障时，可用振动法进行试验，如图6-33所示。在垂直和水平方向轻轻摇动插接器，并仔细检查插接器两端导线是否松脱或断路；在上下左右各方向轻轻摇动配线，并仔细检查导线塑料外套有无破损，连接点有无松脱或断路；用手指轻拍零件和传感器，检查其是否失灵。要注意对继电器不可用力拍打，否则可能使继电器断路。

2）加热法。当怀疑某一部分可能是温度升高而引起故障时，可用加热法模拟试验。用电吹风(图6-34)或其他加热器件、设备对可能引起故障的零部件或传感器进行加热，检查是否出现故障，此方法还能修复由于受潮而引起故障的部件。要注意加热温度不得高于60℃，以免损坏电子元器件。

3）水淋法。当故障在雨天或高湿度环境下产生时，可用水喷淋在车辆上(图6-35)，检

⊖　1mmHg＝133.322Pa。

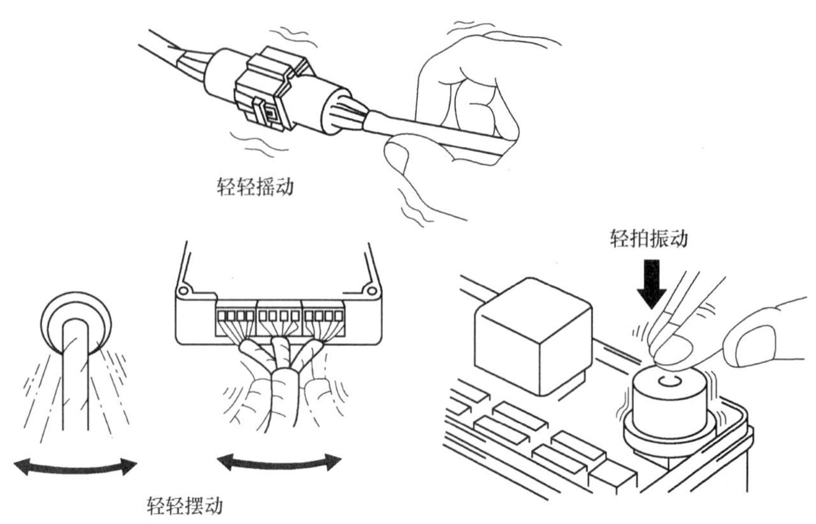

图 6-33　用振动法模拟电路故障

查是否发生故障。

注意：不可将水直接喷淋在发动机电控零部件、电子元器件和用电设备上。

4）电器全接通法。当怀疑故障可能是用电负荷过大而引起时，可逐个接通电气负载，检查是否发生故障。

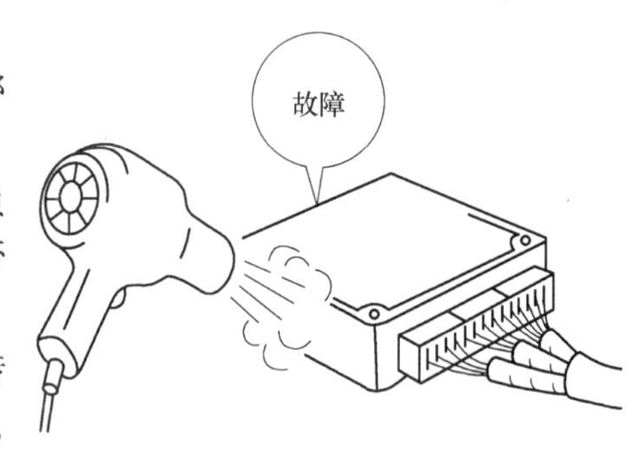

图 6-34　用加热法模拟电路故障

（7）利用氧传感器信号特征诊断法　利用氧传感器输出电压可随混合气浓度变化而变化的特性，检查电控发动机故障的方法，称为氧传感器诊断法。这种方法主要用于诊断：在氧传感器完好的前提下，由空气供给系统、燃油系统或者机械部分引起混合气过浓或过稀的原因。其诊断流

图 6-35　用水淋法模拟电路故障

程为：

1）检查氧传感器的好坏

① 检查氧传感器加热电阻是否符合标准值。该电阻值一般为 4 ~ 40Ω 之间，可用万用表直接测量 1、2 号插头之间的电阻。

② 可通过观察氧传感器顶尖的颜色来判断。若顶尖颜色为淡灰色，说明氧传感器正常；若顶尖颜色为黑色，则说明氧传感器受铅污染；若顶尖颜色为白色，则说明受硅污染（可能是维修中使用不符合规定的硅密封胶造成）。

2）检查氧传感器反馈电压。查阅有关维修手册，找到氧传感器信号线，然后用万用表测量信号线的输出电压值大小。

注意：测量时发动机冷却液温度应该在 80 ~ 95℃，转速在 2500r/min 左右，此刻万用表显示的电压应该在 0.1 ~ 1.0V 之间迅速跳动，10s 内电压应该在 0.1 ~ 1.0V 之间至少跳动 8 次。

3）拔开插接器，使氧传感器和 ECU 分离，用万用表测量信号输出端对负极的电压。如此时人为地拔下一根进气管上的真空管，形成稀混合气，此时电压值应该下降；如此时拔下油压调节器真空管，并用手堵住形成浓混合气时，电压应当上升。如氧传感器完好，则故障原因可能在 ECU 及其线路，或者燃油、空气供给和机械等方面，检查时应优先检查空气供给或燃油部分。

（8）读取故障码和数据流法　使用故障诊断仪可以迅速读取故障码和数据流，可以根据故障码和数据流寻找故障部位。数据流是指电控系统的一些主要传感器和执行器正常工作时的参数值，如转速、蓄电池电压、空气流量、喷油时间、节气门开度、点火提前角、冷却液温度等，可以按照不同的要求进行组合而形成的数据组。通过对比汽车行驶过程中与正常工作时的数据流来找出故障原因的方法是比较实用的。

（9）波形分析法　发动机发生故障时，有些属于间歇性故障，时有时无，很难用数据流分析和判断，而且在电控系统，很多传感器和执行器采用信号电压、频率或其他数字形式表示。在发动机实际运转过程中，由于信号变化很快，很难从这些不断变化的数据中发现问题所在，这时使用示波器的显示波形就可以捕捉到故障中细小的、间断的变化，从而简化故障诊断过程，找出故障。

任务 4　电控发动机疑难故障的检查项目

电控发动机疑难故障的检查项目主要有：点火系统的检查、燃油压力及滤清器的检查、尾气排放的检查、进气系统泄露的检查和气缸压缩压力的检查等。

一、点火系统的检查

拆下火花塞，检查其状态（图 6-36）和跳火强度（图 6-37 圈中部分），通过检查火花塞的间隙、颜色、电极的状态等来判断故障的真正原因。检查点火提前角是否符合要求，点火提前角应随发动机负荷的变化而变化。

检查点火提前角一般用点火正时枪，故障诊断仪也能检查点火提前角，但其准确度不如点火正时枪，如图 6-38 所示。

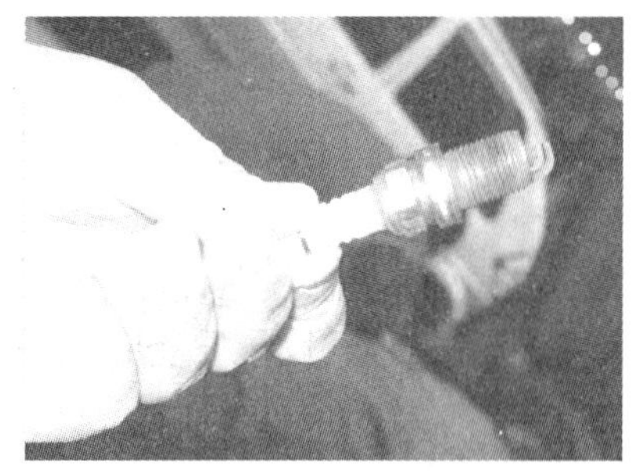

图 6-36　火花塞状态的检查

图 6-37　跳火强度的检查

二、燃油压力及滤清器的检查

有些新的燃油滤清器也可能是不符合要求的，其内部滤芯可能堵塞、松动或过滤性能太差。检查燃油系统的压力要按照车型对应的汽车维修手册的规定进行操作。用燃油压力表检查燃油压力如图 6-39 所示。

图 6-38　点火提前角的检查

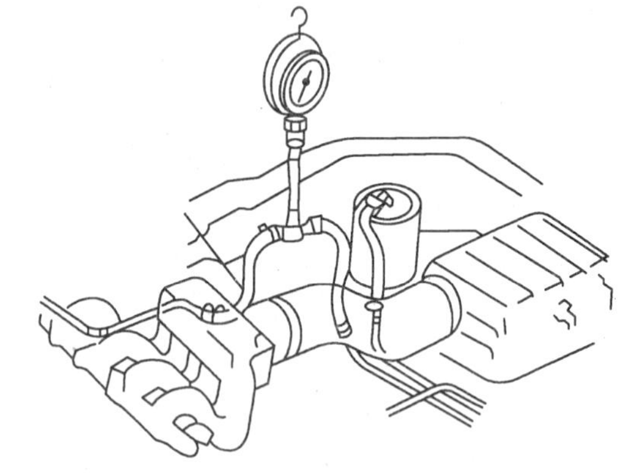

图 6-39　燃油压力表检查燃油压力

注意：不能只测量发动机运行时的压力，燃油系统的预置压力和残余压力也很重要，也应进行检查。

三、尾气排放的检查

测量发动机尾气的压力及含量(检查 CO/HC)对排除某些故障有很大帮助。例如，在气缸压力正常的情况下，如果发动机加速不良，而尾气压力和含量正常的情况下，可以认为混合气在气缸内的燃烧状态正常，故障多是需要加速的信号没有提供给 ECU 或是 ECU 无法控制增多喷油量而造成的。由此可以判断故障的原因可能是节气门位置传感器故障、ECU 故障、空气滤清器堵塞等，点火系统出现故障的几率较小。

测量尾气排放的步骤如下：

1）起动发动机。

2）使发动机保持转速在 2500r/min 运转约 3min。

3）怠速时，将 CO/HC 检测仪测试棒插入排气管内至少 40cm。

4）在怠速和 2500r/min 时，检查 CO/HC 排放浓度。

5）如果 CO/HC 浓度不符合标准，则按以下步骤进行故障诊断。

① 检查氧传感器工作是否正常。

② 按照表 6-2 所示找出故障原因并修理。

表 6-2　尾气排放与发动机故障分析

CO 读数	HC 读数	问　题	原　因
正常	高	怠速不良	点火正时不正确，火花塞脏污、短路，火花塞间隙不恰当，气门间隙不正确，进气门和排气门漏气、气缸漏气
低	高	怠速不良（HC 读数波动）	PCV 管子、进气歧管、节气门体、制动助力器管路等进气系统漏气使混合气过稀导致缺火
高	高	怠速不良（排气有黑烟）	空气滤清器堵塞、PCV 阀堵塞、ECU 故障、燃油压力调节器故障、冷却液温度传感器故障、空气增压机有问题、喷油器故障，以及节气门位置传感器故障

四、进气系统泄漏的检查

进气系统漏气主要有向内漏气和向外漏气（带涡轮增压的发动机）。向内漏气主要有两种情况：一是外部向进气管漏气，如各真空管、进气管接合垫等，另一种是从其他系统向进气系统漏气，如 PCV 阀漏气、真空助力器向进气系统漏气及废气再循环系统向进气管漏气等。

检查进气系统漏气的方法有：使用真空表检查泄漏情况，前面章节中已有介绍，在此不再赘述；使用检验液及故障诊断仪检查进气管泄漏情况，其方法如下所述。

（1）所用仪器和工具　所用仪器和工具有故障诊断仪 V. A. G1551 或 V. A. G1552、连接电缆 V. A. G1551/3 及发动机检漏剂 G001 000A1 等。

检查注意事项：通过吸真空的方法，把检漏剂吸入进气系统中，该检漏剂降低了混合气的可燃性，使发动机转速下降，并使排气中 CO_2 的含量猛增。一定要严格遵守检漏剂的安全规范。

（2）检查方法

1）将 V. A. G1551 或 V. A. G1552 接入电控系统中，如图 6-40 所示。

2）选择“发动机电控系统”后，进入“功能选择××”。起动发动机，怠速运行。键入“读测量数据块”的地址代码“08”，按“Q”键确认。

3）在“显示组号”地址输入代码“01”，按“Q”键确认后，屏幕第二行显示四个区的内容。

4）观察第 1 区发动机转速。检漏液吸入进气系统后，若转速上升，则说明进气系统有泄漏，应查找泄漏位置，排除故障。

5）按“→”键，返回到“功能选择××”。输入地址代码“06”，按“Q”键确认，结束测试。

五、气缸压缩压力的检查

气缸压缩压力的检测方法主要有两种：气缸压力表检测和气缸压力测试仪检测。

1. 用气缸压力表检测

气缸压力表如图 6-41 所示。由于用气缸压力表检测气缸压缩压力(以下简称气缸压力)具有价格低廉、仪表轻巧、实用性强和检测方便等优点，因而在汽车维修中得到广泛应用。

(1) 气缸压力表检测步骤

1) 发动机正常运转，使冷却液温度达 75℃以上。

2) 停机后，拆下空气滤清器，用压缩空气吹净火花塞或喷油器周围的灰尘和脏物，然后卸下全部火花塞或喷油器，并按气缸次序放置。

注意：对于汽油发动机，还应把分电器中央电极高压线拔下并可靠搭铁(对无分电器点火系而言,拆下点火系统熔丝或继电器即可)，以防止电击和着火。

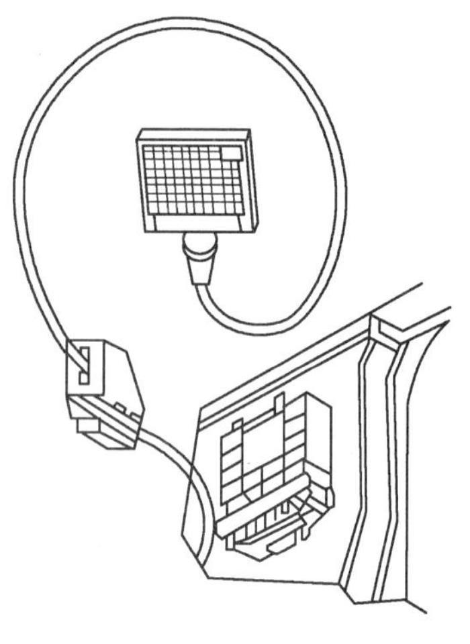

图 6-40 将故障诊断仪接入电控系统

3) 把气缸压力表的橡胶接头插在被测气缸的火花塞孔内，扶正压紧。节气门和阻风门置于全开位置，用起动机转动曲轴 3 ~ 5s(不少于 4 个压缩行程)，待压力表头指针指示并保持最大压力后停止转动。

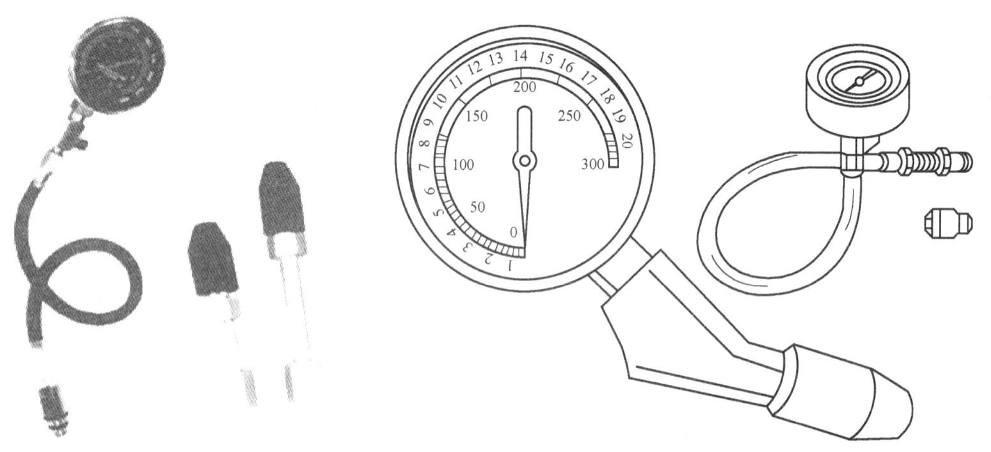

图 6-41 气缸压力表

4) 取下气缸压力表，记下读数，按下单向阀使压力表指针回零。

5) 按上述方法依次测量各缸，每缸测量次数不少于两次。

提示：就车检测柴油机气缸压力时，应使用螺纹接头的气缸压力表。如果要求在较高转速下测量，则在此情况下除受检气缸外，其余气缸均应工作。其他检测条件和检测方法同汽油机。

(2) 诊断参数标准 气缸压力标准值一般由制造厂提供。根据 GB/T 15746. 2—1995《汽车修理质量检查评定标准 发动机大修》附录 B 的规定：大修竣工发动机的气缸压力应符合原设计规定，每缸压力与各缸平均压力的差，汽油机不超过 8%，柴油机不超过 10%。常见几种车型发动机气缸压力的标准值如表 6-3 所示。

表 6-3　常见几种车型发动机气缸压力值

发动机型号	压　缩　比	气缸压力值/kPa	各缸压力差/kPa
奥迪 100 1.8L	8.5	新车：800～1000 极限：650	不大于 300
捷达 EA827	8.5	900～1100	不大于 300
桑塔纳 AJR 1.8L	9.3	1000～1350	300
富康 TU3	8.8	1200	300

（3）检测结果分析　测得结果如果高于原设计规定，则可能是由于燃烧室积炭过多、气缸衬垫过薄或缸体与缸盖接合平面经多次修理加工过甚造成。测得结果如低于原设计规定，可向该缸火花塞或喷油器孔内注入适量机油，然后用气缸压力表重测气缸压力并记录。

1）如果第二次测出的压力比第一次高，则说明是因为气缸、活塞环、活塞磨损过大，活塞环对口、卡死、断裂，以及缸壁拉伤等原因造成气缸不密封。

2）如果第二次测出的压力与第一次相近，则说明进、排气门或气缸衬垫不密封。

3）如果两次检测某相邻两缸压力均较低，则说明该两缸相邻处的气缸衬垫烧损窜气。

2. 用气缸压力测试仪检测

（1）用压力传感器式气缸压力测试仪检测　用这种测试仪检测气缸压力时，须先拆下被测缸的火花塞，旋上仪器配置的压力传感器。用起动机转动曲轴 3～5s，从传感器输出气缸的压力信号，经放大后送入 A/D 转换器进行模数转换，再送入显示装置即可获得气缸压力。

（2）用起动电流或起动电压降式气缸压力测试仪检测　通过测起动电源——蓄电池的电压降，也可获得气缸压力。这是因为起动机工作时，蓄电池端电压的变化取决于起动机电流的变化。当起动电流增大时，蓄电池端电压降低，即起动电流与电压降成正比。起动电流与气缸压力成正比，因此起动时蓄电池的电压降与气缸压力也成正比，所以通过测起动电流或起动电压降可以获得气缸压力。用该测试仪检测气缸压力时，无需拆下火花塞。

（3）用电感放电式气缸压力测试仪检测　这是一种通过检测点火二次电感放电电压来确定气缸压力的仪器，仅适用于汽油机。汽油机工作中，随着断电器触点打开，二次电压随即上升击穿火花塞间隙，并维持火花塞放电。火花塞放电电压也称为火花线，它属于点火系统电容放电后的电感放电部分。电感放电部分的电压与气缸压力之间具有近乎直线的对应关系，因此各缸火花塞放电电压可作为检测各缸压力的信号，该信号经变换处理后即可显示气缸压力。

注意：使用以上几种测试仪检测气缸压力时，发动机不应着火工作。汽油机可拔下分电器中央高压线并搭铁或按测试仪要求处理，柴油机可旋松喷油器高压油管接头断油。

任务 5　电路识图基础知识

一、汽车电路的特点

汽车电路的特点主要有：

（1）采用直流电　现代汽车发动机大多依靠串励直流电起动机起动，起动机由蓄电池供电，因此采用直流电源。

（2）采用低压电源　汽车电路系统额定电压主要有 12V 和 24V 两种。小型汽油机普遍采用 12V 电源，部分大型汽油机及柴油机一般为 24V。汽车运行中的电压，12V 电路系统一般为 14V，24V 电路系统一般为 28V。

（3）采用单线制　单线连接是汽车线路的特征，即汽车上的所有电器设备的正极均采用导线相互连接；而所有的负极则直接或间接通过导线与车架或者车身金属部分相连。

（4）负极搭铁　蓄电池的负极接车架或车身称为负极搭铁；蓄电池的正极接车架或者车身称为正极搭铁。由于负极搭铁对车架或者车身金属的化学腐蚀较小，对无线电干扰较小，因此现代汽车电路均采用负极搭铁方式。

（5）并联连接　并联连接的优点是当某一支路出现故障时，其他支路仍旧能够正常工作。因此，汽车电路都采用并联连接，蓄电池和发电机也采用并联连接。

（6）设有电路保护装置　电路中通常设有熔断器、易熔线等保护装置。

（7）对线路颜色及编号采用相关规定　为了便于区别各线路的连接，汽车上所有低压导线都选用不同颜色的单色和双色线，并在每根导线上编号。

二、汽车整车电路的组成

汽车整车电路通常有电源电路、起动电路、点火电路、照明与灯光信号装置电路、仪表信息系统电路、辅助装置电路和电控系统电路等。图 6-42 所示为汽车整车电路主要组成及其部件。

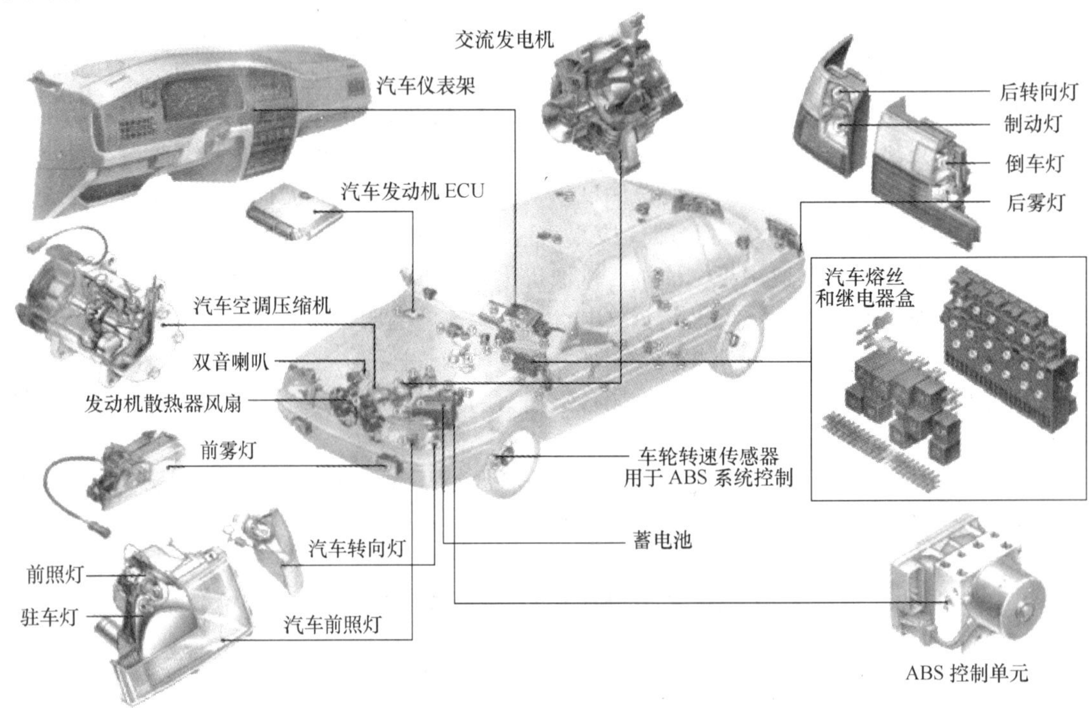

图 6-42　汽车整车电路主要组成及其部件

1. 电源电路

电源电路也称充电电路，是由蓄电池、发电机、调节器及充电指示装置等组成的电路，电能分配（配电）及电路保护器件也可归入这一电路。

2. 起动电路

起动电路是由起动机、起动继电器、起动电路开关及起动保护组成的电路，也可将低温条件下起动预热装置及其控制电路列入这一电路内。

3. 点火电路

点火电路是汽油发动机汽车特有的电路。它由点火线圈、分电器、电子点火控制器、火花塞及点火开关组成。电子点火控制系统一般列入发动机电控系统中。

4. 照明与灯光信号装置电路

照明与灯光信号装置电路是由前照灯、雾灯、示廓灯、转向灯、制动灯、倒车灯、车内照明灯及有关控制继电器和开关组成的电路。

5. 仪表信息系统电路

仪表信息系统电路是由仪表及其传感器、各种报警指示灯及控制器组成的电路。

6. 辅助装置电路

辅助装置电路是由为提高车辆安全性、舒适性等而设置的各种电器装置组成的电路。辅助电器装置的种类随车型不同而有所差异，汽车档次越高，辅助电器装置越完善。该装置一般包括刮水器及清洗装置、除霜（防雾）装置、空调装置、音响装置等。较高级车型上还装有车窗电动举升装置、电控门锁、电动座椅调节装置和电动遥控后视镜等。一般电子控制安全气囊也归入电控系统。

7. 电控系统电路

电控系统电路主要由发动机控制系统（包括燃油喷射、点火、排放等控制系统）、自动变速器及巡航控制系统、制动防抱死系统、安全气囊控制系统等电路组成。

二、电路图的种类

汽车电路图可分为三种形式：布线图、原理图及线束图。

1. 布线图

国产汽车常见的电气系统布线图（空调系统）如图 6-43 所示，它是按照汽车电器在车身上的大体位置来进行布线的。其特点是：全车的电器（即电器设备）数量明显且准确，电线的走向清楚，有始有终，便于循线跟踪，查找起来比较方便。它按线束编制，将电线分配到各条线束中去与各个插件的位置严格对号。在各开关附近用表格法表示了开关的接线与挡位控制关系，表示了熔断器与电线的连接关系，表明了电线的颜色与截面积。

布线图的缺点是：图上电线纵横交错，若印制版面小，则不易分辨；若版面过大，则印装受限制；读图、画图费时费力，不易抓住电路重点、难点；不易表达电路内部结构与工作原理。

2. 原理图

汽车电路原理图可以分为整车电路原理图和局部电路原理图。

（1）整车电路原理图　为了生产与教学的需要，常常需要尽快找到某条电路的始末，以便确定故障分析的路线。在分析故障原因时，不能孤立地仅局限于某一部分，而要将这一

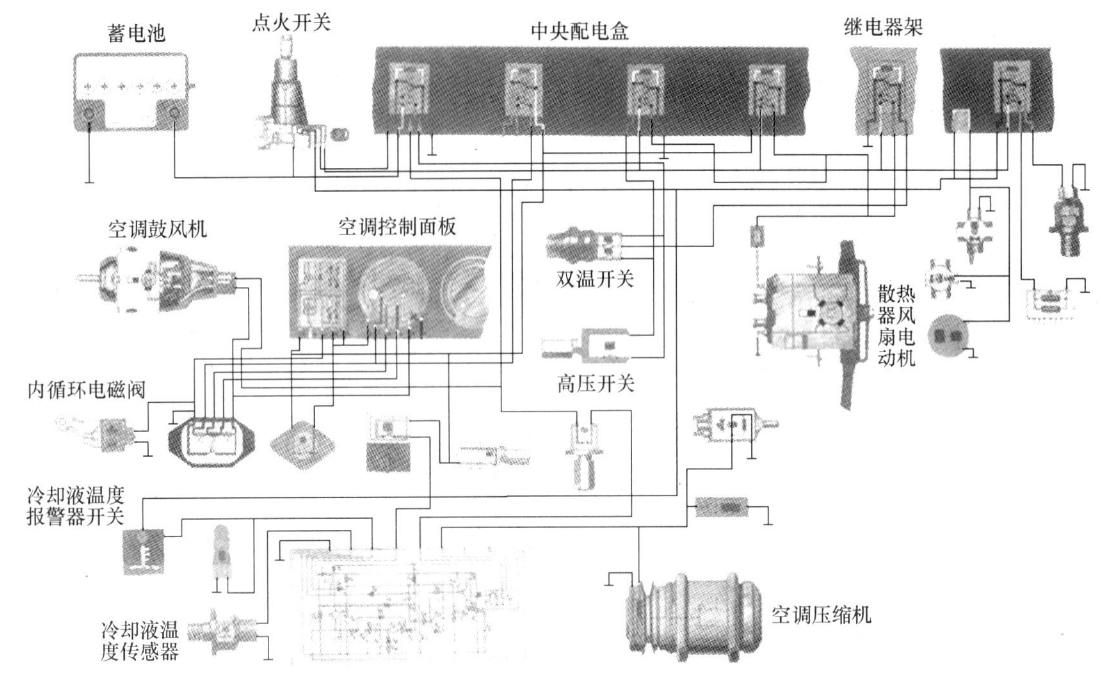

图 6-43　国产汽车常见的电气系统布线图(空调系统)

部分电路在整车电路中的位置及与其相关电路的联系都表达出来。整车电路图的优点如下所述。

1）对全车电路有完整的概念，它既是一幅完整的全车电路图，又是一幅互相联系的局部电路图，重点难点突出、繁简适当。

2）在此图上建立起电位高、低的概念：其负极“－”搭铁，电位最低，可用图中的最下面的一条线表示；正极“＋”电位最高，用最上面的那条线表示。电流的方向基本都是由上而下，路径是：电源正极“＋”→开关→用电器→搭铁→电源负极“－”。

3）尽可能减少电线的曲折与交叉，布局合理，图面简洁、清晰，图形符号考虑到元器件的外形与内部结构，便于读者联想、分析，易读、易画。

4）各局部电路(或称子系统)相互并联且关系清楚，发电机与蓄电池间、各个子系统之间的连接点尽量保持原位，熔断器、开关及仪表等的接法基本上与原图吻合。

（2）局部电路原理图　为了弄清汽车电器的内部结构和各个部件之间相互连接的关系，弄懂某个局部电路的工作原理，常从整车电路图中抽出某个需要研究的局部电路，参照其他翔实的资料，必要时根据实地测绘、检查和试验记录，将重点部位进行放大、绘制并加以说明。这种电路图的用电器少、幅面小，看起来简单明了，易读易绘；其缺点是只能了解电路的局部。图 6-44 所示为金杯海狮客货车局部电路原理图。

3. 线束图

整车电路线束图常用于汽车厂总装线和修理厂的连接、检修与配线。线束图主要表明电线束各用电器的连接部位、接线柱的标记、线头、插接器(连接器)的形状及位置等，它是人们在汽车上能够实际接触到的汽车电路图。这种图一般不去详细描绘线束内部的电线走向，只将露在线束外面的线头与插接器详细编号或用字母标记。它是一种突出装配记号的电

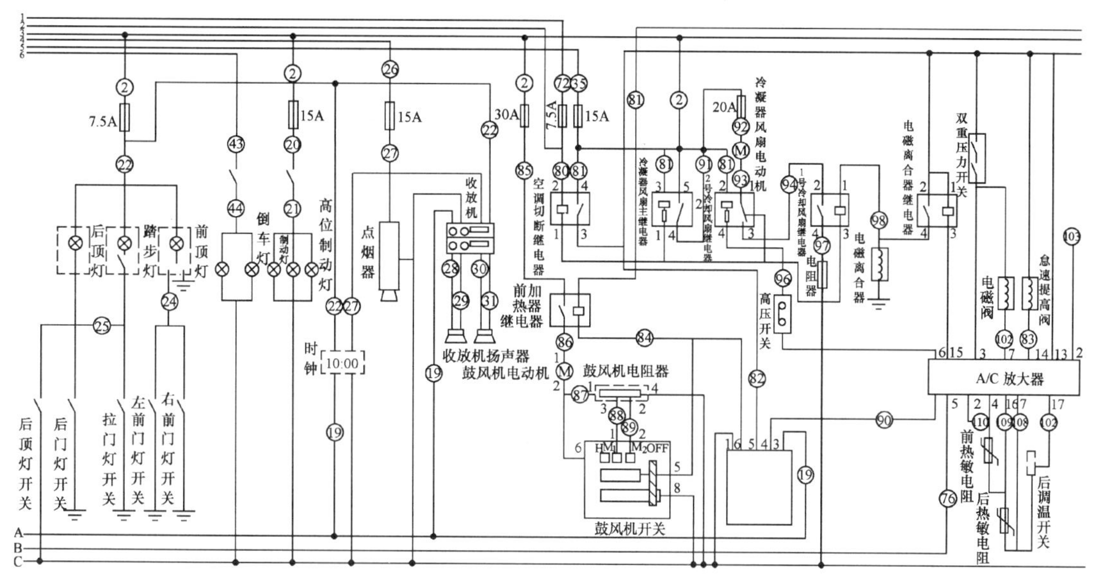

图 6-44　金杯海狮客货车局部电路原理图

路表现形式，非常便于安装、配线、检测与维修。如果再将此图各线端都用序号、颜色准确无误地标注出来，并与电路原理图和布线图结合起来使用，则会起到更大的作用且能收到更好的效果。图 6-45 所示为通用赛欧轿车仪表板线束布置图。

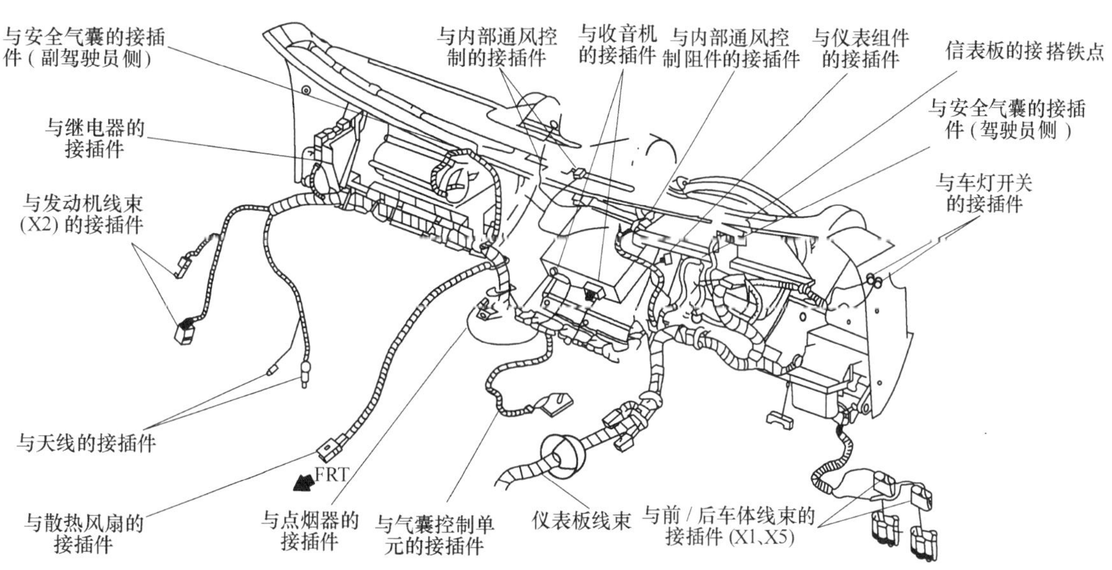

图 6-45　通用赛欧轿车仪表板线束布置图

四、汽车电路中的常见电路元件

1. 电路控制与保护装置

电路控制与保护装置主要有点火开关、多功能组合开关、继电器、熔断器(熔丝)、易熔线、断路器、插接器等。

（1）点火开关　点火开关是汽车电路中最重要的开关，是各条电路分支的控制枢纽。其主要功能是：锁住方向盘转轴（Lock），接通点火仪表指示等（ON或IG）、指示灯和起动（ST或Start）挡，以及附件挡（Acc主要是收放机专用）等。图6-46所示为广州本田轿车点火开关（电门钥匙）各挡位名称及功能。

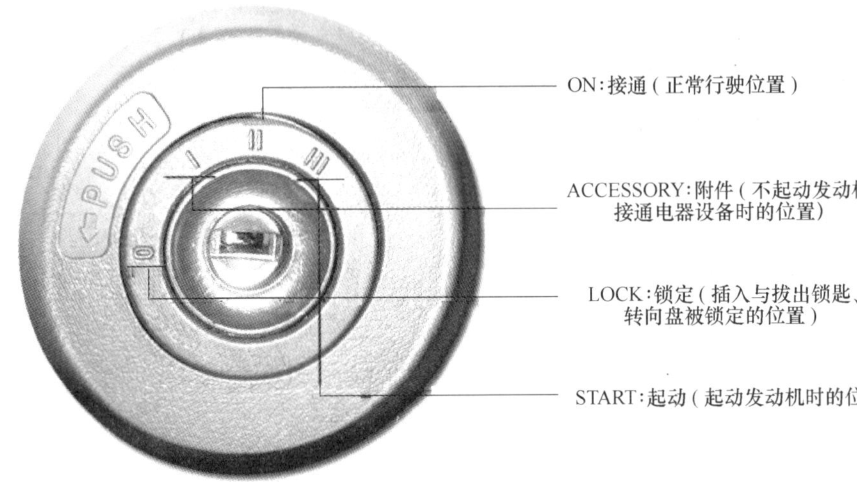

图6-46　广州本田轿车点火开关（电门钥匙）各挡位的名称及功能

其中起动、预热挡因为工作电流很大，开关不易接通过久，所以这两挡在操作时必须用手克服弹簧力，扳住钥匙，一松手就弹回点火挡，不能自行定位，其他挡均可自行定位。

（2）多功能组合开关　多功能组合开关（图6-47）将照明开关（前照灯开关、变光开关）、信号（转向、危险警告、超车）开关、刮水器/清洗器开关等组合为一体，一般安装在便于驾驶员操纵的转向柱侧面。

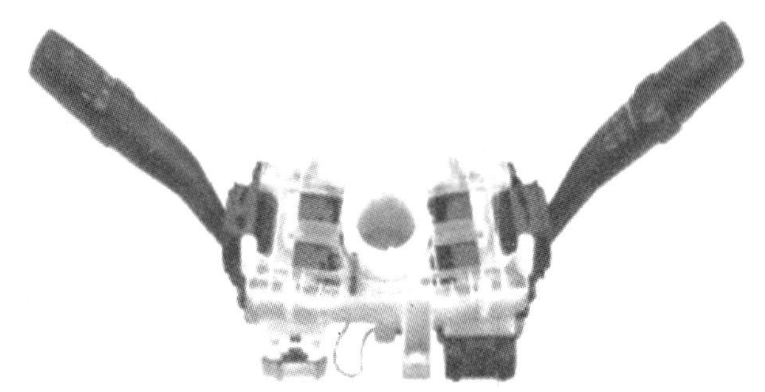

图6-47　多功能组合开关

（3）继电器　继电器（图6-48）是利用电磁或其他方法（如热电或电子），实现自动接通或切断一对或多对触点，以完成用小电流控制大电流以减小控制开关触点电流负荷的目的。常见的继电器有进气预热继电器、空调继电器、喇叭继电器、雾灯继电器、中间继电器、刮水器/清洗器继电器、危险报警与转向闪光继电器等。

继电器通常分为常开继电器、常闭继电器和常开、常闭混合型继电器三种类型，其外形与内部原理如图6-48所示。

（4）熔断器（熔丝）　熔断器如图6-49所示，它用于对局部电路进行保护，能长时间承

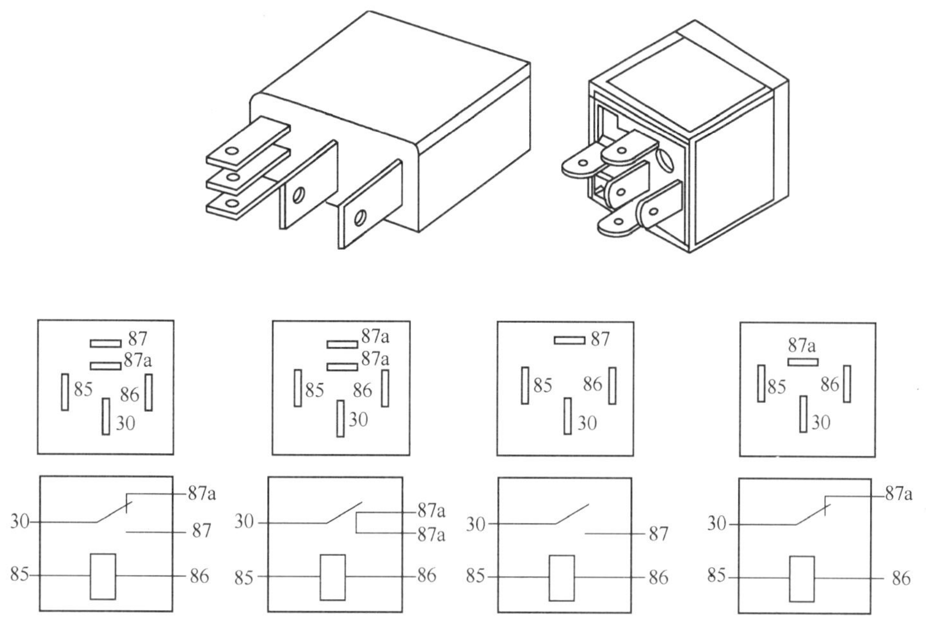

图 6-48　常见继电器的外形及内部原理

受额定电流负载，但在超过额定负载 25% 的情况下，约 3min 熔断，而在超过额定负载 100% 时，则不到 1s 即会熔断。结构一定时，流过熔断器电流越大，熔断时间越短。

图 6-49　熔断器

熔断器为一次性器件，使用须注意：

1）熔断器熔断后，必须查找出故障原因，并彻底排除。

2）更换熔断器时，一定要与原规格相同，特别注意不能使用比规定容量大的熔断器，否则将失去保护作用。

3）熔断器支架与熔断器接触不良会产生电压降和发热现象，因此，特别要注意检查有无氧化现象和脏污。若有脏污和氧化物，须用细砂纸打磨光，使其接触良好。

（5）易熔线　易熔线（图 6-50）是一种界面一定的，可长时间通过额定电流的铜芯或合金导线，用于保护总体线路或较重要的电路。例如，北京切诺基汽车设有五条易熔线，分别保护充电电路、预热加热器、雾灯、灯光及辅助电路。

（6）断路器　断路器是一种基本的低压电器。断路器具有防止过载、短路功能和过电压保护功能，它具有保护线路和电源的能力。

2. 电线束

电线束主要是指导线及线束。

（1）导线　导线可以分为低压导线和高压导线。

汽车电路选线考虑的因素主要是：绝缘性、可以通过电流的大小和机械强度。且应用条件不同，三个因素各有侧重。例如：高压电路选用时应根据导线的绝缘性能要求，采用线芯截面积小，但绝缘包层很厚的电线。低压电路选用时应根据工作电流大小和机械强度选择。

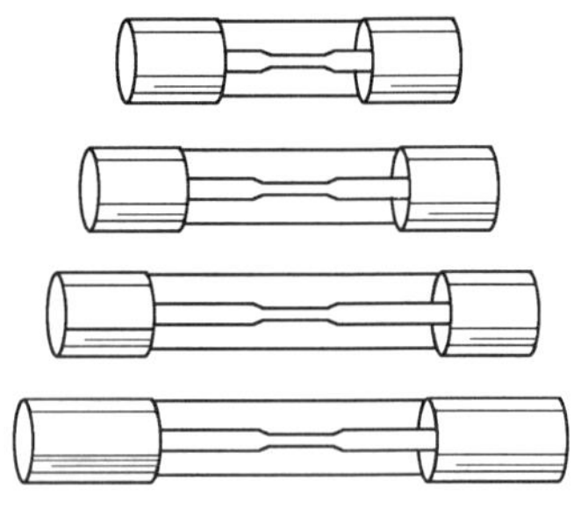

图 6-50　易熔线

（2）线束　为使全车线路规整、安装方便，并能保护导线的绝缘，汽车上的全车线路除高压线、蓄电池电缆和起动机电缆外，一般将同区域不同规格的导线用棉纱或薄聚氯乙烯带缠绕包扎成束，即称为线束。

1）线束的包扎

① 电缆半叠包扎法，涂绝缘漆，烘干，以增加电缆的机械强度和绝缘性能。

② 新型线束，局部塑料包扎后放入侧切口的塑料波纹管内，使其机械强度更高，保护性能更好，查找线路故障方便。

2）线束的安装。同一种车型的线束在制造厂里按车型设计制造好后，用卡簧或螺钉固定在车上的既定位置，其抽头恰好在各电器设备接线柱附近位置，安装时按线号装在对应的接线柱上。各种车型的线束各不相同，同一车型线束也按发动机、底盘和车身等分多种线束。

（3）电路常见元件及符号　图 6-51 所示为汽车电器系统中常见电路元件及符号。

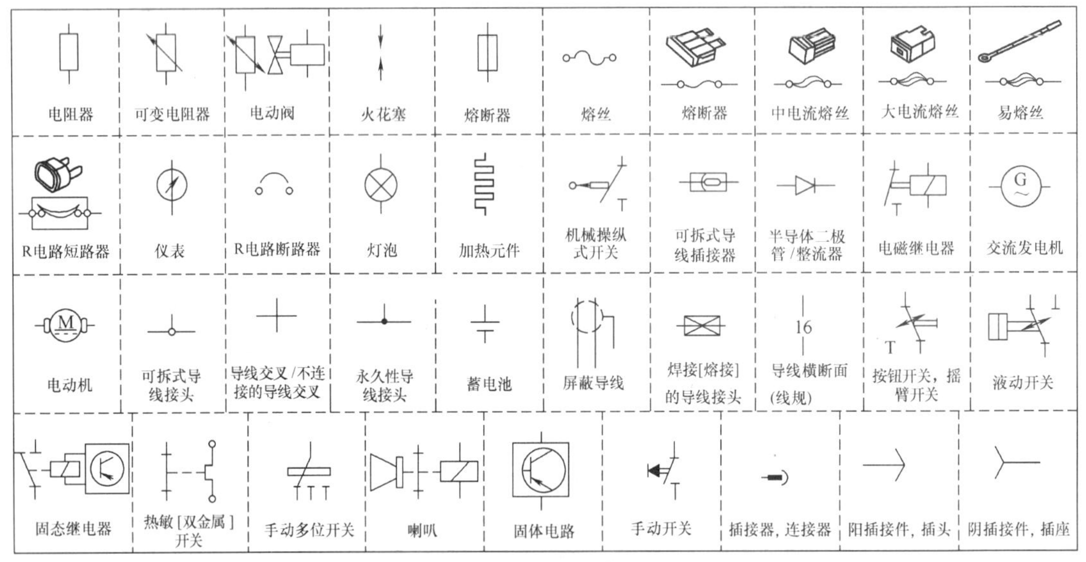

图 6-51　汽车电器系统中常见电路元件及符号

五、汽车电路中的线路颜色、标记和符号

为方便识别和检修复杂的汽车电器线路，各汽车制造公司普遍采用不同颜色、不同编号的导线区分不同的电器回路。

我国标准 JB/Z 116—1975《中华人民共和国第一机械工业部指导性技术文件　汽车、拖拉机电路电线颜色选用规则》规定，汽车电器线路的颜色在同一电系中，双色线的主色应与

其单色线相同；分支电路必须按规定选配相应的辅色；辅色在导线的主色上形成两条轴对称直线。国产汽车电气线路主色与颜色标记如表6-4所示。线路的辅色选配规定如表6-5所示，其中带“√”标志允许配成双色线。

表6-4 国产汽车电气线路的主色与颜色标记

线路种类	主色	颜色标记
电源线路	红	R
点火与起动线路	白	W
前照灯、雾灯等外部照明线路	蓝	U
转向灯及灯光信号线路	绿	G
雾灯及车内照明线路	黄	Y
仪表、报警信号及电喇叭线路	棕	N
收音机、时钟、点烟器等辅助电器线路	紫	P
多种辅助电动机及电器控制线路	灰	S
搭铁线路	黑	B

表6-5 国产汽车电气线路的辅色选配

主色＼辅色	红	黄	白	黑	棕	绿	蓝
红		√	√	√		√	√
白	√	√			√	√	
蓝	√	√	√	√			
绿	√	√	√	√	√		√
黄	√		√	√			
棕	√	√	√	√		√	√
紫		√	√	√		√	
灰	√	√			√	√	√

注：√表示允许配成双色线。

任务6 电控发动机常见故障及诊断流程

电控发动机常见故障有：发动机不能起动；发动机怠速不稳、易熄火；发动机动力不足，加速不良；混合气过稀；混合气过浓等。

一、发动机不能起动

（1）发动机不能起动故障现象 起动发动机时，发动机不转，或能转动但不能起动。

（2）故障原因分析

1）传感器部分：空气流量传感器、节气门位置传感器、冷却液温度传感器、转速或曲轴位置传感器等有故障。

2）执行器部分：点火控制器、电动汽油泵或冷起动喷油器不工作，喷油器有严重漏油。

3）其他部分：油箱中无油、油路压力过低、电源或点火系统有故障、空气滤清器堵塞、进气管漏气严重、发动机气缸压力过低、防盗系统锁死、空挡起动开关输出信号不良或 ECU 损坏等。

（3）发动机不能起动故障诊断流程　诊断流程如图 6-52 所示。

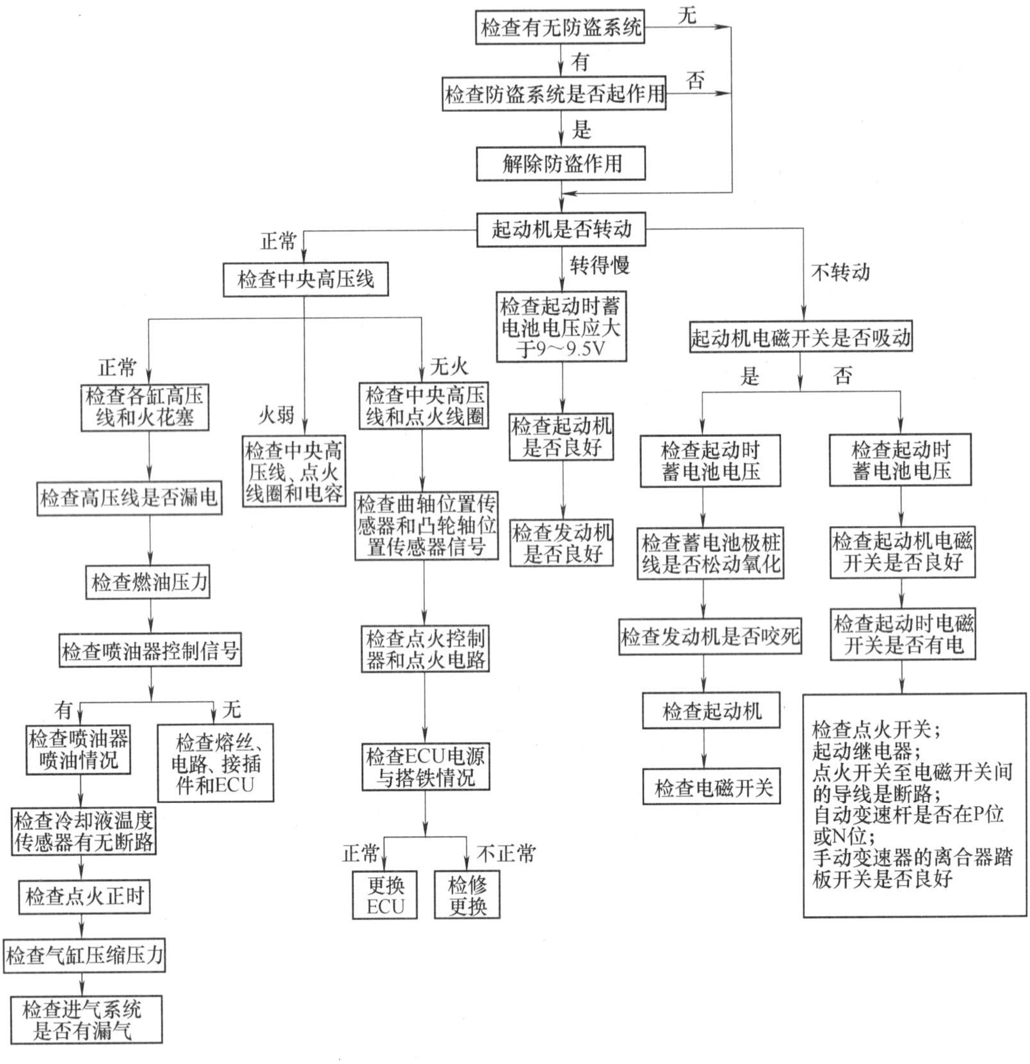

检查有无防盗系统
无
有
检查防盗系统是否起作用
否
是
解除防盗作用
起动机是否转动
正常
检查中央高压线
转得慢
检查起动时蓄电池电压应大于9～9.5V
不转动
起动机电磁开关是否吸动
正常
检查各缸高压线和火花塞
火弱
检查中央高压线、点火线圈和电容
无火
检查中央高压线和点火线圈
检查高压线是否漏电
检查燃油压力
检查喷油器控制信号
有
检查喷油器喷油情况
检查冷却液温度传感器有无断路
检查点火正时
检查气缸压缩压力
检查进气系统是否有漏气
无
检查熔丝、电路、接插件和ECU
检查曲轴位置传感器和凸轮轴位置传感器信号
检查点火控制器和点火电路
检查ECU电源与搭铁情况
正常
更换ECU
不正常
检修更换
检查起动机是否良好
检查发动机是否良好
是
检查起动时蓄电池电压
检查蓄电池极桩线是否松动氧化
检查发动机是否咬死
检查起动机
检查电磁开关
否
检查起动时蓄电池电压
检查起动机电磁开关是否良好
检查起动时电磁开关是否有电
检查点火开关；
起动继电器；
点火开关至电磁开关间的导线是断路；
自动变速杆是否在P位或N位；
手动变速器的离合器踏板开关是否良好

图 6-52　发动机不能起动故障诊断流程

二、发动机怠速不稳、易熄火

（1）发动机怠速不稳、易熄火故障现象　怠速转速过低，且不稳定、经常熄火。

（2）怠速不稳、易熄火故障原因分析

1）进气系统或真空系统漏气。

2）空气滤清器堵塞。

3）怠速控制阀或附加空气阀工作不良。

4）空气流量计有故障。

5）EGR 阀卡住常开，不能关闭。

6）怠速调整不当。

7）油路压力太低。

8）喷油器雾化不良、漏油或堵塞。

9）火花塞不良。

10）高压线漏电或断路。

11）点火正时失准。

12）气缸压缩压力过低。

（3）怠速不稳、易熄火故障诊断流程　诊断流程如图 6-53 所示。

三、发动机动力不足、加速不良

（1）发动机动力不足、加速不良故障现象　踩下加速踏板后，发动机转速不能马上升高，有迟滞现象，加速反应迟缓；在加速过程中发动机转速有轻微的波动，车身有明显抖动，或出现“回火”、“放炮”现象。

（2）发动机动力不足、加速不良的故障原因分析

1）混合气过稀，燃油泵油压低，喷油器、燃油滤清器、进气歧管真空泄漏等。

2）节气门位置传感器、空气流量计或进气歧管绝对压力传感器有故障。

3）点火提前角不正确。

4）火花塞或高压线不良、高压火花弱。

5）废气再循环系统工作不良；排气管有堵塞现象。

（3）发动机动力不足、加速不良故障诊断流程　诊断流程如图 6-54 所示。

四、混合气过稀

（1）混合气过稀故障现象　进气管有回火现象。

（2）混合气过稀故障原因分析

1）进气系统存在漏气现象。

2）冷起动喷油器和温度定时开关有故障。

3）系统燃油压力过低。

4）喷油器卡滞或堵塞。

5）空气流量计有故障。

6）冷却液温度传感器有故障。

7）节气门位置传感器有故障。

8）ECU 有故障。

（3）混合气过稀故障诊断流程　诊断流程如图 6-55 所示。

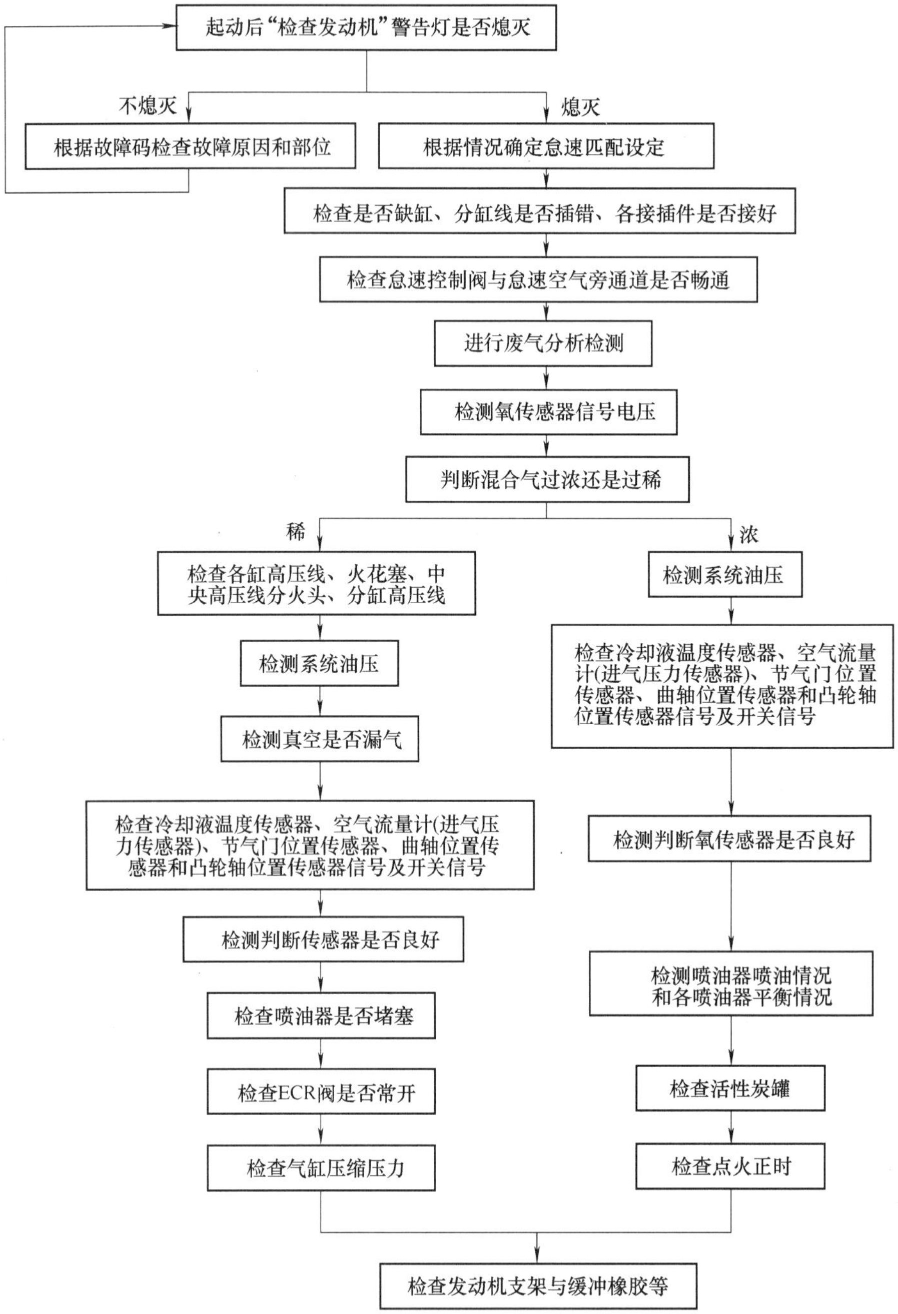

起动后“检查发动机”警告灯是否熄灭

不熄灭

根据故障码检查故障原因和部位

熄灭

根据情况确定怠速匹配设定

检查是否缺缸、分缸线是否插错、各接插件是否接好

检查怠速控制阀与怠速空气旁通道是否畅通

进行废气分析检测

检测氧传感器信号电压

判断混合气过浓还是过稀

稀

检查各缸高压线、火花塞、中央高压线分火头、分缸高压线

检测系统油压

检测真空是否漏气

检查冷却液温度传感器、空气流量计(进气压力传感器)、节气门位置传感器、曲轴位置传感器和凸轮轴位置传感器信号及开关信号

检测判断传感器是否良好

检查喷油器是否堵塞

检查ECR阀是否常开

检查气缸压缩压力

浓

检测系统油压

检查冷却液温度传感器、空气流量计(进气压力传感器)、节气门位置传感器、曲轴位置传感器和凸轮轴位置传感器信号及开关信号

检测判断氧传感器是否良好

检测喷油器喷油情况和各喷油器平衡情况

检查活性炭罐

检查点火正时

检查发动机支架与缓冲橡胶等

图 6-53　怠速不稳、易熄火故障诊断流程

五、混合气过浓

(1) 混合气过浓故障现象　排气管有冒黑烟或放炮现象。

(2) 混合气过浓故障原因分析

1) 冷起动喷油器和温度定时开关有故障。

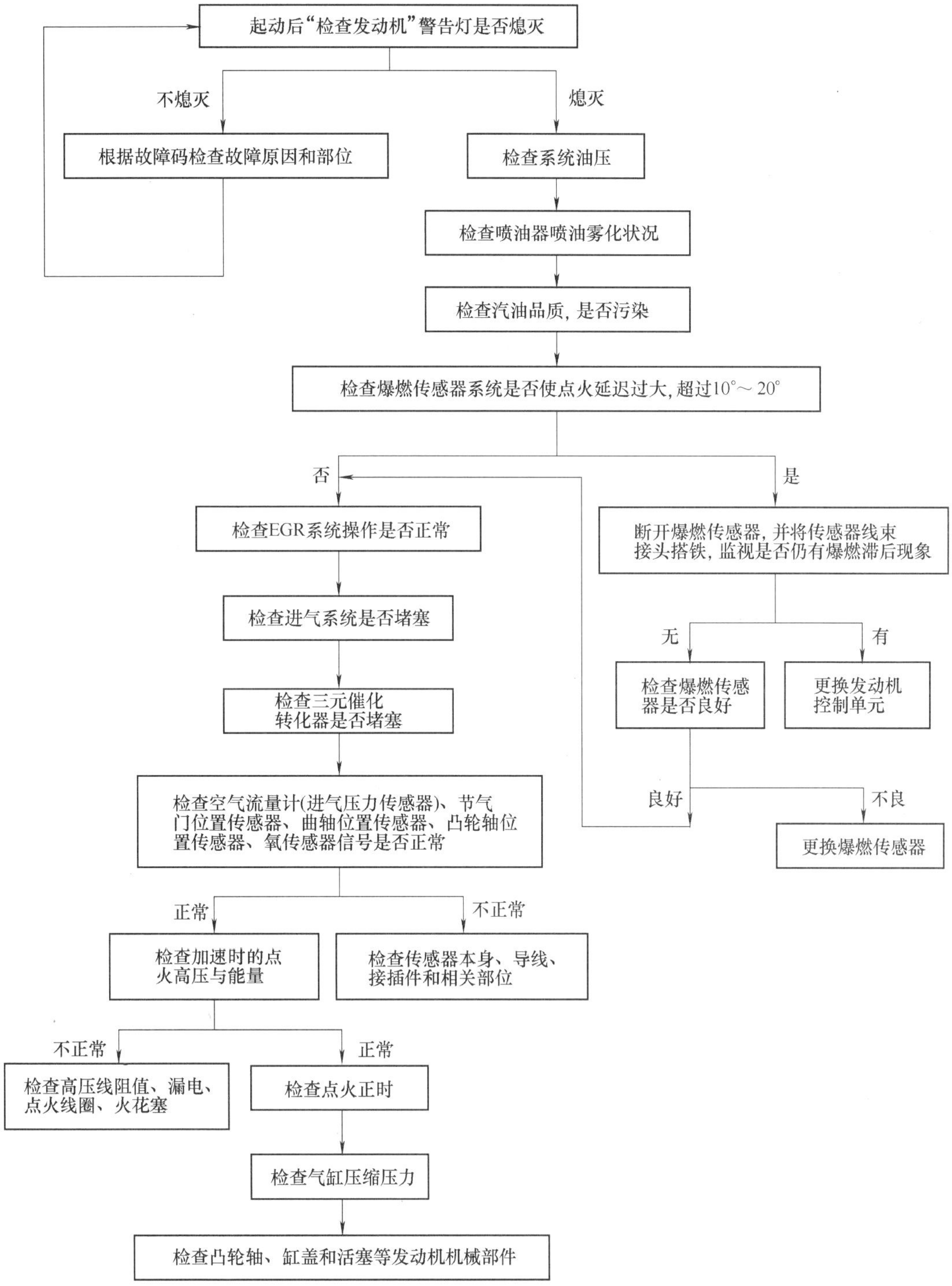

起动后“检查发动机”警告灯是否熄灭

不熄灭

根据故障码检查故障原因和部位

熄灭

检查系统油压

检查喷油器喷油雾化状况

检查汽油品质，是否污染

检查爆燃传感器系统是否使点火延迟过大，超过10°～20°

否

检查EGR系统操作是否正常

检查进气系统是否堵塞

检查三元催化转化器是否堵塞

检查空气流量计(进气压力传感器)、节气门位置传感器、曲轴位置传感器、凸轮轴位置传感器、氧传感器信号是否正常

正常

检查加速时的点火高压与能量

不正常

检查高压线阻值、漏电、点火线圈、火花塞

正常

检查点火正时

检查气缸压缩压力

检查凸轮轴、缸盖和活塞等发动机机械部件

不正常

检查传感器本身、导线、接插件和相关部位

是

断开爆燃传感器，并将传感器线束接头搭铁，监视是否仍有爆燃滞后现象

无

检查爆燃传感器是否良好

良好

不良

更换爆燃传感器

有

更换发动机控制单元

图 6-54　发动机动力不足、加速不良的故障诊断流程

2）系统燃油压力过高。

3）喷油器漏油。

4）空气流量计故障。

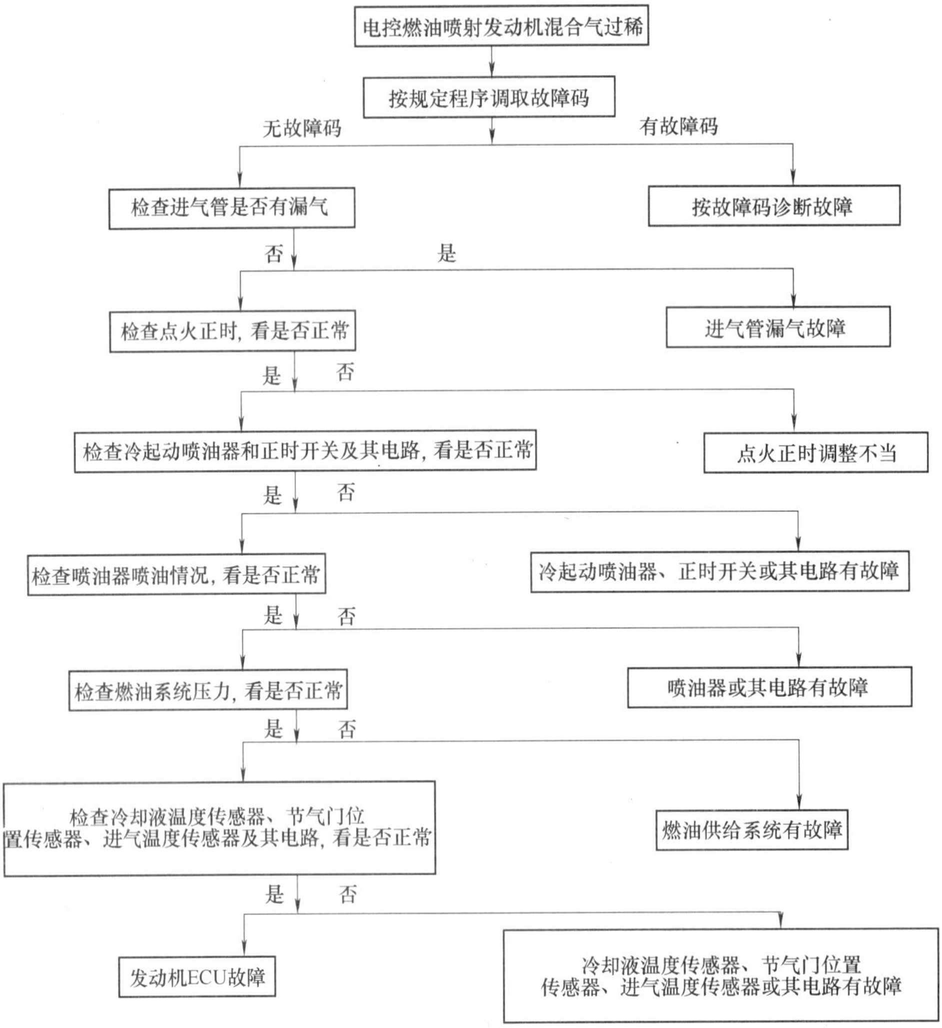

电控燃油喷射发动机混合气过稀

按规定程序调取故障码

无故障码　　有故障码

检查进气管是否有漏气　　按故障码诊断故障

否　　是

检查点火正时，看是否正常　　进气管漏气故障

是　　否

检查冷起动喷油器和正时开关及其电路，看是否正常　　点火正时调整不当

是　　否

检查喷油器喷油情况，看是否正常　　冷起动喷油器、正时开关或其电路有故障

是　　否

检查燃油系统压力，看是否正常　　喷油器或其电路有故障

是　　否

检查冷却液温度传感器、节气门位置传感器、进气温度传感器及其电路，看是否正常　　燃油供给系统有故障

是　　否

发动机ECU故障　　冷却液温度传感器、节气门位置传感器、进气温度传感器或其电路有故障

图 6-55　混合气过稀故障的故障诊断流程

5）冷却液温度传感器故障。

6）ECU 故障。

（3）混合气过浓故障诊断流程　诊断流程如图 6-56 所示。

本项目小结

1. 在发动机电控系统的诊断及检修过程中，常用的工具主要有：跨接线、测试灯、点火正时灯、数字万用表、手动真空泵、燃油压力表等。

2. 汽车专用型数字万用表除具有数字普通万用表的功能外，还具有一些汽车专用测试功能，除可用来测量电控元件和电路的电阻、电压、电流外，还能测量转速、频率、温度、电容、闭合角、占空比等项目，并具有自动断电、自动变换量程、数据锁定、波形显示等功能。

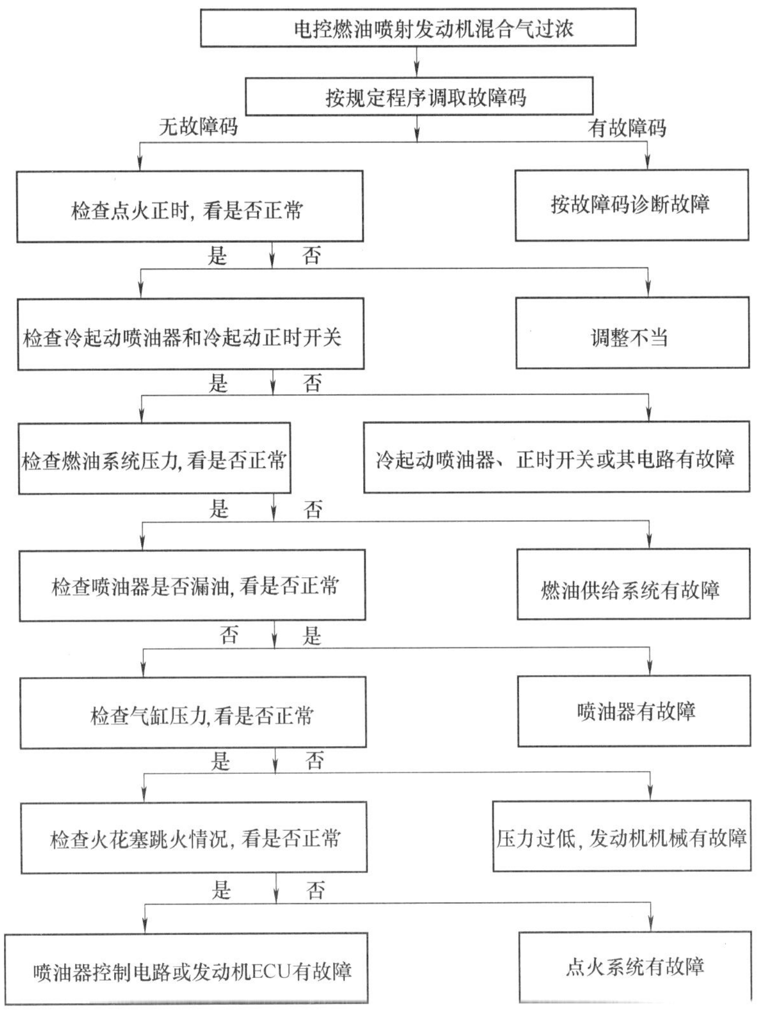

图6-56　混合气过浓故障诊断流程

3. 电控系统故障诊断及检修过程中，常用仪器主要有：喷油器清洗检测仪、故障诊断仪、示波器、信号模拟检测仪、废气分析仪和发动机综合检测仪等。

4. 故障诊断仪可以分为通用型及专用型两大类。

5. 目前在国内使用比较多的故障诊断仪主要有：红盒子MT2500故障诊断仪、V. A. G1552/5152电脑诊断仪、元征X-431电眼睛诊断仪、金德K-61诊断仪等。

6. 示波器用来显示控制系统中输入、输出信号的电压波形，以供维修人员根据波形分析判断电控系统故障。示波器有两种基本类型：数字式示波器和模拟式示波器。

7. 电控发动机故障按其故障诊断的难易程度可分为常见故障和疑难故障两种。疑难故障包括潜伏性故障、间歇性故障、交叉性故障、虚假性故障、人为性故障和配件不符合要求的故障等。

8. 故障诊断的基本程序是：向车主调查；外部检查；按规定程序调取故障码。

9. 调取故障码的方式分为两种：一是使用随车自诊断系统调取故障码；二是使用故障诊断仪（解码器）调取故障码。

10. 随车自诊断系统调取故障码的方式主要有：1)利用仪表板上“故障指示灯”的闪烁规律读取故障码。2)利用指针式万用表的指针摆动规律、数字式万用表的数字显示规律或使用自制二极管灯读取故障码。3)利用电控单元(ECU)上红、绿发光二极管灯的闪烁规律读取故障码。4)使用车上空调面板上的显示器读取故障码。

11. 电控发动机故障诊断排除的基本原则：先外后内；先简后繁；先熟后生；代码优先；先思后行；先备后用等。

12. 电控发动机故障诊断方法主要有：直观诊断法、排除法、比较法、“傻瓜”修车法、电控发动机三要素分析诊断法、故障征兆模拟诊断法、利用氧传感器信号特征诊断法、读取故障码和数据流法，以及波形分析法等。

13. 电控发动机疑难故障的检查项目主要有：点火系统的检查、燃油压力及滤清器的检查、尾气排放的检查、进气系统泄漏的检查和气缸压缩压力的检查等。

14. 汽车电路的特点主要有：1)采用直流电；2)采用低压电源；3)采用单线制；4)负极搭铁；5)并联连接；6)设有电路保护装置；7)对线路颜色及编号采用相关规定。

15. 汽车整车电路通常有电源电路、起动电路、点火电路、照明与灯光信号装置电路、仪表信息系统电路、辅助装置电路和电控系统电路等。

16. 汽车电路图可以分为三种形式：布线图、原理图和线束图。

17. 汽车电路中的常见电路元件有：电路控制与保护装置(点火开关、多功能组合开关、继电器、熔断器、易熔线、断路器、插接器)和电线束等。

18. 电控发动机常见故障有：发动机不能起动；发动机怠速不稳、易熄火；发动机动力不足、加速不良；混合气过稀；混合气过浓等。

练习与思考

一、填空题

1. 测试灯的作用是________________________________。

2. 万用表可分为________和________两种类型。

3. 汽车万用表除能测量电阻、电压、电流外，还可测量________、________、________、________、________、________等项目。

4. 固定式喷油器清洗仪除用来清洗喷油器外，还具有喷油器________和________功能。

5. 采用普通人工方式调取丰田车系故障码时，是用专用跨接线短接故障诊断座上的________和________端子。

6. 汽车电路图可分为________、________和________三种形式。

7. 电控发动机常见故障有：________；发动机怠速不稳、易熄火；发动机动力不足、加速不良；混合气过稀；________等。

8. 燃油压力表是用来____的专用工具。

9. 大修竣工发动机的气缸压力应符合原设计规定，每缸压力与各缸平均压力的差，汽油机不超过________，柴油机不超过________。

10. 电控发动机故障按其故障诊断的难易程度可分为常见故障和________两种。

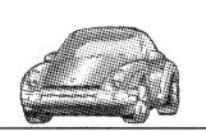

二、判断题

1. 在点火开关接通时，不允许拆开任何12 V的连接线路。(　　)

2. 对电控系统电路或元件进行检查时，必须使用低阻抗万用表检查电压或电流。(　　)

3. 将自带电源测试灯跨接在被测线路的两端，如果灯不亮，说明被测线路有断路故障。(　　)

4. 选择万用表的量程时，最好从高到低逐级进行选择。(　　)

5. 专用故障诊断仪一般只适合在特约维修站配备，以便提供良好的售后服务。(　　)

6. 汽车上的两个系统之间，所有用电设备和控制系统均为串联连接。(　　)

7. 不要轻易断开蓄电池负极，否则将丢失存储器中的故障码。(　　)

8. 在维修中尽量不要用拔下高压线的方法进行试火或断缸实验。(　　)

9. 在发动机出现故障时，应先对发动机管理系统以外的可能故障部位予以检查。(　　)

10. 有故障码存在说明发动机系统一定存在故障。(　　)

11. 有些情况下，当有故障症状出现时，一定有故障，但不一定有故障码。(　　)

12. 对装用第二代故障诊断系统OBD-Ⅱ的汽车，只需一台仪器即可调出各汽车制造公司生产的各型汽车故障码。(　　)

13. 示波器有模拟式和数字式两种，但只有数字式可以用于汽车检测。(　　)

14. 当故障在雨天或高湿度环境下产生时，可用水喷淋在车辆上，检查是否发生故障，但应注意不可将水直接喷淋在发动机电控零部件、电子元器件和用电设备上。(　　)

三、选择题

1. 电控燃油喷射发动机燃油系统压力，多点喷射系统的一般为(　　)。

A. 7～103kPa　　B. 7～690kPa　　C. 62～69kPa　　D. 207～275kPa

2. 丰田车系采用普通方式调取故障码时，将点火开关打开，不起动发动机，用专用跨接线短接故障诊断座上的(　　)端子，仪表板上的故障指示灯即闪烁输出故障码。

A. TE1与EP　　B. TE1与E1　　C. VF1与E1　　D. TE2与E1

3. 广州本田轿车诊断座位于(　　)。

A. 仪表板下方　　B. 右前减振器内侧　　C. 发动机舱　　D. 点烟器后方

4. 下列(　　)准确描述了怎样用电压表测量一个负载上的电压降。

A. 接红表笔到蓄电池的正极接线柱，接黑表笔到一个已知良好的搭铁端。

B. 接红表笔到负载正极端，黑表笔到负载搭铁端。

C. 接红表笔到负载正极端，黑表笔接到一个已知良好的搭铁端。

D. 接红表笔到蓄电池正极接线柱，黑表笔到负载蓄电池端。

5. 每当汽车经过一个颠簸时，机油报警灯均要发光，(　　)是最可能的故障原因。

A. 机油压力低　　B. 发送装置短路搭铁

C. 灯电路断路　　D. 发送装置导线松动或有短路故障

6. 温度仪表显示不准确，技术员甲说，故障可能是仪表或发送装置故障所致；技术员乙说，故障可能是仪表电压调节器故障所致。(　　)正确。

A. 只有甲正确　　B. 只有乙正确　　C. 两人均正确　　D. 两人均不正确

四、问答题

1. 使用手动真空泵对真空驱动元件进行检查时，应注意哪些事项？
2. 故障诊断仪的功能有哪些？
3. 发动机综合分析仪对汽油机检测都具有哪些功能？
4. 简述读取故障码的方法。
5. 什么叫间歇性故障，间歇性故障如何处理？

参 考 文 献

[1] 张西振. 汽车发动机电控技术[M]. 北京：机械工业出版社，2009.
[2] 方国强. 汽车电控系统[M]. 北京：机械工业出版社，2005.
[3] 许剑东，谭本忠. 汽车电控发动机原理与维修图解教程[M]. 北京：机械工业出版社，2008.
[4] 王盛良. 汽车发动机电控技术与检修[M]. 北京：机械工业出版社，2009.
[5] 邹德伟. 汽车发动机电控技术实训教程[M]. 天津：天津大学出版社，2009.
[6] 北京联创高科汽车电子研究所. 怎样维修电控发动机[M]，2版. 北京：机械工业出版社，2006.
[7] 夏令伟. 汽车电控发动机构造与维修[M]. 北京：人民交通出版社. 2002.
[8] 郭碧宝. 电控汽油发动机构造与维修[M]. 广州：华南理工大学出版社. 2010.